매산집

이 책은 2013 · 2014 · 2015년도 정부(교육부)의 재원으로 한국고전번역원의 지원을 받아 수행된 '권역별거점연구소협동번역사업'의 결과물임.

This work was supported by Institute for the Translation of Korean Classics-Grant funded by the Korean Government.

한국고전번역원 한국문집번역총서/성신여자대학교 고전연구소·(사)해동경사연구소

매산집 3

梅山集

홍직필 지음
洪直弼

김창효 옮김
신상후
김성은

일러두기

1. 이 책의 번역 대본은 한국고전번역원에서 간행한 한국문집총간 295·296집에 실린 《매산집(梅山集)》으로 하였다. 번역 대본의 원문 텍스트와 원문 이미지는 한국고전종합DB(http://db.itkc.or.kr)에서 확인할 수 있다.
2. 내용이 간단한 역주는 간주(間註)로, 긴 역주는 각주(脚註)로 처리하였다.
3. 한자는 필요한 경우 이해를 돕기 위하여 넣었으며, 운문(韻文)은 원문을 병기하였다.
4. 맞춤법과 띄어쓰기는 한글 맞춤법과 표준어 규정을 따랐다.
5. 이 책에서 사용한 부호는 다음과 같다.

( ) : 번역문과 음이 같은 한자를 묶는다.
〔 〕: 번역문과 뜻은 같으나 음이 다른 한자를 묶는다.
“ ” : 대화 등의 인용문을 묶는다.
‘ ’ : “ ” 안의 재인용 또는 강조 문구를 묶는다.
「 」: ‘ ’ 안의 재인용을 묶는다.
『 』: 「 」 안의 재인용을 묶는다.
《 》: 책명 및 각주의 전거(典據)를 묶는다.
〈 〉: 책의 편명 및 운문·산문의 제목을 묶는다.

차례

매산집 제7권

서書

매산집 제8권

서書

매산집

제6권

書서

서 書

노주 오장[1]에게 답함 기묘년(1819, 순조19) 9월 24일
答老洲吳丈 己卯九月二十四日

하교하신 포은(圃隱)[2]의 의리에 맞게 대처한 일은 훌륭한 의논이 진실로 인의(仁義)가 정밀하고 자세하여 글을 읽음에 속이 시원하니, 어찌 이견을 용납하겠습니까. 다만 책비(責備)[3]의 의리를 가지고서 논란하

1 노주(老洲) 오장(吳丈) : 오희상(吳熙常, 1763~1833)으로 자는 사경(士敬), 호는 노주(老洲), 본관은 해주(海州), 시호는 문원(文元)이다. 1800년(정조24) 천거로 세자익위사 세마(世子翊衛司洗馬)에 제수되고, 황해도 도사 등을 지낸 뒤 벼슬에서 물러나 광주(廣州)의 징악산(徵嶽山)에 은거하였고, 이후 찬선(贊善) 등 여러 관직에 제수되었으나 모두 사양하고 나아가지 않았다. 성리학에 조예가 깊어 이황(李滉)과 이이(李珥)의 설을 절충하였다.

2 포은(圃隱) : 정몽주(鄭夢周, 1337~1392)로 자는 달가(達可), 호는 포은, 본관은 영일(迎日), 시호는 문충(文忠)이다. 1389년(창왕1) 이성계(李成桂)와 함께 창왕(昌王)을 폐위하고 공양왕(恭讓王)을 옹립하였다. 그 뒤 이성계의 위망(威望)이 날로 높아지면서 그를 왕위에 추대하려는 음모가 진행되자 이성계 일파를 숙청하려고 하였으나 숙청 계획은 실패하였고 선죽교(善竹橋)에서 이방원(李芳遠)의 부하 조영규(趙英珪) 등에게 피살되었다.

3 책비(責備) : 훌륭한 사람에게 조그마한 잘못도 통렬하게 지적하여 완전무결하기를 요구하는 것을 말한다.

는 말을 아뢴 것은 감히 자신하지 못하여서 문하에 여쭈어 결정하려고 했던 것입니다. "만약 고려의 국운이 실추되지 않아서 공양왕(恭讓王)이 쇠망한 나라를 일으켜 군주를 마음대로 폐하고 세운 죄를 물었다면 포은은 마땅히 조국(祖國)이 아직 망하지 않은 것을 다행으로 여기고서 법에 따라 처벌을 받아 후회하지 않았을 것이요, 또 불행히 나라가 폐망하기 전에 먼저 죽었다면 내가 어찌할 수 있는 바가 아니다."[4]라고 하신 말씀은 글자마다 포옹(圃翁)의 마음을 말씀해 내셨으니, 포옹이 구천에서 일어날 수 있다면 응당 먼 후세에 지우(知遇)를 만난 것에 감격해 할 것입니다.

천리와 인욕의 구분은 그 사이에 터럭만한 것도 용납하지 않으니, 포은의 처지에 처한 사람은 포은의 마음을 지니고 있으면 가하지만 포은의 마음이 없다면 불가합니다. 예컨대 적인걸(狄仁傑)은 무조(武曌)를 복종하여 섬겼으나 은밀히 오룡(五龍)에게 방략(方略)을 주어서 태양을 끼고 날아서 당나라의 국통을 회복할 길을 열어 놓았습니다.[5] 그러므로 군자가 본의를 살펴서 행적을 용서하였으니, 만일 이런

4 만약 ……아니다 : 이 말은 《노주집(老洲集)》 권10 〈답홍백응(答洪伯應)〉에 보인다.

5 예컨대……놓았습니다 : 무조(武曌)는 당(唐)나라 측천무후(則天武后)를 말한다. 고종(高宗)의 후(后)인 무후가 중종(中宗)을 폐위시키고 왕위에 올랐는데, 적인걸이 무후의 조정에서 벼슬하면서 장간지(張柬之)・환언범(桓彦範) 등을 추천하여 요직에 두고서 무후를 폐하고 중종을 반정(反正)시킬 모사를 지휘하였고, 그가 죽은 뒤 무후는 장간지 등에 의해 쫓겨나고 중종이 복위되었다. 적인걸이 세운 공에 대하여 여온(呂溫)이 "은밀히 오룡(五龍)에게 방략(方略)을 주어서 태양을 끼고 날았네.〔潛授五龍, 夾日以飛.〕"라는 찬(贊)을 남겼는데 세상에서 이를 명언이라 여겼다고 한다. 《新唐書 卷115 狄仁傑列傳》

경우가 아니라면 어찌 절개를 잃은 죄[6]를 면할 수 있겠습니까. 나라를 회복하는 것과 절개를 잃는 것이 공(功)과 죄(罪)가 똑같으니 그 경중이 어떠할지는 모르겠습니다. 그러나 몸이 당조(唐朝)의 신하가 되어서 혁명하는 변고를 목격하였다면 마땅히 대의를 잡고 군병을 일으켜서 난리를 다스려 정도(正道)로 돌아오게 해야 하니, 어찌 굳이 흉적에게 무릎을 굽혀서 큰 절개가 손상된 뒤에야 비로소 마땅히 해야 할 바를 한단 말입니까. 이는 임시방편으로 일을 성취하기를 도모한 것인데 한 자를 굽혀서 여덟 자를 펴는 것을 군자는 귀하게 여기지 않으니,[7] 편 것을 가지고서 굽힌 것을 용서할 수는 없습니다. 말세의 인정이 도도하게 참을 빌어서 거짓을 팔아먹으니, 한결같이 경도(經道)를 지키는 것을 근본으로 삼은 뒤에야 문식하여 잘못을 덮는 병폐를 끊을 수 있을 것입니다. 훌륭하신 가르침에 "가령 일이 혹 이루어짐이 있다고 하더라도 또한 요행일 뿐이니, 이는 군자가 취하지 않는 바이다."[8]라고 말씀하신 것은 한 마디 말로서 천하의 법이 될 만하니, 탄복하고 탄복합니다.

6 절개를 잃은 죄 : 적인걸(狄仁傑)이 측천무후(則天武后)를 섬긴 죄를 말한다.

7 한 자를……않으니 : 큰 이익을 위하여 지조를 굽히는 것을 군자가 옳게 여기지 않는다는 말이다. 맹자(孟子)가 말하기를, "한 자를 굽혀서 여덟 자를 편다는 것은 이(利)로써 말한 것이다. 만일 이(利)로써 말한다면 여덟 자를 굽혀서 한 자를 펴 이로울 경우에도 그것을 하겠는가?〔夫枉尺而直尋者, 以利言也. 如以利, 則枉尋直尺而利, 亦可爲與?〕" 하였다. 《孟子 滕文公下》

8 가령……바이다 : 이 말은 《노주집(老洲集)》 권10 〈답홍백응(答洪伯應)〉에 보인다.

노주 오장에게 답함 기묘년(1819, 순조19) 10월 5일
答老洲吳丈 己卯十月五日

박군(朴君)에게 답하신 편지[9]는 위아래의 말뜻이 정밀하고 순전하니, 어찌 이에 대한 의논을 용납하겠습니까. "이 신(神)과 이 이(理)는 천지에 있으면 천지에 가득하고, 사람과 물건에게 있으면 사람과 물건에게 가득하니, 비록 가로로 사는 금수와 거꾸로 사는 초목이라 할지라도 본래 스스로 갖추어 충족되어 있다. 만약 이(理)에 있어서는 같고 신(神)에 있어서는 다르다고 한다면, 이는 조화의 생성하는 도구가 두 근본이 있는 것이다."라고 말씀하신 것은 이치의 조예와 문장의 운용이 더욱더 탁월하니, 백 번 읊음에 무릎을 치며 감탄해 마지않습니다. 이분은 일찍 남당(南塘 한원진(韓元震))의 설에 선입견을 가져서 항상 마음을 기질로 인식하고 편벽되고 온전한 것을 본연으로 인식하여 심하게 고집한 지가 십 수 년이 되었습니다. 그동안 인자한 가르침을 받아서 '명덕(明德)은 분수가 없다'는 의논에 흠잡을 것이 없다고 하였으나 속으로는 믿지 않았으니, 마음과 기질의 분변을 알지 못했기 때문에 기(氣)의 본연에 대하여 전혀 견해가 없어서 비단 밝게 알지 못할 뿐만이 아니었습니다.

9 박군(朴君)에게 답하신 편지 : 박군은 박명벽(朴命璧, 1773~1827)으로, 자는 계립(季立), 호는 금호(錦湖)·습재(習齋), 본관은 영해(寧海)이며 오희상(吳熙常)의 문인이다. 오희상이 박명벽에게 보낸 편지는 《노주집(老洲集)》 권12 〈답박명벽(答朴命璧)〉에 보인다.

명덕(明德)은 마음이니, 마음이 과연 기질이라면 기질이 과연 분수(分數)가 없겠습니까. 마음의 기(氣)와 기질의 기(氣)가 똑같은 기이지만, 마음은 기 중에 담일(湛一)하고 정상(精爽)한 것이기 때문에 지극히 신묘하고 영험하며, 기질은 한 몸의 혈기이고 찌꺼기이기 때문에 맑고 탁함과 순수하고 잡박함이 있습니다. 그러니 그 본말(本末)의 구분이 본래 한계가 있는데, 포론(浦論)[10]들이 혼합하여 구별함이 없는 것은 그 내용을 구하여도 찾을 수가 없다고 할 만합니다. 이(理)와 기(氣)의 근원이 하나임을 참으로 안 뒤에야 비로소 사람과 물건의 편벽되고 온전함이 형기(形氣)에서 말미암는다는 것과 성인(聖人)과 범인(凡人)의 심체(心體)가 원래 분수가 없다는 것을 알게 될 것인데, 이분은 아직도 몇 겹으로 막혀 있으니, 훌륭하신 말씀에 대해 밝게 깨우치지 못하는 것이 당연합니다.

이번에 가르침을 받은 뒤에 그가 말씀을 들은 즉시 깨달을 것을 보장할 수 없고, 설령 깨달았다 하더라도 이것으로 제목을 삼아 생각에 들여서 종신토록의 공부로 삼을지는 알 수 없습니다. 그가 이른바 소견을 고쳤다고 한 것도 너무 쉽게 하였으니, 나아가기를 빨리 하는 자는 후퇴도 빠른 법이라 능히 이것을 잡아 지킬지를 기필할 수가 없습니다. 남당(南塘)도 만년에 "명덕은 분수가 없다."라고 고쳐 말하였지만 이 노인은 기(氣)가 근원이 하나임을 알지 못하였기 때문에 평생 마음을 알지 못하였으니,-다만 마음을 화장(火臟)이자 영각(靈覺)으로 인식하였을 뿐, 실로 사람의 신명(神明)이어서 한 몸의 주재가 됨을 알지 못하였습니다.- 그렇다면

10 포론(浦論) : 충청도 내포(內浦) 지역에서 남당(南塘) 한원진(韓元震)을 중심으로 형성된 호론(湖論) 계열의 학파를 이른다.

어떻게 명덕이 분수가 없다고 말할 수 있겠습니까. 마음이 본래 선하기 때문에 명덕도 분수가 없는 것이니 만일 마음이 선과 악이 있다면 마땅히 명덕도 분수가 있어야할 터인데, 마음을 논하면 선과 악이 있다고 하고 명덕을 논하면 분수가 없다고 하니, 장차 마음과 명덕을 나누어서 둘로 만들려 한단 말입니까. 그 말이 스스로 모순됨이 이와 같으니 다만 이치를 아는 것이 거칠고 천근할 뿐만이 아닙니다. 어찌 애석해할 만하지 않겠습니까.

노주 오장에게 보냄 경진년(1820, 순조20) 2월
與老洲吳丈 庚辰二月

"중정(中正)과 인의(仁義)로써 정한다.〔定之以中正仁義〕"[11]에서의 '정(定)' 자를 늘 성인(聖人)이 스스로를 정한 것으로 보아왔는데, 훌륭하신 가르침을 받음에 더욱더 자신하게 되었습니다. 다시 소주(小註)를 살펴보니 주자(朱子)의 말씀에 이르기를, "뭇사람들이 잃는 까닭은 중정(中正)과 인의(仁義)의 지극함을 온전히 하지 못하기 때문이고, 성인께서는 전체가 태극이어서 이지러진 바가 없기 때문에 그 정함이 바로 천하의 동(動)을 하나로 만들어서 교화하여 그 정욕을 제재하여서 그들로 하여금 검속하여 서로 따라서 선(善)에 나아가게 하는 것이다."라고 하였고, 《통서(通書)》〈순화(順化)〉장에 "성인은 인(仁)으로써 만물을 기르고 의(義)로써 만민을 바르게 한다."라고 하였는데 이에 대한 주(註)에 "이른바 인의(仁義)로써 정한다는 것이다."라고 하였습니다. 이 두 말씀을 의거해본다면 마땅히 성인이 사람을 정하는 것이 될 것이니, 문하께서는 이에 대해 어떻게 이해하셨는지요?

본문은 마땅히 스스로를 정하는 것을 위주로 하여 보아야하지만 남을 정하는 뜻까지 포함하였으니, 이는 마치 《대학(大學)》의 "천하에

11 중정(中正)과 인의(仁義)로써 정한다 : 송(宋)나라의 학자 주돈이(周敦頤)가 지은 〈태극도설(太極圖說)〉에 "성인은 중정과 인의로써 정하되 정(靜)을 위주로 하여 사람의 법도를 세웠다.〔聖人定之以中正仁義而主靜, 立人極焉.〕"라고 하였다. 《性理大全 卷1》

명덕을 밝힌다.〔明明德於天下〕”라는 것이 천하 사람으로 하여금 모두 그 명덕을 밝힘이 있게 하는 것과 같은 것입니까?

노주 오장에게 보냄 경진년(1820, 순조20) 8월 30일

與老洲吳丈 庚辰八月晦日

반년 동안 격조하였다가 한번 배알하고 가르침을 받음에, 사모하고 울적한 마음을 다 펼 수는 없었지만 번민한 흉금이 활짝 열렸으니, 참으로 큰 잠에서 깨어난 듯합니다. 또 주렴(珠簾)을 드리운 누각이 깨끗하고 도서가 정돈되었으며 높이 나는 새와 헤엄치는 물고기가 또한 보는 것마다 상(象)에 이해되지 않는 것이 없을 것이니, 절로 저로 하여금 정신이 따라 노닐게 합니다. 도체(道體)의 기거가 근간에 더욱 편안하십니까? 정성을 다하여 앙모하는 마음이 단지 갈대와 가을 물의 홍취[12]일 뿐만이 아닙니다. 삼가 듣건대 행차가 서울을 지나간다고 하니 이미 오셨습니까? 아직 오지 않으셨습니까? 만약 오셨다면 가까이서 모실 수 있기를 바라는 마음 더욱 간절합니다.

지난번에 여쭈었던 의심나는 예(禮)에 대해서는 이미 가르침을 받았습니다. 여동생의 상(喪)이 발인을 하여 남편의 집에 빈소를 마련하였으나, 장지(葬地)를 아직 정하지 못하여 예(禮)에 맞는 달에 장례를 거행할 수가 없습니다. 대공(大功)의 상(喪)[13]에 장례지내기 전에는

12 갈대와……홍취 : 만나고 싶으나 만날 수 없어 그리워하는 마음을 나타낸 것이다. 《시경(詩經)》〈진풍(秦風) 겸가(蒹葭)〉에 "갈대가 창창(蒼蒼)하니, 이슬이 서리가 되도다. 이른바 저분, 이 물가 한편에 있도다. 물결을 거슬러 올라 따르려 해도, 길이 막히고 또 멀며, 물결을 따라 내려가 따르려 해도, 완연히 물의 중앙에 있도다.〔蒹葭蒼蒼, 白露爲霜. 所謂伊人, 在水一方. 溯洄從之, 道阻且長, 溯游從之, 宛在水中央.〕" 하였다.

진실로 마땅히 단헌(單獻)에 축문이 없이 기제(忌祭)와 묘제(墓祭)를 행해야 하지만, 만약 석 달의 기한이 지나면 어떻게 해야 합니까? 이것은 기한이 지난 예(禮)가 되니 마땅히 변통하는 의논이 있을 것인데 옆에 참고할 만한 서적이 없으니, 삼가 바라건대 가르쳐 주십시오.

석 달 만에 장례하는 것은 천시(天時)가 조금 변하기 때문입니다. 천시가 변하였는데도 장례를 하지 못했다면 다른 집에서 하는 제사는 장례지내기 전의 예(禮)를 적용해서는 안 될 듯하니, 석 달을 지나 장례를 치른 것으로써 기준을 삼는 것이 어떠할지 모르겠습니다. 근거할 만한 것이 있을 듯하지만, 우선 기억하는 것이 없어 삼가 이에 나아가 질정하는 것입니다. 기한이 지났는데도 장례하지 못했으면 기년복(朞年服)과 공복(功服)을 입는 여러 친족들이 모두 마땅히 상복을 벗어야하는 달에 상복을 벗어야 할 것이니, 이는 선현들이 허여하여서 통용하여 행한 것입니다. 이 의리를 미루어보건대 넉 달이 되고부터는 예(禮)를 갖추어 제사를 행하는 것에 다시 상고할 점이 없을 듯하지만, 감히 자신할 수 없기에 훌륭한 가르침을 얻어서 취사선택하고자 합니다.

13 대공(大功)의 상(喪) : 대공은 종형제(從兄弟)・자매(姉妹) 등의 상사(喪事)에 아홉 달 동안 입는 복제(服制)로, 여기서는 앞서 말한 여동생의 상을 말한다.

노주 오장에게 보냄 경진년(1820, 순조20) 12월 10일

與老洲吳丈 庚辰臘月旬日

훌륭한 원고 두 질을 삼가 이에 소중히 올리니 부디 받으시기를 바랍니다. 제가 전에 이 책을 받들고서 사문(斯文)을 위하여 축하를 하였습니다. 천 갈래 만 갈래 가운데에서 홀로 사통팔달의 평탄한 길을 찾아 참되고 바르며 정정당당하니, 천만 사람들이 함께 말미암아야 할 길이 됨이 분명합니다. 밝은 지혜가 비추는 바에 눈앞에 숨겨진 이치가 없어서 깊은 조예로 홀로 나아가 도(道)의 근원을 꿰뚫어 보신 것으로 말하면, 바로 삼주(三洲 김창협(金昌協)) 이후에 없었던 바인지라 마치 참된 전수를 삼주 옹에게서 얻으신 듯합니다. 저와 같이 천근하고 누추한 사람이 어찌 감히 그 사이에 한 글자라도 놓을 수 있겠습니까. 다만 생을 마치도록 높이고 믿어서 이로 인하여 손을 빌려서 지하에서 선철(先哲)을 뵐 뿐입니다.

《중용(中庸)》 16장 장구(章句)에는 "대(大)와 소(小)를 포함하였다."라고 하였고 20장 장구에는 "소(小)와 대(大)를 겸하였다."라고 하였는데,[14] 보내오신 편지의 가르침에 "20장의 소(小)를 먼저하고 대(大)를 뒤로한 것은, 먼저 수기(修己)를 말하고 뒤에 치인(治人)을 말

14 중용(中庸)……하였는데 : 《중용장구》 16장 아래 주(註)에 "비(費)와 은(隱)을 겸하고 대와 소를 포함하여 말씀하였다.〔兼費隱包大小而言.〕"라고 하였고, 20장 아래 주에는 "비(費)와 은(隱)을 포함하고 소와 대를 겸하였다.〔包費隱兼小大.〕"라고 하였는데, 이를 가리킨 것이다.

하였는데 수기는 작고 치인은 크기 때문이다."라고 하셨습니다. 그런데 어리석은 저의 뜻에는 너무 깊이 보신 듯하여서 능히 믿지 못하였는데, 돌아와서 《이동조변(異同條辨)》[15]을 참고해보니 20장에 허동양(許東陽)도 의심하여 말하기를 "16장의 귀신은 먼저 큰 것을 말하였고 뒤에 작은 것을 말하였으므로 '대와 소'라고 하였고, 이 장은 먼저 여러 조목을 말하고 뒤에 성(誠)을 말하였으므로 '소와 대'라고 하였다." 하였으니, 이 말이 옳은 것이 훌륭하신 견해와 크게 같습니다. 주 선생(朱先生 주희(朱熹))이 평소 훈고하실 적에 한 글자도 그 자리에 맞아 떨어지지 않은 것이 없었는데, 스스로 생각건대 깊이 이해하려고 하지 않아서 이렇게 소활하게 되었으니, 이것이 부끄럽습니다. 이패림(李霈霖)은 허동양의 설을 '이(異)' 조목에 두었으나, 이는 미처 세세히 연구하지 못해서 그런 듯합니다.

15 이동조변(異同條辨) : 청(淸)나라 학자 이패림(李霈霖)이 짓고 그의 동생 이정(李禎)이 교정하여 만든 책으로, 유가의 여러 학설 중 주자(朱子)의 학설과 같은 것과 다른 것들을 구별하여 조목대로 수록한 것이다. 주자의 집주(集註)나 장구(章句) 등을 수록하고 제가의 설을 분별하여 주자의 학설과 같은 것은 '동(同)' 조목, 다른 것은 '이(異)' 조목에 두었으며, 마지막으로 '변(辨)' 조목에는 자신의 견해를 덧붙였다. 이 책은 조선에 들어와 많은 유학자들에게 읽혔으며, 《사서주자이동조변(四書朱子異同條辨)》이라고도 한다.

노주 오장에게 답함 신사년(1821, 순조21) 4월 4일
答老洲吳丈 辛巳四月四日

내려 보여주신 부본(副本)은 그만둘 수 있는 것이 아닐 듯하니, 자구(字句)의 안배가 비판할 여지가 없어서 온당하지 못한 부분을 억지로 찾고자 하더라도 그럴 수가 없습니다. 능을 옮길 때에 만사(輓詞)를 제술하는 일[16]은 면치 못하실 듯하니, 우선 조정의 지휘를 기다려서 한 때에 함께 거행하는 것이 어떨지 모르겠습니다.

삼연(三淵 김창흡(金昌翕))은 상복(喪服)은 받지 않았으나 만사(輓詞)를 지었고 미호(渼湖 김원행(金元行))는 상복은 받았으나 만사를 짓지 않았으니, 각각 정밀한 의리가 그 사이에 보존되어 있는 것입니까? 제가 생각건대 인군과 신하는 큰 윤리이니 만약 정(情)을 펼 수 있다면 비록 관직에 있는 것으로써 자처하지 않더라도 또한 그만둘 수 없는 점이 있는바, 슬픔을 드러내는 상복을 받지 않는 것은 의리상 감히 할 수 없는 것입니다. 삼연 옹이 최복(縗服)을 받지 않으신 것은 비록 몹시 솔직하고 명백한 것 같으나 중도(中道)가 되기에는 부족한 듯하

16 능을……일 : 정조(正祖)의 능을 옮기는 일을 말한다. 순조21년(1821) 3월 9일 정조의 비 효의왕후(孝懿王后)가 승하하자 정조의 능인 건릉(健陵)을 수원 옛 향교 터로 옮기고 효의왕후와 합장하고자 하였는데, 이 편지를 쓸 당시 이장할 계획이 진행되고 있었다. 오희상(吳熙常)은 이 편지를 쓴 달에 만장 제술관(輓章製述官)에 차임되었는데, 상소를 올려 봉위(奉慰)하고 사직을 청한 바 있으며, 이 해 6월에는 건릉을 이장할 때의 만장 제술관에 차임되었다. 《純祖實錄 21年 3月 9日・22日》《老洲集 卷27 附錄 年譜》

니, 법으로 삼아서는 안 될 것입니다. 미호 옹이 삼연께서 남기신 법도를 따르지 않은 것이 정도(正道)에 맞을 듯합니다.

만사를 제술하는 일을 사양하는 것으로 말하면 바로 현직으로 자처하지 않는 의리입니다. 그러니 최복(縗服)을 받더라도 군이 만사를 지을 필요가 없는데 지암(止菴 김양행(金亮行)) 등 여러 현자들이 모두 원릉(元陵 영조의 능)의 국상에 만사를 지었으니, 이것도 또한 하나의 의리입니까? 이번에 한 차례 상소하여 하소연해 사양하신 뒤에 마땅히 명(命)에 응해야 하시겠습니까, 응하지 않으시겠습니까?

대행태모(大行太母)-효의왕후(孝懿王后)-께서는 성덕(聖德)이 지극히 선하시어 참으로 천고의 궁중을 다 뒤덮을 만합니다. 우리 문하(門下)의 지위와 명망과 문장으로 응당 은미한 것을 드러내고 그윽한 것을 밝힐 도모를 생각하셔야 할 것이니, 군이 끝내 사양하실 필요가 없을 듯합니다. 문하께서 평소에 늘 조국을 위해서 의리를 다하고 충성을 다하려는 소원을 가지고 계시니, 구구한 제가 일찍이 마음으로 복종한 바입니다. 문하께서 그동안 갚지 않은 은혜를 갚으시는 것이 진실로 여기에 있으니, 알지 못하겠습니다만 의중이 어떠하신지요?

보내주신 목두채(木頭菜)는 효도로 봉양하신 나머지를 미루어서 맛있는 음식을 장만해 올리도록 하신 것이니, 물건과 뜻이 모두 진중하여 감사한 마음 한량없습니다. 어버이의 반찬으로 제공하여서 이에 힘입어 음식을 더 드시게 되니, 더더욱 감명함을 이길 수 없습니다.

청인(清人)의 이른바 《문헌통고(文獻通考)》 가운데에 기록된 신임(辛壬)의 일[17]과 바름을 변별하고 의견을 수렴한 일을 삼가 이에 올리니, 보아주시기를 바랍니다. 삼가 생각건대 사대신(四大臣)에 대한 무함을 변별하는 것은 영묘(英廟 영조)에 대한 무함을 변별하는 것이니, 진실로 그만둘 수 있다 하여 그만둘 수 있는 것이 아닙니다. 또 이보다 더 큰 문제가 있습니다. 무신년과 을해년의 추악한 잔당들[18]이 일찍이 마음을 고쳐먹지 않아 흉악한 말을 대대로 인습하여 섶의 불처럼 서로 전하여서 지금에 이르기까지 묵은 화염이 꺼지지 않고 있으니, 하루아침에 바람이 불어온다면 언덕을 태우고 하늘까지 태우는 것은 형편상 혹 그럴 수 있는 일입니다. 그러니 이를 종이와 붓으로 받아써서 후세에 남겨 보이기를 지금 하는 것과 같이 하지 않을 줄 어찌 알겠습니까. 개미구멍의 물줄기가 하늘까지 넘쳐흐르고 햇무리가 해를 찌르게 되는 상황이 마땅히 일에 앞선 우려가 되어야 할 것이니, 성상에 대한 무함이 이미 신원되었다고 생각하지 말고 군신(君臣)과 상하(上下)가

17 청인(淸人)의……일 : 순조21년(1821) 봄에 청나라에 사행을 갔던 사신 일행이 구입해 온《황조문헌통고(皇朝文獻通考)》에 기록되었던 신축년(1721, 경종1)과 임인년(1722) 두 해에 일어난 신임사화(辛壬士禍)에 관한 일을 가리킨다.《황조문헌통고(皇朝文獻通考)》에서는 훗날 영조(英祖)가 되는 연잉군(延礽君)의 세제 책봉에 관한 구절에서 이 일을 두고 노론의 사대신(四大臣)인 김창집(金昌集), 이이명(李頤命), 이건명(李健命), 조태채(趙泰采) 등이 역모하다가 발각되어 처형되었다고 기록하였기에 당시 조정에서 문제가 되었다.《承政院日記 純祖 21年 5月 8日, 9日》《純祖實錄 21年 8月 12日》

18 무신년과……잔당들 : 무신년(1728, 영조4)에는 소론(少論)의 이인좌(李麟佐), 정희량(鄭希亮), 박필현(朴弼顯) 등이 경종이 독살되었다고 주장하면서 밀풍군(密豐君) 이탄(李坦)을 왕으로 추대하기 위해 청주(淸州)와 영남(嶺南) 지역 등에서 거병한 일이 있었고, 을해년(1755, 영조31)에는 김일경의 옥사(獄事)에 연좌되어 나주로 귀양을 가 있던 소론의 윤지(尹志)가 노론을 제거할 목적으로 당시 나주 목사 이하징(李夏徵) 등과 모의하여 나주 객사에 나라를 비방하는 글을 붙여 옥사가 일어나는 일이 있었는바, 이 두 사건을 가리킨 것이다.

늘 통철하게 분변할 것을 생각하여 영묘(英廟)를 해와 달처럼 높이는 것을 하루도 잊어서는 안 됩니다.

전에 호남과 영남에 머물 때에 익히 듣자하니 한 부류의 취향이 다른 무리들이 이것을 책에 써서 숨긴 자가 매우 많고, 왕왕 공공연히 전하고 길에서 말하여서 완악하여 두려워할 줄을 모른다고 합니다. 그 사람과 책을 진실로 남김없이 모조리 없애기가 어렵다면, 상전벽해의 변화가 있어 문헌에 증거 삼을 것이 없어졌을 때에 이르러서 북쪽과 남쪽이 뒤바뀌고 붉은색과 검은색이 뒤섞이게 되는 것이 반드시 이들이 말하는 야승(野乘)에서 말미암을 것이니, 이는 단지 충신과 역적, 사특함과 바름이 뒤바뀔 뿐만이 아닌 것입니다. 깊고 긴 우려가 어찌 다함이 있겠습니까. 천하에 이치가 바르면서 이기는 자는 항상 적고 바르지 못하면서 이기는 자는 항상 많으니, 국가의 우환이 저 청나라의 문자에 있지 않고 우리나라 안에 있을까 염려됩니다. 세도(世道)를 걱정하시는 우리 문장(文丈)의 고충으로 응당 깊은 근심이 있으실 터이기에, 한번 아뢰는 것입니다.

노주 오장에게 답함 신사년(1821, 순조21) 7월 6일

答老洲吳丈 辛巳七月六日

녹문(鹿門)의 〈인물성도(人物性圖)〉[19]에서 사람에 있어서는 권(圈) 안에 태극(太極)과 오상(五常)을 모두 쓰고 물건에 있어서는 태극만 쓰고 오상은 쓰지 않았으니, 태극과 오상을 나누어 둘로 만든 것을 평소에 설명할 수가 없고 미루어갈 수가 없었습니다. 그런데 훌륭하신 분변을 받들어 읽어보니, 잘못된 것을 낱낱이 들어서 참다운 이치를 열어 보여주신 것에 미진함이 없는바 이를 읽음에 속이 시원합니다. 본 도식(圖式) 중 인권(人圈)에는 '태극 일원(太極一原)'이 중앙에 쓰여 있고 물권(物圈) 가운데 '태극 일원'은 좌우로 나누어 쓰여 있으니, 중앙에 있는 것과 좌우에 있는 것은 사람의 온전함과 물건의 편벽됨에 대한 증거입니까? 오상을 갖추지 않은 태극은 어떤 물건의 태극이란 말입니까. 사람은 오상을 갖추고 있는 태극이고 물건은 오상을 갖추지 못한 태극이라면 이른바 태극이라는 것이 조각조각 부서지게 되니, 어느 곳에서 전체인 태극을 볼 수 있겠습니까. 만약 '사람은 온전한

19 녹문(鹿門)의 인물성도(人物性圖) : 녹문은 임성주(任聖周, 1711~1788)로, 자는 중사(仲思), 호는 녹문(鹿門), 본관은 풍천이다. 이재(李縡)의 문인으로 초년에는 스승의 학설을 신봉하여 인물성동론(人物性同論)을 주장하였으나, 중년에 이르러 기존의 학설을 비판하고 호락(湖洛)의 양론을 기일원론적(氣一元論的) 입장에서 종합하여 자신의 학설을 수립하였다. 그가 남긴 인물성도(人物性圖)는 《녹문집(鹿門集)》 권20 〈인물성도병설(人物性圖並說)〉에 보이며, 이 편지에서 인용한 임성주의 말은 모두 이 글에서 가져온 것이다.

태극을 가지고 있고 물건은 편벽된 태극을 가지고 있다.'고 한다면 장차 몇 개의 본연(本然)이 될지 알 수 없으니, 이것이 어찌 가하겠습니까.

이미 "개와 소는 성(性)이 편벽되어 단지 한 길만 통한다."라고 하였는데, 또 어찌하여 "이(理)는 둥글어서 전체가 아님이 없다."라고 한 것입니까?[20] 이른바 '둥글다'는 것과 '전체'라는 것이 다만 개와 소에만 속해서 말한 것이고 사람과 물건에는 통하지 않는다면, 이것은 각각 갖추고 있는 태극이어서 통체(統體)의 태극이 아닌데, 어찌하여 '둥글다'고 하며 '전체'라고 한 것입니까? 이(理)는 사람과 물건이 동일하게 둥글고 온전하지만 성(性)은 동일하지 않다고 한다면, 장자(張子)가 말씀하신 "성(性)은 만물의 일원(一原)이다."라는 것[21]을 장차 어디에 적용하겠습니까. 이 옹께서 일찍이 성(性)과 태극을 분변하여 "태극은 본연의 묘함이니 혼연히 전체이고, 성(性)은 기(氣)에 나아가 그 품부받은 바의 이(理)를 명명한 것이니 그 기(氣)를 따라 따로 하나의 성(性)이 된다."라고 하였는데, 지금에 와서는 "성(性)은 바로 태극이고 태극은 바로 성(性)이어서 두 물건이 없다."라고 말씀하신 것은 어째

20 이미……것입니까 : 《녹문집(鹿門集)》 권20 〈인물성도병설(人物性圖並說)〉에 "아래의 두 도식에 수(守)와 순(順) 두 글자를 견(犬)자와 우(牛)자에 붙인 것은 성(性)이 편벽되어 단지 한길만 통한다는 것이다. 태극 일원(太極一原)을 권 안의 좌우에 나누어 적은 것은 이(理)가 둥글어서 전체가 아님이 없다는 것이다.〔下二圖守、順兩字貼著犬、牛字, 則性之偏而只通一路也. 太極一原, 分書于圈內之左右, 則理之圓而莫非全體也.〕"라고 하였다.

21 장자(張子)가……것 : 장자는 북송(北宋)의 유학자 장재(張載, 1020~1077)로 자는 자후(子厚), 호는 횡거(橫渠), 시호는 헌공(獻公)이며, 봉상(鳳翔) 미현(郿縣) 사람이다. 장재의 이 말은 《정몽(正蒙)》 〈성명편(誠明篇)〉에 보인다.

서입니까? 만약 성(性)과 태극을 가지고 한 물건이라고 한다면 어찌 오상(五常)이 아닌 성(性)과 성(性)이 아닌 태극이 있단 말입니까. 나누어서 말하면 오상(五常)이고 합하여 말하면 성(性)이며 태극은 그 총칭이니, 어찌 명목이 다르다고 하여 한 물건이 아니라고 한단 말입니까.

개가 도둑을 지키고 소가 성품이 순한 것은 바로 사람의 인의(仁義)이니, 본연의 진체(眞體)는 기(氣)에 의해 구애되지 않습니다. 그러므로 개개의 오상(五常)이 각각 한 물건 중에 갖추어져 있는데, 물건에 있어서는 금하여 '오상(五常)'이라는 글자를 놓지 않는 것이 또한 괴이하지 않습니까. 이(理)와 기(氣)가 진실로 한 근원이라면 어찌하여 사람에게는 통하고 물건에게는 국한된단 말입니까. 권(圈)의 안과 바깥을 가지고 미발(未發)과 이발(已發)을 나누고서 분수(分殊)를 권 안에 두고 기질(氣質)을 권 밖에 두었으니, 미발의 전체에서 분수를 분석하려 하는 것입니까. 기질과 분수가 동일한 이발의 지점인데 이것을 이발과 미발로 나누어 소속시킨 것은 진실로 무슨 말인지 알지 못하겠습니다. 분수가 곧바로 정체(靜體)에 있다면, 일원(一原)을 다시 어느 곳에서 찾는단 말입니까. 이렇게 된다면 이른바 일원(一原)이라는 것은 이름만 있고 실제가 없게 되니, 일원이 없으면 본연(本然)이 없는 것이니, 본연이 없다면 기질(氣質)을 대본(大本)에 안착시키려 하지 않겠습니까. 그 말류의 병폐가 됨이 어찌 다만 정견(正見)의 누가 될 뿐이겠습니까. 작은 근심이 아닐 듯합니다.

이 옹은 남당(南塘)의 〈분수도(分殊圖)〉[22]에 안배한 것이 좋지 못하

22 남당(南塘)의 분수도(分殊圖) : 남당은 한원진(韓元震)으로, 분수도(分殊圖)는

다고 하여 다시 이 도식을 만들었는데, 남당은 일원(一原)의 권(圈)에 '태극(太極)'을 쓰고서 "성(性)은 온전하지 않음이 없어서 만물이 모두 같다."라고 하였고, 분수(分殊)의 권에는 '건순오상(健順五常)'을 쓰고서 "사람에게 있어서는 온전하고 물건에게 있어서는 편벽되어 사람과 물건이 똑같지 않다."라고 하였습니다. 이것은 그래도 태극(太極)과 성(性)과 오상(五常)을 하나라고 여겨서 만물이 성(性)을 온전히 함은 일원(一原)으로 같고 사람과 물건의 온전하고 편벽됨은 분수(分殊)에 관계되게 하였으니, 녹문이 일원(一原)에서 분수(分殊)를 나누고 태극과 오상을 나누어 둘로 만든 것과는 같지 않습니다. 이 옹은 남당의 성리설을 꾸짖고 배척하였었지만 사람과 물건의 분수(分殊)를 논함에 있어서는 남당의 설을 완전히 인습하고 왕왕 그보다도 더 심한 점이 있었으니, 비록 남당에게 공초(供招)를 바쳤다고 하더라도 가할 것입니다.

아래의 글에 '이합(離合)'과 '활협(闊狹)'이라는 말[23]도 또한 근거가 없습니다. 활협을 동용(動用)에는 말할 수 있으나 정체(靜體)에는 말할 수 없다는 것은 참으로 훌륭한 가르침과 같으며, 이합은 바로 혼벽(混闢)의 뜻이니,[24] 그렇다면 이렇게 보아야 비로소 어긋나지 않을 수

그의 저서《경의기문록(經義記聞錄)》권6에 실린〈일원분수도(一原分殊道)〉를 가리킨다.

23 아래의……말 :《녹문집(鹿門集)》권20〈인물성도병설(人物性圖並說)〉에 "단지 한 도식에 나아가 이합하여 보고 활협하여 본다면, 단지(單指), 각지(各指), 겸지(兼指)의 설 등으로 명목이 분분하기를 기다리지 않더라도 일원분수(一原分殊)의 이치가 눈앞에 뚜렷할 것이다.〔只就一圖而離合看濶狹看, 則不待乎單指、各指、兼指之說, 名目紛然, 而一原分殊之理瞭然在目也.〕"라고 한 부분을 가리킨다.

있는데 녹문의 본지는 여기에서 나오지 않은 듯합니다. 이 옹은 기(氣)에만 견해가 있고 이(理)에는 견해가 없었기 때문에 자신도 모르게 기(氣)를 이(理)로 인식한 것이니, 애석합니다.

24 활협을……뜻이니 : 이 내용은《노주집(老洲集)》 권15 〈서임녹문인물성도후(書任鹿門人物性圖後)〉에 보이는바, "하단에 또 '활협간(闊狹看)', '이합간(離合看)'이라고 하였으니, 사람은 활(闊)하고 물건은 협(狹)하며 성(性)은 이(離)하고 태극은 합(合)한다고 말하려는 것인가?……동용(動用)으로 말한다면 사람은 성을 미루어 나갈 수 있고 물건은 미루어 나갈 수 없으니 미루어 나가는 것은 활이고 미루어 나가지 못하는 것은 협인 것이 분명하지만, 정체(靜體)의 영역은 형체도 조짐도 없으니, 어찌 활협을 말할 수 있겠는가. 이합(離合)의 뜻은 다만 주자(周子)가 '혼벽(混闢)'이라고 한 것이니, 이(離)는 분수(分殊)이고 합(合)은 이일(理一)이다. 분수된 후에 이일(理一)은 그 가운데 조금도 각각 갖추어지지 않음이 없으니, 정(靜)하면 체(體)가 확립되고 동(動)하면 용(用)이 행해지니, 이것이 '한번 혼하고 한번 벽하여 무궁하다.'라는 것이다.〔其下段又曰闊狹看、離合看, 將謂人底闊而物底狹, 離底性而合底太極耶?……以動用言, 則人能推而物不能推, 推者濶而不推者狹固矣, 靜體之地無形無朕, 亦有闊狹之可言耶? 離合之義只是周子混闢之云, 離是分之殊, 合是理之一也. 分殊之後, 理之一無不各具於其中, 靜則體立, 動則用行, 此所謂一混一闢其無窮者.〕"라고 하였다. '혼벽'은 송(宋)나라의 유학자 주돈이(周敦頤)의《통서(通書)》에 "합하였다가 나누어지는 것이 다함이 없다.〔混兮闢兮, 其無窮兮.〕"라고 한 데에서 온 말로, 혼연한 전체와 그것의 나뉨을 의미하는바 합벽(闔闢)을 반복하여 끊임이 없는 우주의 무궁한 운동을 가리켜 한 말이다.

노주 오장에게 보냄 신사년(1821, 순조21) 8월 16일
與老洲吳丈 辛巳棗秋旣望

두 장의 종이는 보시기를 대비하여 삼가 올리오니 부디 바라건대 받아 주십시오. 이른바 진주 문자(陳奏文字)라는 것은 바로 지금 총재(冢宰)가 다시 지은 것입니다.[25] 전본(前本)과 후본(後本) 가운데 있는 "군부(君父)" 및 "부모가 매우 가까이 계신다.〔父母孔邇〕" 등의 말은 이것이 어찌 저 오랑캐에게 베풀 수 있는 것이겠습니까. 그런데 쉽게 글을 써서 거의 '애통함을 참고 억울함을 머금어 박부득이(迫不得已)하다'는 뜻[26]이 있음을 알지 못하니, 아, 이것을 차마 할 수 있단 말입니까. 아, 이것을 차마 할 수 있단 말입니까. 병자년과 정축년[27] 이후로

25 이른바……것입니다 : 진주 문자(陳奏文字)는 중국의 《황조문헌통고(皇朝文獻通考)》에 훗날 영조(英祖)가 되는 연잉군(延礽君)의 세제 책봉에 관한 구절에서 노론의 사대신(四大臣)인 김창집(金昌集), 이이명(李頤命), 이건명(李健命), 조태채(趙泰采) 등이 역모하다가 발각되어 처형되었다는 기록이 잘못된 것이니 바로잡아 달라는 내용의 변무 주문(辨誣奏文)을 가리킨다. 이 글을 총재(冢宰), 즉 당시 이조판서로 있던 김노경(金魯敬)이 지었다. 《純祖實錄 21年 8月 12日》

26 애통함을……뜻 : 이는 본래 주희(朱熹)가 송(宋)나라가 금(金)나라의 침략을 받아 양자강(楊子江) 이남으로 쫓겨 가게 된 것을 통탄하며 복수해야 한다는 뜻으로 말한 것인데, 여기에서는 오랑캐인 청(淸)나라에게 굴복한 것을 통탄하며 명(明)나라를 존숭하고 청나라를 배척하는 존명배청(尊明排淸)의 의미로 쓰였다.

27 병자년과 정축년 : 병자년(1636, 인조14)과 이듬해 정축년(1637)에 청(淸)나라의 침입을 받아 항복했던 일을 말한다. 병자년 12월에 청나라의 침입을 받았는데 이듬해 1월에 강화도가 함락되고 인조(仁祖)가 삼전도(三田渡)에서 청 태종(淸太宗)에게 항복하였다.

권의 문자(權宜文字)[28]에 말을 쓴 것이 진실로 알맞지 못하지만, 어찌 곧바로 군부(君父)니 부모(父母)니 하는 칭호를 가하기를 지금처럼 한 적이 있었습니까. 본조에서 전후로 변별하여 바로잡은 것이 한두 번에 그치지 않는데, 명나라 조정에 그렇게 한 것은 당연하지만 저 오랑캐에게 한 것은 또한 수치이니, 어찌 억울함을 펴고 드러내어 밝히는 일로써 말할만한 것이 있겠습니까. 그러나 오늘날의 일처럼 그만둘 수 있는 경우가 아니라면, 어찌 할 말이 없을 것을 근심해서 이와 같이 말한단 말입니까.

지금의 사대부들이 붉은 슬갑에 푸른 패옥으로[29] 우우 몰려가 사신(使臣)이 되어서 개에게 절하는 것이 수치가 됨을 알지 못하고 한번 연경의 조정에 갔다 오면 마음과 눈이 모두 빼앗겨서 청나라 황제의 공덕을 찬양하고 칭송하기를 거의 하늘처럼 지극하게 하니, 이업(李鄴)이 금(金)나라 오랑캐의 형세를 장황하게 늘어놓았던 짓[30]을 하지 않는 자가 거의 드뭅니다. 이 때문에 이것을 책에 쓰는 자들이 조금도 어려워하고 신중하게 하지 않으니 처음을 근원해보고 끝을 생각해본다

28 권의 문자(權宜文字) : 권의란 사정상 임시로 대처함을 뜻하는데, 여기서 권의 문자는 청(淸)나라에 보내는 외교문서를 위하여 지은 글들을 가리킨다.

29 붉은……패옥으로 : 조관(朝官)의 복장(服章)을 가리킨다. 《시경》 〈소아(小雅) 채기(采芑)〉에 "명복(命服)을 입으니 붉은 슬갑(膝甲)이 휘황찬란하며 푸른 패옥(佩玉)이 창창히 울리도다〔服其命服, 朱芾斯皇, 有瑲蔥珩.〕"라고 하였다.

30 이업(李鄴)이……짓 : 송 휘종(宋徽宗) 때 급사(給事) 이업이 금(金)나라에 사신으로 갔다가 돌아와서 말하기를, "금나라 사람은 말을 타는 데는 용과 같고, 걷는 데는 호랑이와 같으며, 물을 건너는 데는 물개와 같고, 성에 올라가는 데는 원숭이와 같다."라고 하였다. 이에 그가 오랑캐의 형세를 너무 과장해서 말했다고 하여, 그를 사여급사(四如給事)라 칭하였다. 《星湖僿說 卷23 四如給事》

면 백 년을 기다리지 않고도 반드시 변하여 오랑캐가 되고 말 것인바, 말하면 고통스러우니 오히려 무엇을 우러러 말씀드리겠습니까. 우리 문장(文丈)처럼 사문(斯文)과 세도(世道)의 책임을 지고 있는 분께서 응당 깊고 긴 우려를 이기지 못하실 것입니다. 오직 바라건대 우리 당(黨)의 군자들이 이 의리를 연찬하여 붙들어 세워 공고히 해서 땅속의 양(陽)이자 먹히지 않는 과일[31]이 되어야 할 것입니다. 그러나 이 일은 일일이 세상 사람들에게 말하기가 쉽지 않으니, 다만 마땅히 서로 지키고 잃지 않아야 할 것입니다.

31 땅속의……과일 : 어지러운 세상에서도 큰 덕을 지녀 소인들에게 해를 당하지 않고 있는 군자를 뜻한다. 《주역》 〈박괘(剝卦) 상구(上九)〉에 "큰 과일은 먹히지 않는다.〔碩果不食.〕"라고 하였는데, 이는 다섯 개의 효(爻)가 모두 음(陰)인 상태에서 맨 위의 효 하나만 양(陽)인 것을 비유한 것으로, 하나 남은 양의 기운이 외로운 것처럼 보이지만 결코 끊어지지 않고 계속 이어진다는 뜻을 보인 것이다. 또한 박괘(剝卦)가 궁극에 이르면 한 양(陽)이 다섯 음(陰)의 아래에서 생기는 복괘(復卦)가 되는데, 이에 대하여 《주역》 〈복괘 상전(象傳)〉에 "10월에 음(陰)의 성함이 이미 지극하였다가 동지(冬至)가 되면 한 양(陽)이 다시 땅 속에서 생기므로 복(復)이라 한 것이다."라고 하였다.

노주 오장에게 보냄 임오년(1822, 순조22) 윤3월 14일

與老洲吳丈 壬午閏三月少望

삼가 우러러 질문드릴 것이 있습니다. 《서경(書經)》의 고문(古文)[32]에 대하여 전의(傳疑)[33]한 지가 오래되었습니다. 주 선생(朱先生 주희(朱熹))께서 본디 말씀하기시를, "내 일찍이 공안국(孔安國)의 《고문상서(古文尙書)》는 위서(僞書)일 것이라 의심하였다."라고 하셨고, 또 "공씨(孔氏)의 《고문상서》가 동진(東晉) 때에 이르러 비로소 나와서 그 이전의 여러 학자들은 모두 보지 못하였으니 매우 의심할 만하다."라고 하셨고, 또 "《서경》에서 무릇 읽기 쉬운 것은 모두 고문(古文)이고 읽기 어려운 것은 모두 금문(今文)이다."라고 하셨고, 또 "복생(伏生)이 입으로 전수하였을 때에 어찌하여 편벽되이 읽기 어려운

32 서경(書經)의 고문(古文) : 《서경》에는 금문(今文)과 고문(古文)이 있는데, 금문은 총 29편으로 진(秦)나라 분서갱유(焚書坑儒)를 겪은 뒤 한(漢)나라 문제(文帝) 때 민간에 남아있던 경전을 수집하면서 복생(伏生)이 구전(口傳)하여 기록한 것이며, 고문은 한 나라 무제(武帝) 때 노 공왕(魯共王)이 공자(孔子)의 옛 집을 헐다가 벽 사이에서 발견된 것이다. 고문은 총 45편인데, 고문자(古文字)인 과두문(蝌蚪文)으로 쓰여서 알아보지 못하다가 공자의 후손인 공안국(孔安國)이 전(傳)을 지었다. 그러나 공안국의 고문상서(古文尙書)는 무고(巫蠱)를 만나 학관(學官)에 나열되지 못한 채 없어졌고, 현재 전하는 것은 동진(東晋) 초기 매색(梅賾)과 요방흥(姚方興)이 다시 얻었다고 하는 본(本)이다.

33 전의(傳疑) : 의문(疑問)을 단정하지 않고 의문 나는 그대로 전하는 것이다. 《춘추곡량전(春秋穀梁傳)》 환공(桓公) 5년 조(條)에 "《춘추》의 사건을 기록하는 원칙은, 확실한 일은 확실하게 기록하고, 의문의 일은 의문 그대로 기록하는 것이다.〔春秋之義, 信以傳信, 疑以傳疑.〕"라고 한 데에서 온 말이다.

것만 기억하고 쉬운 것은 전혀 기억하지 못하였겠는가."라고 하셨고, 또 "어찌 수백 년 동안 벽안에 있던 물건이 한 글자도 훼손되지 않을 수 있겠느냐."라고 하셨으니, 이는 참으로 옳습니다. 그러나 《고문상서》는 의리가 정밀하고 확실해서 성인(聖人)이 다시 나오셔도 또한 바꿀 수 없으실 것입니다. 다른 편은 논할 것 없이 〈대우모(大禹謨)〉의 열여섯 글자와 같은 경우는 바로 만세의 심학(心學)의 참된 법이니,[34] 이것을 위작(僞作)이라고 말할 수 있겠습니까. 공자(孔子)께서 《서경》을 산삭하신 뒤에, 그들이 한 말로서 경(經)이 될 만한 사람은 오직 안자(顔子)·증자(曾子)·자사(子思)·맹자(孟子) 네 분뿐이니, 모의하고 가차하는 것은 스스로 지조를 아끼는 자도 하지 않는 일인데[35] 어찌 네 분의 성인(聖人)으로서 이것을 하셨겠습니까.

한(漢)나라 유자(儒者)로서 진실로 능히 이것을 지을 수 있었다면 이것을 바로 경(經)이라고 해도 되겠습니다만 성인(聖人)이 아니고서 경(經)을 지을 수 있겠습니까. 동중서(董仲舒)와 유향(劉向)과 정현(鄭玄)의 무리[36]는 한(漢)나라 학자의 으뜸이 되어서 그 말이 진실로

34 대우모(大禹謨)의……법이니 : 《서경》 〈우서(虞書) 대우모〉에서 순(舜)이 우(禹)에게 제위(帝位)를 넘겨주려고 할 때에 "인심은 위태하고 도심은 은미하니 정(靜)하게 하고 한결같이 하여야 진실로 그 중(中)을 잡을 것이다.〔人心惟危, 道心惟微, 惟精惟一, 允執厥中.〕"라고 한 16글자를 말한다. 주희(朱熹) 등 송(宋)대 유학자들이 이것을 요(堯)·순(舜)·우(禹) 세 성인이 서로 도통(道統)을 주고받은 16자심전(十六字心傳)이라고 강조한 뒤로부터 더욱 중시되었다.

35 스스로……일인데 : 《맹자》 〈만장 상(萬章上)〉에 "자신을 팔아 군주를 훌륭한 인군(仁君)이 되도록 하는 것은, 향당(鄕黨)의 자기 지조를 아끼는 자들도 하지 않는데 하물며 현자(賢者)가 이런 짓을 한다고 이르겠는가.〔自鬻以成其君, 鄕黨自好者不爲. 而謂賢者爲之乎?〕"라고 한 데서 온 말이다.

도리에 맞는 것이 많으나 또한 어찌 감히 이렇게 말할 수 있겠습니까. 손을 뒤집고 희롱해서 성경(聖經)을 어지럽히는 자들은 그 죄가 절로 죽음으로도 용서받을 수 없으니, 동중서와 정현의 무리가 또한 최소한 여기에는 이르지 않았을 것입니다. 〈순전(舜典)〉의 머릿장 및 위태서(僞泰誓)와 같은 것[37]은 진실로 뒤섞이고 어지러운 것이 많으나 어찌 이것으로 인하여 전부를 위서(僞書)라고 인식할 수 있겠습니까. 명(明)나라 학자들이 그 중에 한두 가지 의심스러울 만한 단서를 뽑아내어 번번이 제멋대로 비방하고 우순(虞舜)의 조정에서 말한 열여섯 글자까지도 함께 물리쳤으니, 또한 그 거리낌이 없음을 볼 수 있습니다. 의리를 깊이 연구하지 않고 한갓 언어와 문자에서 구하여 그 진위를

36 동중서(董仲舒)와……무리 : 모두 한(漢)나라의 이름난 유학자들이다. 동중서는 전한(前漢) 때 경학가로, 경제(景帝) 때 박사가 되었으며 무제(武帝) 때에는 강도 상(江都相)과 교서 상(膠西相)을 역임하였다. 〈현량대책(賢良對策)〉을 올려 유학을 존중하고 백가 사상을 배척할 것을 주장하여 경학의 지위를 높이는 데 큰 영향을 끼쳤다. 저서에 《춘추번로(春秋繁露)》 등이 있다. 유향은 한(漢)나라 국족으로서 경술(經術) 연구에 몰두하여 《홍범오행전(洪範五行傳)》·《열녀전(列女傳)》·《설원(說苑)》 등 많은 저술을 남겼다. 정현은 동한(東漢) 고밀(高密) 사람으로 경전(經傳)에 대해 해박한 지식을 가지고서, 삼경(三經)을 비롯하여 의례(儀禮)·효경(孝經)·논어(論語)·상서대전(尙書大傳) 등 많은 경전의 주서(註書)를 남기고, 그 밖에 천문(天文)·예설(禮說) 등 방대한 저술을 남겼다. 《漢書 卷36, 56》

37 순전(舜典)의……것 : 〈순전〉의 편 머리에 "曰若稽古帝舜, 曰重華協于帝, 濬哲文明, 溫恭允塞, 玄德升聞, 乃命以位."라고 한 28글자는 동진(東晉) 매색(梅賾)이 올린 공전(孔傳)에는 없었는데, 요방흥(姚方興)이 올린 공안국(孔安國)이 전주(傳註)한 고문상서에 실려 있었고 훗날 전해지게 되었기에 이를 위작(僞作)이라 의심하는 의견이 있었다. 또한 〈태서(泰誓)〉는 복생(伏生)의 28편에는 없었다가 무제(武帝) 때에 위태서(僞泰誓)가 나와서 합하여 29편이 되어 전해졌으나, 이 또한 위작으로 보는 의견이 많다. 《書經集傳 舜典, 泰誓》

결정하는 것은 비단 도(道)를 믿음이 돈독하지 못할 뿐만이 아닌 것입니다.

근래에 들으니 정약용(丁若鏞)이 저술한 이른바 《상서평(尙書平)》[38]에서 〈대우모〉의 유묘(有苗)를 정벌한 일[39]과 〈중훼지고(仲虺之誥)〉의 탕(湯)임금의 부끄러움을 풀어준 일[40]과 같은 것을 모두 거짓으로 돌렸는데, 혹 이것을 가지고 예전에 발명하지 못한 것을 발명해서 경서(經書)를 호위하고 주자(朱子)를 높였다고 찬미하는 이가 있다고 하니, 저는 진실로 아직 그 책을 보지 못하여 그 말이 어떠한지는 자세히 알지 못하지만 대체로 이것이 지극히 옳지 않다는 것은 알겠습니다. 방패와 도끼로 춤을 추어 유묘(有苗)를 감동시킨 일[41]은 더욱 하늘을 감동시킨 덕과 신명을 감동시킨 정성을 징험할 수 있으니, 믿고 감동함의 빠름이 그림자와 메아리보다도 빨라서 자연 형용하기 어려운 묘한

38 정약용(丁若鏞)이……상서평(尙書平) : 다산(茶山) 정약용이 지은 《매씨상서평(梅氏尙書平)》 아홉 권을 말한다.

39 대우모의……일 : 순(舜) 임금이 우(禹)에게 유묘(有苗)를 정벌하도록 하였는데, 30일 동안 유묘의 백성들이 복종하지 않자 익(益)이 우(禹)에게 덕(德)으로써 감동시키기를 권하였다. 우(禹)가 이 말을 듣고 회군하였고, 순 임금이 문덕(文德)을 펴서 방패와 깃일산으로 춤추자 유묘가 와서 항복하였다. 《書經 虞書 大禹謨》

40 중훼지고(仲虺之誥)의……일 : 성탕(成湯)이 걸(桀)을 남소(南巢)에 유폐시키고 부끄러워하는 덕(德)을 지니고서 후세에 나를 구실(口實)로 삼을까 두려워한다고 하였는데, 중훼(仲虺)가 이를 걱정하여 고(誥)를 지어서 그 뜻을 풀어주었다. 《書經集傳 商書 仲虺之誥》

41 방패와……일 : 《서경》 〈우서(虞書) 대우모(大禹謨)〉에 "제순(帝舜)이 마침내 문덕(文德)을 크게 펴시어 방패와 깃일산으로 두 뜰에서 춤을 추셨는데, 70일 만에 유묘(有苗)가 와서 항복하였다.〔帝乃誕敷文德, 舞干羽于兩階, 七旬有苗格.〕"라고 하였다.

이치가 있습니다. 그런데 후세 사람들이 자신의 사사로운 생각으로 헤아리기 때문에 능히 이것을 믿지 못하고서 이런 이치가 없다고 말하니, 이것이 옳겠습니까. 삼연(三淵)이 이르기를, "'방패와 깃털로 춤을 추었다.〔舞干羽〕'라는 주(注)에 '유묘(有苗)가 감동하여 이른 것은 우연히 그렇게 그때 마침 된 것이다.' 하였으니, 방패와 깃털로 화기(和氣)를 이루었다는 것을 가지고 너무 영험하다고 혐의한 듯하다. 넓고 호탕한 태화(太和)의 기운이 능히 천리 밖에서 거스르고 어긋남을 사라지게 할 수 있으니, 이것이 어찌 소(韶)를 아홉 번 연주함에 봉황이 와서 춤을 춘 것과 다르겠느냐."라고 하셨으니,[42] 이 말씀은 형용한 것이 실제를 얻었는바 마땅히 정론이 될 것입니다.

성탕(成湯)이 후세에 구실로 삼을까 두려워한 것[43]에 이르러서는 천하와 만세를 염려하여 군주와 신하의 큰 한계를 보존하여서 그 뜻이 지극히 깊고 원대하니, 이 때문에 탕(蕩)임금이 성인(聖人)이 되신 것입니다. 중훼(仲虺)가 고(誥)를 아뢸 적에 천명(天命)과 인심(人心)이 떠나가고 나아감의 떳떳함을 극언하여서 탕임금의 부끄러움을 풀어 드렸습니다. '하늘의 명령을 받들어서 그 벌을 이루고 하늘의 도(道)를

42 삼연(三淵)이……하셨으니 : 삼연은 김창흡(金昌翕)으로, 이 말은《삼연집(三淵集)》권34〈일록(日錄)〉에 보인다. 소(韶)는 순(舜) 임금의 음악으로, 순 임금의 덕(德)이 신(神)과 사람을 감동시키고 짐승과 봉황을 춤추게 한 것을 말한다.《서경》〈익직(益稷)〉에 "소소(簫韶)를 아홉 번 연주하자 봉황이 와서 춤을 추었다.〔簫韶九成, 鳳凰來儀.〕"라고 하였다.

43 성탕(成湯)이……것 :《서경》〈상서(商書) 중훼지고(仲虺之誥)〉에 "성탕(成湯)이 걸왕(桀王)을 남소(南巢)에 유폐(幽閉)시키고 부끄러워하는 덕(德)이 있어 말씀하기를 '나는 후세(後世)에 나를 구실(口實)로 삼을까 두려워한다.' 하였다.〔成湯放桀于南巢, 惟有慙德曰: 予恐來世以台爲口實.〕"라고 하였다.

공경하여 천명을 보존하였을 뿐이니, 내 어찌 그 사이에 그 마음을 용납한 바가 있겠는가.'라고 말하였으니, 본래 부끄러울 만한 의리가 없음을 또한 말하지 않아도 알 수 있는바 그 군주를 독책하고 면려한 것이 지극합니다. 군주와 신하가 모두 그 바름을 얻어서 거의 유감이 없으니, 이 일이 무엇이 의리에 해롭기에 진실이 아니라고 결단한단 말입니까.

농옹(農翁) 또한 말씀하기를, "〈중훼지고〉 가운데에 인(仁)·의(義)·예(禮)·지(智)·신(信) 다섯 덕이 모두 구비되어 있으니 《상서(尙書)》 58편 중에 오직 이 편만이 그러하다."라고 하셨으니,[44] 어찌 손 가는대로 마음대로 써내어서 이 같은 글을 쓸 수 있겠습니까. 《고문상서》가 공씨(孔氏)의 벽속에서 나와서 공안국이 그 책을 모두 얻어 나라에 바쳤으니, 이 일이 《한서(漢書)》 〈예문지(藝文志)〉에 실려 있는바 의심할 만한 것이 아닙니다. 다만 당시에 무고(巫蠱)의 옥사를 만나서 학관(學官)에 나열되지 못하여 다소 탈간(脫簡)을 이루었으니, 유향(劉向)이 교정한 것은 지금 유행하는 고문(古文)과 비교하여 어떠한지는 알 수 없으나 위(魏)나라와 진(晉)나라 사이에서 나온 것은 착오와 뒤섞임이 없지 못합니다.[45] 그러므로 '전의(傳疑)'라고 한 것입

44 농옹(農翁)……하셨으니 : 농옹은 김창협(金昌協)으로, 이 말은 《농암집(農巖集)》 권31 〈잡지(雜識) 내편 일(內篇一)〉에 보인다.

45 고문상서가 공씨(孔氏)의……못합니다 : 《한서(漢書)》 권30 〈예문지(藝文志) 상서(尙書)〉에 따르면, 공안국(孔安國)이 공씨(孔氏)의 벽속에서 《고문상서》를 얻어 나라에 바쳤는데 무고(巫蠱)의 옥사를 만나 학관에 나열되지 못하였다가, 후에 유향(劉向)이 고문(古文)을 가지고 구양생(歐陽生), 대하후(大夏侯), 소하후(小夏侯)의 경문을 교정하였는데 탈간(脫簡)이 있었다고 한다.

니다.

주자(朱子)가 말씀한 위서(僞書)라는 것은 바로 공안국의 《서경》에 대한 서문(序文)을 가지고 말씀한 것이지 《고문상서》를 가리킨 것이 아니니, 이것을 가지고 곧바로 《고문상서》를 위서라고 단정하는 것은 바로 사슴을 쫓느라 태산(泰山)을 보지 못하는 격인 것입니다. 만일 이들로 하여금 멋대로 떠들도록 내버려둔다면 불에 탄 나머지에 겨우 전해진 것이 또 남아있지 못하게 될 것이니, 이 어찌 작은 일이겠습니까. 제 마음에 잊지 못하여 스스로 그칠 수가 없기에 삼가 이에 우러러 아뢰오니, 높으신 의견이 어떠하신지 모르겠습니다. 사문(斯文)의 한 맥에 오직 우리 문장(文丈)만이 남아계실 뿐입니다. 이러한 곳에 준엄하게 의논을 세운 뒤에야 진실로 경서(經書)를 호위하고 주자(朱子)를 높일 수 있을 것이니, 천만 유념하시기를 바랍니다.

첩의 자식의 부인이 남편의 생모(生母)를 뵐 적에 폐백을 올리지 않는 것은 진실로 근엄함이 지극하니, 이미 선생의 가르침을 들었습니다. 서제(庶弟)가 이제 막 아내를 얻었으므로 이런 의리를 말해주었더니 서모(庶母)는 근래 세속에 통행하는 것인데 자기만 홀로 못한다고 하여 그 서운함을 스스로 이기지 못하니, 이 또한 인지상정이라 이와 같음을 괴이하게 여길 것이 없습니다. 사실(私室)에 들어가서 이 예(禮)를 행하는 것이 그리 의리에 해롭지 않을는지요? 마음을 편안히 하여 가르침을 받들기를 바랍니다.

우옹(尤翁)이 남계(南溪)의 질문에 답하여 말씀하기를, "그 복(服)을 이미 벗었으면 비록 심상(心喪)이라고 하지만 본래 복(服)이 없는 사람이다. 그러므로 시집가도 혐의가 없단 말인가.-마지막의 '야야(也耶)' 두 글자는 아직 결정하지 못한 말입니다.- 아버지 때문에 압존(壓尊)되었지만 애통한 마음이 아직 남아있다면 이미 시집가고 아직 시집가지 않은 것에 차이가 없는데, 이미 시집간 딸이 남편의 집에 돌아가는 것을 허락받았다면 아직 시집가지 않은 딸이 시집을 가는 것도 다름이 없을 듯하다."라고 하셨으니,[46] 이 말은 《예경(禮經)》의 "연고가 있으면 23세에 시집간다."라는 글[47]을 해석하여 이렇게 말씀한 것이지, 이것이 당연하다고 말씀한 것은 아닙니다.

지금 상례(喪禮)가 다 없어져 거의 예방(禮防)이 없어서 부재모상(父在母喪)에 담제(禫祭)를 지낸 뒤에 시집가지 않은 딸이 심상(心喪)에 구애받지 않고 왕왕 시집을 가면서 마침내 우옹(尤翁)의 설을 구실로 삼으니, 저는 늘 근심스럽고 답답한 마음을 이기지 못하였습니다. 근래에 교부(教傅) 윤득관(尹得觀)[48] 씨가 어떤 이의 질문에 답한 것을 보니 우옹(尤翁)의 설을 인용하여 말하기를, "이 말씀을 근거해보면

46 우옹(尤翁)이……하셨으니 : 우암(尤庵) 송시열(宋時烈)이 남계 박세채(朴世采)에게 보낸 편지의 내용으로, 《송자대전(宋子大全)》 권67 〈답박화숙(答朴和叔)〉 기미년 2월 5일 편지에 보인다. 부재모상(父在母喪)에는 아버지에게 압존(壓尊)되어 13개월 대상(大祥) 때 복을 벗고 그 후로는 복은 입지 않으나 복을 입었을 때와 같은 마음으로 근신하기에 심상(心喪)이라고 한다.

47 예경(禮經)의……글 : 《예기(禮記)》 〈내칙(內則)〉에 "여자는 20세에 시집을 가는데, 연고가 있으면 23세에 시집을 간다.〔二十而嫁, 有故二十三年而嫁.〕"라고 하였는데, 연고란 부모의 상(喪)을 말한다.

48 교부(教傅) 윤득관(尹得觀) : 1710~? 자는 사빈(士賓), 호는 죽암(竹菴), 본관은 해평(海平)이다. 1738년(영조14) 무오식년사마시(戊午式年司馬試)에 합격하여 교부(教傅)를 지냈다. 저서에 《죽암집(竹菴集)》이 있다.

시집가지 않은 딸이 부재모상에 담제 뒤에 혼례를 행하는 것은 잘못이라고 말할 수 없다. 다만 우옹께서는 미처 담제 뒤의 심상(心喪)이라는 명칭이 잘못되었다는 것은 분변하여 갈파하지 않았다."라고 하였습니다. 우옹께서는 이유가 있어서 말씀한 것인데 윤씨의 설은 우옹의 설을 끌어다 인용하기를 이와 같이 하였으니, 잘못을 이어받고 오류를 답습하여 큰 예(禮)를 무너뜨릴까 염려되는바 이 어찌 작은 일이겠습니까. 부재모상에 담제를 지내면 상제(喪制)가 이미 끝났기 때문에 비로소 심상을 행하여 27개월의 기한을 다하는데, 윤씨가 "담제 뒤의 심상이라는 명칭이 잘못되었다."라고 말한 것은 진실로 무엇을 말한 것인지 알 수가 없습니다. 부디 우옹의 말씀을 취하여 다시 한 번 바꾸는 말을 놓으셔서 원용(援用)한 자의 의심을 풀어주시기를 바라니, 이것은 세교(世敎)를 붙들어 세우는 한 단서가 되는 것이기에 삼가 이에 자세히 여쭙는 것입니다.

노주 오장에게 보냄 임오년(1822, 순조22) 6월

與老洲吳丈 壬午六月

《맹자(孟子)》 7편(篇)은 바로 추성(鄒聖 맹자(孟子))이 직접 지은 것입니다. 〈맹자서설(孟子序說)〉에 비록 "만장(萬章)의 무리와 더불어 서술하여 지었다."라고 하였으나,[49] 반드시 손수 쓰신 데에서 나온 것입니다. 주자(朱子)의 이른바 "필세(筆勢)가 마치 도야(陶冶)하고 주조(鑄造)하여 이룬 것과 같아서 주워 모아 이룰 수 있는 것이 아니다."라고 한 것[50]이 이미 그 참된 뜻을 얻었으니, 어찌 공손추(公孫丑)와 만장(萬章) 등이 감히 한 마디 말이라도 거들 수 있는 것이겠습니까. 또 〈향당(鄉黨)〉 한 편이 없는 것을 보면 오로지 맹자에게서 나온 것임을 알 수 있습니다.[51] 사마천(司馬遷)이 지은 《사기(史記)》의 〈맹자순경열전(孟子荀卿列傳)〉에는 맹자가 직접 지은 것이라고 하였고 한유(韓愈)는 직접 지은 것이 아니고 제자가 기록한 것이라고 하였는

49 맹자서설(孟子序說)에……하였으나 : 주희(朱熹)가 지은 〈맹자서설(孟子序說)〉에 "맹자께서 가는 곳마다 뜻이 합하지 못하자, 물러나 만장(萬章) 등의 문도(門徒)들과 더불어 《시경》과 《서경》을 서술하고 중니(仲尼)의 뜻을 기술하여 《맹자》 7편을 지었다.〔所如者不合, 退而與萬章之徒, 序詩書, 述仲尼之意, 作孟子七篇.〕"라고 한 것을 가리킨다.

50 주자(朱子)의……것 : 이 말은 주희(朱熹)의 〈맹자서설(孟子序說)〉의 주(註)에 보인다.

51 또……있습니다 : 《논어》에는 공자의 문인들이 공자의 얼굴빛과 말씀 및 행동을 기록한 〈향당(鄉黨)〉편이 있는데 《맹자》에는 〈향당〉편이 없으므로 맹자가 직접 저술한 것으로 보아야 한다는 뜻이다.

데, 주자가 〈맹자서설(孟子序說)〉에서는 《사기》의 말을 따르고 집주(集註)에서는 한유의 말을 따른 것은-〈등문공 상(滕文公上)〉 "도성선(道性善)" 주(注)에 이르기를 "문인들이 그 말을 다 기록하지 못하였다."라고 하였고 "배회사주지강(排淮泗注之江)" 주에 이르기를 "이는 기록한 자의 잘못이다."라고 하였습니다.-어째서입니까? 마땅히 주자가 말씀하신 "《사기》가 옳은 듯하다.〔史記近是〕"라는 네 글자[52]를 정론(定論)으로 삼아야 하겠습니까?

또 생각건대 《효경(孝經)》의 금문(今文)은 바로 안지(顔芝)가 소장했던 것으로, 《효경》의 고문(古文)이 《고문상서(古文尙書)》와 함께 나왔는데 유갱생(劉更生)이 금문을 올바른 것으로 삼아 이것을 학관(學官)에 세웠으니,[53] 그렇다면 공자(孔子)와 증자(曾子) 두 성인에게서 나온 것에 의심할 만한 여지가 없는 것입니까? 주자께서는 여러 경서에 대해서 만일 의심나거나 착오가 있다고 생각되면 반드시 '아무 자(字)는 마땅히 아무 자(字)가 되어야 한다.'라고 하여서 정중하고 신중히 하는 뜻을 부쳐두셨는데, 유독 《효경》에는 곧바로 간오(刊誤)를 가하신 것[54]은 어째서입니까? 만일 이것이 견강부회하여 참을 어지

52 주자가……글자 : 주희(朱熹)의 〈맹자서설(孟子序說)〉의 주(註)에서 《사기(史記)》와 한유(韓愈)의 주장이 다름을 말하고 둘 가운데 《사기》가 옳은 듯하다고 하였다.

53 효경(孝經)의 금문(今文)은……세웠으니 : 《수서(隋書)》 권32 〈경적지(經籍志)〉에 따르면 《효경》의 금문(今文)은 진(秦)의 분서(焚書) 때 하간(河間) 사람인 안지(顔芝)가 보관해 두었던 것이며 고문(古文)은 《고문상서》와 함께 나온 것으로 공안국(孔安國)이 이에 전(傳)을 지었었는데, 후에 한(漢)나라 학자 유향(劉向)이 경적(經籍)들을 교열하면서 《효경》은 고문보다 금문이 낫다고 하여 금문 18장(章)으로 정하였다고 한다. 갱생은 유향의 본명이다.

54 유독……것 : 주희(朱熹)는 《효경간오(孝經刊誤)》를 지어 《효경》의 내용을 독자적으로 분류하여 고문(古文)을 위주로 경(經)과 전(傳)으로 나누어 정리하고 장(章)이

럽힌다는 것을 알았다면 그 말을 삭제해버리는 것이 옳습니다. 그런데도 이것을 《소학(小學)》에 채택하여 편집한 것은 무슨 의리입니까? 밝은 가르침을 받길 원합니다.

나 자구(字句)를 산삭(刪削)하였다. 《孝經刊誤 提要》

노주 오장에게 보냄 계미년(1823, 순조23) 7월 13일
與老洲吳丈 癸未七月十三日

제가 지난밤에 상여(喪餘)[55]를 지냈는데 이어 생각하니 출주축(出主祝)에 "금이(今以)" 두 글자 위에 속칭(屬稱)과 이름을 쓰지 않은 것은 궐문(闕文)인 듯싶습니다.[56] 한결같이 《가례(家禮)》의 시제(時祭)와 예제(禰祭)[57]의 출주축의 예를 따르는 것이 옳을 듯하니, 어떨지 모르겠습니다. 《가례》의 기제축(忌祭祝)에 다만 "금이(今以)" 두 글자만을 쓴 것은 바로 속칭이 정해지지 않았기 때문이었는데 《상례비요(喪禮備要)》에서 그것을 그대로 인습하였으니, 존귀한 가문에서 행하시는 바를 듣길 원합니다.

여기에 있는 어떤 사람이 물었는데, 그 손부(孫婦)의 상(喪)이 끝나서 마땅히 자기 죽은 아내에게 부제(祔祭)[58]하여야 할 터인데 망실(亡室)

55 상여(喪餘) : 삼년상을 넘기고 지내는 기제(忌祭)를 말한다. 이재(李縡)의 《사례편람(四禮便覽)》 권8 〈기일(忌日)〉에 "한 분의 신위만 설치하는 것이 올바른 예이다. 대개 기일은 상(喪)의 나머지이다.〔只設一位, 禮之正也. 蓋忌日乃喪之餘.〕"라고 하였다.

56 출주축(出主祝)에……듯싶습니다 : 《가례(家禮)》에 기제(忌祭)의 출주축에는 "지금 모친모관부군의 돌아가신 날에 감히 신주를 청하여 정침에 모셔 놓고 공손히 추모를 펴고자 합니다.〔今以某親某官府君遠諱之辰, 敢請神主, 出就正寢.〕"라고 하였는데, 이는 곧 "금이(今以)" 두 글자 앞에 속칭과 이름을 쓰지 않은 것이다. 예컨대 《가례》의 시제(時祭)에 해당하는 출주축에서는 "효손 아무개는 지금 중춘의 달에…….〔孝孫某, 今以仲春之月…….〕"라고 하여 "금이" 두 글자 앞에 속칭과 이름을 두었다.

57 예제(禰祭) : 음력 9월에 선친에 대해 지내는 제사를 말한다. 《家禮 卷5 祭禮》

도 아직 부위(祔位)에 있다 하니 마땅히 부위에게 부제하여야 하겠습니까? 아니면 위로 한 등급을 건너뛰어서 부제하여야[59] 하겠습니까? 《예기》 〈잡기(雜記)〉의 "할아버지가 죽어서 아직 연제(練祭 소상(小祥))와 상제(祥祭 대상(大祥))를 지내기 전에 손자가 또 죽었더라도 할아버지에게 부제해야 한다."라는 글을 가지고 헤아려보면 손부를 망실에게 부제하는 것에 의심할 만한 점이 없을 듯하나, 시제(時祭)에 망실에게 부식(祔食)하고자 하면 부위(祔位)에는 고유할 만한 축문이 없어서 이와 같은 많은 어려움이 있습니다. 한 등급을 건너뛰는 예(禮)를 사용하여 곧바로 그 조비(祖妣)에게 부제했다가 그 사람이 죽어서 사당에 들어가기를 기다려서 다시 부제하는 것이 어떨지 모르겠습니다. 미호(渼湖) 또한 이 예(禮)를 가지고 녹문(鹿門)에게 질문하셨으나[60] 《녹문집(鹿門集)》 가운데에 대답한 말이 없으니, 밝은 가르침을 받기를 원합니다.

58 부제(祔祭) : 상기(喪期)를 마치고 신주를 조상의 신주가 있는 사당으로 옮길 때에 지내는 제사이다.

59 위로……부제하여야 : 《예기》 〈상복소기(喪服小記)〉에 "할아버지가 없을 경우 한 등급을 건너뛰어 오른다. 부제는 반드시 소목(昭穆)을 지킨다.〔亡則中一以上而祔, 祔必以其昭穆.〕" 하였는데, 《의례주소(儀禮注疏)》 〈사우례(士虞禮)〉에서 이를 인용하면서 그 소(疏)에 이르기를 "'중(中)'이란 건너뛰는 것을 말하고 '한 등급을 오른다〔一以上〕' 함은 할아버지나 할아버지의 할아버지를 말하는데, 손자는 할아버지에게 부제하는 것이 정상이지만 할아버지가 없을 경우 고조할아버지에게 부제한다는 것이다.〔中猶間也. 一以上, 祖又祖. 孫祔祖爲正, 若無祖則祔于高祖.〕" 하였다.

60 미호(渼湖)……하였으나 : 미호 김원행(金元行)이 녹문 임성주(任聖周)에게 이 내용을 가지고 질문한 편지가 《미호집(渼湖集)》 권4 〈여임중사(與任仲思)〉 마지막 편지에 보인다.

노주 오장에게 답함 계미년(1823, 순조23) 8월 18일

答老洲吳丈 癸未八月十八日

《귀암집(龜巖集)》[61]은 잘 보셨는지요? 이와 같이 훌륭한 사람으로서 이와 같은 처지에 있었으니[62] 다만 마땅히 본인의 분수로써 끝마칠 뿐이요, 굳이 완비하기를 요구할 필요가 없을 듯합니다. 일언이폐지하고 송암(松巖) 이후에 오직 한 분이시니,[63] 이것이 이미 빼어납니다.

61 귀암집(龜巖集) : 이원배(李元培, 1745~1802)의 문집을 말한다. 이원배는 자는 여달(汝達), 호는 귀암, 본관은 공주(公州)이다. 처사 구취(矩就)의 아들로, 12대조인 선전관 겸(謙)이 함경도 경성(鏡城)으로 유배 가서 살게 된 뒤로 대대로 그곳에 거주하였으며, 이재형(李載亨)의 학문을 이어받았다. 1798년(정조22) 전국의 경학에 밝은 선비들을 뽑을 때 함경도의 추천을 받았으며, 구경(九經)에 대한 정조의 친문(親問) 60여 조에 대답하여 포상을 받았다. 함경도 분교관(分敎官)으로 그 지방의 많은 선비들을 훈도하였고, 그 뒤 의금부도사를 거쳐 상의원별제(尙衣院別提)·장릉령(莊陵令)에 임명되었으나 모두 나가지 않았다. 경학과 예학에 힘썼고, 문장에도 능하여 많은 제자들을 길러냈다. 제학(提學)에 추증되었으며, 함경도 경성의 도북서원(道北書院)에 배향되었다. 시호는 문의(文懿)이다.

62 이와 같은 처지에 있었으니 : 함경도 경성(鏡城)에서 태어나 거주하였던 것을 말한다.

63 송암(松巖)……분이시니 : 송암과 귀암이 모두 같은 함경도 출신의 유학자이기 때문에 이렇게 말한 것이다. 송암은 이재형(李載亨, 1665~1741)으로, 자는 가회(嘉會), 호는 송암, 본관은 전주(全州)이다. 함경도 경성(鏡城)에서 태어나 최신(崔愼)에게 사숙하였고, 1685년(숙종11) 북평사(北評事)로 부임한 김창협(金昌協)을 찾아가 수학하기도 하였다. 홍치중(洪致中)이 북로(北路)의 문학지사(文學之士)로 천거하였고, 이광좌(李光佐)의 천거로 소지(召旨)가 내렸으나 나아가지 않았다. 당시에 북관(北關)을 대표하는 성리학자로 불리며 노론(老論) 계열에서 큰 관심을 가지기도 하였

사람과 물건이 오상(五常)을 갖춘 것을 논하여 말하기를, "천명(天命)의 성(性)은 만물이 다만 한 근원이어서 허다한 여러 가지 모양이 없다. 예로부터 모두 말하기를 '초목은 완전히 막혀 통하지 못해서 원래 지식이 없다.'라고 하나, 콩을 뜰 밑에 심어서 장성하게 되어 나무를 가져다가 가운데에 세워놓으면 부근에 있는 콩 줄기가 모두 그 나무를 향하여 칭칭 얽히며, 박을 울밑에 심으면 박이 반드시 울타리를 향하여 뻗어간다. 이것을 가지고 관찰하면 비록 초목이라도 또한 지각이 없을 수 없는데 사람들이 스스로 살피지 못할 뿐이다."라고 하였고, 또 말하기를, "내가 콩과 박으로 비유한 것은 다만 지각이 약간 사람과 같은 것을 인용하여 대본(大本)의 성(性)이 같음을 밝혔을 뿐이요, 지각을 성(性)으로 인식한 것은 아니다."라고 하였으니, 이것은 송암이 "횡으로 사는 금수와 거꾸로 사는 초목이 모두 오상(五常)을 덮고 있다."라고 한 말과 완전히 합치됩니다. 능히 초목에도 또한 모두 신명이 있음을 간파하였으니, 그 견해가 이와 같이 드높습니다. 연옹(淵翁)이 말씀한바 "사우(師友)의 강설을 기다리지 않고 홀로 그 요령을 잡고 있다."[64]라는 것이니, 더욱 사람으로 하여금 기쁘고 찬탄하게 합니다.

다. 저서로 《송암집(松巖集)》 6권 3책이 있다.

64 연옹(淵翁)이……있다 : 연옹은 삼연(三淵) 김창흡(金昌翕)으로, 이 말은 《삼연집》 권19 〈답이참봉(答李參奉)〉에 보인다.

노주 오장에게 보냄 계미년(1823, 순조23) 9월 10일

與老洲吳丈 癸未九月十日

지난번에 대면하여 여쭌 여간(餘干)[65]에 대한 의논은 생각건대 응당 기억하고 계실 것입니다. 주자(朱子)가 광종(光宗)과 영종(寧宗)이 황제의 자리를 주고받은 일[66]에 대해서 비단 찬미할 뿐만이 아니었고, 또 《정지(鄭志)》의 설을 인용하고서 '아버지가 있으면서 할아버지에게서 나라를 이어받은 복제가 비로소 의심이 없다.'라고 한 데[67]에 이르

65 여간(餘干) : 송(宋)나라의 영종(寧宗) 때의 정승 조여우(趙汝愚, 1140~1196)를 가리키는데, 그가 여간(餘干) 사람이므로 이렇게 말한 것이다. 조여우는 자는 자직(子直), 시호는 충정(忠定)이며, 주희(朱熹), 장식(張栻), 여조겸(呂祖儉), 왕응신(汪應辰) 등과 교유하였다. 효종(孝宗)이 죽고 광종이 병으로 효종의 장례를 집상하지 못하게 되자, 한탁주(韓侂胄)를 헌성태후(獻聖太后)에게 보내어 내선(內禪)할 것을 청하여 영종(寧宗)을 제위에 올렸는데, 나중에 한탁주로부터 '사직(社稷)을 모위(謀危)한다'는 무고를 입고 귀양을 가서 죽었다. 저서에 《송조제신주의(宋朝諸臣奏議)》 등이 있다.

66 광종(光宗)과……일 : 송(宋)나라 효종(孝宗, 1127~1194)이 붕어하고 광종(光宗)이 병이 들자, 조여우(趙汝愚)가 헌성태후(獻聖太后)에게 주청하여, 광종의 둘째 아들로 가왕(嘉王)에 봉해진 영종(寧宗)을 받들어 즉위시켰던 일을 가리킨다. 《宋史 卷392 趙汝愚傳》

67 정지(鄭志)의……데 : 《정지》는 위(魏)나라 때 정현(鄭玄)의 손자 정소동(鄭小同)이 찬(撰)한 것으로, 정현과 그 문인들의 문답을 기록한 책이다. 주희(朱熹)의 《회암집(晦庵集)》 권14 〈걸토론상복차자(乞討論喪服箚子)〉에 영종(寧宗)이 할아버지인 효종(孝宗)이 죽고 병환이 있는 아버지 광종(光宗) 대신 왕위를 선양받아 상주가 되어 초상을 주관하였을 때의 복제에 대해 논하였는데, 뒤에 붙인 〈서주고후(書奏藁後)〉에서 "천자와 제후의 복제는 모두 참최(斬衰)로 한다."라는 《정지》의 말을 인용하고서

러서는 거의 달리 생각할 여지가 없는데, 문인의 질문에 답할 때에는 "조 상국(趙相國 조여우(趙汝愚))이 전일에 한 일에는 약간 옳지 못한 곳이 있다."라고 하셨고, 또 말씀하기를 "조자직(趙子直)은 충신이라고 할 수 있으나 종묘사직의 큰 계책을 가지고 말하면 또한 옳지 못한 곳이 있으니, 어떻게 지하에서 선제(先帝)를 뵐지 모르겠다."라고 하셨습니다.-《주자어류(朱子語類)》 132편에 보입니다.- 이것은 조정에 들어간 날에 경도(經道)와 권도(權道)를 논하여서 참최 상복의 제도를 의논한 것과는 같지 않으니, 혹 초년과 말년에 견해가 달라 그런 것입니까?

주 선생(朱先生)이 일찍이 자직(子直)에게 후한 상으로 공로에 보답하여 탁주(侂胄)를 처단하고 정사에 간여치 말게 할 것을 여러 번 권하였는데, 자직이 그 말을 듣지 않아서 고기가 물러터지고 황하가 터지는 지경에 이르게 하였으니,[68] 이것은 자직이 분수를 잃은 소치입니다. 《주자어류》에서 운운한 것은 아마도 마지막에 처치를 잘못한 것에 의거하여 말씀한 것인 듯하니, 황제의 지위를 승습(承襲)한 일을 가리킨 것은 아닌 듯합니다. 그러나 "종묘사직의 큰 계책"이라고 하셨으면 이것은 근원을 따라서 말한 것이고 한탁주를 대처한 하나의 일만을 가리키지는 않는 듯하니, 알지 못하겠습니다만 평소 어떻게 간파하셨습니까?

이처럼 하면 된다는 것에 있어 비로소 의심이 없게 되었다고 하였다.

68 주 선생(朱先生)이……하였으니 : 송 영종(宋寧宗)이 즉위하고 한탁주(韓侂胄)가 득세하자 주희(朱熹)가 조여우(趙汝愚)에게 편지를 보내 한탁주에게 후한 상을 주어 영종(寧宗)을 옹립하는 데 세운 공로를 갚아주고 정사에는 간여하지 못하도록 할 것을 누차 말하였는데, 한탁주가 이를 알고는 조여우를 배척하고 주희를 쫓아내면서 이학(理學)을 위학(僞學)으로 몰아 '경원당화(慶元黨禍)'를 일으켰다. 《朱子年譜》

자직(子直)은 변고의 일을 만나서 그 권도를 잃지 않았으니, 참으로 사직의 신하입니다. 비난이 이를 수가 없지만 의리는 무궁하니, 그렇다면 또한 무(武)로서 아직 소(韶)가 되지 못한 것[69]이 있는 것입니까? 윤휴(尹鑴)가 일찍이 회옹(晦翁)이 영종(寧宗)에게 벼슬했다고 하여 은근히 제멋대로 비방하였으니[70] 이것은 전혀 사리에 맞지 않습니다. 영종은 세자의 처지로서 태모(太母)의 명령을 받들어 즉위하였던바 지위를 구하여 지위를 얻은 것이 아니니, 이종(理宗)이 권간(權奸)에 의해 옹립된 것[71]과는 같지 않습니다. 그러니 무슨 죄가 있어서 복종하여 섬길 수 없단 말입니까. 이들은 밤낮으로 하자를 찾아서 주자(朱子)의 잘못을 찾는 자들이니 또한 무슨 짓인들 못하겠습니까. 다만 자기 분수를 알지 못함을 드러낼 뿐입니다. 그러나 혹 올바른 학문이 밝지

69 무(武)로서……것 : 좋지만 지극히 훌륭한 경지에는 이르지 못했다는 뜻이다. 무(武)는 무왕의 음악이고 소(韶)는 문왕의 음악으로, 《논어》〈팔일(八佾)〉에 "공자가 소(韶)를 듣고는 '지극히 아름답고 또 지극히 선하다.' 하고 무(武)를 듣고는 '지극히 아름답긴 하나 지극히 선하지는 못하다.' 하였다."라고 하였다.

70 윤휴(尹鑴)가……비방하였으니 : 윤휴는 송 영종(宋寧宗)이 선위(禪位)받은 것을 찬탈(簒奪)이라고 하면서 영종과 그를 옹립한 조여우(趙汝愚)를 극도로 배척하였고, 주자(朱子)가 영종의 부름을 받고 조정에 나간 일에 대해서는 뒤늦게 사면(辭免)한 것은 영종이 찬탈하였기 때문이었다고 논하였다. 이를 두고 송시열은 윤휴가 주자가 영종의 조정에서 오래도록 벼슬하였음을 알면서도 은근히 기롱한 것이라고 비판하였다. 회옹은 주자(朱子)를 가리킨다. 《白湖集 卷23 晦菴辭官說, 禪繼說》《宋子大全 卷19 論大義仍陳尹拯事疏》

71 이종(理宗)이……것 : 송 영종(宋寧宗)이 아들이 없어서 종실 중에서 제왕 횡(濟王竑)을 양자로 데려왔는데, 그때의 권신이었던 사미원(史彌遠)이 영종이 죽은 뒤 조서를 고쳐 황자(皇子) 횡(竑)을 폐하고 다른 종실에서 양자를 들여 이종(理宗)을 즉위시켰다. 《宋史 紀事本末 卷24 史彌遠廢立》

못하고 사람의 견해가 쉽게 잘못되어서 이처럼 바른 사람을 욕하는 말이 쉽게 입에 오르는 자료가 될까 염려되기에 한번 아뢰오니, 바라건대 빨리 의논을 세워서 영원한 후세에 밝게 보여주십시오.

노주 오장에게 보냄 계미년(1823, 순조23) 10월 10일

與老洲吳丈 癸未陽旬

근래에 《주서(朱書)》에 실린 〈답서자융(答徐子融)〉을 보니 "횡거(橫渠)가 이르기를 '태허(太虛)로 말미암아 천(天)이라는 명칭이 있게 되었고 기화(氣化)로 말미암아 도(道)라는 명칭이 있게 되었고 허(虛)와 기(氣)를 합하여 성(性)이라는 명칭이 있게 되었고 성(性)과 지각(知覺)을 합하여 심(心)이라는 이름이 있게 되었다.'라고 하였는데[72] 명의(名義)가 매우 치밀해서 바꿀 수 없는 지론(至論)이다."라고 하셨습니다. 이른바 태허라는 것은 이(理)입니까, 기(氣)입니까? 이(理)라고 본다면 《정몽(正蒙)》 중에 말한 태허(太虛)와 태화(太和)는 모두 기(氣)에 해당되니 여기에서만 유독 이(理)라고 부를 리가 없고, 기(氣)라고 본다면 하늘이 어찌 기(氣)를 덮어쓰고 명명할 수 있으며 성(性)이 어찌 기(氣)로써 기(氣)를 합쳐서 명명할 수 있겠습니까. 이 때문에 어리석은 저는 일찍이 태허를 신(神)에 소속시켰으니, 신(神)과 이(理)는 간격이 없기 때문입니다. 《정몽》에 또 이르기를 "신(神)이라는 것은 태허가 신묘하게 응하는 조목이다."라고 하였으니 태허가 신(神)이 된다는 것을 더욱 믿을 수 있습니다.

72 횡거(橫渠)가……하였는데 : 횡거는 북송(北宋)의 유학자 장재(張載, 1020~1077)로, 자는 자후(子厚), 호는 횡거, 시호는 헌공(獻公)이며, 봉상(鳳翔) 미현(郿縣) 사람이다. 송대 이학(理學)을 창시한 북송오자(北宋五者) 중 한 사람으로, 관중(關中)에서 강학하였으므로 그의 학문을 '관학(關學)'이라 부른다. 인용한 말은 장재의 저서 《정몽(正蒙)》 〈태화편(太和篇)〉에 보인다.

신(神)은 진실로 기(氣)이지만 담일(湛一)이 근본이 되고 기화(氣化)가 말단이 되니 이 때문에 다른 것입니다. 혹자는 태허를 곧바로 태극이라고 보고 혹자는 허(虛)가 바로 이(理)라고 하여서 하늘과 성(性)의 명칭이라고 하니, 이(理)를 명명하였다는 것은 그럴 듯하지만 횡거의 본지를 잃은 듯합니다. 횡거는 기(氣)를 말씀하기를 좋아하여 매번 기(氣)로 말미암아 이(理)를 미루어서 이(理)가 기(氣)의 주체가 되었으니, 지금 이 태허라는 말도 또한 신(神)이라는 글자의 부위(部位)를 가지고 말하여 이(理)와 하나가 된 것입니다. 이것은 자강(子岡 이봉수(李鳳秀))과 왕복하며 논한 것인데 자강의 말이 이와 같았으니 훌륭하신 뜻은 어떠한지 모르겠습니다. 《정몽》〈태화(太和)〉장의 허공(虛空)은 바로 기(氣)인데, 허공을 가지고 이(理)를 가리켜 말한 경우가 있다고 하니, 이 말은 어떻습니까? 태허가 이(理)에 속하는가, 기(氣)에 속하는가가 혹 그 자리에 따라 같지 않다면 또한 마땅히 이(理)로 인식하여 태극에 비견해야 합니까? 밝으신 가르침을 듣길 원합니다.

대상(大祥)을 지내고 사당에 들어갈 때에 마땅히 망자(亡者)의 할아버지에게 부(祔)하여야 할 것이지만, 지자(支子)가 할아버지를 이은 소종(小宗)으로서 집이 다르고 사당이 다른 사람[73]도 또한 마땅히 자기 아버지를 종가의 할아버지 사당에 부(祔)하였다가 협제(祫祭)[74]를

73 지자(支子)가……사람 : 종가(宗家)인 대종(大宗)에서 갈려나온 방계(傍系)를 소종(小宗)이라 하는데, 여기에서는 지손(支孫)이 할아버지를 계승하여 따로 자기의 조상을 제사 지내는 경우를 가리킨 것이다.

기다려서 그 사당에 들여야 합니까? 수암(遂菴 권상하(權尙夏))과 후재(厚齋 김간(金榦))는 모두 할아버지에게 부(祔)한다는 논의를 주장하였으니 이는 원칙을 지킨 것이나, 또한 형세가 막히고 어려워서 할아버지 사당에 부(祔)할 수 없는 경우에 장차 아버지 사당의 동쪽 벽에다가 임시로 부(祔)할 것이라면, 대상 전날에 고유하는 말을 마땅히 고쳐 이르기를 "마땅히 증조고에게 부(祔)해야 하는데 지자가 아버지 사당을 이어서 예(禮)에 준하여 사당을 세웠기에 할아버지 사당에 가서 부(祔)하는 것이 형세에 구애되는 바가 있으므로 임시로 동쪽 벽에다 봉안합니다.……"라고 해야 할 것이니, 어떨지 모르겠습니다.

74 협제(祫祭) : 삼년상이 끝난 뒤에 여러 조상의 신주를 한 곳에 모시고 행하는 제사를 말한다.

노주 오장에게 보냄 갑신년(1824, 순조24) 1월 14일

與老洲吳丈 甲申上元前日

지난번 자리에서 우러러 아뢴 '정복(正服)은 마전하지 않는다'는 한 조항은 이미 생각하여 소(疏)의 내용을 간파하신 것이 있으십니까?[75] 다시 《예기》 〈상복사제(喪服四制)〉를 살펴보니 "13개월에 연관(練冠)을 한다."[76]라고 하였고, 〈간전(間傳)〉에 이르기를 "기년(期年)이 되어 소상(小祥)을 지내게 되면 연관(練冠)을 하고 동정을 연한 붉은빛 천으로 가선을 두른다."라고 하였고, 〈단궁(檀弓)〉에 이르기를 "연제(練祭)에 연의(練衣)를 입되 누런색 천으로 안을 대고 동정을 연한 붉은빛 천으로 가선을 두른다."라고 하여 특별히 '최(衰)'를 들어서 말하지 않았습니다. 그러므로 소가(疏家)[77]에 "정복은 바꿀 수 없다."

75 정복(正服)은……있으십니까 : 《예기》 〈단궁 상(檀弓上)〉에 "연제(練祭)에는 연의(練衣)에 누런색 천으로 안을 대고 동정을 연한 붉은색 천으로 가선을 두른다.〔練, 練衣黃裏縓緣.〕"라고 하였는데, 공영달(孔穎達)의 소(疏)에 "연제는 소상(小祥)이니, 소상에 마전한 관(冠)과 마전한 중의(中衣)를 입으므로 연(練)이라 한 것이다. 연의(練衣)는 마전한 베로 중의를 만든 것이요, 황리(黃裏)는 황색으로 중의의 속을 만든 것이다. 정복(正服)은 바꿀 수가 없으니, 중의는 정복이 아니고 다만 최복(衰服)을 받쳤을 뿐이다."라고 하여 정복(正服)은 마전하지 않는다고 하였는바 이를 가리킨다. 《禮記注疏》

76 13개월에 연관(練冠)을 한다 : 연관은 마전한 포로 만든 관으로, 친상(親喪)을 당한 사람이 일주년이 지난 뒤 13개월째에 지내는 연제(練祭), 즉 소상(小祥)에 이 관을 쓴다.

77 소가(疏家) : 소가 주소(註疏)를 낸 사람으로, 여기서는 《예기》에 소를 단 공영달

라는 말이 있어서 공최복(功衰服)[78]이 이미 마전한 것임을 알지 못합니다. 《의례(儀禮)》 〈상복(喪服)〉의 '대공포(大功布)'에 대한 주(注)에 이르기를, "대공포란 그 가공한 공(功)이 거칠고 조악한 것이다."라고 하였으니, 가공함이 거칠고 조악하다는 것은 바로 이른바 '연(練)'이라는 것입니다. 그러니 공최복(功衰服)을 받으면 다시 마전할 필요가 없기 때문에, 다만 관(冠)과 중의(中衣)만을 말한 것입니다.

정현(鄭玄)이 《예기》 〈잡기(雜記)〉의 "삼년상에 공최(功衰)를 입는다."라는 말에 대한 주(註)에 "공최는 마전한 복이다."라고 하였고, 횡거(橫渠 장재(張載))는 〈잡기〉의 "부모의 상이 있으면서 오히려 공최(功衰)를 입는다."라는 말을 해석하여 "오히려 공최를 입는다는 것은 아직 소상(小祥)을 지내기 전에 오히려 마전한 공최를 입는 것이다."라고 하였고, 횡거가 또 말씀하기를 "소상(小祥)에 그 공최(功衰)를 마전하여 입으니, 그렇다면 연(練)과 공최는 두 물건이 아니다. 연(練)도 또한 공최라고 이르니 그 공최(功衰)를 마전하여 입는 것이다."라고 하였고, 면재(勉齋 황간(黃榦)) 또한 이르기를 "대공(大功)의 최복(衰服)을 받았다는 것은 전기(傳記)의 주소(註疏)와 마찬가지로 대공포를 마전하여 웃옷을 만든다는 것이니, 비단 중의(中衣)만을 마전하는 것이 아니고 공최를 마전하는 것이다."라고 하였으니, 이런 여러 설을 근거해 보면 정복(正服)을 마전하지 않는다는 논의는 옳지 못할 듯합니다.

(孔穎達)을 가리킨다.

78 공최복(功衰服) : 삼년상을 당하여 소상(小祥)이 지난 뒤에 입는 참최복을 말한다. 참최복을 만드는 데 사용하는 마포(麻布)의 승수(升數)가 대공복을 만드는 데 사용하는 마포와 같기 때문에 이렇게 칭한다.

마전하지 않으면 모르겠지만 이미 마전한다고 한다면 마땅히 먼저 최복(衰服)을 마전하여야 하니, 어찌 정복을 바꿀 수 없다고 말하겠습니까. 장횡거와 황면재 두 현자가 진실로 정밀한 뜻을 얻었는데, 소(疏)의 말이 선입견이 되어서 잘못을 인습한지가 오래이니, 삼가 바라건대 공론을 세워 잘못을 고쳐서 정도(正道)로 돌아오게 해주십시오.

노주 오장에게 보냄 갑신년(1824, 순조24) 4월 15일

與老洲吳丈 甲申四月望日

천근(天根)과 월굴(月窟)[79]의 뜻을 다시 출처를 살펴보니, 천근은《이아(爾雅)》에 처음 보이는데 "천근은 저성(氐星)이다."라고 하였고 주(註)에 이르기를 "각성(角星)과 항성(亢星)이 아래로 저성(氐星)에 매여 있는 것이 마치 나무에 뿌리가 있는 것과 같다."라고 하였으며, 월굴은 양웅(揚雄)의 〈장양부(長楊賦)〉에 처음 보이는데 "서쪽으로 월굴을 누르고, 동쪽으로 일역(日域)에서 떨친다."라고 하였습니다. 강절(康節 소옹(邵雍))이 원용한 것은 바로 여기에서 나온 것인데, 다만 그 음양(陰陽)의 뜻을 취했을 뿐 다른 뜻은 없는 듯합니다.

주 선생(朱先生 주희(朱熹))이 일찍이 강절(康節)의 시에 "건괘(乾卦)가 손괘(巽卦)를 만난 때에 월굴이 되고, 지괘(地卦)가 뇌괘(雷卦)를 만난 곳에 천근을 보도다.〔乾遇巽時爲月窟 地逢雷處見天根〕"와 "월굴을 탐구하여야만 물건을 알 수 있고, 천근을 밟지 않으면 사람을 어찌

79 천근(天根)과 월굴(月窟) : 천근(天根)은《주역》의 복괘(復卦)를, 월굴(月窟)은 구괘(姤卦)를 가리킨 것인데, 각각 양(陽)과 음(陰)을 비유한 것으로서 천지 음양의 이치를 말할 때 쓰는 표현이다. 이 두 말은 송(宋)나라 소옹(邵雍)의 〈관물(觀物)〉에 "이목 총명한 남자의 몸으로 태어나니, 하늘이 부여한 것 빈약하지 않네. 월굴을 탐구하여야만 물건을 알 수 있고, 천근을 밟지 않으면 사람을 어찌 알겠느냐. 건괘가 손괘를 만난 때에 월굴이 되고, 지괘가 뇌괘를 만난 곳에 천근을 보도다. 천근과 월굴이 한가히 왕래하니, 삼십육궁이 모두 봄이라오.〔耳目聰明男子身, 洪鈞賦與不爲貧. 須探月窟方知物, 未躡天根豈識人? 乾遇巽時爲月窟, 地逢雷處見天根. 天根月窟閒往來, 三十六宮都是春.〕"라고 읊은 시에 함께 보인다.

알겠느냐.〔須探月窟方知物 未躡天根豈識人〕” 등의 구(句)를 해석하여 이르기를 “선천도(先天圖)에 복괘(復卦)로부터 건괘(乾卦)에 이르기까지는 양(陽)이고 구괘(姤卦)로부터 곤괘(坤卦)에 이르기까지는 음(陰)이니, 양은 사람을 위주로 하고 음은 물건을 위주로 한다.”[80]라고 하셨고, 또 〈화상찬(畫像贊)〉에 “손으로 월굴을 더듬고, 발로 천근을 밟았도다.”[81]라는 뜻을 해석하여 “구괘(姤卦)가 위에 있고 복괘(復卦)가 아래에 있으니, 위에 있기 때문에 ‘손으로 더듬는다.’라고 말하고 아래에 있기 때문에 ‘발로 밟는다.’라고 말한 것이다.”[82]라고 하셨으니, 이 말씀은 설명한 것에 미진함이 없는바 다시 의논할 여지가 없을 듯합니다.

80 선천도(先天圖)에……한다 : 선천도는 송(宋)의 소옹(邵雍)이 진단(陳摶)의 책을 얻어 만든 복희선천괘위도(伏羲先天卦位圖)를 말하는데, 주 문왕(周文王)이 지은 ‘역(易)’을 후천역(後天易)으로 하고, 복희(伏羲)가 지은 ‘역’을 선천역(先天易)으로 하여 만든 것이다. 복괘(復卦)는 양(陽)이 시작하는 괘이므로 건괘(乾卦)에 이르기까지 양이 되며, 구괘(姤卦)는 음(陰)이 시작하는 괘이므로 곤괘(坤卦)에 이르기까지 음이 된다고 한 것이다. 이 말은 《주자어류》 권100에 보인다.

81 화상찬(畫像贊)에……밟았도다 : 주자(朱子)의 〈강절선생화상찬(康節先生畫像贊)〉에 “손으로 월굴을 더듬고 발은 천근을 밟았도다.〔手探月窟, 足躡天根.〕”라고 하였는데, 이는 소옹(邵雍)이 주역(周易)의 이치를 알았음을 말한 것이다.

82 구괘(姤卦)가……것이다 : 《주역》에 실린 〈복희육십사괘방위지도(伏羲六十四卦方位之圖)〉에 보면, 구괘(姤卦)가 위에, 복괘(復卦)가 아래에 있으므로 이와 같이 말한 것이다. 이 말은 《주자어류》 권101에 보인다.

노주 오장에게 답함 갑신년(1824, 순조24) 4월 27일

答老洲吳丈 甲申四月廿七日

지난번에 말씀하신 한강(寒岡)의 상소문이 성모(聖母)를 핍박했다는 것은 참으로 높으신 뜻과 같습니다만, 이것은 계축년의 상소문이 아니고 바로 정사년에 올리려고 했던 상소문입니다.[83] 여기에 이르기를 "안으로 저주를 주도하고 밖으로 역모에 호응하였으니, 모자(母子)의 은혜가 이미 끊어졌습니다.[84] 종묘사직의 분통함이 무엇이 이보다 심하겠습니까."라고 하였습니다. 또 날마다 순 임금을 죽이는 것을 일삼은 부모를 인용한 것[85]은 진실로 지극히 놀랍고 답답하며, 심지어는

83 한강(寒岡)의……상소문입니다 : 한강은 정구(鄭逑, 1543~1620)로 자는 도가(道可), 호는 한강, 본관은 청주(淸州)다. 그는 1608년(광해군 즉위년) 임해군(臨海君)의 역모사건이 있자 관련자를 모두 용서하라는 상소를 올리고는 대사헌직을 그만두고서 귀향하였고, 1613년(광해군5) 계축옥사(癸丑獄事) 때 영창대군(永昌大君)을 구하려 했으며, 1617년(광해군9) 정사년 폐모론(廢母論) 때에도 인목대비(仁穆大妃)를 서인(庶人)으로 쫓아내지 말 것을 주장하였다. 여기에서 말하는 성모는 인목대비를 가리키며, 계축년과 정사년의 상소문은 1613년과 1617년에 쓴 상소문을 가리킨다. 계축년에 쓴 상소에서는 영창대군을 구하고자 올린 것이며, 정사년의 상소문은 인목대비의 폐위를 막고자 한 것인데, 정사년의 상소는 이미 광해군의 마음을 돌릴 수 없음을 알고 올리지 않았다. 《한강집(寒岡集)》 권2 〈계축차자(癸丑箚子)〉 세 편과 〈정사의상소(丁巳擬上疏)〉에 각각 보인다.

84 안으로……끊어졌습니다 : 《한강집(寒岡集)》 권2 〈정사의상소(丁巳擬上疏)〉에 실린 주석에 따르면 이 말은 당시 광해군이 전한 비망기(備忘記)에 있는 내용으로, 정구(鄭逑)가 이 상소에서 다시 인용한 것으로 되어 있다.

85 날마다……것 : 정구(鄭逑)는 상소문에서 순(舜) 임금의 아버지 고수(瞽瞍)가 후

무조(武曌)의 일을 거론하고서[86] "지금을 사례를 가지고 옛날과 비춰 보면 모자간의 은혜가 진실로 이미 끊어졌고 종묘사직의 치욕이 진실로 이미 심합니다."라고 한 것은 더욱 만만 번 놀랍고 두렵습니다. 천하에 옳지 않은 부모가 없으니,[87] 어찌 모자간의 은혜가 끊어지는 일이 있겠습니까. 그 말이 도리에 위배됨은 단지 모후(母后)의 죄상을 적으면서 돌아보는 바가 없었던 것일 뿐만이 아닙니다.

이 노인이 일찍이 임해군(臨海君)과 영창대군(永昌大君)에게 골육간의 은정을 보전하여 경도(經道)를 지켜야 한다는 의논을 청하여서 그 말씀이 참으로 훌륭하였는데, 도리어 금용(金墉)의 변고[88]에는 비단

처(後妻)에 미혹되어 순 임금을 미워하여 죽이고자 하였으나 순 임금은 자식이 된 도리를 다하였고 순 임금의 신하 역시 이 뜻을 따랐다고 말하였는데, 이는 폐위의 위기에 처한 인목대비와 광해군에 빗대어 말한 것이었다. 《寒岡集 卷2 丁巳擬上疏》

86 심지어는……거론하고서 : 무조는 당나라 고종(高宗)의 후(后)로서, 고종이 죽자 아들인 중종(中宗)을 즉위시켰다가 폐위하고, 다시 중종의 동생인 예종(睿宗)을 즉위시켰으며, 다시 예종을 폐위시키고 스스로 제위(帝位)에 오른 인물이다. 본 상소에서는 무조를 미리 내쳤어야 한다는 주장에 대해 주희(朱熹)가 어머니를 함부로 내칠 수 없었을 것이라고 한 말을 인용하여 인목대비의 폐위를 반대하는 근거로 삼았다. 《寒岡集 卷2 丁巳擬上疏》

87 천하에……없으니 : 순 임금의 아버지인 고수(瞽瞍)가 순 임금을 미워하여 죽이고자 하였으나 순 임금이 어버이 섬기는 도리를 다하자 고수가 마침내 교화된 일을 두고, 나중소(羅中素)가 "다만 천하에 옳지 않은 부모가 없다고 생각하기 때문이다."라고 하였다. 《孟子集註 離婁上》

88 금용(金墉)의 변고 : 인목대비의 유폐(幽廢)를 말한다. 금용은 본래 중국 하남성(河南省) 낙양현(洛陽縣)의 성(城)으로 위(魏)나라 명제(明帝)가 만든 것인데, 그 후에 사마사(司馬師)가 위주(魏主)인 방(芳)을 폐위시켜 이곳으로 옮기게 하고, 진(晉)의 양후(楊后), 민회태자(愍懷太子), 가후(賈侯)를 폐하여 모두 이곳에 유폐시키는 등 왕족을 이 성에 유폐시킨 사례가 많았다.

직간하지 못했을 뿐만이 아니라 도리어 흉악한 의논을 정론(正論)이라고 하였으니, 삼년상은 제대로 행하지 못하면서 시마복(緦麻服)과 소공복(小功服)을 살피는 데[89]에 가깝지 않겠습니까. 이와 같으면서 명의(名義)에 있어 죄를 얻었다 하지 않는 것은 듣지 못한 바입니다.

그러나 우옹(尤翁 송시열(宋時烈))이 귀양 가는 길에 이 분의 사당에 참배하였고, 미호(渼湖 김원행(金元行))는 그 손자에게 편지를 보낼 적에 또한 이 분을 선생이라 칭하였습니다. 오직 동춘(同春 송준길(宋浚吉))만이 한강(寒岡)의 이 상소문을 크게 배척하였는데, 대윤(大尹 윤선거(尹宣擧))이 말하기를 "한때의 시세의 의논을 어찌 다 어길 수 있겠는가."라고 하자 동춘 옹이 대답하기를 "시론이라도 어찌 구차히 따르겠는가."라고 하셨으니,[90] 이 말씀이 준엄하고 바릅니다만 또한 죄를 드러내어 성토함에 이르지 않은 것은 어째서입니까? 그 말은 비록 의리에 해가 되지만, "'폐(廢)' 자를 마음에 싹틔워서는 안 되니, 더욱 자식의 직분을 공손히 행하여 지극한 윤리를 온전히 하여서 우순(虞舜)의 효도를 체행하라."라고 강력히 말했다고 해서 용서하는 바가 있는 것입니까? 이것이 이현일(李玄逸)과 다른 것입니까? 똑같이 '절(絶)' 자를 말하였으나,[91] 이현일은 출사하고 한강은 은둔하였습니다. 그러므로 의논하

89 삼년상은……데 : 근본적인 것은 제대로 하지 못하면서 지엽적인 것만 살핀다는 뜻이다. 오복(五服) 중에 가장 낮은 시마복(緦麻服)과 소공(小功) 5개월 복은 살피면서 중요한 삼년상은 제대로 행하지 못한다는 말로, 《맹자》 〈진심 상(盡心上)〉에 "부모의 삼년상은 제대로 행하지 못하면서 시마복과 소공복만을 살핀다.〔不能三年之喪而緦小功之察.〕"라고 하였다.

90 대윤(大尹)이……하셨으니 : 이 내용은 《삼연집(三淵集)》 권22 〈의상중구(擬上仲舅)〉에 보인다.

는 자들이 비견하기를 똑같지 않게 하는 것은 말이 나온 것이 길이 다르기 때문에 그러한 것입니까?

계축년에 올린 세 편의 차자는 모두 영창대군을 구원하였으니, 이는 뒤에 허물할 만한 것이 없습니다. 그런데 선배들은 혹 정사년을 계축년으로 잘못 오인하여 《도곡집(陶谷集)》에는 "개간(改刊)한 《한강집》에는 이 상소문을 삭제하였으므로 지금 남아있는 것이 없다."라고 하였지만,[92] 추간(追刊)한 원집(原集)을 살펴보면 또한 이 상소문이 실려 있습니다.

91 똑같이 절(絶)자를 말하였으나 : 앞서 정구(鄭逑)의 상소문에서 '모자간의 은혜가 이미 끊어졌다.'라고 말한 것과, 이현일(李玄逸)의 상소문에서 폐비(廢妃)가 되었던 인현왕후(仁顯王后)에 대해 '궁중의 법도를 어겨 스스로 하늘을 끊었다.'라고 말하였던 두 가지 '절(絶)' 자를 가리킨다. 이현일은 1689년(숙종15) 재이(災異)로 인한 구언(求言)에 응한 상소에서 당시 폐비가 되어 사가(私家)에 내쳐져 있는 인현왕후를 별궁(別宮)에 거처하게 하여 보호해야 한다는 내용의 상소문을 올렸는데, 여기에 있는 몇 구절이 인현왕후를 모해(謀害)하고자 한 것이라고 비난을 받아 후에 함경도 홍원(洪原) 및 종성(鍾城)으로 유배를 가게 되었다. 이현일의 상소는 《갈암집(葛庵集)》 권3 〈인재이언사소(因災異言事疏)〉에 보인다.

92 도곡집(陶谷集)에는……하였지만 : 이 내용은 도곡 이의현(李宜顯)의 문집인 《도곡집》 권28 〈도협총설(陶峽叢說)〉에 보인다.

노주 오장에게 보냄 갑신년(1824, 순조24) 6월 3일

與老洲吳丈 甲申六月三日

화양서원(華陽書院)에 비석을 세우는 일은 삼가 들었습니다. 듣자하니 봄 사이에 충청도 유생들이 창도해서 장차 비석을 세우려고 하여 이로 인해 원장(院長)에게 글씨를 청하자, 원장이 미처 비석을 세우는 일의 전말을 자세히 알지 못하고 곧바로 허락했으나 글씨는 아직 쓰지 않았다고 합니다. 대감 이경박(李景博)이 저에게 이것을 물으므로 미호(渼湖)가 채사능(蔡士能)에게 답한 편지[93]를 보여주었더니, 이 대감이 이것을 원장에게 말하여 이 일이 마침내 그치게 되었습니다.

비문(碑文)이 병계(屛溪 윤봉구(尹鳳九))의 사후에 나와 미처 교정하지 못하였기 때문에 단지 소략한 초본이니, 비록 이기설(理氣說)이 없다고 하더라도 금석문에 실을 수가 없습니다. 미옹(渼翁 김원행(金元行))이 조심한 것은 실로 우옹(尤翁 송시열(宋時烈))을 위하는 고심에서 나온 것이니, 이 한 가지 일로써 손을 빌어 지하에서 우옹을 뵐 수 있는 것입니다. 이것은 비단 우옹만을 위한 것이 아니라 또한 병계를 위한 것이니, 저는 일찍이 '병계를 존경하는 것은 우리 미옹만한 분이 없다.'라고 생각하였습니다. 만일 그렇지 않다면 위로 누를 끼치는 것

93 미호(渼湖)가……편지 : 미호는 김원행(金元行)으로, 그는 채백휴(蔡百休)에게 보낸 편지에서 병계(屛溪) 윤봉구(尹鳳九)가 송시열(宋時烈)을 위해 지은 비문(碑文)을 비석에 새기는 일을 두고 이는 사림(士林)의 공론을 수합한 뒤에 해야할 일이며, 또 비문에 의논의 여지가 있으므로 병계를 위해서도 서두르지 말고 심사숙고해야한다고 주장하였다. 해당 편지는 《미호집(渼湖集)》 권7 〈답채사능(答蔡士能)〉에 보인다.

이 적지 않을 듯하니, 어찌 작은 일이겠습니까. 이것을 가지고 저지하고 막았다고 말하는 자들은 참으로 식견이 없는 것입니다.

선현의 정론(定論)을 염두에 두지 않고 빈틈을 타 살며시 나와서 한번 떠보는 계책을 하는 자들은 다만 자기 분수를 알지 못하는 것을 나타낼 뿐입니다. 향후에 일이 끝내 어떻게 될지는 모르겠으나 조짐이 이미 나타났으니 사문(斯文)을 위한 우려가 어찌 다함이 있겠습니까. 원컨대 문장(文丈)께서는 지론(持論)을 더욱 엄격히 해서 세상 선비들의 취향으로 하여금 혼미한 길에서 나와 바른 길을 따르도록 하여 주시기를 우러러 바랍니다.

노주 오장에게 보냄 갑신년(1824, 순조24) 6월 21일

與老洲吳丈 甲申六月廿一日

미천한 자식이 몽매하여서 우러러 편달(鞭撻)을 바랄 수가 없었는데 큰 도량을 입어서 문장(門墻)[94]에 거처하게 하시니, 온 집안이 감사하는 마음을 어찌 다 말할 수 있겠습니까. 그 아이는 타고난 자질이 본디 애초에 함께 도(道)에 들어갈 수 없는 사람인 것은 아니지만 병으로 인하여 배움을 잃었고 의지와 능력이 강하지 못해서 남의 뜻을 만족시키지 못하니, 이것은 바로 주 선생(朱先生 주희(朱熹))이 말씀한바 "단지 과거공부만 하더라도 오히려 이루지 못할까 두렵다."라는 것입니다. 문하(門下)에 있어서는 다만 족히 기력을 헛되이 소비해서 공부를 방해할 뿐일 것이니, 두렵고 두렵습니다. 혹여 시우(時雨)의 교화[95]를 입어서 능히 황하를 마시는 국량을 채워 참으로 올바른 사람이 될 수 있기를 우러러 바랍니다. 앞으로 진보하는 것은 회옹(晦翁 주희(朱熹)) 또한 말씀하기를 "반드시 스스로 노력하기를 기다려야 하지 타인이

94 문장(門墻) : 스승의 문을 말한다. 노(魯)나라 대부 숙손 무숙(叔孫武叔)이 조정의 대부에게 "자공(子貢)이 중니(仲尼)보다 어질다."라고 하자 자복 경백(子服景伯)이 이를 자공에게 고하였는데, 자공이 "부자의 문장은 두어 길이나 되기 때문에 그 문을 통하여 들어가지 않으면 종묘의 아름다움과 백관의 풍부함을 볼 수가 없다.〔夫子之墻數仞, 不得其門而入, 不見宗廟之美、百官之富.〕"라고 한 데에서 유래한 말이다. 《論語 子張》

95 시우(時雨)의 교화 : 제때에 내리는 비처럼 교화가 이루어지는 것을 말한다. 《맹자》〈진심 상(盡心上)〉에, 공자의 교육 방법을 다섯 가지로 나누고서 첫 번째로 "제때에 내리는 단비처럼 교화시키는 경우가 있다.〔有如時雨化之者.〕"라고 하였다.

억지로 시킬 수 있는 것이 아니다."라고 하셨습니다. 그러나 미천한 자식이 맹세하고 원하는 것도 하류(下流)에 처하기를 달게 여기는 데에 이르지는 않으니, 다만 교화하는 가운데에 머물러서 도야하여 이루기를 바랄 뿐입니다.

근일에 생각해보니, 정 선생(程先生 정이(程頤))이 말씀하기를 "성(性)은 바로 이(理)이다."라고 하셨으면 또한 마땅히 "이(理)가 바로 성(性)이다."라고 하여야 하는데, 세속의 유자들은 다만 천명(天命)인 대본(大本)이 성(性)이 되는 것만 알고 사지(四肢)와 백해(百骸)가 움직이고 고요하며 눈을 깜박이고 숨을 쉬는 이치가 성(性)이 아님이 없다는 것을 모릅니다. 성(性)이 바로 이(理)임을 알지 못하면 습관을 성(性)으로 여겨서 선악을 혼동하고 공허한 것을 성(性)으로 여겨서 허무적멸에 빠지며, 이(理)가 바로 성(性)임을 알지 못하면 고원한 데에서 구하여 평소의 행동에서 잘못되고 범람한 데에 빠져서 본원을 모르게 됩니다. 성(性)이 바로 이(理)임은 이른바 '천명(天命)이 망령됨이 없다'[96]는 것이요, 이(理)가 바로 성(性)임은 이른바 '만물의 이치가 모두 나에게 갖추어졌다'[97]는 것이니, 이와 같이 보는 것이 어떨지 모르겠습니다.

96 천명(天命)이 망령됨이 없다 : 《주역》 〈무망괘(无妄卦) 단전(彖傳)〉에 "무망(无妄)은 강(剛)이 밖에서 와 안에서 주체가 되었으니, 동하고 굳세며 강(剛)이 중(中)에 있고 응하여 크게 형통하여 바르니, 하늘의 명이다.〔无妄, 剛自外來而爲主於內, 動而健, 剛中而應, 大亨以正, 天之命也.〕"라고 하였다.

97 만물의……갖추어졌다 : 《맹자》 〈진심 상(盡心上)〉에 "만물의 이치가 모두 나에게 갖추어져 있으니, 자기 몸을 돌이켜 보아 참되다면 이보다 더 큰 즐거움이 없다.〔萬物皆備於我矣, 反身而誠, 樂莫大焉.〕"라고 하였다.

《장릉속지(莊陵續誌)》 두 권을 올리오니 제대로 책이 되지 못할까 두려운바, 오음(梧陰) 이(李) 대감에게 다시 교정을 받지 못한 것이 한스럽습니다.

노주 오장에게 보냄 갑신년(1824, 순조24) 8월 25일

與老洲吳丈 甲申八月卄五日

근심에 시달려서 글공부를 그만두었었는데, 우연히 우옹(尤翁)이 쓰신 주의(奏議)[98]를 보니 주 선생(朱先生)께서 송(宋)나라 희조(僖祖)를 마땅히 태조(太祖) 동향(東向)의 자리로 바로잡아야 한다고 논한 것[99]을 인용하고서, 목조(穆祖)[100]를 태조의 자리에 있게 하고 태조 이하로는 소목(昭穆)[101]을 차례대로 할 것을 청하였습니다. 이 일은

98 우옹(尤翁)이 쓰신 주의(奏議) : 우옹은 우암(尤庵) 송시열(宋時烈)을 가리키며, 여기서 말하는 주의는 조묘(祧廟)에 대해 논한 상소문을 말한다. 송시열은 1661년(현종2) 5월에 조묘(祧廟)에 대해 의논한 상소문을 올려 별묘(別廟)인 영녕전(永寧殿)에 모신 목조(穆祖)를 정묘(正廟)인 태묘(太廟)에 옮겨서 시조(始祖)로 삼아야 한다고 주장하였다. 《宋子大全 卷10 議祧廟疏》

99 주 선생(朱先生)께서……것 : 주 선생은 송(宋)나라 주희(朱熹)로, 희조(僖祖)는 송나라 태조 조광윤(趙光胤)의 고조(高祖)인 조조(趙朓)의 추존(追尊)된 묘호(廟號)이다. 송나라 태조가 그의 고조인 희조를 추제(追祭)하였었는데, 주희 때에 이르러 희조가 시조이기는 하나 공덕이 없고 대수(代數)가 다하였으므로 조천(祧遷)을 하고, 동향의 자리에 태조를 모셔야 한다는 논의가 있었다. 이에 주희는 그 논의에 반박하며 희조를 그대로 태조 동향의 자리에 모셔야 하며 체천하여서는 안 됨을 주장하였다. 《宋子大全 卷26 恭靖大王尊號議議祧廟疏》《朱子禮纂 卷4 祧廟議狀》

100 목조(穆祖) : 조선의 태조 이성계(李成桂)의 고조부 이안사(李安社)이다. 태조가 1392년(태조1)에 목왕(穆王)으로 추존하였다.

101 소목(昭穆) : 선조의 신주를 사당에 모시는 차례를 이르는 말로, 왼쪽 줄을 소(昭), 오른쪽 줄을 목(穆)이라 한다. 시조의 1세(世)를 가운데 모시고 2·4·6세를 소에, 3·5·7세를 목에 모신다.

천자의 예(禮)를 제후에게 적용한 것이 아니겠습니까?

예(禮)에 천자는 시조(始祖)에게 체제사(禘祭祀)를 올려서 하늘에 배향하니,[102] 예컨대 우순(虞舜)과 하우(夏禹)가 황제(黃帝)에 있어서와 은(殷)나라 사람이 제곡(帝嚳)에 있어서 이렇게 하였고, 주(周)나라는 후직(后稷)을 높여 태조로 삼아서 문왕(文王)과 무왕(武王)은 세실(世室)[103]에 거처하였습니다. 제후는 천자의 명을 받아 나라를 세운 사람을 태조로 삼으니, 예컨대 노(魯)나라 태조 주공(周公)과 제(齊)나라 태조 태공(太公)과 연(燕)나라 태조 소공(召公)의 부류가 그렇습니다. 제나라와 노나라 등의 나라에서 또 주공(周公)과 태공(太公)이 말미암아 나온 조상을 태조로 삼았음은 들어보지 못하였으니, 이는 바로 예(禮)에 이른바 "왕이 아니면 체(禘) 제사를 지내지 않는다."와 "제후는 그 태조에게까지 미친다."라는 것[104]입니다. 근세의 공족(公族)과 같은 경우에는 다만 별자(別子)를 시조로 삼아서 백세토록 체천하지 않는 종(宗)으로 삼을 뿐입니다. 저의 미천한 견해가 이와 같으니, 바라건대 밝은 가르침을 받고자 합니다.

102 예(禮)에……배향하니 : 《예기》 〈대전(大傳)〉에 "예(禮)에 왕(王)이 아니면 체(禘) 제사를 지내지 않으니, 왕은 그 시조(始祖)가 부터 나온 조상에게 체제사(禘祭祀)를 올리고 그 시조로써 배향한다.〔禮, 不王不禘, 王者禘其祖之所自出, 以其祖配之.〕" 하였다.

103 세실(世室) : 종묘(宗廟)의 신주(神主) 중 공덕이 많은 분의 신주를 체천(遞遷)하지 않고 영구히 모셔두는 별묘(別廟)의 신실(神室)을 말한다.

104 예(禮)에……것 : 이 말은 모두 《예기》 〈대전(大傳)〉에 보인다.

노주 오장에게 보냄 갑신년(1824, 순조24) 11월 5일

與老洲吳丈 甲申復月五日

후사를 잇는 것이 만일 기년복이나 대공복(大功服)을 다 마치기 전에 있게 되었다면,[105] 태복(稅服)[106]하여서는 안 되는 의리는 없습니까? 상(喪)이 후사로 들어가기 전에 있었으므로 《예기》〈상복소기(喪服小記)〉의 "살아서 조부모와 제부(諸父)와 곤제(昆弟)를 미처 보지 못했으면 자기 아버지는 그 상의 추복(追服)을 입고 자기는 입지 않는다."라는 예(例)에 기준하여, 부모의 상과 승중(承重)의 상 이외에는 우암(尤庵 송시열(宋時烈))과 도암(陶庵 이재(李縡)) 두 현인이 모두 태복을 허락하지 않았지만, 후사가 되어 나간 날에 추후에 부고를 들은 예(禮)를 적용할 수 없겠습니까? "제때를 지난 은혜를 책망하지 않는다."라는 것[107]을 단지 상복의 연수와 달수가 이미 지난 사람에게만 적용한다

105 후사를……되었다면 : 후사로 가는 집안에 기년복이나 대공복을 입어야 하는 상(喪)이 있었는데, 그 상복의 기간이 끝나기 전에 후사로 가게 된 경우를 말한다.

106 태복(稅服) : 세월이 이미 지난 뒤에 죽었다는 소식을 듣고서 추후에 상복을 입는 것을 말한다. 대공(大功) 이상의 복은 태복을 하고 소공(小功)은 가벼운 복이라 하여 태복을 하지 않았다. 《禮記 檀弓上》

107 제때를……것 : 《예기》〈상복소기(喪服小記)〉의 "살아서 조부모와 제부(諸父)와 곤제(昆弟)를 미처 보지 못했으면 자기 아버지는 그 상의 추복(追服)을 입고 자기는 입지 않는다."라는 말에 대하여 정현(鄭玄)이 이는 아버지가 다른 연고로 다른 나라에 거주하다가 자신을 낳아 자신은 이 친속들을 보지 못하였는데 상복을 입는 연월이 지난 뒤에 죽음을 들은 경우라고 하면서, "사람이 능히 할 수 없는 부분에 대해 제때를 지난 은혜를 책망하지 않는다.〔不責非時之恩於人所不能也.〕"라고 하였다. 《禮記集說》

면, 어찌 후사를 이은 집안은 천속(天屬)[108]이 아니어서 은의(恩義)의 경중에 따라 태복을 하여야 하는가, 하지 말아야 하는가를 따진다고 할 수 있겠습니까? 밝은 가르침을 듣고자 합니다.

108 천속(天屬) : 천륜(天倫)으로 맺어진 친속(親屬)을 말한다.

노주 오장에게 보냄 을유년(1825, 순조25) 1월 20일

與老洲吳丈 乙酉正月二日

선달 그믐날 밤에 사당에 절하는 것이 예(禮)에 어떠한지 모르겠습니다. 이는 본디 살아있는 사람에게 구세(舊歲) 인사로 올리는 절을 본뜬 것이지만, 사당에서의 예(禮)는 살아있음을 형상한 것이 아니니, 설만함에 가깝지는 않겠습니까? 예경(禮經)에는 날마다 사당에 뵙는다는 글이 없었는데, 《가례(家禮)》에서 처음 신알(晨謁)[109]을 거론하였습니다. 그러므로 옛 사람들이 사체(事體)는 가볍고 정(情)은 지나치다고 혐의하였던 것입니다. 그러나 죽은 이를 섬기기를 살아계실 때와 같이 하는 의리[110]로 살펴보건대 정(情)에 가깝다고 하여 폐하여서는 안 되니, 섣달 그믐날 밤에 사당에 절하는 경우도 이 의리로써 처리하여야 할 것입니다. 바라건대 문하(門下)에서 행하시는 바를 받들고자 합니다.

109 신알(晨謁) : 새벽에 사당에 배알(拜謁)하는 일을 말한다. 《朱子家禮 卷1 通禮》

110 죽은……의리 : 《중용장구(中庸章句)》에 "죽은 이 초상 치르기를 산 사람 섬기듯이 하고, 이미 돌아간 이 제사 모시기를 산 사람 섬기듯 하는 것이 지극한 효도이다.〔事死如事生, 事亡如事存, 孝之至也.〕"라고 한 데에서 온 말이다.

노주 오장에게 보냄 을유년(1825, 순조25) 5월 26일

與老洲吳丈 乙酉五月念六日

여기에 있는 어떤 사람이 아버지의 상(喪) 한 달 뒤에 어머니께서 돌아가셔서 같은 날에 장례를 지내려고 합니다. 장례는 복(服)이 가벼운 사람을 먼저 하고 무거운 사람을 뒤에 하며, 우제(虞祭)는 복이 무거운 사람을 먼저 하고 가벼운 사람을 뒤에 하는 것이니, 이는 본래 공자(孔子)와 증자(曾子)의 정해진 논의가 있어 의논할 여지가 없습니다.[111] 그런데 아버지의 상은 석 달 만에 장사지내고 어머니의 상은 한 달 만에 장사지내니, 한 달 만에 장사지내는 경우는 삼 개월이 되기를 기다려 졸곡을 지내고 부제(祔祭)를 하고 석 달 만에 장사지내는 경우는 즉시 졸곡을 지내고 부제하여 뒷일을 기다림이 없습니까?

《예기》〈상복소기(喪服小記)〉에 이른바 "먼저 장례하는 어머니를 우제(虞祭)와 부제(祔祭)를 하지 않고 아버지 장례 일을 기다려서 한다."라고 한 것은 어머니의 장례가 끝났을 때에 곧바로 우제와 부제를 지내지 않고 다시 아버지의 장례를 다스리는데, 아버지의 상이 빈소에 있어서 우제와 부제를 차마 할 수 없기 때문입니다. 지금의 경우에는

111 장례는 ……없습니다 : 《예기》〈증자문(曾子問)〉에 "증자가 묻기를 '아버지의 상과 어머니의 상을 동시에 당하게 되면 어떻게 해야 합니까? 어느 쪽을 먼저 하고 어느 쪽을 뒤에 해야 합니까?' 하니, 공자가 이르기를 '장례는 어머니를 먼저 하고 아버지를 뒤에 하며, 설전(設奠)은 아버지에게 먼저 하고 어머니에게는 뒤에 하는 것이 예이다.' 하였다.〔曾子問曰: 竝有喪, 如之何? 何先何後? 孔子曰: 葬先輕而後重, 其奠也先重而後輕, 禮也.〕" 하였다.

같은 날에 하관하고 같은 날에 우제를 지내서 애당초 아버지의 장사를 다시 다스리는 것으로 말할 만한 것이 없습니다. 그렇다면 어머니 상의 졸곡이 끝나기 전에 아버지 상의 졸곡과 부제를 행해서는 안 될 의리는 없는 것입니까? 졸곡은 바로 행해야 하는 것이지만 부제의 일은 본디 정해진 때가 없으니, 어머니 상의 졸곡을 기다려서 같은 날에 앞뒤로 두 부제를 거행하는 것은 어떻겠습니까? 졸곡을 하고 곧바로 부제를 하는 것이 예(禮)의 바름을 얻는 것만 못할 것입니다. 그 사람의 질문에 이와 같이 답하였으나 끝내 자신할 수 없어서 문하(門下)의 결정을 따르고자 합니다.

지난번에 《창계집(滄溪集)》[112]에 농암(農巖)이 지은 서문(序文)[113]이 실려 있지 않다고 하셨는데, 돌아와서 저의 책을 확인해보니 이 서문이 윗머리에 실려 있고 남구만(南九萬)이 지은 서문[114]이 그 다음에 실려 있었습니다. 어쩌면 처음에는 실었다가 종국에는 산삭한 것이 아니겠습니까? 서문의 말미에 '조정의 논의가 다른 것에 대하여 조정하는 것을 위주로 하였는데, 고정(考亭)을 제대로 배우는 데에는 무방하였다.'[115]라고 하여 창옹(滄翁 임영(林泳))에게 힐문하였으므로, 혹 뜻

112 창계집(滄溪集) : 《창계집》은 임영(林泳, 1649~1696)의 시문집으로, 임영의 자는 덕함(德涵), 호는 창계, 본관은 나주(羅州)다. 임일유(林一儒)의 아들로, 이단상(李端相)과 박세채(朴世采)의 문인이다.

113 농암(農巖)이 지은 서문(序文) : 농암음 김창협(金昌協)으로, 이 서문은 《농암집(農巖集)》 권22 〈창계집서(滄溪集序)〉에 보인다.

114 남구만(南九萬)이 지은 서문 : 이 서문은 《약천집(藥泉集)》 권27 〈창계집서(滄溪集序)〉에 보인다.

115 조정의……무방하였다 : 고정은 송(宋)나라 유학자 주희(朱熹)의 호이다. 《농암

에 만족스럽지 않아서 마침내 이렇게 마음대로 빼버리는 데에 이른 것입니까? 만약 그렇다면 덕(德)으로써 사랑하는 사람[116]이 할 바가 아닌 듯합니다.

집(農巖集)》 권22 〈창계집서(滄溪集序)〉에 "한편 공은 평소의 언론을 한결같이 고정의 뜻에 따랐으나, 유독 조정의 상호 간 이견에 관해서는 늘 중간에서 조정하는 것을 위주로 하였다. 이는 혹시 시대 상황에 부득이한 점이 있었던 것으로, 고정을 제대로 배우는 데에는 무방한 것인지도 모르겠다.〔抑公平生言議, 壹稟考亭, 而唯於朝論同異, 常以調停爲主. 豈亦以時勢有不得已者, 而不害其爲善學考亭也歟?〕"라고 하였다.

116 덕(德)으로써 사랑하는 사람 : 《예기(禮記)》 〈단궁 상(檀弓上)〉에 "군자가 사람을 사랑함은 덕(德)으로써 하고 소인이 사람을 사랑함은 당장 편한 것으로써 한다.〔君子之愛人也以德, 細人之愛人也以姑息.〕"라고 하였다.

노주 오장에게 보냄 병술년(1826, 순조26) 9월 13일

與老洲吳丈 丙戌菊月十三日

호서(湖西)의 여러 현자들 중 물건은 오상(五常)을 갖추지 못하였다는 논의를 주장하는 이들이 걸핏하면 농암(農巖)이 우옹(尤翁)에게 올린 문목(問目)[117]을 가지고 구실로 삼지만, 이는 논란하여 말한 것이지 정해진 의논이 아닙니다. 문목(問目)의 체제가 본래 이와 같고, 또 이른바 사람과 물건이 다르다는 것은 기(氣)가 통하거나 막힘이 있어서 이(理)가 이에 따라 편벽되거나 온전한 것을 가지고 말한 것이니, 이는 바로 기질지성(氣質之性)입니다. 그러니 어찌 본연(本然)의 품부 받은 성(性)이 똑같이 않다고 한 적이 있었습니까. 이것이 어찌 물건은 오상을 품부 받지 못하였다는 증거가 될 수 있겠습니까. 삼옹(三翁)이 뒤섞여 기재된 것을 문제로 여겨 가려내어 버리고자 하였던 것[118]도 호론(湖論)에 격발되어 그렇게 말한 것입니다.

근래 농옹(農翁)이 권구계(權癯溪)에게 보내어 《사변록(思辨錄)》에 대하여 논한 편지[119]를 살펴보니, 여기에서 말씀하시기를 "성(性)이

117 농암(農巖)이……문목(問目) : 농암 김창협(金昌協)이 우암(尤庵) 송시열(宋時烈)에게 보낸 문목(問目)으로, 《농암집(農巖集)》 권12 〈상우재중용의의문목(上尤齋中庸疑義問目)〉에 보인다.

118 삼옹(三翁)이……것 : 삼옹은 김창협(金昌協)의 아우 삼연(三淵) 김창흡(金昌翕)으로, 《삼연집(三淵集)》 권19 〈답이참봉(答李參奉)〉에서 형 김창협의 문집 중에 우암(尤庵) 송시열(宋時烈)에게 보낸 문목(問目)은 정해진 견해가 아닌데 뒤섞여 기재되었음을 문제로 여겨, 편집할 때에 문도들과 함께 가려내었음을 밝힌 바 있다.

란 만물의 근원이니 사람만 홀로 얻을 수 있는 것이 아니다. 그러므로 《중용장구》에서 '하늘이 명한 성〔天命之性〕'을 풀이할 적에 반드시 사람과 물건을 겸하여 말한 것이다. 그런데 지금 오직 '사람에게 부여하였다.'라고만 말해서 '물건'이라는 글자를 빠뜨렸으니, 이는 하늘이 명한 성(性)을 사람만이 간직하고 물건은 참여하지 못한다는 뜻인바 성(性)과 명(命)의 이치를 전혀 알지 못한 견해이다."라고 하였습니다. 이것은 농암의 만년(晩年)의 정론(定論)이니, 호론(湖論)을 주장하는 이들이 이 편지를 보면 취사할 바를 알 수 있을 것입니다.

정자(程子)가 말씀하시기를 "모든 혈기가 있는 부류는 다 오상(五常)을 갖추고 있다." 하였는데,[120] 제 생각에는 혈기가 있는 부류뿐만 아니라 나는 새와 물에 잠긴 물고기, 동물과 식물, 가로로 자라고 거꾸로 자라나는 것들이 똑같이 오상을 품부 받았으니, 오상은 오행의 이(理)입니다. 오행이 생겨나기 전에 오행의 이(理)가 갖추어져 있으므로, 오행이 생겨날 때에 이 이(理)가 혼연하게 구비되어서 오행의 기(氣)를 받으면 오행의 이(理)를 품부 받게 되니, 어찌 기(氣)는 있는데 이(理)는 없는 경우가 있겠습니까.

사람과 물건은 똑같이 오상의 덕(德)을 갖추고 있지만, 초목은 기

119 농옹(農翁)이……편지 : 농암(農巖) 김창협(金昌協)이 구계(癯溪) 권상유(權尙游)에게 보낸 편지를 말한다. 박세당(朴世堂)이 지은 《사변록》이 주자(朱子)의 사서(四書)에 대한 견해를 비판하였다고 하여 비난이 일자 숙종(肅宗)이 명을 내려 그 책의 잘못을 논변하게 하였는데, 권상유가 그 일을 주관하였다. 이에 권상유가 김창협에게 논변한 글을 보내어 질문하였는데, 김창협이 이에 답변한 편지가 《농암집(農巖集)》 권15 〈여권유도재론사변록변(與權有道再論思辨錄辨)〉에 보인다.

120 정자(程子)가……하였는데 : 이 말은 《이정유서(二程遺書)》 권21에 보인다.

(氣)가 막혀 있으므로 생기(生氣)는 있되 지각(知覺)은 없어서 감응하는 바가 없기에 발하는 바가 없습니다. 금수는 기(氣)가 편벽되어 있으므로 혈기와 지각이 있고 또 감응하는 바도 있으나, 겨우 한 점이 밝음만을 볼 뿐입니다. 사람은 기(氣)의 바르고 통함을 얻었으므로 사단(四端)이 감응함에 따라 드러나니, 이것이 사람과 물건이 나뉘는 까닭입니다. 우연히 《농암집(農巖集)》을 검토하다가 붓 가는대로 써냄에 필시 이치에 맞지 않을 터이니, 송구하고 송구합니다.

노주 오장에게 답함 병술년(1826, 순조26) 10월 10일

答老洲吳丈 丙戌陽月上旬

첩의 자식이 적모(嫡母)의 친속을 위하여 복(服)을 입는 것은 오로지 군모(君母)[121]가 살아 있는지 그렇지 않은지를 볼 것이지 이전에 전적모(前嫡母)의 친속을 위하여 복을 입었다고 하여 그만두어서는 안 된다고 하교하신 말씀은 바꿀 수 없는 정론(定論)입니다. 《의례》〈상복전(喪服傳)〉에 "군모가 있으면 감히 따라서 복을 입지 않을 수 없다."라고 한 것은 오로지 두려워하고 공경하는 마음에서 나온 것이니, 어찌 감히 이미 복을 입었다고 하여 복을 입지 않을 수 있겠습니까.

도종(徒從)[122]하는 이는 이미 정(情)의 실질이 없으니, 그렇다면 첩의 자식으로 적통을 이은 사람과는 다른바 슬픈 정을 펴서 사당에 배알하여서는 안 될 듯하니, 보복(報服)[123]이 없는 것으로 볼 때 알 수 있습니다. 오계공(敖繼公) 또한 "서자는 군모의 부모와 자매를 위하여 복을 입더라도 그들-군모의 부모와 자매를 가리킨다.-은 서자에 대하여 복을 입지 않는다. 서자는 군모이기 때문에 그 친속을 위하여 복을 입지 않을

121 군모(君母) : 아버지의 적처(嫡妻)를 말한다.

122 도종(徒從) : 상복 제도 가운데 다른 사람을 따라 상복을 입는 종복(從服) 중의 한 가지이다. 친속이 아니면서 공연히 따라 입는 것으로, 예컨대 자식이 군모(君母)에게 복(服)을 입는 것이나 신하가 군주를 따라 군주의 당(黨)에게 복을 입는 것 등이 여기에 해당된다. 《禮記集說 大傳》

123 보복(報服) : 존속(尊屬)이 비속(卑屬)의 상(喪)에 입는 복(服)으로, 여기서는 적모의 친속들이 첩의 자식을 위해 입어주는 복을 말한다.

수 없지만, 그들이 서자를 볼 때에 서자는 실로 외손이나 자매의 자식이 아니기 때문에 생략하여 복을 입지 않는 것이다."라고 하였습니다.[124] 이 의리를 미루어보건대, 슬픈 정을 펴서 사당에 배알할 수 없는 것이 분명합니다.

《통전(通典)》에 장도(臧燾)가 말하기를 "이미 전적모(前嫡母)의 친속을 위하여 복을 입었으면 후적모(後嫡母)의 친속에 대한 의리도 이와 다르지 않다."라고 하였으니, 이것이 정도(正道)에 맞을 듯합니다. 서조(徐藻)와 유울지(庾蔚之)의 경우에는 외가에는 두 정통(正統)이 없다 하여 전적모와 후적모 모두에게 복을 입어서는 안 된다고 하였는데, 외가의 복에 두 정통이 없다는 것은 바로 출계한 사람이 본생(本生)의 외가에 대하여서와 적통을 이은 사람이 낳아준 외가에 대하여서의 경우를 가지고 말한 것입니다. 첩의 자식이 적모의 친속을 위하여 복을 입는 것은 외가이기 때문이 아니라 미천하여 감히 따라서 복을 입지 않을 수 없어서일 뿐이니, 어찌 정통이 둘이라는 혐의가 있겠습니까. 서조와 유울지의 설은 따라서는 안 될 듯하니, 의중이 어떠하신지 모르겠습니다. 《통전》의 내용은 《독례통고(讀禮通考)》에 실려 있으니,-13편 군모부모자매(君母父母姊妹)조 아래에 있습니다.- 삼가 바라건대 검토해 보십시오.

124 오계공(敖繼公)……하였습니다 : 오계공은 명나라 장락(長樂) 사람으로 오흥(吳興)에 살았으며, 자는 군선(君善)이다. 경술(經術)을 깊이 탐구하였으며 《의례집설(儀禮集說)》을 저술하였다. 이 말은 《의례집설》 권11에 보인다.

노주 오장에게 답함 병술년(1826, 순조26) 12월 16일

答老洲吳丈 丙戌臘月旣望

《근재실기(近齋實記)》[125]는 살펴보셨습니까? 이 옹께서 평소 견지하셨던 지조는 진실로 중화(中華)를 높이고 오랑캐를 물리치는 대의(大義)를 출처의 큰 예방(禮防)으로 삼는 것이었으니, 만년에 강관(講官)에 제수하는 명에 응하지 않으신 것[126]은 바로 끝맺음을 하신 것입니다. 평소 말씀 중에 이르기를, "나를 천거한 이상(李相 이병모(李秉模))이 한 구(句)의 시를 망발한 일은 실로 사문(斯文)과 《춘추(春秋)》에 관계 되니, 유관(儒冠)을 쓴 이들이 그의 천거를 받기를 마치 자신을 더럽히는 것처럼 부끄럽게 여긴다. 이업(李鄴)이 오랑캐의 형세를 장

125 근재실기(近齋實記) : 근재 박윤원(朴胤源, 1734~1799)의 아들 박종여(朴宗輿)가 아버지에 대하여 보고 들은 것을 가전(家傳)을 본떠서 엮은 책이다. 박윤원은 자는 영숙(永叔), 호는 근재, 본관은 반남(潘南)이다. 1792년(정조16) 학행으로 천거되어 선공감역(繕工監役)에 임명되었으나 사퇴하였으며, 1798년(정조22) 원자(元子)를 위하여 강학청(講學廳)이 설치되자 서연관(書筵官)에 임명되었으나 역시 거절하였다. 서학(西學)을 배척하고 오직 경전의 훈고와 성리학에 몰두하여 김창협(金昌協)·이재(李縡)·김원행(金元行)의 학통을 계승하고 다시 문하의 홍직필(洪直弼)에게 전수해 신응조(申應朝)·임헌회(任憲晦)·조병덕(趙秉德) 등으로 이어지도록 하였다. 저서에 《근재집》과 《근재예설(近齋禮說)》 등이 있다.

126 만년에……것 : 박윤원(朴胤源)은 65세 되던 해인 1798년(정조22) 원자(元子)를 위한 강학청(講學廳)이 설치되어 좌의정으로 있었던 이병모(李秉模, 1742~1806)의 천거로 요속(僚屬)에 임명되었으나, 당시 이병모가 청(淸)에 보내는 국서에 재여(宰予)가 공자(孔子)를 찬미한 말인 "요순보다 훌륭하다.〔賢於堯舜.〕"라는 표현을 썼다고 하여 출사하지 않았다. 《梅山集 卷38 近齋朴先生墓誌銘》

황하게 늘어놓은 일[127]은 옛날에 혹 있었지만, 어찌 이상(李相)의 시어처럼 놀랍고 해괴할만한 것이 있었겠는가. 하인의 복장을 했던 것을 공자(孔子)가 송(宋)나라를 지나갈 때에 미복(微服)을 입은 것에 비교했던 일[128]에 대해서도 우옹(尤翁 송시열(宋時烈))이 성인을 모욕하였다고 죄를 삼으셨는데, 재여(宰予)가 부자(夫子 공자(孔子))를 찬미한 말을 가지고 오랑캐에게 아첨하는 말을 한 자가 어찌 만세토록 죄를 면할 수 있겠는가. 이것이 내가 나의 성명이 그의 손에 더럽혀지는 것을 부끄럽게 여겨 출사하지 않는 까닭이다."라고 하였고, 또 "내가 원자(元子)의 요속(僚屬)을 사양한 것은 이상(李相)이 천거하였기 때문이다. 그가 성문(聖門)에 죄를 얻어 사론(士論)에 버림을 받음에, 막 나의 이름이 그 손에 더럽혀지는 것을 부끄럽게 여기고 있었으니 어찌 무릅쓰고 출사할 수 있겠느냐. 내가 구구하게 지키는 바는 오직 성인을 높이고 이적(夷狄)을 물리치는 것을 마음에 두는 것이고, 또 성조(聖朝)에서 《춘추(春秋)》를 새로 간행하여 대의를 천명하신 때에

127 이업(李鄴)이……일 : 송 휘종(宋徽宗) 때 급사(給事) 이업이 금(金)나라에 사신으로 갔다가 돌아와서 말하기를, "금나라 사람은 말을 타는 데는 용과 같고, 걷는 데는 호랑이와 같으며, 물을 건너는 데는 물개와 같고, 성에 올라가는 데는 원숭이와 같다."라고 하였다. 이에 그가 오랑캐의 형세를 너무 과장해서 말했다고 하여 그를 사여급사(四如給事)라 하였다. 《星湖僿說 卷23 四如給事》

128 하인의……일 : 정축년 호란(胡亂) 때에 강화성(江華城)이 함락되자 세자(世子)가 종실(宗室)인 진원군(珍原君) 세완(世完)을 시켜 남한산성에 있는 인조(仁祖)에게 보고하려 하였는데, 이때 윤선거(尹宣擧)가 진원군의 말을 끄는 하인이 되기를 자청했던 일을 있었다. 그러자 그 아들 윤증(尹拯)이 사국(史局)에 보낸 글에서 이를 공자가 대부 환퇴(桓魋)의 위협을 받아 미복(微服) 차림으로 송(宋)나라를 지나간 것에 비유했던 일을 말한다. 《宋子大全 附錄 卷11 年譜 崇禎六十一年戊辰》《孟子 萬章上》

선비의 거취를 더욱 구차히 하여서는 안 된다. 내 스스로 필부의 뜻[129]에 의부할 것이니, 비록 이로 인하여 부월(斧鉞)의 주벌을 받는다 하더라도 후회하지 않을 것이다. 의리가 있는 곳에는 화복(禍福)을 돌아보아서는 안 된다. 《춘추》를 알지 못하면 어떻게 임금을 섬기겠으며, 선대의 성인을 높이지 않는다면 어떻게 원자를 보양할 수 있겠는가." 라고 하였으니, 이는 마음에 맹세하여 말씀하신 것입니다.

제가 일찍이 이 의리를 천양하여 제문을 지어 제사를 올렸으나 필력이 마음에 부합되지 못하여 이처럼 졸렬하게 되었습니다만, 보실 자료로 삼고자 삼가 이에 써서 올립니다. 삼가 임장(任丈 임노(任魯))의 가르침을 들으니, 문장(文丈)께서 이 옹(翁)께서 출사하지 않으신 것은 처지로 인하여 그렇게 된 것이라고 하셨다 하니, 이는 내면의 곡절을 상세히 알지 못하셔서 그렇게 말씀하신 듯합니다. 이 때문에 한번 말씀드리니, 삼가 바라건대 체득하고 연구하여 은미한 것을 드러내고 그윽한 것을 밝혀 영세토록 불후하게 하는 도모를 일으켜 주십시오.

이 옹(翁)께서는 마음이 맑고 쇄락하여 차가운 물과 밝은 달과 같아서 애당초 외물에 누를 입지 않으셨습니다. 그러므로 명백하고 순일하여서 환하여 간격이 없고, 홀로 남은 경전을 가지고서 실추된 서업(緖業)을 찾아 연구하여 마음을 스승으로 삼아 깊이 나아가고 스스로 터득해서 참되게 알고 실천하여 마침내 대업을 이루었으니, 의리를 인용하여 자신의 지조를 지킨 것은 또한 큰 덕 가운데 냇물이 흐르는 것[130]과

129 필부의 뜻 : 《논어》 〈자한(子罕)〉에 "삼군(三軍)을 거느리는 장수(將帥)는 빼앗을 수 있으나, 필부(匹夫)의 뜻은 빼앗을 수 없다.〔三軍可奪帥也, 匹夫不可奪志也.〕"라고 한 데에서 온 말이다.

같은 것입니다. 그런데 세상에 덕을 아는 이가 없어서 거의 인멸되어 칭해지지 않으려고 하니, 이것이 제가 독실하게 논하고 길이 탄식하는 까닭입니다. 세상을 돌아봄에 지극히 사모하고 깊이 아는 사람으로는 오직 우리 문장(文丈)만이 계실 뿐입니다. 유사(遺事)는 이미 마음에 초본(草本)이 있으니 조만간에 써서 이룰 것임을 분명히 알겠으나, 묘지명은 더욱 조금도 늦추어서는 안 되니 천만번 마음에 담아두시기를 바랍니다. 기(氣)가 쇠하면 문(文)도 쇠한다는 것은 육일(六一 구양수(歐陽脩))이 한탄한 바이고 날로 멀어지고 달로 잊는다는 것은 선현(先賢)이 감회하신 바이니, 때를 잃지 마시고 빠른 시일 내에 글을 쓰시기를 몹시 바랄 뿐입니다.

돌아보건대 지금 천지가 막힌 것이 극에 달하였고, 머리에 쓰는 관과 발에 신는 신발이 도치된 지가 오래되었습니다. 눈과 귀가 익숙히 보고 듣는 바를 당연하다고 여겨 다시는 분통함을 참고 억울함을 머금은 뜻이 없어서 심지어는 오랑캐에게 부모라는 칭호를 더하기까지 하니, 이는 거의 권의 문자(權宜文字)가 있은 이래로 들어보지 못한 바입니다.[131] 이와 같은 것은 우리나라를 들어 이적(夷狄)으로 바꾸어놓는 것이니 바로 이른바 중국 사람의 얼굴에 오랑캐의 심장이라는 것으로,

130 큰……것 : 큰 덕 중에 일부분인 작은 덕에 해당된다는 말로, 《중용장구(中庸章句)》에 "작은 덕은 냇물의 흐름과 같고 큰 덕은 화(化)를 돈후히 한다.〔小德川流, 大德敦化.〕"라고 한 데에서 나온 말이다.

131 심지어는……바입니다 : 권의 문자는 청(淸)나라에 보내는 외교문서를 위하여 지은 글들을 말하는데, 청나라에 보내는 글에 부모라는 칭호를 쓴 것에 대해 홍직필이 비판한 바 있다. 《매산집》 권6 〈여노주오장(與老洲吳丈)〉 신사년(1821) 8월 16일 편지 참조.

단지 한 부의 《춘추》를 읽을 땅이 없는 것일 뿐만이 아닌 것입니다.[132] 만일 근옹(近翁 박윤원(朴胤源))이 살아 계시다면 필시 관을 부수고 면류관을 찢으셨을 것이 분명합니다. 이러한 때에 이러한 의리를 밝히는 것은 하늘의 떳떳한 법도를 세우고 사람의 기강을 부지하는 하나의 단서가 될 듯하니, 이 또한 시의(時宜)에 맞게 조처함인바 어찌 단지 근옹(近翁)만을 위하는 것일 뿐이겠습니까. 오직 문하께서만이 이 말을 들으실 수 있고, 오직 저만이 문하께 이 말씀을 올릴 수 있으니, 하나하나 세상 사람들에게 말해주는 것이 쉽지 않습니다.

혼백(魂帛)[133]은 바로 고례(古禮)의 중(重)[134]이니, 다만 신주(神主)의 도(道)만이 있을 뿐입니다. 출납하기를 신주와 같이 하는 것은 의리가 없을 듯하니, 보자기로 의자를 덮고 전(奠)과 상식(上食)[135] 때에 세워 놓지 않는 것이 정도(正道)에 맞을 듯합니다. 어떨지 모르겠습니다.

《예기》 〈단궁(檀弓)〉에 이르기를 "소기(素器)[136]로써 전(奠)하는 것

132 단지……것입니다 : 《춘추》에서 중화(中華)를 높이고 이적(夷狄)을 물리치는 의리, 즉 존주양이(尊周攘夷)의 의리를 밝혀놓았기 때문에 이와 같이 말한 것이다.

133 혼백(魂帛) : 혼백은 신주(神主)를 만들기 전에 신주를 대신하기 위해 만든 것으로, 흰 명주를 접어서 왼쪽에 죽은 사람의 생년월일시(生年月日時)를, 오른쪽에 졸년의 월일시(月日時)를 써 놓은 물건을 말한다.

134 중(重) : 나무로 간단하게 만들어 영혼이 의지하게 하는 임시 신주를 말한다. 은나라는 신주를 만들면 중(重)을 달아 두고, 주나라에서는 신주를 만들면 중을 없앴다고 한다. 《禮記 檀弓》

135 전(奠)과 상식(上食) : 전은 아침저녁으로 곡하면서 전제(奠祭)를 드리는 것을 말하고, 상식은 식사 때에 음식을 올리는 것을 말한다. 《朱子家禮 喪禮》

은 산 사람이 슬퍼하고 꾸미지 않는 마음이 있기 때문이다.〔奠以素器以生者有哀素之心也〕" 하였는데 소(疏)에 이르기를 "전(奠)은 처음 죽었을 때부터 장례 지내기까지의 제사의 이름을 말한다."라고 하였고 《의례》 〈사우례(士虞禮)〉에서는 소기(素器)를 쓰지 않았습니다. 이것을 근거해보면 장례하기 전에는 마땅히 소기를 써야 하고 이미 장례한 뒤에는 마땅히 길기(吉器)를 써야할 것이니, 의자와 탁자와 연석은 그릇이 소기인가 길기인가를 보아서 법도를 삼아야 합니까? 도암(陶庵 이재(李縡))은 〈단궁〉의 "소기로써 올린다.〔奠以素器〕"라는 글을 인용하여 장례한 뒤에 상과 탁자와 장막에 꾸밈이 없는 것을 쓰는 증거로 삼았으나, 〈단궁〉은 아직 장례하기 이전을 가지고 말한 것이니 분명한 증거로 삼기가 어려울 듯합니다. 《가례집고(家禮集考)》[137]에 이른바 "의자와 탁자와 연석을 제외하고는 마땅히 길기를 사용해야 한다."라는 것은 또한 무슨 근거가 있습니까? 그릇과 연석을 나누어 둘로 삼아서는 안 될 듯하고, 소기를 사용하고 길기를 사용하는 것도 또한 차별을 두어서는 안 될 듯하니, 어떨지 모르겠습니다.

근래 세속에서 반곡(反哭)할 때에 지위가 있는 자는 초헌(軺軒)[138]을

136 소기(素器) : 장식이 없는 그릇을 말한다.

137 가례집고(家禮集考) : 조선 후기의 학자 김종후(金鍾厚, 1721~1780)가 엮은 책으로, 김종후는 자는 자정(子靜), 호는 본암(本庵) 또는 진재(眞齋), 본관은 청풍(淸風)이다. 이 책은 《가례》를 본문으로 삼고, 《의례(儀禮)》·《주례(周禮)》·《예기(禮記)》와 그 밖의 경전(經傳) 등에서 《가례》의 예절과 관계되는 사항을 두루 모아놓은 것이다.

138 초헌(軺軒) : 종2품 이상 관원이 타던 수레로, 외바퀴가 달렸고 앉는 자리는 의자

마련하고 지위가 없는 자들은 안장한 말을 사용하여 왕조의 반혼(返魂)하는 의식을 따르고 있는데, 이것은 너무 참람하지 않겠습니까. 다만 영거(靈車)-세속에서 말하는 요여(要轝)가 이에 해당합니다.-를 사용하는 것이 예(禮)에 맞을 듯하니, 어떨지 모르겠습니다.

반혼(返魂)할 때에 묘에 하직인사를 하지 않는 것은 그 신주에게 오로지 마음을 두기 때문이니,[139] 실로 정밀한 의리가 여기에 들어있습니다. 사옹(沙翁 김장생(金長生))의 견해가 참으로 옳으니 마땅히 따라야 하고 의심할 여지가 없는데, 역천(櫟泉 송명흠(宋明欽))이 남계(南溪 박세채(朴世采))를 따라 곡하고 하직하는 것을 옳다고 한 것은 감히 그 뜻을 알 수 없습니다. 정이 지나치고 슬픔이 지극하여 예(禮)를 잃을 것을 생각할 겨를이 없어서 그러한 것입니까?

처럼 꾸며져 있다.

139 반혼(返魂)할……때문이니 : 김장생(金長生)이 "반혼할 때 묘소에 인사하지 않는 것은 신주에 오로지 마음을 두기 때문이다. 세상에서 모두 곡을 하며 절하는 것은 예(禮)의 뜻이 아닌 듯하다.〔反魂時不辭於墓者，專意於神主故也. 世皆哭拜，恐非禮意.〕"라고 한 말이《사계전서 (沙溪全書)》권42〈의례문해습유(疑禮問解拾遺)〉의 상례(喪禮)조에 보인다.

노주 오장에게 보냄 정해년(1827, 순조27) 윤5월 23일
與老洲吳丈 丁亥閏五月廿三日

주 선생(朱先生 주희(朱熹))이 여 성공(呂成公 여조겸(呂祖謙))과 상중(喪中)에 강학하는 것에 대해 논하면서 불가하다고 말씀하지 않으셨는데, 육자정(陸子靜 육구연(陸九淵))이 주 선생과 여 성공이 처한 바를 잘못이라 한 것은, 상중에는 여럿이 다니지 않고 여럿이 서 있지 않는 의리[140]에 문제가 되기에 이렇게 말한 것입니까? 문하(門下)께서는 이 두 가지 중에 어디에 자처하십니까? 때로 한두 명의 학도들이 따라와 가르침을 청하지만 서로 더불어 강학함이 몹시 조심스러우니,[141] 문하께서 예전에 행하신 사례를 받들어 취사하고자 합니다.

삼가 드릴 말씀은, 저의 오대조께서 효성으로 인해 순절하셔서[142] 이미 정려(旌閭)를 받아 병사(丙舍)[143]에 정문(旌門)을 세운 지가 오래

140 상중에는……의리 : 삼년상을 치르는 중에는 행동을 삼가야 하는 의리를 말한 것이다. 《예기》 〈증자문(曾子問)〉에 증자가 삼년상에 남에게 조문하는지를 묻자, 공자(孔子)가 "삼년상에는 연제(練祭)를 지내고도 여럿이 서 있지 않으며 여럿이 다니지 않는다. 군자는 예(禮)로써 정(情)을 꾸미니, 삼년상에 남에게 조문하고 곡하는 것이 허례가 아니겠는가?〔三年之喪, 練, 不群立不旅行. 君子禮以飾情, 三年之喪而弔哭, 不亦虛乎?〕"라고 하였다.

141 때로……조심스러우니 : 홍직필이 이 해 2월에 아버지의 상(喪)을 당하여 상중에 있었으므로 이렇게 말한 것이다.

142 저의……순절하셔서 : 홍직필의 오대조인 홍태원(洪泰元)이 부모님의 상(喪)을 치르다가 일찍 세상을 떴기에 효(孝)로써 정려(旌閭)를 받았다. 《鼓山先 卷16 梅山洪先生行狀》

되었습니다. 선고(先考)의 상(喪)이 끝나면 장차 예(禮)에 준하여 신주를 체천하여 매안해야 하는데, 분수의 한계가 정해져서 정성을 올릴 곳이 없으니 사사로운 마음에 서글프고 애통합니다. 막 서울의 집으로 작설(綽楔)[144]을 옮겨서 후세 자손들이 바라보고 의지하며 사모하는 마음을 일으키는 자료로 삼기를 도모하고 있으니, 모르겠습니다만 훌륭하신 의견에 어떻게 생각하시는지요? 분암(墳菴)[145]도 또한 고택이지만 서울과 지방의 가깝고 먼 차이가 있어서 이렇게 말씀드리는 것입니다. 그렇지만 병사(丙舍)에 세운 지가 오래되어서 감히 마음대로 할 수가 없기에 삼가 여쭈어 결정하고자 합니다.

사계(沙溪 김장생(金長生))가 어떤 사람이 조부모와 부모가 함께 돌아가신 상(喪)에 염습과 성복의 선후를 어떻게 해야 하는지에 대해 질문한 것에 답하면서 말씀하기를 "초상이 하루 안에 있었다면 염습과 성복을 마땅히 조부모를 먼저 하고 부모를 나중에 하여야 한다."라고 하였는데,[146] 천옹(泉翁 송명흠(宋明欽))이 이 말을 인용하여 남의 후사가 된 사람이 할머니와 어머니의 상에 성복하는 선후의 증거로 삼았으니, 이 말씀이 어떻습니까? 사옹(沙翁)의 말씀은 바로 중한 복을 먼저 하고 가벼운 복을 뒤에 한다는 뜻이니 염습은 진실로 이처럼 해야 합니

143 병사(丙舍) : 산소 근처에 세워둔 재실(齋室)을 말한다.

144 작설(綽楔) : 문 위에 세워 효자(孝子)나 의사(義士)를 정표(旌表)하는 뜻을 나타내는 나무이다. 정려(旌閭)의 뜻으로 쓰인다.

145 분암(墳菴) : 산소를 지키기 위해 그 앞에 지어둔 암실(菴室)을 말한다.

146 사계(沙溪)가……하였는데 : 이 말은 《사계전서》 권37 〈의례문해(疑禮問解) 상례(喪禮)〉 성복(成服)조에 보인다.

다. 그렇지만 승중(承重)[147]한 사람의 성복으로 말하면 마땅히 어머니를 먼저 하여야 할 듯하니, 이것은 바로 아래로부터 위로 올라가는 의리입니다. 근간에 어떤 사람이 자식의 상을 당하고 기년이 되지 않아 자신이 또 죽어서 양손(養孫)을 세웠는데, 그 집에서 두 현자의 설을 근거하여 조부의 상에 먼저 성복하고자 하였습니다. 그러므로 제가 아버지를 먼저 할 것을 강력히 권하였으니, 아버지의 복으로 성복하지 않는다면 무엇을 말미암아 승중(承重)할 수 있겠습니까? 밝은 가르침을 받기를 원합니다.

출가한 딸이 상복을 벗은 뒤에 호소(縞素)를 입고 삼년을 마쳐서는 안 될 듯합니다. 그러나 또한 순길(純吉)[148]하여서는 안 되니, 옷은 옥색을 쓰고 관은 검은색을 쓰며 검은 비녀와 검은 상투로 심상(心喪)[149]의 복을 입는 것이 마땅할 듯합니다. 옛날에 상복을 벗고서 곧장 길례(吉禮)로 이어지지는 않아서 한 달을 넘겨 미길(微吉)에 해당하는 복을 입었으니, 어떨지 모르겠습니다.

147 승중(承重) : 아버지가 죽은 적장손(嫡長孫)이 조부모의 상을 당했을 때에 상주(喪主)가 되는 것을 말한다.

148 순길(純吉) : 상복을 벗고 완전한 길복(吉服)으로 갈아입는 것을 말한다.

149 심상(心喪) : 상복(喪服)을 입지는 않으나, 마음속으로 슬퍼하면서 상인(喪人)처럼 근신하는 것을 말한다.

노주 오장에게 보냄 무자년(1828, 순조28) 1월 8일

與老洲吳丈 戊子元月八日

윤형(胤兄)이 고을의 수령이 된 일[150]은 새 고을을 옛 고을과 비교해보면 도리(道里)가 가깝고 천수(泉水)가 맑으니 반드시 좋은 계책이 아닌 것은 아니지만, 근래 듣자하니 온 나라가 병폐가 심하여 손을 쓰기가 어렵다고 합니다. 그러나 반착(盤錯)의 어려운 상황에서 이기(利器)를 분별하기를[151] 크게 바랄 뿐입니다. 판여(板輿)로 맞이하여 봉양을 할 날[152]이 마땅히 다음 달에 있을 것이라고 하니, 길을 떠나는 것이

150 윤형(胤兄)이……일 : 윤형은 오희상(吳熙常)의 장남 오치성(吳致成, 1785~1844)을 가리키는데, 자는 서오(瑞五), 호는 아관(我觀), 본관은 해주(海州), 다른 이름은 오치규(吳致奎)이며, 백부 오윤상(吳允常)에게 출계하였다. 오치성은 남원 부사(南原府使)로 있다가 이 편지를 보내기 한 달 전인 순조27년(1827) 12월에 상주목사(尙州牧使)에 제수되었다.《承政院日記 純祖 27年 2月 27日, 12月 22日》

151 반착(盤錯)의……분별하기를 : 반착은 '반근착절(盤根錯節)'의 준말로 뿌리와 가지가 엉킨 것처럼 복잡하여 처리하기 어려운 일을 비유하며, 이기(利器)는 이 일을 잘 해결할 수 있는 재능을 뜻한다. 즉, 외직(外職)에 나아가 어려운 상황에서 걸출한 재능을 발휘하라는 뜻이다. 후한(後漢)의 우후(虞詡)가 "반근착절의 상황을 만나지 않는다면 이기(利器)를 분별할 수가 없으니, 지금이야말로 내가 공을 세울 기회이다.〔不遇盤根錯節, 無以別利器, 此乃吾立功之秋.〕"라고 말한 고사가 전한다.《通鑑節要 卷19 後漢和帝》

152 판여(板輿)로……날 : 판여는 부들방석을 깐 수레로, 지방관으로 부임하여 어버이를 맞이하여 봉양함을 말한다. 진(晉)나라 반악(潘岳)이 장안 영(長安令)으로 옮겼다가 박사(博士)로 제수되자 벼슬을 버리고 〈한거부(閑居賦)〉를 지었는데, "태부인을 마침내 판여에 모시고 가벼운 수레에 올라, 멀리는 왕기를 구경하고 가까이는 집의

어느 때로 정해졌는지요? 이 지역은 산천과 풍기가 경상우도의 으뜸이고, 홍암(興巖)과 병천(甁泉)에는 동춘당(同春堂)과 역천(櫟泉) 두 세대의 유적이 있어서[153] 그분들의 지팡이와 신이 이른 곳에 향기로운 문조(文藻)가 남아 있으니 모두 임하여 감상할 만합니다. 이를 인하여 한 도의 승경지들을 차례대로 뽑아서 한천(寒泉)과 정암(貞菴)의 고사[154]를 따르신다면, 노년기에 마음을 돕는 취미에 부합할 것입니다.

영남의 풍속이 쇠락하여 다시는 오현(五賢)[155]의 여운이 없지만 그래도 다른 도보다 나은 것은 질(質)을 숭상하기 때문입니다. 질(質)이 있기 때문에 또한 문(文)이 있으니 한번 변하면 노(魯)나라에 이를 수 있을 것입니다.[156] 미옹(渼翁 김원행(金元行))께서 여러 도의 인물에

동산을 돌았다.〔太夫人乃御板輿, 升輕軒, 遠覽王畿, 近周家園.〕"라고 하였다.《晉書 卷55 潘岳列傳》

153 홍암(興巖)과……있어서 : 경상북도 상주에 있는 홍암에는 동춘당 송준길(宋浚吉, 1606~1672)을 배향한 홍암서원이 있으며, 병천에는 역천 송명흠(宋明欽, 1705~1768)이 학문을 하던 곳으로 병천정(甁泉亭)이 남아있다. 홍암서원은 1702년(숙종28) 지방유림의 공의로 창건되어 1705년 '홍암(興巖)'이라 사액되었으며, 병천정은 송명흠의 부친 송요좌(宋堯佐)가 1703년(숙종29)에 지은 것이라 전해진다.

154 한천(寒泉)과 정암(貞菴)의 고사 : 한천은 이재(李縡, 1680~1746)의 호이고 정암은 민우수(閔遇洙, 1694~1756)의 호이다. 두 사람이 함께 영남과 호남의 명승지를 두루 유람한 일이 있다.《貞菴集 卷16 附錄 行狀》

155 오현(五賢) : 영남의 다섯 명의 유현(儒賢)으로, 한훤당(寒暄堂) 김굉필(金宏弼), 일두(一蠹) 정여창(鄭汝昌), 정암(靜庵) 조광조(趙光祖), 회재(晦齋) 이언적(李彦迪), 퇴계(退溪) 이황(李滉)을 가리킨다.

156 질(質)이……것입니다 : 질(質)은 질박한 본바탕이고 문(文)은 겉으로 드러난 문채를 말한다. 노나라에 이를 수 있다는 것은 그래도 이 지방에 도(道)가 남아있다는 뜻으로,《논어》〈옹야(雍也)〉에 "제나라가 한 번 변하면 노나라 경지에 이르고, 노나라

대하여 평하시면서 영남이 가장 빼어나다고 하였으니, 성실한 마음으로 배우기를 바라기를 권필칭(權必稱)이 미옹(渼翁)의 문하에서 하였던 것[157]처럼 할 사람이 없을 줄 어찌 알겠습니까. 후생들을 이끌어 진전시키고 가르쳐서 선비의 마음을 도야하여 순일하게 도(道)를 향하는 아름다움이 있게 하신다면 한번 멍에를 명하여 행차하시는 일이 그 관계된 바가 작지 않을 것이니, 천만번 유념하시기를 바랍니다.

성추담(成秋潭)[158]은 성대하게 영남 유학자 중 으뜸이 되지만, 짧은 수명에 가로막혀 그 뜻과 사업을 채우지 못하였으니, 연옹(淵翁)께서 소미성(少微星)이 희미해졌다는 글로 서글프고 애석한 마음을 표현한

가 한 번 변하면 도에 이를 것이다.〔齊一變, 至於魯; 魯一變, 至於道.〕" 하였다.

157 권필칭(權必稱)이……것 : 권필칭이 1772년(영조48) 미호(渼湖) 김원행(金元行)을 배알하여 가르침을 청하고 미호로부터 큰 식견을 인정받았던 일을 말한다. 권필칭(?~1784)은 자는 자평(子平), 호는 오담(梧潭), 본관은 안동(安東)이다. 1750년(영조26) 무과에 급제하여 선전관을 거쳐 주부·도사·경력·충청도우후 등을 역임하였고 서산·장기의 현감을 지내던 중 어머니의 상을 당해 사직하였다가, 1771년 고성현감에 임명되었지만 사직하고 학문에 힘썼다. 1775년 해남·광양의 현감을 지내면서 선정을 베풀었으며, 1781년(정조5) 창성방어사를 거쳐, 1784년 경상좌수에 이르렀다. 무신이면서도 경학(經學)과 사부(詞賦)에 능하였다. 《梅山集 卷36 梧潭權公墓碣銘》

158 성추담(成秋潭) : 성만징(成晩徵, 1659~1711)으로, 자는 달경(達卿), 호는 추담, 본관은 창녕(昌寧)이다. 상주(尙州)에서 태어나 향시(鄕試)에 합격하고 1703년(숙종29) 내시교관(內侍教官)과 왕자사부(王子師傅)에 제수되었으나 나아가지 않았다. 1709년(숙종35) 문경(聞慶)으로 거처를 옮겼으며 1710년 부수(副率)에 임명되었다. 1696년 송시열(宋時烈)을 도봉서원(道峰書院)에 배향할 때 일부에서 시비가 일자 앞장서서 변박하는 상소와 통문을 지었으며, 1704년 만동묘(萬東廟)의 향사(享祀)에 대한 문제가 일어나자 송시열의 입장을 옹호하였다. 예설(禮說)에 밝아 권상하(權尙夏)와 학문을 논한 것이 많다. 문경의 한천사(寒泉祠)에 봉향되었으며, 저서에 《추담문집(秋潭文集)》이 있다.

것[159]이 지나친 말씀이 아닙니다. 그 아들 취음(翠陰)[160]이 명성을 이어서 진실로 훌륭한 선비가 되었습니다. 그 집안이 대대로 읍 아래 살고 있는데 영락하여 떨쳐 일어나지 못해서 두 세대의 유고가 아직도 책 상자에 거두어져 있으니, 부디 원고를 구하여 읽어보시기를 바랍니다.

훌륭한 원고를 삼가 보여 주심에 손을 씻고 엄숙히 완상하니, 그 묘한 도(道)와 정미한 의(義)의 발로가 모두 온갖 이치를 종합하고 여러 사람의 말을 분석하여 구차하게 남을 따르지 않으면서도 성현이 이루어놓은 가르침에 어긋남이 없고, 한결같이 자신의 권형(權衡)을 사용하면서도 모두 의거한 바가 있습니다. 정미한 것과 거친 것을 널리 말씀하여 안과 밖이 모두 꿰뚫어져서 명백하고 통창하여 다시 미진한 점이 없으니, 한번 받들어 읽을 때마다 마음이 융합하고 정신이 계합되어 마치 큰 잠에서 깨어난 듯합니다. 이 책은 위로는 지난 선철들의 전통을 잇고 아래로는 후학들의 법도가 될 수 있으니, 한번 입언(立言)하신 사이에 공(功)과 덕(德)이 이미 갖추어져 있습니다. 그러

159 연옹(淵翁)께서……것 : 삼연(三淵) 김창흡(金昌翕)이 지은 성추담(成秋潭)에 대한 만시(輓詩)에 나오는 글로, 《삼연집(三淵集)》 권10 〈성달경만(成達卿挽)〉 세 번째 수에 보인다. 소미성(少微星)은 처사성(處士星)으로, 소미성이 희미하거나 떨어지면 인간 세상의 처사(處士)가 죽는다 한다.

160 취음(翠陰) : 성이홍(成爾鴻, 1691~1749)으로 자는 중거(仲擧), 호는 취음, 본관은 창녕(昌寧)이다. 조부는 성호영(成虎英), 부친은 성만징(成萬徵)이다. 권상하(權尙夏)의 문하에서 수학하였고, 1725년(영조1) 목릉참봉에 제수되었으나 나아가지 않았으며 이후 학문과 덕성으로, 조현명(趙顯命)·김재로(金在魯) 등에 의해 천거되었다. 벼슬은 세자익위사(世子翊衛司)의 사어(司禦)에 이르렀다. 1741년(영조17)에 지례현감(知禮縣監)에 임명될 때, 영조가 어제시(御製詩) 1수를 하사하였다. 《性潭集 卷28 縣監成公行狀》

나 글은 적합한 사람을 기다려 전해지는 법인데 외롭게 선창함에 화답하는 이가 적어서 이를 밝혀서 찬술해줄 사람이 없으니, 이것이 근심스럽습니다.

노주 오장에게 답함 무자년(1828, 순조28) 1월 11일
答老洲吳丈 戊子元月旬一

근래에 수학하는 이들에게 《추경(鄒經) 맹자(孟子)》의 '방몽학사(逢蒙學射)'장[161]을 가르쳐주었는데, 주 선생(朱先生 주희(朱熹))께서 유공(庾公) 사(斯)가 자탁유자(子濯孺子)에게 활을 쏘지 않은 것을 가지고 "비록 사사로운 은혜를 온전히 하였으나 또한 공의(公義)를 폐하였으니, 이 일은 본받을 만한 것이 못된다."라고 하셨으니, 이는 참으로 그렇습니다. 그러나 국가를 위하면 스승을 배반하고 스승에 대한 사사로운 은혜를 위하면 군주를 배반하게 되니, 어떻게 하면 두 가지의 사이에 대처하면서 바름을 잃지 않을 수 있겠습니까?

정자(程子)께서 말씀하시기를 "맹자께서 다만 스승을 배반하지 않은 것을 취하셨을 뿐이니, 만약 나라의 안위가 이 한 번의 행동에 달려 있다면 스승을 죽이더라도 가하다."라고 하셨는데, 이 말씀은 다시 따

161 방몽학사(逢蒙學射)장 : 《맹자》 〈이루 하(離婁下)〉의 한 장(章)을 가리킨다. 하(夏)나라 방몽(逢蒙)이 활쏘기의 명수인 예(羿)에게 그 기법을 배웠는데, 예의 기법을 다 터득하자 세상에 자기보다 뛰어난 자는 예밖에 없다 생각하고 드디어 스승인 예를 죽였다. 이를 두고 맹자가 예에게도 죄가 있다고 하였는데, 주자(朱子)의 주에서 예가 하나라를 찬탈하여 즉위하였다가 죽임을 당한 것이라 하였다. 또 정(鄭)나라가 자탁유자(子濯孺子)를 장수로 삼아 위(衛)나라를 침범하자 위나라에서 유공(庾公) 사(斯)를 내보내 싸우게 하였는데, 자탁유자가 병이 들어 활을 쏘지 못하자 유공 사가 "나는 윤공지타(尹公之他)에게 활 쏘는 법을 배웠고, 윤공지타는 당신에게 활 쏘는 법을 배웠으니 나는 차마 당신의 도로써 당신을 해칠 수 없다." 하고는 살촉을 뺀 화살 네 대를 쏘고서 돌아갔다. 《孟子集註》

져보아야 할 점이 있지 않겠습니까? 예(羿)가 하(夏)나라를 찬탈한 것으로 말하면 활쏘기를 배운 이가 진실로 마땅히 대의(大義)를 내세워 역적을 토벌하여야 하고 또한 종신토록 스스로 폐하여 벼슬하지 않아야 할 것이지만, 유공 사가 자탁유자에 대하여 처했던 경우로 말하면 어찌 차마 스승을 도리어 해칠 수 있겠습니까? 유공 사가 한 일을 완전히 잘못이라고 할 수는 없을 듯합니다. 위(衛)나라 군주가 정(鄭)나라 사람을 뒤쫓으라고 명하였을 때에 유공 사가 스승을 죽일 수 없다는 의리를 끌어대며 사양하고 가지 않았다면, 사사로운 은혜와 공적인 의리를 거의 둘 다 보전할 수 있었을 것이니, 유공 사가 이 의리를 강구하지 않은 것이 애석합니다.

사람은 세 분의 은혜로 살아가기에 섬기기를 똑같이 해야 하니,[162] 그렇다면 비록 종족과 국가의 안위와 존망이 관계되어 있다고 하더라도 어찌 스승을 죽여서 임금의 은혜에 보답할 수 있겠습니까. 스승에 대한 은혜와 군주에 대한 의리를 병행할 수 없다면 다만 자기 몸을 죽여서 스스로 지조를 지켜야 할 뿐입니다. 스승과 제자의 윤리가 땅에 떨어진지 오래되었으니, 필시 정자의 말씀을 구실로 삼아 세교(世敎)에 화를 끼칠 자가 있을 것이기에 이를 우려하지 않을 수 없습니다. 스승의 나쁜 점을 가지고 대중을 따라 배척하고 끊어내지 않기를 정동

162 사람은……하니 : 《소학집주(小學集註)》 〈명륜(明倫)〉에 난공자(欒共子)가, "사람은 세 분의 은혜로 살아가기에 섬기기를 똑같이 하여야 한다. 아버지는 나를 낳아 주시고, 스승은 나를 가르쳐 주시고, 임금은 나를 먹여 주셨으니, 아버지가 아니면 태어나지 못하고 임금이 먹여 주지 않으면 자라지 못하고 스승이 가르쳐 주지 않으면 알지 못하니, 낳아 주신 것과 똑같다.〔民生於三, 事之如一. 父生之, 師教之, 君食之, 非父不生, 非食不長, 非教不知, 生之族也.〕"라고 한 데에서 온 것이다.

계(鄭桐溪)처럼 하여야만[163] 비로소 제자의 분수를 다하는 것이니, 서형수(徐瀅修)와 같은 무리들은 진실로 동계에 있어서 죄인입니다.[164] 정미한 의리에 대한 의논을 듣고자 합니다.

《예기》〈상복소기(喪服小記)〉에 "남자는 문(免)을 하고 여자는 좌(髽)를 한다."[165]라고 한 것은 영구(靈柩)를 보았기 때문에 변복(變服)

163 스승의……하여야만 : 정온이 스승 정인홍의 잘못을 감싸주어 스승에 대한 의리를 지킨 일을 말한다. 정동계는 정온(鄭蘊, 1569~1641)으로 자는 휘원(輝遠), 호는 동계·고고자(鼓鼓子), 본관은 초계(草溪)다. 정온은 31세가 되던 해에 정인홍(鄭仁弘, 1535~1623)의 문하에 가서 수학하였다. 이후 1608년(선조41) 정인홍이 왕세자 문제로 국사를 논하다가 유배를 가게 되었는데, 정온이 영남 선비들과 상소를 올려 왕세자는 나라의 근본이므로, 정인홍이 나라를 위해 근본을 견고하게 하고자 했던 것이라 해명하였다. 1623년(인조원년) 인조반정이 일어나 정인홍이 참형될 위기에 처하자 정온이 또 상소를 올려 정인홍과 사제관계임을 밝히면서 정인홍의 처벌을 선처해 줄 것을 청하였다. 《桐溪先生年譜》

164 서형수(徐瀅修)와……죄인입니다 : 서형수가 스승인 홍계능(洪啓能)을 배척하여 사제간의 의리를 저버렸음을 비판한 것이다. 서형수는 자는 유청(幼清), 호는 명고(明皐), 본관은 달성(達成)이다. 그의 아버지 서명응(徐命膺)은 홍계능과 이웃하여 살면서 가까이 지냈는데, 이에 둘째아들인 서형수도 홍계능과 사제(師弟)의 관계에 있었다. 그러다 훗날 정조의 즉위를 반대했던 홍계능이 역적으로 몰리자 서명응 부자가 역적과 가까이 지내고 사제관계를 맺었다 하여 함께 여러 차례 비난을 받았는데, 이에 대해 서형수는 상소를 올려 역적의 죄를 미리 알아보지 못한 것을 뉘우치고 있음을 밝혔고, 아버지의 행장에는 홍계능이 역적으로 몰리기 전부터 아버지 서명응이 이미 그의 악행을 미워하여 소원하게 지냈음을 밝혀 무관함을 드러내고자 하였다. 《明皐全集 卷3 因李福徽疏辭職疏, 卷15 本生先考文靖公府君行狀》

165 남자는……한다 : 문(免)은 상을 당하여 관(冠)을 벗고서 머리털을 묶은 다음 흰 삼베를 일정한 형태로 쓰는 것을 말하며, 좌(髽)는 북상투로 부인이 상중에 머리털을 풀어 묶기만 하고 싸개를 하지 않는 것을 말한다.

한 것입니다. 개장(改葬)할 때에도 영구를 보게 되면 부녀자로서 응당 시마복(緦麻服)을 입어야 하는 사람 외에 출가한 딸과 복(服)이 있는 부인은 영구가 나올 때를 기다려서 또한 마땅히 소복을 입고 가마(加麻)를 하여야 하는데, 가마한 사람은 바라보고 곡한 뒤에 이를 벗어야 합니까, 아니면 사당에 반곡(反哭)하기를 기다려야만 합니까? 우옹(尤翁 송시열(宋時烈))이 비록 "조문(弔問)하는 옷에 가마한 사람은 장례가 끝나면 벗어야 한다."[166]라고 말씀하셨으나 〈상복소기(喪服小記)〉에 "시마(緦麻)와 소공(小功)에 우제(虞祭)와 졸곡(卒哭)에 미쳐서 문(免)한다."라고 한 뜻으로 헤아려보면 가마한 남자와 여자는 개장하는 일을 끝마치고 돌아와서 사당에 고유한 뒤에 벗는 것이 마땅할 듯하니, 어떨지 모르겠습니다.

166 조문(弔問)하는……한다 : 이 말은 《송자대전(宋子大全)》 권98 〈답송문재(答宋文哉)〉 병진년 10월 14일 편지에 보인다.

노주 오장에게 보냄 무자년(1828, 순조28) 12월 2일

與老洲吳丈 戊子臘月二日

병석에서 우연히 생각해보니, 삼주(三洲 김창협(金昌協))께서 "이(理)라는 명칭은 본래 사물을 인하여 성립되었다."[167]라고 하신 말씀은 세속의 유자(儒者)들이 얼굴을 가리고 형상을 더듬는 데에 비할 바가 아니지만, 이와 같은 것은 바로 기(氣)로부터 이(理)를 미루어간 것인 듯하니, 이(理)는 기(氣)의 근본이 된다는 뜻이 이로 인해 구애되지 않겠습니까? 삼주가 또 말씀하시기를, "이(理)는 비록 하나의 사물로 기(氣)의 밖에 성립한 것은 아니지만, 또한 곧장 기(氣)를 이(理)라고 하여서는 안 된다."라고 하여서 후세 사람들이 정미하게 생각하게 하여서 남의 말을 그대로 인습하는 것을 면하게 하였으나[168] 후세 사람들이 끝내 통철하게 알지 못하니, 이 옹(翁)을 크게 저버린 것입니다.

제가 생각하기에는 정정하고 당당하여 상하를 관통하여 소리도 냄새도 없고 능히 명명할 수가 없어서 자연히 만물의 주체가 된 것이 기(氣) 이전에 있으니, 이 때문에 기(氣)가 생겨나는 것입니다. 그렇다

167 이(理)의……성립되었다 : 이 말은《농암집(農巖集)》권32〈잡지(雜識) 내편2(內篇二)〉에 보인다.

168 이(理)는 비록……하였으나 :《농암집(農巖集)》권32〈잡지(雜識) 내편2(內篇二)〉에, "이(理)는 비록 하나의 사물로 기(氣)의 밖에 서 있는 것이 아니지만, 또한 곧장 기(氣)를 이(理)라고 하여서는 안 된다. 여기에서 생각하고 또 생각한다면 세속 유자들이 남의 말을 그대로 인습한 견해를 면할 수 있을 것이다.〔理雖非有一箇物事立於氣外, 亦不可直以氣爲理. 於此思之又思, 其庶免於世儒承襲之見乎!〕"라고 하였다.

면 이(理)는 기(氣)의 어머니가 되고 기(氣)는 이(理)의 자식이 되니, 이(理)가 기(氣)에 붙어 있는 것은 마치 어머니가 자식을 의지한 것과 같습니다. 어머니라는 명칭이 성립된 것이 비록 자식으로 인하여 그렇게 된 것이지만, 자식이 태어나기 전에 본래 어머니가 된 이치가 있는 것이니, 어찌 자식이 태어나기를 기다린 뒤에야 명명할 수 있겠습니까. 만약 '이(理)는 사물을 인하여 명명한 것이다.'라고 한다면 기(氣)가 주인이 되고 이(理)는 손님이 되는 듯하니, 정암(整菴)[169]과 같이 이(理)와 기(氣)를 섞어서 하나의 물건이라고 하는 자가 이 말을 구실로 삼지 않을 줄 어찌 알겠습니까. 《농암집(農巖集)》 〈잡지(雜識)〉에서 "세상에서 이(理)와 기(氣)를 두 물건이라고 하는 것〔世言理氣二物〕" 이하 네 조목을 합하여 이해한다면 그 뜻을 다 알 수 있을 것이니, 다시 가르침을 받고자 합니다.

장식이 없는 말과 베 안장[170]은 대상(大祥) 후에 굳이 바꿀 필요가 없을 듯하니, 담제(禫祭)가 되기를 기다려 바꾸는 것이 어떨지 모르겠습니다.

169 정암(整菴) : 명나라 때의 학자인 나흠순(羅欽順, 1465~1547)으로 자는 윤승(允升), 호는 정암, 시호는 문장(文莊)이다. 벼슬을 사양하고 격물치지학(格物致知學)에 전념하여 《곤지기(困知記)》를 지었으며, 문집으로는 《정암존고(整菴存稿)》가 있다. 그는 《곤지기》에서 이(理)와 기(氣)를 하나의 물(物)이라고 하였다.

170 장식이……안장 : 상중(喪中)에 출입하게 되면 갖추어야 하는 차림새를 말한다. 《주자가례(朱子家禮)》 권4 〈상례(喪禮)〉에 "만약 상사(喪事)나 부득이한 일로 출입하게 되면, 장식 없는 말을 타고 베 안장을 하거나 소교(素轎)를 타고 베 주렴을 한다.〔若以喪事及不得已而出入, 則乘樸馬布鞍, 素轎布簾.〕"라고 하였다.

노주 오장에게 답함 기축년(1829, 순조29) 1월 22일
答老洲吳丈 己丑元月廿二日

보내주신 편지에서 말씀하신 백이(伯夷)와 숙제(叔齊)의 일[171]은 청성(淸聖)[172]이 윤리를 부지한 큰 절개를 밝히고 왕안석(王安石)이 고집하는 부정한 학설[173]을 배척한 것이 명백하고 통쾌하여 다시 미진한

171 백이(伯夷)와 숙제(叔齊)의 일 : 《사기(史記)》 권61 〈백이열전(伯夷列傳)〉에 따르면, 백이와 숙제는 은(殷)나라 제후인 고죽군(孤竹君)의 아들로, 아버지가 숙제에게 지위를 물려주려 하였으나 숙제 또한 형인 백이에게 양보하여 서로 나라를 양보하고 달아났다. 이후 형제는 주왕(紂王)을 피하여 숨어 살다가 훗날 문왕(文王)이 되는 서백(西伯)의 덕(德)을 듣고 문왕에게 귀의하였는데, 도착해 보니 서백은 죽고 그 아들 주 무왕(周武王)이 은나라를 치려하기에 형제가 말고삐를 부여잡고 간언하였지만 받아들여지지 않았다. 무왕이 은나라를 평정하고 나자 천하가 모두 주(周)나라를 종주국으로 받들었으나, 백이와 숙제는 이를 수치스럽게 여기고 의리상 주나라의 곡식을 먹을 수 없다 하여 수양산(首陽山)에 은거하며 고사리를 캐먹으며 살다가 굶어 죽었다.

172 청성(淸聖) : 깨끗한 성인(聖人)이라는 뜻으로, 백이(伯夷)를 가리킨다. 《맹자》 〈만장 하(萬章下)〉에 이윤(伊尹)과 백이(伯夷), 유하혜(柳下惠)와 공자(孔子)의 행적을 열거하면서, "이윤은 성인 중에 천하를 구제하기로 자임한 자이고, 백이는 성인 중에 깨끗한 자이고, 유하혜는 성인 중에 화(和)한 자이고, 공자는 성인 중에 때에 알맞게 행한 자이다.〔伊尹聖之任者也, 伯夷聖之淸者也 ,柳下惠聖之和者也, 孔子聖之時者也.〕" 하였다.

173 왕안석(王安石)이……학설 : 왕안석은 송(宋)나라 학자로 자가 개보(介甫), 호는 반산(半山)이며 형국공(荊國公)에 봉해졌다. 그는 백이(伯夷)의 일에 대하여, 공자와 맹자가 백이에 대해 칭송했던 것은 모두 백이가 주왕(紂王)을 섬기지 않고 피한 일만을 두고 말한 것이었는데, 훗날 사마천(司馬遷)과 한유(韓愈) 등이 백이가 무왕(武王)이 은(殷)나라를 치려할 때 이를 옳지 않다고 여겨 간언하였으나 무왕이 듣지 않고

점이 없으니, 비단 저의 비천한 견해가 어긋나지 않은 것만을 다행으로 여길 뿐만이 아닙니다. 백이와 숙제 두 분이 한 몸으로 만고 강상(綱常)의 중대한 임무를 맡은 것은 바로 무왕(武王)이 정벌하러 갈 때에 말고삐를 잡고 간한 일과 수양산에서 굶어 죽은 일 두 가지로써 그러한 것일 뿐이니, 형제간에 나라를 사양한 것이 훌륭한 미덕이 아닌 것은 아니지만 이는 두 분에게 있어서 큰 덕 가운데 냇물이 흐르는 것[174]과 같은 것입니다. 그러니 어찌 인(仁)을 얻어 원망함이 없었다는 찬사[175]에 족히 해당될 수 있겠습니까. 진실로 왕안석의 논의와 같다면 두 분은 다만 태공(太公)이 되는 데[176]에 그칠 뿐이니, 백이와 태공이 이와 같이 동등하단 말입니까. 이 논의를 하는 자들은 천하의 큰 윤리를 무너뜨려서 곧 백성들에게 해를 남기고 후세에 화를 끼칠 수 있을 것입니다.

끝내 은나라를 정벌하자 이를 수치로 여기고 수양산에 가서 죽은 것이라고 주왕을 피한 뒤의 일을 잘못 이해하여서 지금까지 그 그릇된 설이 이어져왔다고 하였다. 그는 백이와 숙제가 무왕이 은나라를 정벌하던 때까지 살아 있었다면, 필시 태공(太公)과 같이 어진 무왕을 섬겨 은나라를 치는 일을 도왔을 것이라고 주장하였다. 그의 문집인 《임천문집(臨川文集)》 권63 〈백이(伯夷)〉에 자세하다.

174 큰……것 : 큰 덕 중에 일부분인 작은 덕에 해당된다는 말로, 《중용장구(中庸章句)》에 "작은 덕은 냇물의 흐름과 같고 큰 덕은 화(化)를 돈후히 한다.〔小德川流, 大德敦化.〕"라고 한 데서 나온 말이다.

175 인(仁)을……찬사 : 《논어》 〈술이(述而)〉에 공자가 백이(伯夷)와 숙제(叔齊)에 대해서, "인을 구하여 그 인을 얻었으니, 다시 어찌 원망을 하였겠는가.〔求仁而得仁, 又何怨?〕"라고 한 말을 가리킨다.

176 태공(太公)이 되는 데 : 태공은 백이와 마찬가지로 폭군 주왕(紂王)을 피해 은거하였으나, 태공은 후에 주(周)나라 무왕(武王)에게 귀의하여 그를 도와 은(殷)나라를 정벌하여 멸망시키고 그 공으로 제나라에 봉해졌다. 《史記 卷31 齊太公世家》

존선친(尊先親) 문정공(文靖公)께서 논변하신 두 편의 글[177]을 여러 차례 받들어 읽어보았습니다. "주왕(紂王)의 악행으로 인해 그를 피하였다가 그가 망할 때에 이르러서는 반드시 신하의 절개를 바쳤으니, 이는 공자께서 말씀하신바 '옛날에 저지른 잘못을 생각하지 않았다.'[178]라는 것이 아니겠는가. 주(周)나라의 어짊으로 인해 그에 귀의하였다가 은(殷)나라를 멸하려는 때에 이르러서는 도리어 주나라를 섬기려 하지 않았으니, 이는 맹자께서 말씀하신바 '섬길 만한 군주가 아니면 섬기지 않았다.'[179]라는 것이 아니겠는가."라고 하신 말씀은 두 성인(聖人)의 은미하고 완곡한 말씀을 드러내고 백이와 숙제가 분수를 다한 의리를 펼쳐내어, 말이 떳떳한 도리를 지키는 데에서 나오고 일 또한 충분히 증명할 수 있습니다. 또 소자첨(蘇子瞻)이 무왕은 성인이 아니라고 한 논의[180]를 거론한 데에 이르러서는 "후세 사람들이 장차 '무왕과

177 존선친(尊先親)……글 : 문정공은 오희상(吳熙常)의 생부 오재순(吳載純, 1727~1792)으로 자는 문경(文卿), 호 순암(醇庵) 또는 우불급재(愚不及齋), 시호는 문정이다. 두 편의 글은 백이(伯夷)에 대해 논한 글과 왕안석(王安石)의 백이론에 대해 논변한 글로, 각각 《순암집(醇庵集)》 권9 〈백이론(伯夷論)〉과 〈왕씨백이논변(王氏伯夷論辨)〉에 보인다.

178 옛날에……않았다 : 《논어》 〈공야장(公冶長)〉에 "백이(伯夷)와 숙제(叔齊)는 남이 옛날에 저지른 잘못을 생각하지 않았다. 이 때문에 원망하는 사람이 드물었다.〔伯夷叔齊不念舊惡, 怨是用希.〕"라고 하였다.

179 섬길……않았다 : 《맹자》 〈공손추 상(公孫丑上)〉에 "섬길 만한 군주가 아니면 섬기지 않으며, 부릴 만한 백성이 아니면 부리지 않아서 세상이 다스려지면 나아가고 어지러워지면 물러가신 분이 백이(伯夷)이다.〔非其君不事, 非其民不使, 治則進, 亂則退, 伯夷也.〕"라고 하였다.

180 소자첨(蘇子瞻)이……논의 : 소자첨은 북송(北宋) 시대 학자이며 문장가인 소식(蘇軾)으로 자는 자첨, 호는 동파(東坡), 시호는 문충(文忠)이다. 그는 무왕(武王)이

같은 성인으로서도 이러한 비난을 면치 못하였다.'라고 할 것이니, 난신적자(亂臣賊子)들이 조금이라도 그칠 수 있을 것이다."[181]라고 하셨으니, 명분과 의리가 몹시 바르고 글이 시원해서 길이 세교(世敎)에 크게 도움이 있을 것입니다. 만약 연옹(淵翁)께서 보신다면 또한 빙그레 웃으시면서 지난 말씀이 명쾌하지 못하였음을 뉘우치실 것입니다.[182] 이 뜻을 자강(子綱 이봉수(李鳳秀))에게 말해주었더니 그가 답하기를 "저의 견해를 버리고 따를 것이니 어찌 하루가 마치기를 기다리겠습니까."라고 하였으니, 이치에 밝고 말을 잘 분별하는 자강이 이렇게 말한 것이 당연합니다.

은(殷)나라의 주(紂)를 토벌한 일을 논하면서 무왕은 성인(聖人)이 아니라고 하였는데, 그 글이 《동파전집(東坡全集)》 권105 〈지림(志林) 논고(論古)〉에 보인다.

181 후세……것이다 : 《순암집(醇庵集)》 권9 〈왕씨백이논변(王氏伯夷論辨)〉에 "옛날에 소씨(蘇氏)가 무왕(武王)을 논하여 말하기를 '무왕은 성인이 아니다.' 하였으니 이는 비록 올바른 의론이 아니지만, 후세 사람들이 장차 '무왕과 같은 성인으로서도 이러한 비난을 면치 못하였다.'라고 할 것이니, 난신적자들이 조금이라도 그칠 수 있을 것이다. 그러므로 소씨의 말은 비유하자면 오두초(烏頭草)와 같아서 그 독이 사람을 죽일 수도 있고 또한 살릴 수도 있는 것이다.〔昔蘇氏論武王曰: 武王非聖人也. 雖非正論, 然後之人將曰武王之聖焉而猶不免焉, 則亂臣賊子其可以少戢矣. 故蘇氏之說, 譬如烏頭堇草, 其毒可以殺人, 亦可以生人.〕"라고 한 말이 보인다.

182 만약……것입니다 : 삼연(三淵) 김창흡(金昌翕)이 왕안석(王安石)의 백이(伯夷)에 대한 독자적인 논의를 옳다고 하면서 오랫동안 전해져서 굳어진 설을 왕안석이 척안(隻眼)으로 깨뜨려 내었다고 하였는데, 이 글을 보면 그때의 견해를 뉘우칠 것이라고 말한 것이다. 김창흡의 논의는 《삼연집(三淵集)》 권33 〈일록(日錄)〉 3월 초1일 조에 보인다.

노주 오장에게 답함 기축년(1829, 순조29) 2월 17일

答老洲吳丈 己丑二月十七日

보내오신 편지를 손을 씻고서 삼가 읽어보니, 의리를 분명히 분석하여 곧장 밑바닥에까지 이르러서 부월(斧鉞)보다 준엄하고 눈과 서리처럼 늠름합니다. 그리하여 이미 죽어서 뼈가 된 데에서 숨겨진 간악함을 베어내어 길이 후세에 말을 남겼으니, 이는 세교(世敎)의 다행입니다. 구구한 제가 훗날 지하에서 손을 빌어 지난 선철들을 뵙는 것도 이것이 있음에 의지할 것입니다.

저 과오를 입은 당류(黨類)들은 진실로 죄줄 것도 없고, 이쪽 사람들도 그 책을 높이 모셔두고 그 말을 외고 음미하면서 편안히 여겨 괴이한 줄을 알지 못하니, 이것은 바로 세도(世道)의 큰 변고입니다. 아니면 사람이 장차 귀신과 도깨비가 되려 하여 그런 것입니까. 이른바 영남(嶺南)의 사우(士友)들에게 보낸 편지[183]라는 것을 사람들이 익숙하게

183 영남(嶺南)의……편지 : 남인(南人)이었던 채제공(蔡濟恭)이 영남 남인들에게 보낸 편지를 말한다. 정조17년(1793) 5월 28일 채제공은 사도세자(思悼世子)를 무함한 이들을 처벌할 것을 상소하였고, 8월 8일 정조는 영조가 하나뿐인 아들 사도세자를 간인의 모함에 빠져 죽인 것을 후회한다는 내용이 담긴 금등서(金縢書)를 공개하였다. 이에 채제공은 영남 남인들에게 금등(金縢) 사건의 전말을 정확히 알려주고, 또 금등문서 공개 이후 영남 남인들이 두 차례의 영남만인소에 이어 다시금 상소를 준비하고 있다는 소식을 듣고 이를 만류하는 내용의 편지를 써 보냈다. 여기에서 채제공은 금등서가 반시(頒示)된 이후 의리(義理)가 크게 밝혀져서 우리들이 잡은 의리가 유감이 없게 되었다고 말하였다.《日省錄 正祖 17年 5月 28日, 8月 8日》《樊巖集 卷36 與嶺南士友書》

보고 들은 지가 오래되었는데, 한 사람도 죄를 드러내어 성토하는 자가 없어서 그 부정한 설이 마음껏 행해지도록 내버려두어 금하는 이가 없으니, 이를 말하면 마음이 아픕니다. 곧장 이 글을 가지고 세상에 널리 보여서 어두운 거리에 해와 별처럼 걸어두고 싶지만 혹 소란을 야기할까 염려되어 감히 남에게 번거롭게 보이지 못하고 있으니, 이 또한 구구한 저의 역량이 부족하여 그러한 것입니다. 마땅히 자강(子綱 이봉수(李鳳秀))에게 보여주어 서로 지키며 잃지 말아야할 뿐입니다.

《주자가례(朱子家禮)》와 《상례비요(喪禮備要)》에 담제(禫祭)를 점치는 날 사당 밖에서 주인(主人)은 담복(禫服)을 입고 서향(西向)을 한다고 하였는데,[184] 이 담복은 무슨 복으로 해당시키는 것입니까? 아마도 윗글의 "대상(大祥)에 장막을 설치하고 담복을 진설한다."라는 것을 이어서 말한 것인 듯합니다. 그렇지만 지금 고례(古禮)를 근거해 보건대 대상에는 흰 옷을 받아 입으니, "장막을 설치하고 담복을 진설한다."라고 한 것은 마땅히 아래 글의 담제(禫祭) 조에 옮겨 기재하고 담제에 이르러 비로소 담복을 입어야 할 것인바, 담제에 사당에 고할 때에는 대상 때에 해당되는 복을 입어야 할 것입니다. 어떨지 모르겠습니다.

《예기》 〈간전(間傳)〉에 대상(大祥) 이후에 침소를 회복한다고 한 것

184 주자가례(朱子家禮)와……하였는데 : 이 내용은 《주자가례》 권4 〈상례(喪禮)〉의 담제(禫祭) 조와 《사계전서(沙溪全書)》 권34 〈상례비요〉의 담제(禫祭) 조에 보인다.

은 내침(內寢)을 회복한 것이 아니라 빈궁(殯宮)의 침소를 회복한 것입니다. 《가례》에 대상에 침소를 회복한다고 한 것[185]은 〈간전〉에서 나온 것 같지만 빈궁을 내침으로 오인하였으니, 사옹(沙翁 김장생(金長生))께서 "침소를 회복한다."라는 말을 길제(吉祭) 이후로 옮긴 것[186]이 바른 예(禮)를 얻은 것입니다.

《예기》〈상대기(喪大記)〉에 "담제(禫祭)를 지내고 나서 어거하고, 길제(吉祭)를 지내고 나서 침소를 회복한다.〔禫而從御, 吉祭而復寢.〕" 하였는데, '어(御)'는 부인을 어거하는 것이니, 어거하는 것과 침소를 회복함이 두 가지 일이 아닌데 담제와 길제를 나누어서 말한 것은 무슨 뜻입니까? 호문(互文)이 아니겠습니까? 근재(近齋 박윤원(朴胤源))가 말씀하기를, "어(御)는 곁에서 모신다는 뜻이고, 침(寢)은 이부자리라는 뜻이다."라고 하였으나 곁에서 모시는 것도 해서는 안 되고, 곧장 길제에 이른 뒤에야 비로소 침소를 회복할 수 있습니다. 이와 같은 것이어야 비로소 "상(喪)을 마칠 때까지 안에서 부인을 어거하지 않는다."[187]라고 할 수 있을 것이고, 그 전에는 중문(中門)에 들어가서는 안 되니, 이것이 예(禮)의 큰 법칙이기 때문입니다. 공영달(孔穎達)의 소(疏)에 "담제를 지낸 후라 할지라도 반드시 사시제(四時祭)가 끝나

185 가례(家禮)에……것 : 《주자가례》 권4 〈상례(喪禮)〉 대상(大祥) 조에 "비로소 술을 마시고 고기를 먹으며 침소를 회복한다.〔始飮酒食肉而復寢.〕"라고 하였다.

186 사옹(沙翁)께서……것 : 김장생(金長生)의 《사계전서(沙溪全書)》 권34 〈상례비요〉의 길제(吉祭) 조에 "침소를 회복한다.〔復寢.〕"라고 하면서, 《예기》〈상대기(喪大記)〉의 "길제를 지내고 나서 침소를 회복한다.〔吉祭而復寢.〕"라는 말을 주(註)로 붙였다.

187 상(喪)을……않는다 : 이 말은 《예기(禮記)》〈상대기(喪大記)〉에 보인다.

기를 기다린 뒤에 침소를 회복한다."라고 한 것이 지극히 옳으니, 어떨지 모르겠습니다.

우제(虞祭)로부터 대상(大祥)에 이르기까지 참신(參神)이 없는 것은 항상 부모를 모신다는 뜻이 있기 때문입니다.[188] 담제(禫祭) 조의 행사를 모두 대상(大祥) 때의 의례와 같이 한다고 하였다 해서[189] 담제에도 참신이 없다고 한다면, 제 생각에는 옳지 않을 듯합니다. 대상을 지내고 신주를 사당에 들였으면 이미 항상 모시는 것이 아니니, 담제에 신주를 낼 때에도 마땅히 참신(參神)을 행해야 할 것인바 참신을 특별히 말하지 않았다고 하여 빠뜨리는 것이 가하겠습니까. 수옹(遂翁)이 "글이 다 갖추지 못한 것이다."라고 하신 말씀[190]이 옳을 듯하니, 어떨지 모르겠습니다.

188 우제(虞祭)로부터……때문입니다 : 참신은 신주(神主)에 절하고 뵙는 절차를 말한다. 김장생(金長生)의 《의례문해(疑禮問解)》〈상례(喪禮)〉 조석곡(朝夕哭) 조에 "상중에 있는 사람은 항상 궤연(几筵)을 모시고 있으므로 조석으로 배알(拜謁)하는 예가 없다.〔喪人常侍几筵, 故無朝夕拜謁之禮.〕"라고 하였다.

189 담제(禫祭)……해서 : 《주자가례》 권4 〈상례(喪禮)〉의 담제(禫祭) 조에 "다음 날 행사하니, 모두 대상의 의례와 같다.〔厥明行事, 皆如大祥之儀.〕"라고 하였기 때문에 이렇게 말한 것이다.

190 수옹(遂翁)이……말씀 : 수암(遂菴) 권상하(權尙夏)의 문집인 《한수재집(寒水齋集)》 권15 〈답성중거(答成仲擧)〉 임진년의 편지에, "담제에 마땅히 참신이 있어야 하니, 예문(禮文)에 드러내지 않은 것은 필시 글이 다 갖추지 못하여 그러한 것일 것이다.〔禫祭當有參神, 而禮文不著, 必是文不備而然也.〕"라고 하였다.

노주 오장에게 보냄 기축년(1829, 순조29) 4월 15일

與老洲吳丈 己丑四月望日

《고려사(高麗史)》는 멈추지 않고 펼쳐보고 계십니까? 단군과 기자는 멀어서 자세히 알 수가 없고, 신라와 고려로부터는 천황(天荒)이 아직 깨뜨려지지 않았고 오랑캐의 비루한 풍속을 고치지 못하여 혹 군신과 부자의 큰 경륜(經綸)을 알지 못하였으나, 인물은 왕왕 걸출한 이가 있었는바 그들의 공업과 언론은 마멸될 수 없습니다. 그러니 계림(鷄林)[191]이 삼국을 통일한 것과 곡령(鵠嶺)[192]이 부강했던 것이 어찌 의지한 바가 없이 그렇게 된 것이겠습니까. 새벽에 암탉이 울어 화(禍)를 끼치고 수사슴이 암사슴을 공유하여 윤리를 더럽힌 것[193]이 진실로 천심(天心)에 부합하지는 않지만, 그럼에도 능히 나라를 오래토록 향유

191 계림(鷄林) : 신라(新羅)의 수도인 경상도 경주(慶州)의 옛 이름이다.

192 곡령(鵠嶺) : 고려(高麗)의 고도(古都) 개성(開城)의 진산(鎭山)인 송악산(松嶽山)의 옛 이름이다.

193 새벽에……것 : 《주자대전(朱子大全)》 권4 〈재거감흥(齋居感興)〉시에 주희(朱熹)가 당(唐)나라 때에 혼매했던 군주로 인해 정치가 어지러워진 것을 두고 "수사슴이 암사슴을 공유하여 천륜을 더럽히고, 암탉이 새벽에 울어 재앙을 일으켰네.〔麀聚瀆天倫, 牝晨司禍凶.〕"라고 하였는데, 여기에서는 이를 인용하여 신라와 고려에 정치가 어지러워진 상황을 비유한 것이다. 수사슴이 암사슴을 공유한다는 것은 《예기》 〈곡례 상(曲禮上)〉에 "저 금수(禽獸)만은 예가 없다. 그러므로 부자가 암컷을 공유한다.〔夫唯禽獸無禮, 故父子聚麀.〕"라고 한 데에서 온 말이고, 암탉이 새벽에 운다는 것은 《서경》 〈목서(牧誓)〉에 "암탉은 새벽에 우는 일이 없어야 하니, 암탉이 새벽에 울면 집안이 망한다.〔牝雞無晨. 牝雞之晨, 惟家之索.〕"라고 한 데에서 온 말이다.

할 수 있었던 것은 모두 이름난 석인(碩人)들의 공력입니다. 끝내 포은(圃隱)[194]이 도(道)를 위해 죽는 바름을 이루어 오백년의 삼강오상(三綱五常)을 부지하여 찬란하게 우리 도(道)의 밝은 빛이 되었으니, 혼매한 군주와 용렬한 임금과 똑같이 보아 동일하게 논할 수 없을 것입니다. 의중이 어떠하신지 모르겠습니다.

여씨(麗氏 고려)가 망한 것은 최 철성(崔鐵城)[195]의 죽음으로 인해서입니다. 한 몸으로 조국의 존망에 관계되었으니 어찌 사직(社稷)의 신하가 아니겠습니까. 이 때문에 저는 최영(崔瑩)이 장군 가운데 포은(圃隱)이라고 생각하였습니다. 우왕(禑王)과 창왕(昌王)의 때에 역사에 빠진 글이 많습니다. 권세를 탐하여 나라를 그르쳤다는 것으로 최영을 죄주는 것은 모두 정도전(鄭道傳)의 무리가 나라와 임금을 팔아먹

194 포은(圃隱) : 포은은 정몽주(鄭夢周, 1337~1392)로 자는 달가(達可), 호는 포은, 본관은 연일(延日)이다. 공민왕 9년에 문과에 오르고 벼슬이 문하시중(門下侍中)에 이르렀으며 시호는 문충(文忠)이다. 훗날 조선의 태조가 된 이성계(李成桂)의 세력이 강해지자 이를 숙청하려다가 뜻을 이루지 못하고 선죽교(善竹橋)에서 이방원(李芳遠)의 심복인 조영규(趙英珪) 등에게 격살 당하였다. 고려조의 충신으로서 성리학에 대한 조예가 깊어 목은(牧隱) 이색(李穡)이 그를 동방 이학(理學)의 시조라고 하였다. 저서에 《포은집》이 있다.

195 최 철성(崔鐵城) : 고려의 명장(名將)이었던 최영(崔瑩, 1316~1388)으로, 본관은 창원(昌原), 시호는 무민(武愍)이다. 홍건적(紅巾賊)의 난을 물리쳤고, 왜구를 격퇴하는 등 공으로 철성부원군(鐵城府院君)에 봉해졌다. 1388년(우왕14) 명(明)나라가 철령위(鐵嶺衛)를 설치하고 북쪽 일대를 요동(遼東)에 귀속시키려 하자 고려에서 요동을 정벌할 계획을 결정하였는데, 이때 최영이 팔도도통사(八道都統使)가 되어 군사를 지휘하였으나 이성계(李成桂)가 위화도(威化島)에서 회군(回軍)함으로써 요동 정벌이 좌절되었다. 이성계의 군사가 개성(開城)으로 난입하자 최영은 이에 대항해 싸웠으나 패전하여 유배 되었다가 끝내 요동을 공격한 죄로 참형(斬刑)을 당했다.

어 흑백을 뒤섞고 위아래를 전도시킨 계책에서 나온 것이니, 그 말을 어찌 믿을 수 있겠습니까. 최영은 본래 배우지 못하여 학술이 없었지만 그 마음은 나라와 공익을 위하였을 뿐이니, 진실로 왕씨(王氏 고려)의 순수한 충신입니다. 평소의 월조(月朝)[196]가 어떠한지 듣고자 합니다.

196 월조(月朝) : 월조평(月朝評)으로 인물에 대한 평을 가리킨다. 후한(後漢)의 평여(平輿) 사람 허소(許劭)가 그 종형 허정(許靖)과 함께 향당(鄕黨)의 인물을 핵론(覈論)하기를 좋아하여 매월 그 인물을 바꾸어 평가했던 까닭으로 여남(汝南)의 풍속에 '월조평'이 있게 되었다고 한다. 《後漢書 卷九十八》

노주 오장에게 답함 경인년(1830, 순조30) 윤달 16일
答老洲吳丈 庚寅閏月旣望

심노숭(沈魯崇)[197]의 흉악하고 패려한 언설은 천지가 있은 이후로 있지 않았던 큰 변고입니다. 위와 아래로 수천 년 동안의 여러 성현들이 대부분 그의 무함과 멸시를 받게 되었으니, 어찌 단지 본조(本朝)의 선철과 동시대의 여러 현자들이 깎여져 매몰됨을 당할 뿐이겠습니까. 그 마음을 먹은 것이 반드시 유학의 종자를 멸절하고자 한 것이니, 이는 또 지난날의 이단(異端)들이 감히 말하지 못하였던 바입니다. 만일 병이(秉彝)의 천성(天性)을 지닌 사람[198]이라면 누구인들 그 책

197 심노숭(沈魯崇) : 1762~1837. 자는 태등(泰登), 호는 몽산거사(夢山居士) 혹은 효전(孝田), 본관은 청송(青松)이다. 부친은 노론 시파(時派)로서 벽파(辟派) 공격의 선봉에 섰던 심낙수(沈樂洙, 1739~1799)다. 심노숭은 1790년(정조14) 사마시에 합격하고 1797년 참봉(參奉)에 임명되었다가, 1801년(순조1) 벽파가 정권을 장악하자 부친 심낙수의 관직이 추삭되면서 심노숭도 '배치의리(背馳義理) 장해선류(戕害善類)'로 지목되어 1801년 2월에 경남 기장현(機張縣)으로 유배되었다. 1806년 해배되어 이후 형조 정랑(刑曹正郎) · 논산 현감(論山縣監) · 광주 판관(廣州判官) 등을 역임하고 말년에는 파주에서 우거하였다. 노론이었으면서도 자당(自黨)에 비판적 이야기를 서슴지 않았고 인조반정 후 계속된 벌열과 사림의 결탁, 정주학의 정치수단화에 대한 날카로운 비판의식을 보였다. 저서에 《효전산고(孝田散稿)》, 《적선세가(積善世家)》 등이 있으며, 부친 심낙수가 1759년(영조35)부터 1788년(정조12)까지 정쟁(政爭)을 자신의 입장에서 자세히 기술한 《정변록(定辨錄)》을 산정(刪定)하고 여기에 자신의 논단(論斷)을 부쳐 기술하여 《지사록(志事錄)》을 엮었다.

198 병이(秉彝)의……사람 : 타고난 선성(善性)을 지니고 있는 사람을 말한다. 병이는 《시경(詩經)》 〈대아(大雅) 증민(蒸民)〉에 "백성들이 떳떳한 선성을 지니고 있어서

을 태우고 그 사람을 주벌하고자하지 않겠습니까. 그러나 적막하게 들리는 소식이 없으니, 또한 세도(世道)를 볼 수 있습니다.

정개청(鄭介淸)의 〈배절의(排節義)〉[199]와 박세당(朴世堂)의 《사변록(思辨錄)》[200]은 모두 사가(私家)의 문자에 관계되어서 조정에는 간여함이 없는 듯하였으나, 두 성조(聖祖)께서 몹시 진노하시어 즉시 문신에게 명하여 글로써 물리쳐 깨끗하게 만드셨던 것은 이것이 세교(世教)에 관계되어있기 때문이었습니다. 지금 심노숭의 흉악한 글은 두 사람보다 한술 더 뜰 뿐만이 아닌데 한 사람도 이 의리를 인용하여

이 아름다운 덕을 좋아하네.〔民之秉彝, 好是懿德.〕"라고 한 데서 온 말이다.

199 정개청(鄭介淸)의 배절의(排節義) : 정개청(1529~1590)이 스승 박순(朴淳)을 배반하고서 이를 변명하기 위해 지은 〈절의청담변(節義淸談辨)〉을 말한다. 정개청은 선조(宣祖) 때의 학자로 자는 의백(義伯), 호는 곤재(困齋), 본관은 고성(固城)이다. 서인(西人)인 박순(朴淳)에게 10년간 사사(師事)하여 벼슬에 올랐으나, 박순이 영의정(領議政)에서 파직되자, 화를 입을까 두려워 동인(東人)인 정여립(鄭汝立)·이발(李潑) 등과 친교를 맺었다. 이에 선생을 배반했다는 비판을 받게 되자 〈절의청담변〉을 지어 자기의 처지를 변명하였는데, 이 글이 절의를 배척한 내용이라 하여 서인 정철(鄭澈) 등으로부터 '배절의론(排節義論)'이라고 비난을 받았다. 선조는 정개청이 정여립에게 보낸 편지를 국청(鞫廳)에 내리고 절의청담변을 문신(文臣)에게 조목별로 변파하게 하였으며, 이것을 반박하여 각 읍의 향교에 게시하도록 하였다.

200 박세당(朴世堂)의 사변록(思辨錄) : 박세당(1629~1703)이 기존 주희(朱熹)의 주석을 배척하고 사서(四書)에 새로 주석을 낸 책을 말한다. 박세당은 자는 계긍(季肯), 호는 잠수(潛叟) 혹은 서계(西溪), 본관은 반남(潘南)이다. 그는 영의정 이경석(李景奭)의 비문을 지어 송시열(宋時烈)을 비판한 일이 있었는데, 그 후 《사변록》이 노론 신료 및 관학 유생(館學儒生)들에게 사문난적(斯門亂賊)으로 지목되어 1703년(숙종29) 유배의 명이 내려졌다. 또한 숙종은 권상유(權尙游)와 이관명(李觀命)에게 그 책을 변파(辨破)하라는 명을 내리고, 또 책을 불태우라는 명령을 내렸다가 임수간(任守幹)의 상소 덕분에 그 명령이 철회되기까지 하였다.

임금께 우러러 아뢰는 이가 없으니, 어쩌면 사람들이 선을 좋아하고 악을 미워하는 것이 옛날과 지금의 차이가 있는 것입니까? 상촌(象村 신흠(申欽))이 말씀하시기를 "무릇 어진 이를 해치고 바른 선비에게 해독을 끼치는 부류들은 살아서 도마 위에서 살점을 저미지 못하였다면 죽어서도 십대(十代)가 지나도록 용서하여서는 안 되니, 그렇지 않으면 나라는 올바른 나라가 될 수 없다." 하였습니다. 옛 대신(大臣)이 나라를 위해 충성하고 근심함에 그 말씀이 이와 같았음이 당연한데, 하물며 단지 어진 이를 해치고 바른 선비에게 해독을 끼치는 것일 뿐만이 아닌 경우에 있어서겠습니까.

비록 양(陽)이 다 없어질 이치가 없다고 하지만,[201] 이와 같은 형세로는 필시 사문(斯文)을 진멸하고 말 것입니다. 하늘이 장차 사문(斯文)을 망하게 하려고 하기 때문에 이처럼 요망한 자를 내어 이와 같이 작용(作俑)[202]하게 한 것이니, 조짐이 나타난 것일 뿐만이 아닙니다. 이를 생각하면 마음이 무너집니다.

201 비록……하지만 : 《주역(周易)》 〈박괘(剝卦)〉의 정전(程傳)에, "상구(上九)가 박(剝)의 극(極)에 거하여 다만 한 양(陽)이 있는데, 양(陽)은 다 없어질 이치가 없으므로 다시 생기는 의(義)가 있음을 밝혀 군자의 도(道)가 없을 수 없음을 나타낸 것이다.〔上九居剝之極, 止有一陽, 陽無可盡之理, 故明其有復生之義, 見君子之道不可亡也.〕" 하였다.

202 작용(作俑) : 정당하지 못한 일을 만드는 시초를 일으킨 것을 말한다. 용(俑)은 나무로 만든 허수아비로 부장(副葬)하는 데에 사용하였는데, 이것이 후세에 직접 순장(殉葬)하는 습속을 만들었다. 《맹자》 〈양혜왕 상(梁惠王上)〉에서 맹자가 말하기를 "용(俑)을 처음으로 만든 사람은 필시 후손이 없을 것이라고 공자께서 말씀하셨는데, 사람의 형상을 만들어서 그런 일에 썼기 때문이다.〔仲尼曰: 始作俑者, 其無後乎! 爲其象人而用之也.〕" 하였다.

노주 오장에게 답함 경인년(1830, 순조30) 5월 8일
答老洲吳丈 庚寅五月八日

만백성이 복이 없어서 이극(貳極)이 저위(儲位)를 비우시니,[203] 애통하고 원통함이 망극한 것이 조정 안팎으로 똑같은 실정입니다. 삼가 보내주신 편지를 받고서 애달파하신 나머지 도체(道體)가 편치 못하심을 알게 되니, 사모하고 염려하는 마음 간절합니다. 보여주신 부본(副本)은 우러러 훌륭한 뜻을 알겠습니다. 그러나 영묘조(英廟朝)에 수의(收議)하였을 때에 제공(諸公)이 모두 참최복을 입는 것을 어렵게 여기고 신중하게 하였던 것은 많은 곡절이 있어 모두 아뢰기가 어려웠기 때문입니다. 그러므로 국조(國朝)의 지난 예(例)를 가지고 대답하였는데, 임금께서 마음으로 결단하시어 경자년의 군신의 복제(服制)를 복구한다는 뜻을 인용하여 삼년상으로 정하여 《국조상례보편(國朝喪禮補編)》에 실으셨으니, 이는 천고의 비루함을 모두 씻어낸 것이었습니다.[204] 그러나 병오년의 경우[205]에는 따르기가 어려웠기 때

203 이극(貳極)이 저위(儲位)를 비우시니 : 이극은 세자를 가리키는 말로, 여기서는 순조(純祖)의 아들 효명세자(孝明世子)를 가리킨다. 효명세자가 이 편지를 보내기 이틀 전인 1830년(순조30) 5월 6일에 승하하였다.

204 그러나 영묘조(英廟朝)에……것이었습니다 : 영조 28년(1752) 영조는 장자(長子)의 상(喪)에 입어야 할 복제에 대해 수의(收議)한 뒤, 경자년(1720, 경종 즉위년)에 군신(君臣)의 복제(服制)에 대하여 고례(古禮)를 회복시켰던 일을 근거로 하여 장자를 위해 삼년 동안 참최복을 입는 예(禮)를 회복시킬 것을 명하고, 아울러 이를 《국조상례보편(國朝喪禮補編)》에 기재하도록 하였다. 《國朝喪禮補編 卷4 服制》

문에 기년복을 입은 것입니다. 오늘날과 같이 정체(正體)의 경우에는 더더욱 《국조상례보편》의 내용을 이어받아 적용하여야 하니, 다시 의논할 필요가 없을 듯합니다. 소가(疏家)의 적자와 적자가 서로 삼대를 계승한다는 말[206]에 이르러서는 이를 왕조(王朝)의 경우에까지 미쳐서 논의할 수는 없을 듯합니다.

205 병오년의 경우 : 정조의 첫아들 문효세자(文孝世子)가 정조 10년(1786) 5월 병사(病死)한 일을 말한다.

206 소가(疏家)의……말 : 《의례》의 가공언(賈公彦)의 소(疏)에 적자(適者)에서 적자로 3대를 계승한 경우에만 아버지가 아들을 위해 삼년복을 입는다고 한 말을 가리킨다. 《의례(儀禮)》 〈상복(喪服) 참최(斬衰)〉에, "아버지가 장자를 위하여 참최 삼년(斬衰三年)을 입는다.〔父爲長子〕" 하였고, 그 전(傳)에, "어찌하여 3년으로 하는가? 위에서 정과 체가 되고, 또 장차 전중(傳重)하기 때문이다. 서자가 장자를 위하여 삼년복을 입지 못하는 것은 할아버지를 잇지 않았기 때문이다.〔何以三年也? 正體於上, 又乃將所傳重也. 庶子不得爲長子三年, 不繼祖也.〕" 하였는데, 가공언의 소(疏)에 "그 부조(父祖)가 위에서 적자에서 적자로 계승하였고, 자기 또한 뒤에서 적자로 계승하여 종묘의 주인이 되는 이 두 가지 일이 있어야 3년이다.〔以其父祖適適相承於上, 己又是適承之於後, 爲宗廟主, 有此二事, 乃得三年.〕"라고 하였다. 《儀禮集釋 卷17 喪服》

노주 오장에게 보냄 경인년(1830, 순조30) 7월 16일

與老洲吳丈 庚寅梧秋十六日

근래 어떤 사람이 연제(練祭)를 미루어 행하는 경우, 첫 번째 기일(期日)에 출계(出系)한 아들과 출가(出嫁)한 딸이 상복을 벗어야 하는지를 물었습니다.[207] 따라서 우옹(尤翁 송시열(宋時烈))과 남계(南溪 박세채(朴世采))의 말씀을 인용하여 강복(降服)과 정복(正服)의 두 기일을 모두 기일에 제복(除服)하게 하였는데, 그 사람이 외암(巍巖 이간(李柬))의 말씀을 인용하여 말하기를 "대공(大功) 이하는 달수를 계산하여 제복하고 기년복은 반드시 소상(小祥)이 되기를 기다려서 제복하여야 하니 예(禮)의 뜻이 이미 그러한바, 중간에 달수를 지체하는 것은 계산하지 말아야 할 것이니 반드시 졸곡(卒哭) 이후 소상을 미루어 행하는 날을 기다려서 제복하고자 합니다."라고 하였습니다. 이 말이 어떻습니까?

혹자는 말하기를 "다른 기년복은 그래도 본래 소상을 치러야 하는 날에 제복할 수 있지만, 출계하거나 출가한 자식은 차마 제사를 지내지 않고서 제복할 수 없다."라고 하니, 이 또한 정(情)이 지나친 데에서 나온 것인바 정이 지나치면 예(禮)를 잃게 되니, 따라서는 안 될 듯합

207 근래……물었습니다 : 양자로 가서 출계한 아들이나 시집가서 출가한 딸의 경우에는 본생부모의 상에 강복(降服)하여 원래 정해진 것보다 한 단계 낮추어서 기년복을 입게 된다. 따라서 강복의 경우 소상(小祥)인 연제(練祭)에 상복을 벗고, 정복인 경우 대상(大祥)에 상복을 벗는다. 여기에서는 강복한 자녀들이 연제가 미뤄질 경우에 상복을 언제 벗어야 하는지를 물은 것이다.

니다. 제사를 지내는 것은 상복을 벗기 위함이 아니니, 기년의 복제에 해당되는 자가 어찌 기년이 넘도록 제복하지 않고서 시일을 지체하면서 추후에 지내는 연제(練祭)를 기다릴 수 있겠습니까. 공자(孔子)께서 말씀하신바 "능하지 못하여 제복(除服)하지 않는 것이 아니라 그 예제(禮制)에 넘을까를 근심해서이다."라는 것[208]은 바로 이러한 처지를 가리킨 것입니다. 그렇다면 외암(巍巖)의 지체하는 월수를 계산해서는 안 된다는 논의는 정(情)에 지나치고 예(禮)에 지나쳐서 따르기 어려울 듯하니, 의중이 어떠하신지 모르겠습니다.

208 공자(孔子)께서……것 : 《예기》 〈증자문(曾子問)〉에 증자가 '적자(適子)로서 벼슬하는 이가 인군의 복(服)을 입고 있다가 부모의 상(喪)을 만나게 되면 인군의 복을 벗은 뒤에 돌아가신 부모의 대상과 소상을 치르게 되는데, 서자(庶子)의 경우에는 인군의 복을 벗더라도 부모의 상을 추제(追祭)하지 않으니, 이는 종신토록 부모의 상복을 벗지 않는 것인데 가합니까?'라고 묻자 공자가 대답하기를, "선왕이 예(禮)를 만듦에 때가 지나면 거행하지 않는 것이 예이니, 이는 능하지 못하여 제복(除服)하지 않는 것이 아니라 그 예제(禮制)에 넘을까를 근심해서이다. 그러므로 군자는 때를 지나면 제사지내지 않는 것이 예이다.〔先王制禮, 過時弗擧禮也, 非弗能勿除也, 患其過於制也. 故君子過時不祭禮也.〕"라고 하였다.

노주 오장에게 보냄 신묘년(1831, 순조31) 1월 15일

與老洲吳丈 辛卯上元

지금 어떤 사람이 죽었는데, 적자가 먼저 죽고 적손도 또 자식 없이 죽어서 오직 적손의 아우만 있을 뿐입니다. 마땅히 적손의 아들을 세워서 증조를 승중(承重)하여야 할 것이나 후사를 이을 만한 사람이 없으니, 누가 마땅히 상(喪)을 주관하여야 하겠습니까? 예(禮)에 부인이 제사를 주관하는 의리는 없으니, 그렇다면 자부(子婦)와 손부(孫婦)는 모두 상주가 될 수 없습니다. 차손(次孫)이 승중하는 것은 사계(沙溪 김장생(金長生))와 남계(南溪 박세채(朴世采))는 모두 범선(范宣)의 설[209]을 따르고자 하였으나, 은(殷)나라의 형망제급(兄亡弟及)의 예(禮)[210]는 이미 아버지와 할아버지의 생전의 유명(遺命)이 없었다면 의리상 감히 스스로 승중이 되어서 종통(宗統)을 빼앗는 죄를 범해서는 안 될 것입니다.

209 범선(范宣)의 설 : 범선은 동진(東晉) 때 사람으로, 자는 선자(宣子)이다. 예에 밝아 《예역논란(禮易論難)》을 저술하였다. 범선의 설이란 차손의 승중에 대해 옳다고 여긴 것을 가리키는 것으로, 장만(蔣萬)이 "적손(嫡孫)이 죽어 후사가 없을 경우, 차자(次子)의 아들이 조부를 승중(承重)할 수 있습니까?"라고 묻자, 범선이 "예(禮)에 할아버지를 승중하여 후사가 된 자는 할아버지를 위해 삼년복을 입는데, 적서(嫡庶)를 말하지 않은 것은 적서에 통용되기 때문이다.……손자가 할아버지의 복을 입는 것은 서손과 적손이 서로 다를 수 없다."라고 답하였다. 《儀禮集編 卷23》

210 은(殷)나라의 형망제급(兄亡弟及)의 예(禮) : 형이 죽고 그 아들이 없는 경우 아우가 형을 대신해서 종통(宗統)을 잇는 예로, 은(殷)나라가 이 예를 따랐다. 《書經集傳 金縢》

서막(徐邈)이 말하기를 "한 손자로 하여금 대신 주관하게 하되 본래의 복인 기년복을 입어야 한다." 하였고, 배송지(裴松之)는 말하기를 "차손은 본래 삼년복을 입는 도리가 없으니, 마땅히 상주가 되어 삼년상을 마쳐야 하지만 삼년복을 입을 수는 없다."라고 하였는바[211] 이 두 말이 바른 예(禮)를 얻었으니 마땅히 따르고 의심하지 말아야 할 것입니다. 사마조(司馬操)는 이 두 설을 반박하여 말하기를 "상복은 마땅히 삼년복을 입어야 하니, 밖으로는 장례 지내는 일을 마치고 안으로 궤연의 자리를 받들면서 소상과 대상과 담제를 지낼 때에 상주가 없을 수 있겠는가."라고 하였으니[212] 이 말이 옳을 듯하지만, 예(禮)에는 후사가 없는 자는 있어도 상주가 없는 자는 없으니, 상(喪)을 주관하는 자가 어찌 모두 삼년복을 입겠습니까. 대공복(大功服)을 입는 친척으로 남의 상을 주관할 경우에 삼년복을 입는 사람이 있으면 반드시 그를 위하여 두 번 제사를 지내니,[213] 대공복도 오히려 그러한데 하물며 기년복을 입는 사람에 있어서겠습니까. 어머니가 있어서 어머니가 참최복을 입으면[214] 본래 소상과 담제를 행하는 것이 가하니, 하필

211 서막(徐邈)이……하였는바 : 서막과 배송지의 말은 모두 《의례경전통해속(儀禮經傳通解續)》 권16 〈상복도식(喪服圖式)〉에 보인다.

212 사마조(司馬操)는……하였으니 : 사마조의 이 말은 《의례경전통해속(儀禮經傳通解續)》 권16 〈상복도식(喪服圖式)〉에 보인다.

213 대공복(大功服)을……지내니 : 《예기》 〈상복소기(喪服小記)〉에 보이는 말로, 대공복(大功服)을 입어야 할 친척은 죽은 사람의 종형제(從兄弟)를 가리킨다. 죽은 사람의 자식이 어려 상주 노릇을 하지 못하여서 종형제가 대신 상주가 되는 경우에, 삼년복을 입어야 하는 죽은 사람의 자식과 아내를 위하여 소상(小祥)과 대상(大祥)을 지내준다는 말이다.

214 어머니가 있어서……입으면 : 죽은 사람의 아내가 있어서 그 아내가 삼년복을

승중이 된 뒤에야 가하겠습니까.

근재(近齋 박윤원(朴胤源))도 또한 승중해야 한다는 의논을 주장하여서 "후일 장손이 후사를 세우길 기다려서 사유를 고하고 종통을 돌려주어야 한다."[215]라고 말씀하였습니다. 그러나 이미 승중을 하면 종(宗)을 옮긴 것인바 종을 옮기고서 다시 바꾼다면 종통이 엄격하지 못한 것이니, 기년복을 입으면서 대신 주관하는 것이 절로 결례가 없고 종통을 범하는 혐의가 없는 것만 못합니다. 축문에는 '섭사손(攝祀孫)'이라 칭하고 방제(旁題)에는 '손모섭사(孫某攝祀)'라고 썼다가 형의 아들을 세워서 신주를 다시 쓰고 체천하기를 기다리는 것이 허물이 적을 듯합니다. 남의 질문을 받아서 답해주기를 이와 같이 하였으나, 혹시라도 저로 말미암아 예를 그르칠까 염려가 되어서 조심조심 감히 자신할 수 없기에 삼가 이에 우러러 질문하오니, 바라건대 밝은 가르침을 받아 예가(禮家)의 정해진 법으로 삼고자 합니다.

입는 경우를 말한다.

215 후일……한다 : 이 말은 박윤원(朴胤源)의 문집인 《근재집(近齋集)》 권18 〈답혹인(答或人)〉에 보인다.

노주 오장에게 답함 신묘년(1831, 순조31) 3월 20일

答老洲吳丈 辛卯三月廿日

보내오신 성(成) 노인에 관한 글[216]은 삼가 여러 번 읽어봄에 문장과 이치가 모두 지극하여 부족한 점이 없으니, 억지로 잘못된 것을 고쳐 다듬고자 하더라도 할 수가 없습니다. 천옹(櫟翁 송명흠(宋明欽))이 저술한 안연석(安鍊石)[217]의 묘지명은 충역(忠逆)의 원류를 차례대로 서술하여 군신 간의 큰 윤리를 부지하고 수립하신 것이 명백하고 통쾌하여 미진한 점이 없지만, 금석문(金石文)의 체제로써 헤아려보면 간요하지 못한 것이 흠인 듯합니다. 그런데 이 글의 경우에는 체제가 정미하고 합당하면서도 일을 서술한 것이 모두 갖추어졌으며, 조덕린(趙德隣)의 죄를 드러내어 성토한 한 절목[218]은 영남 사람들의 취생몽사를

216 성(成) 노인에 관한 글 : 성 노인은 성이연(成爾演, 1693~1789)으로, 자는 중문(仲文), 호는 지옹(芝翁), 본관은 창녕(昌寧)이다. 오희상(吳熙常)이 지은 성이연의 행장이 오희상의 문집인 《노주집(老洲集)》 권20 〈지중추성공행장(知中樞成公行狀)〉에 실려 있다.

217 안연석(安鍊石) : 1662~1730. 자는 보천(補天), 호는 북계(北溪) 또는 보만당(保晩堂), 본관은 순흥(順興)이다. 군수(郡守)를 지냈으며, 봉화(奉化) 문단(文丹)에 살았다.

218 조덕린(趙德隣)의……절목 : 조덕린(1658~1737)은 자는 택인(宅仁), 호는 옥천(玉川), 본관은 한양이다. 그는 1725년(영조1) 당쟁의 폐해를 논하는 십조소(十條疏)라는 상소를 올렸다가 노론의 공격을 받아 유배되어 죄명이 세초(歲抄)에 올라 있었는데, 1788년(정조12) 채제공(蔡濟恭)이 조덕린이 1728년(영조4) 정희량(鄭希亮)의 난에 창의(倡義)의 공을 세운 바 있다고 하여 관작을 회복해 줄 것을 아뢰자, 성이연(成

족히 불러 일깨울 만하니, 단지 이 노인을 후세에 불후하게 만드신 것일 뿐만이 아닙니다.

영남의 풍속이 질박함을 숭상하기 때문에 고집하면서 바꾸려하지 않아 선(善)을 가려 택하면 한결같이 선을 행하지만 택하지 않으면 시인(矢人)과 함인(函人)에서 잘못됩니다.[219] 그런데 모든 신임년과 모년(某年)의 의리[220]와 관계된 데에 있어서 대다수가 뜻을 잃고 불평하는 자들에게 그르침을 당하여 남북을 전도시키고 흑백을 뒤섞으니,

爾演)이 상소를 올려 조덕린은 무신난의 효시가 된 역적임을 주장하면서 나학천(羅學川)이 조덕린에게 보내어 절교를 선언하고 그를 비판한 편지의 내용을 인용하였고, 아울러 영남의 유생들이 무신란에 창의(倡義)하였다는 그릇된 명분을 일으켜서 조덕린을 신원하려는 계책을 꾸미고 있음을 아뢰었다. 이 내용은 오희상이 쓴 성이연의 행장(行狀)에 자세하다.《老洲集 卷20 知中樞成公行狀》

219 시인(矢人)과 함인(函人)에서 잘못됩니다 :《맹자》〈공손추 상(公孫丑上)〉에 "화살 만드는 사람이 어찌 갑옷 만드는 사람보다 인(仁)하지 못하겠는가마는, 화살 만드는 사람은 행여 사람을 상하지 못할까 두려워하고, 갑옷 만드는 사람은 행여 사람을 상할까 두려워한다.〔矢人豈不仁於函人哉, 矢人惟恐不傷人, 函人惟恐傷人.〕"라고 한 데에서 온 말이다.

220 신임년과 모년(某年)의 의리 : 신임년의 의리란 신축년(1721, 경종1)과 임인년(1722) 두 해에 걸쳐 노론(老論)과 소론(小論) 간에 뒷날 영조(英祖)가 되는 연잉군(延礽君)의 세제(世弟) 책봉과 대리청정(代理聽政)을 두고 대대적인 인명 살상을 초래한 신임사화(辛壬士禍)가 일어났는데, 이때 노론이 내세운 명분을 말한다. 남인(南人) 역관의 딸인 장희빈(張禧嬪) 소생인 경종은 남인에 동정적이던 소론의 보호를 받아왔는데, 경종이 즉위하자 과거 그의 세자 책봉을 반대했던 노론은 위기를 느껴 그의 병약함과 후사(後嗣)가 없음을 빌미로 연잉군의 세제 책봉을 추진, 이를 관철시키고 나아가 대리청정까지 추진하다가, 소론의 김일경(金一鏡) 등이 목호룡(睦虎龍)을 사주하여 노론의 사대신(四大臣)인 김창집(金昌集), 이이명(李頤命), 이건명(李健命), 조태채(趙泰采)를 역모로 무고케 함으로써 사대신 이하 노론 일파를 극형에 처하게 하였다.

진실로 이른바 작게 의혹되면 방향을 바꾸고 크게 의혹되면 세상을 바꾼다는 경우입니다. 근세에 스스로 마음을 고쳤다고 하는 이들도 왕왕 순역(順逆)의 구별을 알지 못합니다. 전에 영남에 머무를 때에 전해들은 것들이 크게는 놀랍고 작게는 괴이하였고, 또 비장(秘藏)한 패사(稗史)들은 모두 상도(常道)를 거스른다고 하니, 진실로 그렇다면 향후에 무궁한 우환이 될 것입니다. 세교(世教)를 근심하는 이가 마땅히 이 의리를 서둘러 천명하여 영원한 후세에 알려서 후세사람들이 무엇을 따르고 어겨야 하는지에 있어서 미혹되지 않도록 해야 할 것입니다.

안연석과 나학천(羅學川)[221]은 의리의 근원에 대하여 견해가 분명하였으므로 능히 스스로 과구(窠臼)에서 벗어나[222] 수립한 바가 우뚝하니 이미 빼어나다 할 것입니다. 성공(成公)이 두 사람의 뒤를 이어 명의(名義)를 부지하였는데 문장(文丈)의 글을 얻어 더욱 드러나게 되었으니, 만약 영남의 풍속이 오래도록 오염되었던 것이 이에 힘입어 새로워지게 된다면 이것을 어찌 작은 보탬이라고 하겠습니까.

221 나학천(羅學川) : 1658~1731. 자는 사도(師道), 호는 창주(滄洲), 본관은 수성(壽城)이며 영주(榮州) 출신이다. 영조가 즉위한 뒤 노론(老論)의 일파로 시론(時論)을 진언하여 민생의 어려움과 군비의 소홀함 등을 지적하였고, 사색을 논하는 당론이 아닐 경우인 역적을 토벌하는 일은 권장하여야 하며 역적 김일경(金一鏡) 일파와 같은 모역자들은 엄벌에 처하여야 함을 주장하였다. 영남사람이기는 하나 김일경과는 다르다는 변무소(辨誣疏)를 올린 바 있다.

222 과구(窠臼)에서 벗어나 : 영남 출신이지만 출신 지역이나 사승관계에서 벗어났음을 말한다.

노주 오장에게 답함 신묘년(1831, 순조31) 5월 25일
答老洲吳丈 辛卯五月二十五日

도성에 아내가 남편을 살해하는 변고가 있었는데, 남편이 여색을 탐하는 것을 미워하여 거세하여 목숨을 잃게 한 것이었습니다. 그 자식된 이는 어머니를 대하기를 어떻게 하여야 하겠습니까? 노 환공(魯桓公)이 피살되었을 때에 그 아내인 문강(文姜)이 이에 참여하였었는데[223] 아들 장공(莊公)이 모자간의 정을 끊지 않았던 것은 어머니에게 낳아주고 길러준 은혜가 있기 때문이었습니다. 양(梁)나라 사람 중에 계모가 아버지를 살해한 경우가 있었는데 그 자식이 계모를 살해하였고, 한(漢)나라 방년(訪年)은 계모가 그 아버지를 살해하자 방년 또한 계모를 살해하였으니,[224] 이는 아버지에게 있어서는 아내에 대한 도리가 끊겼고 아들에게 있어서는 어머니에 대한 도리가 끊겼기 때문입니다.

예(禮)에 "계모도 어머니와 같다."라고 한 것은 계모가 아버지의 배

223 노 환공(魯桓公)이……참여하였었는데 : 문강(文姜)은 노 환공의 부인이자 장공(莊公)의 모친이다. 환공이 문강과 제(齊)나라에 갔을 때, 문강이 오라비인 양공(襄公)과 간통한 것을 꾸짖자 문강이 이를 양공에게 고하여 환공이 피살되었다. 《春秋左氏傳 桓公18年》

224 양(梁)나라……살해하였으니 : 양나라 사람과 한나라 방년(訪年)이 아버지를 살해한 계모를 죽인 일이 있었는데, 양상(梁相)과 태자였던 한 무제(漢武帝)가 각각 계모가 아버지를 죽인 날 어머니에 대한 은혜가 이미 끊어진 것이니, 이를 어머니를 죽인 죄로 처단해서는 안 된다고 결론지은 일이 있다. 《大學衍義補 卷108 治國平天下之要 愼刑憲 謹詳讞之議》

필이 되었기 때문이니,[225] 배필의 정의가 이미 끊겼으면 끊어서 어버이로 삼지 않는 것이 예(禮)에 맞는 것인바 계모를 죽여서 아버지의 복수를 한 것이 당연합니다. 그렇지만 친모의 경우라면 계모와 같지 않아서 자식에게 어머니를 끊는 이치는 없으니, 자식이 된 이가 차마 어머니를 원수로 삼아서 관가에 고발할 수가 없습니다. 고발한다면 어머니가 죽게 될 것이니, 이는 곧 자식이 어머니를 살해하는 것입니다. 그렇다면 다만 슬픔을 머금고 애통함을 참으면서 스스로를 폐하여 벼슬하지 않고 스스로 지조를 지켜야할 뿐이니, 이것이 바로 변고에 처하여 떳떳한 도리를 잃지 않는 것일 듯합니다.

예전에 어떤 사람이 정자(程子)에게 "할아버지가 아버지를 죽였는데 이를 고발하였다면, 그 죄가 어떠합니까?"라고 묻자 정자가 말하기를, "손자가 할아버지를 고발하는 것은 사형에 해당되니, 이를 고발해서는 안 됨이 분명하다."라고 하였습니다.[226] 아버지는 자식의 벼리가 되므로 아버지로서 자식을 죽이는 것은 그 형벌이 도년(徒年)에 그치지만, 손자가 할아버지를 고발하면 사형에 해당되는 것은 천리(天理)를 거스르는 일이기 때문입니다. 그 자신이 사형에 해당되더라도 고발하여서는 안 되는데, 하물며 어머니가 아버지를 시해한 것을 고발하면 어머니가 법에 따라 사형에 처해지는 경우에 있어서겠습니까. 그렇다

225 예(禮)에……때문이니 : 《의례》 〈상복(喪服)〉에 "계모도 어머니와 같다."라고 하였는데, 이에 대한 전(傳)에 "계모가 아버지의 배필이 된 것은 친어머니가 아버지의 배필이 된 것과 같다. 그러므로 효자가 감히 다르게 할 수 없는 것이다.〔繼母之配父, 與因母同, 故孝子不敢殊也.〕"라고 하였다.

226 예전에……하였습니다 : 이 내용은 《이정외서(二程外書)》 권7 〈호씨본습유(胡氏本拾遺)〉에 보인다.

면 자식이 어머니를 고발하여서는 안 되는 것은 자신이 살고자 해서가 아닙니다. 이 일은 인륜의 큰 변고이니, 인의(仁義)를 정밀하고 익숙하게 아는 사람이 아니라면 쉽게 올바른 대처를 얻을 수 없습니다. 바라건대 이치를 잘 분별하시는 말씀을 받들고자 합니다.

《명강목(明綱目)》[227] 한 질 여섯 권을 삼가 받들어 올립니다. 이 책은 소략하여서 해박하지 못한 것이 뇌연(雷淵 남유용(南有容))의 《명사정강(明史正綱)》보다 심하지만, 다만 필법과 체재는 왕왕 취할만한 것이 많이 있습니다. 다만 남쪽으로 천도한 이후의 세 황제[228]를 깎아내 누락시켜서 조금도 대략을 볼 수 없으니, 이것이 어찌 완성된 책이겠습니까. 황조(皇朝 명나라)가 나라를 얻은 정당함은 능히 양한(兩漢)에 짝하고 나라를 잃은 정당함은 삼대(三代)를 능가하니, 삼백년의 정사(正史)를 어찌 늙은 오랑캐가 손 가는대로 써내어 만들도록 맡겨둘 수 있겠습니까. 원컨대 문하(門下)께서 《명강(明綱)》 세 가지 책[229]을 가지고 단점은 버리고 장점은 취하여 잘못된 점은 쓸고 닦아 정리하여

227 명강목(明綱目) : 청 고종(淸高宗) 건륭제(乾隆帝)가 명하여 편찬한 명(明)나라의 역사서로 주희(朱熹)의 《자치통감강목(資治通鑑綱目)》을 본떠 만든 것이다.

228 남쪽으로……황제 : 1644년 북경이 청(淸)에 의해 함락되자 명 왕실의 일족이 화중(華中)・화남(華南)에 남명(南明)을 세웠는데, 이때 재위했던 세 명의 황제인 홍광제(弘光帝), 융무제(隆武帝), 영력제(永曆帝)를 말한다. 홍광제는 복왕(福王) 주유숭(朱由崧), 융무제는 당왕(唐王) 주율건(朱聿鍵), 영력제는 영명왕(永明王) 주유랑(朱由榔)으로, 1662년 곤명에서 영력제가 살해됨으로써 남명은 멸망하였다.

229 명강(明綱) 세 가지 책 : 명(明)나라 역사에 대한 강목체(綱目體)의 역사서 세 가지로 《명강목(明綱目)》, 남유용(南有容)의 《명사정강(明史正綱)》, 이현석(李玄錫)의 《황명강목(皇明綱目)》을 가리킨다.

한 질의 강목(綱目)을 만들어서 백세의 진실한 역사를 만드시는 것이 어떻겠습니까. 노년에 정력이 이르지 못하여 산삭하고 기술하시기가 어려울 듯하니, 그렇다면 의례(義例)를 지시하여 두 아드님으로 하여금 적게 하기를 마치 하남부자(河南夫子)가 범 당감(范唐鑑)에게 하였던 것[230]과 같이 하시는 것이 옳을 듯합니다. 두 아드님의 견식과 필력이 모두 지극하여 다른 사람의 자식에 비교할 수 있는 바가 아니기 때문입니다.

이만부(李萬敷)[231]의 유고는 전에 대략 보았는데 중간에 깨우친 점이 많았으니, 남인 가운데 빼어난 사람임을 대략 알 수 있었습니다. 다시 읽어보고자 하니, 《식산집(息山集)》을 부디 빌려주시길 바랍니다.

230 하남부자(河南夫子)가……것 : 하남부자는 북송(北宋)의 유학자 정호(程顥)로 그가 하남에 살았기 때문에 이렇게 일컫는다. 범 당감은 북송(北宋)의 범조우(范祖禹)로, 그가 《당감》을 지었기 때문에 이렇게 일컫는 것이다.

231 이만부(李萬敷) : 이만부(1664~1732)는 자는 중서(仲舒), 호는 식산(息山), 본관은 연안(延安)이다. 효행과 학행(學行)으로 천거되어 장릉 참봉(長陵參奉), 빙고별제(氷庫別提) 등에 임명되었으나 모두 사퇴하였다. 만년에는 역학(易學)에 전심하였다. 저서에 《식산집(息山集)》이 있다.

노주 오장에게 답함 신묘년(1831, 순조31) 11월 14일
答老洲吳丈 辛卯復月少望

지난번에 가르쳐주신 "스승을 위한 복(服)은 한결같이 대의(大義)를 주장하여야 한다."라고 하신 말씀은 다시 의논할 여지가 없을 듯합니다. 생각건대 스승을 위한 복은 오복(五服)[232] 중에 해당되는 것이 없으므로 복이 없고, 복이 없으므로 심상(心喪)[233]을 하는 것이니, 심상을 반드시 삼년으로 기준 삼는 것은 아버지에 대한 은혜와 같고 임금에 대한 의리와 같기 때문입니다. 임금과 스승과 아버지가 비록 각기 하나의 윤리가 되지만 그 의리는 서로 겸하니, 이는 진실한 이치가 그러한 것입니다. 그러니 마땅히 《예기》 〈단궁(檀弓)〉의 글과 《맹자》 주(註)의 "스승을 위하여 심상(心喪) 삼년을 지내기를 아버지를 잃은 것과 똑같이 하되 복(服)이 없다."라고 한 말을 바꿀 수 없는 정론으로 삼아야 합니다. 그런데 유독 정자(程子)와 장자(張子) 두 분과 율옹(栗翁)께서는 은혜와 의리의 깊고 얕음을 헤아려서 그 상복의 경중을 정하고자 하셨으니,[234] 이는 백공(百工)들의 기예나 향숙(鄕塾)에서

232 오복(五服) : 참최복(斬衰服), 자최복(齊衰服), 대공복(大功服), 소공복(小功服), 시마복(緦麻服)의 다섯 가지 상복을 말한다.

233 심상(心喪) : 상복(喪服)을 입지는 않으나, 마음속으로 슬퍼하면서 상인(喪人)처럼 근신하는 것을 말한다.

234 정자(程子)와……하셨으니 : 정자와 장자는 각각 송(宋)나라 유학자 정이(程頤)와 장재(張載)를 말한다. 이 두 사람은 모두 스승의 복을 입는 데에 차별을 두었는데, 정이는 "스승에게는 복(服)을 확립하지 않은 것은 복을 확립할 수 없어서이다. 마땅히

구두(句讀)를 가르치는 스승에게 베풀만한 것이지, 도(道)를 전하고 학업을 전수받은 자리에 베풀만한 것은 아닙니다. 만약 도의(道義)를 배운 스승에게 정의(情誼)의 후함과 박함으로 차등을 두어 그 복을 똑같이 하지 않는다면, 이는 임금과 어버이와 다르게 보는 것이니, 어찌 아버지와 스승에게 경중을 두는 귀결이 되지 않겠습니까. 한결같이 대의(大義)를 주장하여 삼년으로 결단한 뒤에야 비로소 생삼사일(生三事一)[235]이라고 할 수 있으니, 만일 이렇게 하지 않는다면 어찌

정(情)의 후박(厚薄)과 일의 대소로써 대처하기를 안연과 민자건이 공자에 대하여서는 참최 삼년을 지내도 가하였던 것과 같이 함이 옳다.……어찌 일괄적으로 복을 제정할 수 있겠는가.〔師不立服, 不可立也. 當以情之厚薄、事之大小處之, 如顏、閔於孔子, 雖斬衰三年可也.……豈可一槩制服?〕"라고 하였고, 장재는 "옛날에 스승에 대한 복은 제정하지 않았으니, 스승의 복에는 정해진 체(體)가 없다. 저 사람의 좋은 점을 보고서 이를 본받으면 또한 스승인 것이기에, 스승 중에는 친구와 같이 한마디 말과 한 가지 의리를 얻는 경우도 있고, 형제와 같이 친자(親炙)한 경우도 있고, 자신을 성취시켜 주어서 은혜가 천지 부모와 같은 경우도 있으니, 어찌 일괄적으로 상복을 입겠는가.〔古不制師服, 師服無定體也. 見彼之善而己傚之亦師也, 故有得其一言一義而如朋友者, 有親炙如兄弟者, 有成就己身而恩如天地父母者, 此豈可一概服之?〕"라고 하였다. 율옹은 율곡(栗谷) 이이(李珥)로, 역시 두 사람의 설을 따라 "스승의 경우에는 정의(情義)의 깊이에 따라서 상제(喪制)를 달리하니, 혹은 심상 3년, 혹은 기년(期年), 혹은 9월, 혹은 5월, 혹은 3월로 한다.〔師則隨其情義深淺, 或心喪三年, 或期年, 或九月, 或五月, 或三月.〕"라고 하였다. 《禮記集說 卷15 檀弓上》《栗谷全書 卷27 擊蒙要訣 喪制第六章》

235 생삼사일(生三事一) : 낳아준 세 사람, 즉 아버지와 스승과 임금을 섬기기를 똑같이 한다는 뜻으로, 《소학집주(小學集註)》〈명륜(明倫)〉에 난공자(欒共子)가, "사람은 세 분의 은혜로 살아가기에 섬기기를 똑같이 하여야 한다. 아버지는 나를 낳아 주시고, 스승은 나를 가르쳐 주시고, 임금은 나를 먹여 주셨으니, 아버지가 아니면 태어나지 못하고 임금이 먹여 주지 않으면 자라지 못하고, 스승이 가르쳐 주지 않으면 알지 못하니 낳아 주신 것과 똑같다.〔民生於三, 事之如一. 父生之, 師教之, 君食之, 非父不生, 非食不長, 非教不知, 生之族也.〕"라고 한 데에서 온 말이다.

임금과 어버이에 대한 은혜와 의리를 합한 것이겠습니까.

세상이 점점 쇠미해져서 차츰 삼강(三綱)이 윤몰되고 구법(九法)이 무너지는 데에 이른 것은 모두 스승의 도가 확립되지 못하여 학문이 끊어지고 가르침이 어그러진 데에서 말미암은 것이니, 이를 생각하면 애통합니다. 심상을 반드시 치상(致喪)과 방상(方喪) 두 상(喪)에 준하는[236] 이유는 차별하여 볼 수 없기 때문입니다. 다만 지금 '사생(師生)' 두 글자가 세상에서 크게 거리끼는 바가 되어 왕왕 그 스승을 보기를 변모(弁髦)와 토경(土梗)[237]처럼 여기니, 만약 다시 심상 삼년을 법도로 삼아 임금과 어버이와 같이 나란히 높인다면, 필시 심상에 구애되어 스승을 받들고 묻고 배우지 않을 사람이 있을 것입니다. 그러나 어찌 그 폐단을 염려하여 떳떳한 법도를 폐할 수 있겠습니까. 심상은 본래 복(服)이 아닙니다. 그러므로 붕우의 상(喪)에 입는 마(麻)를 빌려서 조복(弔服)에 가마(加麻)하는 제도로 삼아 장사지내고 나면 이를 벗고,[238] 이어서 심상을 펴는 것이 예(禮)에 맞는 것입니다. 조복

236 심상을……준하는 : 《예기(禮記)》 〈단궁 상(檀弓上)〉에 이 세 상(喪)을 논하면서 어버이의 상을 치상(致喪), 임금의 상을 방상(方喪), 스승의 상을 심상(心喪)이라 하였다. 치상은 어버이의 상으로 삼년상을 지극히 함을 말하고, 방상은 임금의 상으로 어버이의 상에 견주어 삼년상을 지내는 것을 말한다.

237 변모(弁髦)와 토경(土梗) : 둘 다 무용지물을 뜻한다. 변모는 관례(冠禮)를 치르고 나면 쓸데없는 치포관(緇布冠)과 동자(童子)의 더벅머리를 말하고, 토경은 흙으로 빚은 인형으로 하찮은 물건의 비유로 쓰인다.

238 그러므로……벗고 : 《의례(儀禮)》 〈상복(喪服)〉에 "붕우의 상(喪)에는 마(麻)를 입는다.〔朋友麻.〕"라고 하였는데, 《예기(禮記)》 〈단궁 상(檀弓上)〉의 스승의 상(喪)을 논한 대목에 대한 주(註)에서 "살펴보건대 《의례》 〈상복〉에 '붕우의 상에는 마를 입는다.'라고 하였는데, 스승은 붕우와 같으므로 또한 가마(加麻)함을 알겠다.

은 본래 조복이고 심상은 본래 심상이니, 섞어서 하나로 하여서는 안 됩니다.

공자(孔子)의 상(喪)에 여러 제자들이 모두 수질(首絰)을 하고 나왔던 것[239]은 아직 장사지내지 않은 때를 가리켜 말한 것입니까, 아니면 삼년으로 통틀어 보아야 합니까? 만약 삼년이라면 조복을 심상의 제도로 삼아야 합니까? 황(黃)·왕(王)·김(金) 세 현인이 스승의 복을 입을 때에 관질(冠絰)에 사무(絲武)를 더하였으며, 또 심의와 대(帶)를 갖추었으니,[240] 그렇다면 이는 비단 가마만 한 것이 아니라 바로

마(麻)는 질(絰)과 대(帶)를 말하는데, 모두 마(麻)로 만들므로 '가마(加麻)'라고 한 것이다. 스승과 붕우를 위해서는 장사를 이미 치렀으면 이를 벗는다.〔按喪服朋友麻, 師與朋友同, 故知亦加麻也. 麻謂絰與帶也, 皆以麻爲之, 故云加麻也. 爲師及朋友, 旣葬除之.〕"라고 하였다.

239 공자(孔子)의……것 : 《예기(禮記)》 〈단궁 상(檀弓上)〉에 "공자의 상(喪)에 여러 제자들이 모두 수질(首絰)을 하고 나오니, 여러 붕우들이 함께 거처할 때에는 수질을 하고 외출할 때에는 그렇게 하지 않았다.〔孔子之喪, 二三子皆絰而出, 群居則絰, 出則否.〕"라고 하였다.

240 황(黃)·왕(王)·김(金)……갖추었으니 : 황·왕·김 세 현인은 각각 송(宋)나라 유학자 황간(黃榦), 왕백(王柏), 김이상(金履祥)을 말한다. 구준(丘濬)의 《대학연의보(大學衍義補)》 권51 〈치국평천하지요(治國平天下之要) 명예악(明禮樂) 가향지례(家鄉之禮)〉에 "송나라 유학자 황간이 그의 스승인 주자(朱子)의 상에 조복(弔服)에 가마(加麻)하였는데 제도는 심의(深衣)와 같았고 관질(冠絰)을 착용하였으며, 왕백이 그의 스승인 하기(何基)의 상에 심의를 입고 대(帶)와 질(絰)을 더하고 관(冠)에 사무(絲武)를 더하였으며, 왕백이 죽자 그의 제자인 김이상이 상을 치르면서 백건(白巾)에 수질(首絰)을 가하였는데, 수질은 시마복의 수질과 같았고 소대(小帶)는 가는 모시베로 만들었다. 황간·왕백·김이상 세 사람은 모두 주자 문하의 적전(嫡傳)이니, 그들이 만든 스승을 위한 복이 근거가 없는 것이 아니다. 후세에 스승의 은혜와 의리에 보답하고자 하는 자들은 의당 이를 준하여 법으로 삼아야 할 것이다."라고 하였다.

상복(喪服)을 받은 것입니다. 그러니 "아버지를 잃은 것과 똑같이 하되 복이 없다."라는 뜻이 어디에 있단 말입니까. 이른바 심의(深衣)와 대(帶)는 또한 의최(疑衰)[241]가 아니니, 그렇다면 조복(弔服)으로 보아서 복이 없는 데에는 혐의되지 않는 것입니까? 김후재(金厚齋 김간(金榦))는 담흑(淡黑)의 갓과 띠를 스승을 위한 심상의 복색(服色)으로 삼았으니, 이것이 진실로 따를 만한 것입니까?

심상에 처하는 것이 치상과 방상 두 상에 처하는 것보다 어려워서 참최복이나 자최복은 없으면서 슬퍼하는 마음을 품으니, 바깥에 상복을 입지 않았다고 하여 마음에 슬픔을 보존하지 않는다면 슬픔을 지극히 하는 방법이 아닙니다. 잔치에 참여하지 않고 내침(內寢)에 거처하지 않는 것이 절도인데, 과거에 응시하고 관직을 하는 것은 어떻게 대처해야 합니까? 두 가지를 모두 폐하여야 합니까? 벼슬살이는 영화를 구하는 과거 응시와는 약간 다르니, 마땅히 장자(長子)가 참최복을 입는 중에 관직을 떠나지 않는 예(例)를 따라야 합니까? 옛 사람들 중에도 스승의 상에 직위를 떠난 이가 있었는데 이는 보통사람보다 한 등급을 더한 것이니, 모든 경우에 있어 법으로 삼기는 어려울 듯합니다. 다시 밝은 가르침을 내려주시기 바랍니다.

지난번에 교하(交河)에 사는 이생 원중(李生遠重)이 방문하였는데,

241 의최(疑衰) : '의(疑)'는 의(擬)와 뜻이 통하고, '최(衰)'는 최(縗)와 뜻이 통한다. 본래 《주례》 〈춘관(春官) 사복(司服)〉에 이르기를, "무릇 상에 있어서 왕이 삼공과 육경을 위해서는 석최(錫衰)를 입고, 제후를 위해서는 시최(緦衰)를 입고, 대부와 사를 위해서는 의최(疑衰)를 입는다." 하였는데, 사(士)가 사(士)를 조문하는 경우에도 의최를 입는다.

그가 가지고 있던 생각을 물어봄에 왕왕 밝게 깨달음이 많았고, 또 그 말이 침착하여 귀로 얻어 듣고 눈으로 얻어 본 것과는 같지 않아서, 몹시 이 사람으로 하여금 아끼고 가상히 여기게 하였습니다. 그로 하여금 가서 문하에 머물면서 명리(名理)를 익숙히 들어서 지난번처럼 얼굴만 뵙고 올 뿐이 아니게 하였으니, 과연 능히 진실한 마음으로 가르침을 청하여 받들어 담당한 바가 있습니까? 그가 지은《어맹자의변(語孟字義辨)》이 있어 이것을 스승의 자리에 전달해주길 바랐으므로 삼가 이에 올리니, 바라건대 살펴보아 주십시오.

이른바 이등유정(伊藤維禎)[242]이란 자는 이를 검게 칠하고 이마에 새긴 오랑캐의 몸으로서 유자(儒者)의 학문이 있음 알았으니, 이는 몹시 기특합니다. 그 저술의 득실은 굳이 끝까지 말할 것이 없고, 다만 그가 회옹(晦翁 주희(朱熹))을 기롱하여 비평한 것은 단지 우물에 앉아 하늘을 보는 격이니, 어찌 족히 변론할 것이 있겠습니까. 이군(李君)이 생각을 많이 허비하여서 마치 이단을 막고 물리치듯이 한 것은 스스로 가벼이 행동한 것이 아니겠습니까. 무릇 안을 수양하는 것은 밖으로 외적을 물리치는 근본이 되니, 한갓 문장에만 급급해하는 것이 장차 어떻게 외적의 침범을 막을 수 있겠습니까. 진실로 이단이라 하더라도 오히려 그러한데, 하물며 상투를 높이 틀고 나뭇잎으로 만든 옷을 입는 오랑캐 무리에 있어서겠습니까.

242 이등유정(伊藤維禎) : 이토 진사이(1617~1705). 호는 인재(仁齋)로, 고학파(古學派) 유학자이다. 처음에는 주자학을 신봉하였으나 후에 주자학이 공맹(孔孟)의 본래 뜻에 배치된다 하여 고학(古學)을 제창하였다. 저서로는《논어고의(論語古義)》,《맹자고의(孟子古義)》,《대학정본(大學定本)》,《중용발휘(中庸發揮)》 등이 있다.

우연히 《춘추호전(春秋胡傳)》을 살펴보니, 문공(文公) 원년 공이 즉위하였다는 내용 아래 소주(小註)에, "강왕(康王)이 상복을 벗고 곤면(袞冕)을 입은 것은 모두 이를 예(禮)의 변통이라고 하는데, 유독 소씨(蘇氏)는 잘못된 예(禮)라 하였으니[243] 어떻게 처리해야 할지 모르

243 강왕(康王)이……하였으니 : 《서경집전》〈주서(周書) 강왕지고(康王之誥)〉에 "여러 공들이 모두 명령을 듣고는 서로 읍하고 추창하여 나가자, 왕이 면복을 벗고 상복으로 돌아왔다.〔群公旣皆聽命, 相揖趨出, 王釋冕, 反喪服.〕"라고 하였는데, 이에 대한 주(註)에 소식(蘇軾)이 "'성왕(成王)이 별세하여 장례하지 않았는데, 군주와 신하가 모두 면복(冕服)을 입는 것이 예(禮)인가?' '예(禮)가 아니다.' '변례(變禮)라고 하는 것이 가하겠는가?' '불가하다. 예(禮)는 부득이하여 변하는 것이니, 제수가 물에 빠지지 않았으면 끝내 손으로 구원할 수 없는 것이다. 삼년상에 이미 성복(成服)한 뒤에 상복을 벗고 길복에 나아감은 어느 때든 옳은 때가 없는 것이다.' '성왕(成王)의 고명(顧命)을 전하지 않을 수 없고, 전한다면 상복으로 받을 수 없다.' '어찌하여 불가하겠는가. 공자가 말씀하기를 「장차 자식을 관례(冠禮)하려 할 적에 기일에 미치지 못하여 자최나 대공(大功)의 상(喪)이 있으면 그대로 상복을 입고 관례를 한다.」 하였으니, 관례(冠禮)는 길례인데도 오히려 상복을 입고 행하는데, 고명(顧命)을 받고 제후를 만나볼 때에만 유독 상복을 입고서 할 수 없단 말인가.……이제 강왕(康王)이 가복(嘉服)으로 제후를 만나보고 또 승황(乘黃)과 옥백(玉帛)의 폐백을 받았으니, 가령 주공(周公)이 계셨다면 반드시 이렇게 하지 않았을 것이다.' '그렇다면 공자가 어찌하여 이 글을 취하였는가?' '지극하다. 부자와 군신 간에 가르침과 경계가 깊고 간절하고 저명하여 후세의 법이 될 만하니, 공자가 어찌하여 취하지 않으시겠는가. 그러나 그 잘못된 예(禮)는 분변하지 않을 수 없다.'〔成王崩未葬, 君臣皆冕服禮歟? 曰: 非禮也. 謂之變禮可乎? 曰: 不可. 禮變於不得已, 嫂非溺終不援也. 三年之喪旣成服, 釋之而卽吉, 無時而可者. 曰: 先王之命, 不可以不傳, 旣傳, 不可以喪服受也. 曰: 何爲其不可也? 孔子曰: 將冠子, 未及期日而有齊衰大功之喪, 則因喪服而冠. 冠, 嘉禮也, 猶可以喪服行之, 受顧命見諸侯, 獨不可以喪服乎?……今康王旣以嘉服見諸侯, 而又受乘黃玉帛之幣, 使周公在, 必不爲此. 然則孔子何取此書也? 曰: 至矣! 其父子君臣之間, 敎戒深切著明, 足以爲後世法, 孔子何爲不取哉? 然其失禮則不可不辨.〕"라고 하였다.

겠습니다."라고 묻자, 주자(朱子)가 말씀하기를 "예컨대 《서경(書經)》 〈이훈(伊訓)〉에서 원사(元祀) 12월 초하루에도 또한 새로운 초상이었는데, 사왕(嗣王)을 받들어서 공경히 그 할아버지를 뵈었으니[244] 진실로 흉복을 사용할 수 없는 것이었다. 한(漢)나라와 당(唐)나라에 새로운 군주가 즉위할 때에 모두 책례(冊禮)를 행하여서 군주와 신하가 모두 길복을 입고 선제(先帝)의 명을 추후에 기술하여 선군(先君)에게 고하였다. 대(代)를 바꾸어 나라를 물려줌은 국가의 대사이니 마땅히 그 예(禮)를 엄격하게 해야 하는바, 비록 선군의 상(喪)이라도 자기의 사사로운 복이 된다."라고 하였습니다. 이 말은 끝내 동파(東坡 소식(蘇軾))의 떳떳한 도리를 지키는 의논에 뒤지는 듯하니, 따르기가 어려울 듯합니다.

"삼년상에 이미 성복을 한 뒤에 상복을 벗고서 길복으로 나아가는 것은 어느 때든 옳을 때가 없으니, 고명(顧命)을 받고 제후를 만나볼 때에만 유독 상복을 입고서 할 수 없단 말인가."라고 한 것은 그 말이 참으로 바른 것이라 바꿀 수 없을 듯합니다. 대를 바꾸어 나라를 물려줌이 국가의 대사이면 더더욱 상복을 벗고 면복(冕服)을 입어서는 안 되니, 길흉이 서로 인습하여 변역함에 일정함이 없는 것은 참최의 상에 장례하기 전에 감히 복을 바꾸지 못하는 의리에 어긋날 듯합니다. 그렇다면 상복을 입고 지위를 계승하는 것은 바로 그 예(禮)를 엄격히 하는 것입니다. 〈이훈〉에서 원사(元祀)에 할아버지를 뵐 때에는 면복을 말

244 서경(書經)……뵈었으니 : 《서경》 〈상서(商書) 이훈(伊訓)〉에 "원사 12월 을축일에 이윤이 선왕에게 제사할 적에 사왕을 받들어 공경히 할아버지를 뵈었다.〔惟元祀十有二月乙丑, 伊尹祠于先王, 奉嗣王祗見厥祖.〕"라고 하였다.

하지 않았고, 삼년 만에 박읍(亳邑)으로 돌아갈 때 비로소 면복을 거론하였으니,[245] 그렇다면 상을 마치고난 뒤에 면복을 입는다는 것을 알 수 있습니다.

또 참최복을 입고서 할아버지 사당에 뵙는 의리를 가지고 헤아려보면, 공경히 그 할아버지를 뵙는 것도 마땅히 호복(縞服)-시사복(視事服)의 백의(白衣), 백관(白冠)과 같은 부류이다.-을 사용하여야 합니다. 후세에는 의복의 색에 구애받아 양암(諒陰)[246] 삼 년에 사당에 배알하는 예(禮)를 폐하였는데, 예(禮)의 뜻은 반드시 그렇지는 않을 듯합니다. 《서경집전(書經集傳)》에서 모두 스승의 말을 모두 사용하였으니, 그렇다면 "면복을 벗고 상복으로 돌아간다."라는 내용에 대한 주(註)도 옛날에 주자(朱子)에게 들은 것을 기술한 것일 터인바, 마땅히 정론으로 삼아야 할 듯합니다.

245 삼년……거론하였으니 : 《서경》 〈상서(商書) 태갑 중(太甲中)〉에 "3년 12월 초하루에 이윤이 면복으로 사왕을 받들어 박읍으로 돌아왔다.〔惟三祀十有二月朔, 伊尹以冕服奉嗣王, 歸于亳.〕"라고 하였다.

246 양암(諒陰) : 《서경》 〈상서(商書) 열명 상(說命上)〉에 "왕이 양암에서 삼년 동안 택우하였다.〔王宅憂亮陰三祀.〕"라고 한 데서 온 말로, 임금의 거상(居喪)을 뜻한다.

노주 오장에게 답함 임진년(1832, 순조32) 12월 16일

答老洲吳丈 壬辰臘月旣望

예교(禮敎)는 삼가 가르침을 들었습니다. 다른 사람의 양자가 된 사람이 본생부모를 위하여 강복하는 것은 바로 은혜가 의리에 눌리고 정(情)이 예(禮)에 굽히는 것이지만, 만일 정통을 둘로 한다는 혐의에 문제가 없다면 그 사이에 정을 펴고 예를 다하는 것도 천리에 그만둘 수 없는 것이라고 하신 말씀은 진실로 바꿀 수 없는 의론입니다. 그리고 최복(衰服)으로 말하면 슬픔을 표현하기 위한 것이지, 다만 상(喪)에 임하고 제사에 임하기 위하여 마련한 것이 아니라고 하신 것도 진실로 성대하신 말씀과 같습니다. 옛 사람 중에도 최복을 입고 질(絰)을 하고서 출입하는 사람이 있었으니, 사실(私室)에서는 상복을 유지하고 빈객을 접견하고 조문을 받는 것은 진실로 중함에 눌리는 데에 있어서 해가 없으므로 또한 그 정을 빼앗고자 하지 않는 것인데, 그 사람이 상주의 장소가 아닌 데에서 최복을 입는 것을 스스로 편안하지 못하다고 여겨 안 입는 것이지 기휘하는 바가 있는 것은 아닙니다. 근래 세속에서 착용하는 패양자(蔽陽子)와 심의(深衣)는 비록 예복(禮服)이 아니나, 다만 마땅히 이것을 사용하여 조문을 받을 뿐입니다.

본생부모의 상에 장례지내기 전에 양자로 간 집 사당의 제사를 폐하는 것은 저 또한 이렇게 말하였습니다마는, 지난번 여쭐 때에 기년복으로 단정하여 거상해서는 안 된다고 했던 것은 지나치게 명쾌하게 하려는 데에서 실수를 범한 것이어서 곧바로 경솔하였음을 후회하였습니다. 제 자식과 같은 경우는 비록 제사에 참여하지는 않으나, 마땅히 신년에 가묘에 배알하지 않아야 합니까? 몸을 목욕하여 깨끗이 하지 않고 머리에 건을 쓰고 빗질하지 않았으면 사당에 들어가는 것이 제때가 아니니, 마땅히 새해에 참배하는 것을 함께 폐해야 합니까? 다시 가르침을 받기를 원합니다.

매산집

제7권

書서

서 書

운호 임장[1] 정주 에게 올림 병진년(1796, 정조20) 9월
上雲湖任丈 靖周○丙辰九月

한번 배알하고 북쪽으로 돌아와 어느덧 늦가을이 되었습니다. 이때에 존체(尊體)의 기거가 신령의 보살핌을 받아 매우 편안하실 것이라고 생각합니다. 일찍이 듣건대, 문장(文丈)께서 관직에 부임하셨을 때 “지금 세상의 대학자가 그대를 빼고 누가 있겠는가.”라는 성상의 하교가 있으셨다고 하니, 문장께서 풍부히 소유하신 학업을 알 수 있습니다. 또 바닷가 고을에서 오랑캐의 차사(差使)를 접견하던 날 근재(近齋)[2]에게 보낸 편지에 “입으로는 성현의 책을 읽으나 개와 양 같은

1 운호 임장 : 임정주(任靖周, 1727~1796)로, 자는 치공(穉恭), 호는 운호(雲湖), 본관은 풍천(豊川)이며, 임성주(任聖周)의 아우이다. 1762년(영조38) 사마시에 합격, 1772년 동몽교관에 제수, 세자익위사 시직을 거쳐, 서연관으로 세손을 보필하며 학문을 강론하였다. 1776년 정조가 즉위한 뒤 홍국영의 세도정치에 밀려나 미관말직만 역임하였으며, 청산 현감 때 선정이 보고되어 왕의 특명으로 가자되고 중추(中樞)의 직함을 받았다. 평생 동안 학문에 전심하였는데, 임성주의 학통을 이어받아 이기이원론(理氣二元論)을 배격하고 이기일원의 주기설(主氣說)을 확립하였다. 문집에 《운호집》이 있다. 시호는 문경(文敬)이다.

2 근재(近齋) : 박윤원(朴胤源, 1734~1799)으로, 자는 영숙(永叔), 호는 근재(近

오랑캐에게 허리를 굽힌다."는 말씀이 있는 것을 보았으니, 문장께서 지니고 계신 의리를 알 수 있습니다.

제가 어버이를 뵙고 돌아오는 길에 문장의 문하에서 물 뿌리고 청소하는 일을 하며 광풍제월(光風霽月)의 흉금[3]을 우러러 뵙고 금과 옥 같은 음성을 들을 수 있었습니다. 한나절동안 문장을 함장(函丈)의 자리[4]에 모심에 무릎이 저절로 굽혀지고 심취하였으니, 제가 문장을 찾아 뵌 뜻이 이로써 헛되지 않게 된 것입니다. 우러러 바라보는 저의 사사로운 정을 어찌 다 형용할 수 있겠습니까.

저는 금년 나이가 21살이고 학문에 뜻을 둔 지도 여러 해가 되었습니다. 그러나 책을 읽을 적에는 의심나는 것을 질정(質正)할 곳이 없고, 일을 처리할 때에는 마땅함을 따르는 방법을 전혀 몰랐습니다. 그런데 문하에서 가르침을 한번 받은 뒤로는 '나아가서 질정할 곳이 있다'고

齋), 본관은 반남(潘南)이다. 1792년 학행으로 천거되어 선공감역에 임명되었으나 사퇴하였으며, 1798년 원자를 위하여 강학청이 설치되자 서연관에 임명되었으나 역시 거절하여, 평생 벼슬하지 않고 학문 연구에 전념하였다. 그는 김창협(金昌協), 이재(李縡), 김원행의 학통을 계승하였으며, 다시 문하의 홍직필에게 전수해 신응조(申應朝), 임헌회(任憲晦), 조병덕(趙秉德) 등으로 이어지는 조선 후기 성리학의 중요한 학파를 형성하였다. 죽은 뒤에 대사헌에 추증되었으며, 저서로 《근재집》과 《근재예설(近齋禮說)》이 있다.

3 광풍제월(光風霽月)의 흉금 : 광풍제월은 비가 갠 뒤의 맑은 바람과 밝은 달이라는 말로, 고결한 인품을 형용한 말인바, 황정견(黃庭堅)이 〈염계시서(濂溪詩序)〉에서 주돈이(周沌頤)의 사람됨을 형용하면서 한 말이다.

4 함장(函丈)의 자리 : 스승의 자리를 말한다. '함장'은 원래 한 길〔丈〕을 용납할 수 있는 공간으로, 《예기(禮記)》 〈곡례(曲禮)〉에, "만약 음식을 대접하는 손님이 아니고 스승과 강론하는 자리이면 자리를 펴되 한 길쯤 되는 공간을 띄운다.〔若非飮食之客, 布席, 席間函丈.〕"라는 말에서 유래하였다.

생각하게 되었습니다. 그러나 하늘의 버림을 받아 눈병이 나서 병석에 누워 문밖을 나갈 희망이 없고, 오직 훌륭하신 의리를 끝없이 칭송할 뿐입니다. 부디 우둔하다 하여 버리지 말고 질병이 있다 하여 소원하게 여기지 말아서 자주 채찍질을 하여 저로 하여금 성립함이 있게 해주신다면 사사로운 마음에 감격함이 어떠하겠습니까.

고(故) 중씨(仲氏) 녹문공(鹿門公)[5]의 유편을 근래 창애(蒼崖) 유장(兪丈)[6]의 처소를 통해 빌려다가 읽어보니, 이른바 '옛날에 해박하고 지금 것을 알아서 예악(禮樂)의 근원에 통달하고 도덕의 귀결에 밝다'는 내용을 인용하여 칭찬한 것이 과찬한 말이 되지 않고, 문하께서 말씀하신 '용문(龍門)의 순수한 신하요, 고정(考亭)의 탁월한 견해'[7]란 말씀은 이보다 더 적절한 평이 없다고 할 만합니다. 그러니 같은 시대

5 고(故) 중씨(仲氏) 녹문공(鹿門公) : 임성주(任聖周, 1711~1788)로, 자는 중사(仲思), 호는 녹문(鹿門), 본관은 풍천이며, 임정주의 형이다. 1733년(영조9) 사마시에 합격하였으며, 1750년 세자익위사 세마가 되고 시직에 승진하였으나 곧 사직하고, 1758년 공주의 녹문에 은거하였다. 1776년 정조가 즉위한 뒤 동궁을 보도(輔導)하고 지방관을 지내다가 다시 녹문에 은거하여 학문연구로 여생을 보냈다. 이재(李縡)의 문인으로 초년에는 스승의 학설을 신봉하여 인물성동론(人物性同論)을 주장하였으나, 중년에 이르러 기존의 학설을 비판하고 호락(湖洛)의 양론을 기일원론적(氣一元論的) 입장에서 종합하여 자신의 학설을 수립하였다. 문집에 《녹문집》이 있다.

6 창애(蒼崖) 유장(兪丈) : 유한준(兪漢雋, 1732~1811)으로, 자는 만청(曼倩) 또는 여성(汝成), 호는 저암(著菴) 또는 창애(蒼厓), 본관은 기계(杞溪)이다. 당대에 뛰어난 문장가로 손꼽혔으며 문집에 《저암집》이 있다.

7 문하께서……견해 : 용문은 정이(程頤)를, 고정은 주희(朱熹)를 가리키는 것으로, 모두 정이와 주희가 살던 곳의 지명이다. 임정주는 임성주의 행장에서 임성주가 정주(程朱) 두 선생의 학설을 밝게 세상에 알린 것을 칭찬하며 이 말을 썼다. 《鹿門先生文集 附錄 行狀, 韓國文集叢刊 228輯》

에 살지 못한 저의 감회가 어찌 끝이 있겠습니다. 《윤지당집(允摯堂集)》[8] 역시 귀한 문장이니 규문(閨門)에서 나왔다 하여 숨기지 마소서. 별지에 의심나는 것을 질문하였으니 부디 답장하여 가르쳐주시길 바랍니다.

8 윤지당집(允摯堂集) : 윤지당 임씨(任氏, 1721~1793)의 문집으로, 윤지당은 임정주의 누이이며, 신광유(申光裕)의 부인이다. 총명하고 부지런해 임성주로부터 《효경》, 《열녀전》, 《소학》, 사서 등을 배웠고, 여러 형제들과 함께 경전과 사서(史書) 등을 강론했는데, 식견이 탁월해 사람들을 놀라게 하였다. 죽은 뒤 유고 40여 편이 수습되었는데, 그 대부분이 경전 연구와 성리에 관한 논설 및 중국 역대 인물들에 대한 논평이다. 유고는 1796년(정조20) 임정주와 시동생 신광우(申光祐)에 의해 《윤지당유고》 1책으로 편집되어 부록과 함께 간행되었다.

응와 윤장[9] 취동 에게 답함 경신년(1800, 정조24)

答凝窩尹丈 聚東○庚申

소학과 대학은 바로 학교의 이름인데 '학(學)'이라는 글자의 뜻은 '본받는다〔効〕'는 것이니,[10] 학교라는 말도 '본받고 배움〔効學〕'이라는 뜻을 가지고 명명한 것입니다. 본받는 것은 바로 몸을 닦고 남을 다스리는 방법이니, 학교의 '학' 자와 학술의 '학' 자가 그 뜻이 동일합니다. 그런데 《대학장구(大學章句)》에서는 다만 "대학은 대인의 학이다."라고만 말하고 '학' 자의 뜻을 해석하지 않았으니, 이렇게 한 의미를 감히 알 수는 없습니다만, 격물(格物)과 치지(致知), 성의(誠意)와 정심(正心), 수신(修身)과 제가(齊家), 치국(治國)과 평천하(平天下)가 배우는 일 아닌 것이 없으니, 특별히 훈석하지 않은 것은 아마도 이 때문일 것입니다.

고주(古註)[11]는 〈자한(子罕)〉편 끝에 두 장을 합쳐서 '편기번이(偏其

9 응와 윤장 : 윤취동(尹聚東, 1798~1863)으로, 본관은 해평이며 지중추부사를 역임하였다. 윤영렬·윤웅렬의 부, 윤치호의 조부, 윤보선의 증조부이다.

10 학이라는……것이니 : 주희(朱熹)는 《논어집주(論語集註)》에서 '학이시습지(學而時習之)'의 '학'을 훈(訓)하여 "학이라는 말은 본받는다는 것이다.〔學之爲言, 效也.〕"라고 하였다.

11 고주(古註) : 위(魏)나라 하안(何晏)의 《논어집해(論語集解)》를 주(注)로, 송(宋)나라 형병(邢昺)의 《논어정의(論語正義)》를 소(疏)로 채택하여 합본한 《논어주소(論語注疏)》를 가리킨다.

反而)' 이하 한 절을 해석하기를 "권도(權度)를 뒤집은〔反〕 이후에 대순(大順)에 이름을 말한 것이다. 그 사람을 생각하여도 스스로 보지 못하는 것은 그 집이 멀기 때문이니, 이는 '권도를 생각하나 볼 수 없는 것은 그 도가 멀기 때문임'을 말한 것이다."라고 하였고, 또 '미지사야(未之思也)' 이하 한 절을 해석하기를 "생각이란 마땅히 뒤집을 것을 생각해야 하니, 뒤집을 것을 생각하지 않음은 멀게 된 이유이다. 뒤집을 것을 생각하면 무슨 멂이 있겠는가. 이는 '권도를 알 수 있는데도 오직 생각할 줄 모름'을 말한 것이니 생각함에 차례가 있어야 볼 수 있다."라고 하였습니다. 윗장에 '미가여권(未可與權)'의 '권'이 있다는 이유로 아랫장의 '편기번이(偏其反而)'의 '번'과 연결시켜 이를 '경도(經道 상도(常道))를 뒤집어 도에 합함'의 뜻이라고 여기고는 윗장과 아랫장을 한 장으로 만든 것이니, 두 장을 억지로 합하여 해석해서 앞뒤의 말뜻이 전혀 들어맞지 않습니다.[12] 이미 정자(程子 정이(程頤))와 주자(朱子 주희(朱熹))가 간파하여 두 장으로 나누어 각각의 뜻을

12 윗장에……않습니다 : 〈자한〉의 마지막 장은 "당체의 꽃이여, 바람에 펄럭인다. 어찌 너를 생각하지 않겠느냐마는 집이 멀기 때문이다. 공자께서 말씀하였다. '생각하지 않을지언정 어찌 멂이 있겠는가.'〔唐棣之華, 偏其反而. 豈不爾思? 室是遠而. 子曰: 未之思也, 夫何遠之有?〕"이고, 그 윗장은 "공자께서 말씀하였다. '더불어 함께 배울 수는 있어도 함께 도에 나아갈 수는 없으며, 함께 도에 나아갈 수는 있어도 함께 설 수는 없으며, 함께 설 수는 있어도 함께 권도를 행할 수는 없다.'〔子曰: 可與共學, 未可與適道; 可與適道, 未可與立; 可與立, 未可與權.〕"이다. 고주에서는 이 두 장을 나누지 않고 하나로 연결하여 '권도는 경도를 뒤집는 것인데 뒤집을 것을 생각하지 않기 때문에 권도가 먼 것'의 뜻으로 보았다. 고주는 권(權)과 번(反)의 의미를 연결하여 해석함으로써 권도를 '경도를 뒤집어 도에 합하는 것'으로 이해하였는데, 이를 정자와 주자가 비판하였으며, 두 장을 나누어 별개의 뜻으로 해석하였다. 《論語注疏解經 卷9 子罕》

해석하였으니, 그렇게 한 뒤에 부자(夫子 공자)께서 말씀한 뜻이 비로소 밝아졌고 한나라 학자들이 경전을 어지럽힌 잘못이 더욱 드러나게 되었습니다.

'산양자치(山梁雌雉)' 이하 한 절은 형씨(邢氏)의 말[13]이 바른 뜻을 얻었다고 생각되어 매양 따르고자 합니다. 제가 생각하건대 "사람의 안색을 보고 날아가서 빙빙 날아돈 뒤에 앉았다.〔色斯擧矣 翔而後集〕"는 한 구는 고어인 듯하니, 일시(逸詩)의 따위와 같은 것입니다. 부자(夫子 공자)가 그 말을 인용하여 이렇게 말씀한 것이니, 이렇게 보는 것이 어떨지 모르겠습니다.

신안 진씨(新安陳氏)는 "만약 '산양자치(山梁雌雉)' 한 구를 옮겨서 이 장의 맨 앞에 놓으면 말뜻이 더욱 분명해질 것이다."라고 하였습니다.[14] 그 말이 옳은 듯하나 글 뜻의 깊이와 정추(精粗)는 막론하고 정문

13 형씨(邢氏)의 말 : 형씨는 형병(邢昺)이다. 《논어》〈향당(鄕黨)〉의 "산 교량의 암꿩이 때에 맞는구나! 때에 맞는구나!〔山梁雌雉時哉時哉!〕"에 대한 주석에서, 주희(朱熹)는 형병이 "시재(時哉)는 꿩이 물을 마시고 모이를 쪼아먹는 것이 제때를 얻었음을 말씀한 것이다. 자로(子路)가 이것을 알지 못하고 이를 제철에 알맞은 음식이라 생각하여 마련해서 올리니, 공자께서 먹지 않으시고 세 번 냄새를 맡고 일어나셨다."라고 한 말을 인용하였다. 형병은 '시재(時哉)'를 '암꿩이 제때를 얻은 것'의 의미로 해석한 것이다. 《論語集註 鄕黨》

14 신안 진씨(新安陳氏)는……하였습니다 : 신안 진씨는 진력(陳櫟)이다. 진력은 "'시재시재(時哉時哉)'는 때가 날아야 하면 날고 때가 앉아야 하면 앉음을 말한 것이니 모두 제때를 얻은 것이다."라고 하여 '시재(時哉)'의 의미를 '암꿩이 날아가고 앉는 것을 때에 맞게 한 것'으로 보았다. 따라서 '산양자치'를 '색사거의(色斯擧矣)'의 앞에 놓으면 공자가 '시재시재'라고 한 의미가 더욱 분명하게 드러난다고 한 것이다. 진력의 견해대로 경문을 재편집하면 경문은 "공자께서 말씀하였다. '산 교량의 암꿩이 때에 맞게 행하

(正文)을 옮겨놓는 일은 정자(程子)와 주자(朱子) 같은 큰 안목과 큰 역량이 아니고는 결코 할 수가 없는 것이니, 신안 진씨의 설은 따라서는 안 될 듯합니다.

는구나. 사람의 나쁜 얼굴빛을 보고 날아가서 빙빙 돌다가 앉아야 할 때 내려앉는다.'"가 된다. 《論語集註大全 鄕黨》

응와 윤장에게 답함 을축년(1805, 순조5)

答凝窩尹丈 乙丑

중폭(中幅)에 써 보내주신 내용을 통해 저를 버리지 않는 거룩한 뜻을 우러러 알 수 있었습니다. 하지만 분수에 맞지 않는 칭찬으로 말하면 반드시 전한 자가 말을 잘못한 것에 연유하였을 것이요, '좋게 여기지 않는 가르침'[15]이라는 것은 실정 밖의 책망인 듯합니다. 그러나 제가 일찍이 주자(朱子)에게 가르침을 받았으니, "만일 자기의 과오를 듣고자 한다면 다만 남의 책망을 하나하나 모두 수용해야 하고 다시 그 허실을 계산해서는 안 된다. 이렇게 하면 일의 크고 작음에 상관없이 사람들이 모두 기꺼이 고해주고 숨김이 없을 것이다. 만약 급급하게 계교해서 반드시 그와 논변하고 다툰다면 '허물이 있음을 말해주면 기뻐하는 뜻'이 아니다."라고 하였습니다.[16] 그렇다면 구구한 저는 마땅히 남의 책망을 받아들여 자신의 죄로 삼아야 할 뿐이니, 어찌 감히 쓸데없는 말을 늘어놓아서 변명할 생각을 하겠습니까.

김씨 집안의 일로 말하면 진실로 문하께서 칭찬한 바이나 자제로서 집안의 정사에 관여하는 것은 어리석은 제가 배우기를 원하는 것이

15 좋게……가르침 : 상대방이 잘못이 있을 경우 그를 거절하고 만나주지 않음으로써 그로 하여금 자신의 과오를 스스로 깨닫게 하는 것을 말한다. 《孟子 盡心上》

16 만일……하였습니다 : '허물이 있음을 말해주면 기뻐함'은 《맹자》에 "자로는 사람들이 그에게 허물이 있음을 말해주면 기뻐하였다.〔子路人告之以有過則喜.〕"라고 한 것을 인용한 것이다. 이 말은 《주자대전(朱子大全)》 권412 〈답진명중(答陳明仲)〉에 보인다.

아닙니다.

보내주신 편지에 언급하신 "밖으로는 독서했다는 이름이 있으나 안으로는 독실한 공부가 없다."는 말씀은 참으로 진실한 말씀입니다. 우리 문하가 아니면 어디에서 이러한 약석(藥石)을 얻을 수 있겠습니까. 노(魯)나라에 군자가 없었다면 이 분이 어디서 이것을 취하였겠습니까.[17] 친지들에게 받은 편지는 헛된 명성으로 서로 칭찬하여 자신을 속이고 남을 속이는 것이 대부분이니, 편지를 받으면 부끄러워져서 매번 스스로 몸 둘 바를 모르곤 했습니다. 그런데 지금 문하에게 얻은 것은 이와 같이 참되고 간절하니, 잘 받아 간직해서 상유(桑榆)의 공효를 거두는 것[18]을 어찌 감히 도모하지 않을 수 있겠습니까. 스스로 생각하건대 나귀를 타고서 나귀를 찾으며[19] 쓸데없는 말이나 하는 데에 이르지 않게 된다면 지금 이후로는 모두 문하의 은혜입니다.

17 노(魯)나라에……취하였겠습니까 : 공자가 자천(子賤)을 두고 평하면서 한 말로, 사람의 덕을 칭찬하면서 그 부형과 사우(師友)를 아울러 칭찬하는 말이다. 《論語 公冶長》

18 상유(桑榆)의……것 : 상유는 해가 지는 곳을 가리키는 말로 노년을 의미하는바, 상유의 공효를 거둔다는 것은 초년의 실패를 노년에 만회한다는 뜻이다. 후한(後漢) 때의 장수인 풍이(馮異)가 적미(赤眉)의 난을 토벌하기 위해 나섰다가 처음 싸움에서 대패하고, 얼마 뒤에 다시 군사를 정비하여 적미의 군대를 격파하였는데, 황제가 친히 글을 내려 위로하기를, "처음에는 회계(會稽)에서 깃을 접었으나 나중에는 민지(澠池)에서 떨쳐 비상하니, 참으로 '동우에 잃었다가 상유에 수습하였다.〔失之東隅, 收之桑榆.〕'라고 할 만하다."라고 한 데서 나온 말이다. 《後漢書 卷17 馮異列傳》

19 나귀를……찾으며 : 자신이 이미 소유하고 있는 것을 깨닫지 못하고 외부에서 찾는 것을 의미한다. 본래 불가의 말로, 마음 밖에서 부처를 찾는 것을 비유하는 말인바, 《전등록(傳燈錄)》에 보인다.

경호 이공[20] 의조 에게 보냄 계해년(1803, 순조3) 6월

與鏡湖李公 宜朝○癸亥六月

제가 일찍이 《논어》를 읽다가 "대부 중의 어진 자를 섬기며 선비 중의 인(仁)한 자를 벗하라."[21]는 내용에 이르러서는 마음속에 논란하기를 '인(仁)을 구하는 것이 방법이 없지 않은데 반드시 이것을 들어서 자공(子貢)에게 답한 것은 어째서인가? 이는 현자를 섬기지 않고 인자(仁者)를 벗하지 않으면 인을 행하는 방법을 알 수 없기 때문이다.'라고 하였습니다. 지난번 달성(達城)의 자사(子舍)[22]에 머물 적에 인촌(仁村) 우장(禹丈)[23]을 뵈어서 집사의 동정을 세세히 물어보았는데 우장

20 경호 이공 : 이의조(李宜朝, 1727~1805)로, 자는 맹종(孟宗), 호는 경호(鏡湖), 본관은 연안(延安)이다. 이재(李縡)와 송능상(宋能相)의 문인으로, 벼슬하지 않고 학문에 전념하였으며, 1779년(정조3) 학행으로 천거되어 공릉 참봉(恭陵參奉)에 임명되었으나 사양하고 후진양성에 일생을 보냈다. 저술 《가례증해(家禮增解)》는 주희(朱熹)의 《가례(家禮)》를 보충하고 해설한 책으로, 1824년(순조24) 간행되었다.

21 대부……벗하라 : 《논어》 〈위령공(衛靈公)〉에, 자공(子貢)이 인(仁)을 묻자 공자가 답하기를 "공인(工人)이 일을 잘 하려면 반드시 먼저 연장을 예리하게 만들어야 하니, 이 고을에 살면서 대부 중의 어진 자를 섬기고 선비 중의 인한 자를 벗해야 한다.〔工欲善其事, 必先利其器, 居是邦也, 事其大夫之賢者, 友其士之仁者.〕"고 한 내용이 보인다.

22 달성(達城)의 자사(子舍) : 달성은 대구(大丘)이고, 자사는 큰 방 곁에 딸린 조그만 방으로, 주로 지방관의 거처에 그 아들이 머무는 곁방을 가리킨다. 홍직필의 부친 홍이간(洪履簡)은 1795년(정조19)에 대구 판관(大丘判官)에 제수되었는데, 이때 홍직필이 부친을 따라가서 대구에 머물렀다.

23 인촌(仁村) 우장(禹丈) : 우재악(禹載岳, 1734~1814)으로, 호는 인촌, 본관은

이 집사의 동서인 이유로 집사에 대하여 자세히 말씀해주었고, 뒤이어 성담(性潭)[24]을 찾아갔는데 집사에 대하여 말씀해주어 더욱 듣지 못하던 것을 들었습니다. 또 김종선 보(金宗善甫)가 마침 의춘(宜春 의령)에서 돌아와 "집사가 지은 경설(經說)은 자득한 것이 많고 남을 따른 것이 적다."고 하였으니, 어떻게 하면 제가 덕이 가득한 난실(蘭室)에 찾아가 집사의 아름다운 덕을 한번 보고서 두려워하고 공경하며 절차탁마해서 저의 덕을 이루기를 회옹(晦翁)께서 말씀하신 바와 같이 할 수 있겠습니까?[25] 길이 멀어서 한 번 만나는 것을 기약하기 어렵기에 편지를 써서 저의 간절한 심정을 말씀드리는 것입니다.

늦여름의 지독한 더위에 도체(道體)의 편안한 거처가 신령의 위로를 받아 맑고 깨끗하신지요? 영남 전역은 오현(五賢)[26]이 도학을 창도한

단양(丹陽)이다. 1795년(정조19) 경상감영에서 《오경백선(五經百選)》을 교정하였으며, 다음 해에 재행(才行)으로 천거되어 휘릉 참봉(徽陵參奉)에 제수되었으나 나아가지 않았고 1813년(순조13)에 통정대부에 올랐다. 문집에 《인촌선생문집(仁村先生文集)》이 있다.

24 성담(性潭) : 송환기(宋煥箕, 1728~1807)로, 자는 자동(子東), 호는 심재(心齋) 또는 성담, 본관은 은진(恩津)이며, 송시열의 5대손이자 송인상(宋寅相)의 아들이다. 심성논변에서는 한원진(韓元震)을 지지하였으며, 문집에 《성담집》이 있다. 시호는 문경(文敬)이다.

25 두려워하고……있겠습니까 : 회옹은 주희(朱熹)를 말하는바, 위 《논어》 경문에 대한 주희의 주석에 "부자(夫子)께서 일찍이 자공은 자기만 못한 자를 좋아한다고 말씀하셨다. 그러므로 이로써 그에게 말씀해 주신 것이니, 두려워하고 공경하며 절차탁마하는 바가 있어서 그 덕을 이루게 하고자 하신 것이다."라고 하였다.

26 오현(五賢) : 다섯 명의 유현(儒賢)으로, 한훤당(寒暄堂) 김굉필(金宏弼), 일두(一蠹) 정여창(鄭汝昌), 정암(靜庵) 조광조(趙光祖), 회재(晦齋) 이언적(李彦迪), 퇴계(退溪) 이황(李滉)을 가리킨다.

이후로 추로(鄒魯) 지방[27]으로 알려졌었는데, 군자의 은택이 끊겨서 선비들의 취향이 바르지 못하게 되어 온갖 괴이함이 나타났으니, 이러한 때에 여러 초(楚)나라 사람 가운데 홀로 우뚝이 서서[28] 한 맥의 정론(正論)을 유지한 사람은 오직 집사뿐입니다. 만약 크게 연구하고 밝혀서 석담(石潭 이이(李珥))의 이기론(理氣論)과 화양(華陽 송시열(宋時烈))의 존화양이(尊華攘夷)의 의리를 영남에 밝게 드러나게 한다면 몇몇의 좋은 전통이 그 의리를 따라서 교화될 것이니, 부디 집사께서는 영가(永嘉 안동)의 강 상사(姜上舍)와 일선(一善 선산)의 심 사문(沈斯文) 등 여러 공과 그 책임을 함께 하여 더욱 자임하시기 바랍니다. 만약 한 지방이 풍동(風動 훌륭한 소문을 듣고 흥기하여 감화됨)한다는 말을 들으면 필시 집사의 아름다움이라고 이를 것입니다.

심성에 대한 변론은 오랫동안 유가의 미해결된 사안이었으니 정견(定見)은 어떠신지 모르겠습니다. 제가 들으니 집사 역시 오로지 운문(雲門)[29]의 견해만을 주장하지는 않으며 자기 의견을 버리고 여러 사람

27 추로(鄒魯) 지방 : 공자의 출생지인 노나라 지역과 맹자의 출생지인 추나라 지역을 합하여 말한 것으로, 공맹의 유학을 전승하여 예의가 밝고 학문이 홍성한 지역을 가리키는 말이다.

28 여러……서서 : 주변에 휩쓸리지 않고 자신의 일을 꿋꿋이 해냄을 말한다. 초나라 대부의 아들에게 제(齊)나라 말을 가르치기 위해서 제나라 사람에게 수업을 받게 하더라도 여러 초나라 사람이 그의 주위에서 초나라 말을 떠들어댄다면 아무리 종아리를 치며 제나라 말을 하기를 요구하더라도 될 수 없지만 그를 제나라 거리에 수년 동안 놔둔다면 초나라 말을 하기를 요구하더라도 제나라 말을 할 것이라는 맹자의 말을 인용한 것이다. 《孟子 滕文公下》

29 운문(雲門) : 임정주(任靖周, 1727~1796)의 문하를 말한다. 임정주에 대해서는 153쪽 주5 참조.

을 참고해서 널리 듣고 널리 보아서 절충하는 바가 있으므로 충분히 들을 만한 것이 있다고 하였습니다. 의리라는 것은 천하의 공정한 것이니, 자손이라 하여 굳이 선조에게 구차히 동조할 것이 없고 제자라 하여 굳이 스승의 설에 구차히 합할 것이 없습니다. 다만 한 가지를 주장함도 없고 그렇게 하지 않는다는 것도 없어서 오직 옳은 것을 구할 뿐이니,[30] 만약 본 것이 분명하고 말한 것이 바르다면 어찌 참된 계술(繼述)이 되지 않겠으며, 또한 연원을 빛나게 함이 있지 않겠습니까. 집사께서 이미 이 관문을 통과했다면 한가로운 때 촛불을 켜놓고 쓴 글 중에 필시 표현에 어긋남이 없어서 의리를 정미하게 연구하여 신묘한 경지에 들어간 부분이 있을 것이니, 명을 전달하는 사람에게 여러 편(篇)을 등사하게 하여 보여주시기를 엎드려 바랍니다.

또 듣건대 집사께서 《가례증해(家禮增解)》를 저술하여 10권으로 만드셨다 하니, 그 범례를 듣길 원합니다. 사계(沙溪 김장생(金長生))의 《가례집람(家禮輯覽)》과 시남(市南 유계(兪棨)) 《가례원류(家禮源流)》와 이남곡(李南谷 이시해(李時楷)) 의 《가례집요(家禮輯要)》와 김본암(金本菴 김종후(金鍾厚))의 《가례집고(家禮集考)》는 모두 《가례》가 나오게 된 원류를 서술하여 고금의 주석을 종합하고서 또 다시 주석을 더한 것인데, 다만 상세함과 간략함이 똑같지 않아 그 이름을 달리했을 뿐입니다. 모르겠습니다만, 《가례증해》는 이 여러 책과 어떤 차이가 있습니까? 훌륭한 공인(工人)이 고심하여 만들어 낸 것이 이처럼 부지

30 한 가지를……뿐이니 : 《논어》 〈이인(里仁)〉에 "군자는 천하의 일에 있어 한 가지를 주장함도 없고 그렇게 하지 않는다는 것도 없어서 의(義)를 따를 뿐이다.〔君子之於天下也, 無適也, 無莫也, 義之與比.〕"라고 보인다.

런하고 간곡한데도 제가 모셔다 읽을 길이 없으니 참으로 가탄스럽습니다.

영윤(令胤)의 지조와 견해는 참으로 그 집안에 걸맞고 또 전해오는 가학이 있으니, 근래에 더욱 부지런히 힘써서 위로 향하는 걸음을 그치지 않고 있습니까? 덕 있는 가문을 위하여 축하합니다.

저는 일찍이 군자의 문하에서 가르침을 받들어 몸을 바치고 섬긴 지가 여러 해가 되었는데, 들보가 중간에 꺾여 덮어주고 가려주는 휘장이 영원히 철거되었습니다.[31] 이에 망망하게 길 잃은 사람과 같아서 어그러지고 넘어져서 그치고 머물 곳을 몰랐습니다. 그러나 중도에 폐지함은 차마 하지 못해서 때로 다시 옛 책을 읽어보고 있습니다. 그렇지만 아는 것은 적고 의심나는 것은 많으며, 인륜의 도리에 있어서는 스스로 힘쓰고 있다고 생각하나 몸에 돌이켜 생각하면 부족한 점이 많습니다. 이 때문에 반드시 같은 세상에 있는 인자(仁者)를 얻어서 그를 보고 감동하며 제 사욕을 이겨 다스리는 바탕으로 삼고자 하오니, 집사께서는 부디 자신이 소유한 것을 남에게 미루어 주시길 바랍니다.

31 들보가……철거되었습니다 : 들보가 꺾임과 휘장이 철거됨은 모두 스승의 죽음을 가리킨다. 들보가 꺾임은 공자가 자신이 별세할 꿈을 꾸고 아침에 일찍 일어나 뒷짐을 지고 지팡이를 짚은 채 문 앞에서 한가로이 거닐며 노래하기를 "태산이 무너지겠구나. 들보가 꺾이겠구나. 철인이 죽게 되겠구나.〔泰山其頹乎! 梁木其壞乎! 哲人其萎乎!〕" 라고 한 데서 온 말로, 이후로 태산이 무너지고 들보가 꺾임은 곧 스승이나 철인의 죽음을 의미하게 되었다. 《禮記 檀弓上》 휘장은 비바람을 가리고 덮어 주는 장막을 가리키는바, 《법언(法言)》에 "우레와 바람, 세찬 폭우가 온 뒤에야 큰 집이 병풍과 휘장이 됨을 안다.〔震風陵雨, 然後知廈屋之爲帡幪也.〕"고 한 데서 온 말이다. 여기에서는 자신을 보호해주는 스승을 가리킨다. 홍직필의 스승인 박윤원(朴胤源)은 1799년(정조23)에 세상을 떠났다.

그렇게 해서 위로는 천인성명(天人性命)의 이치와 아래로는 인륜상행(人倫常行)의 법칙으로부터 격물궁리(格物窮理)하는 방법과 존심양성(存心養性)의 요점에 이르기까지, 이러한 내용들을 편지에 써 보내주어서 말을 다하고 논의를 다하신다면 어찌 제가 감히 징분질욕(懲忿窒欲)과 개과천선(改過遷善)[32]의 일에 종사하지 않겠으며 참되고 바른 도리로써 순수하게 스스로 다스리지 않겠습니까. 그렇다면 인을 행하는 것이 비록 자신에게 달려있다고 말하나[33] 또한 남에게 달려있다고 할 수 있지 않겠습니까. 이 마음이 진실하고 간절하며 감히 거짓으로 꾸민 것이 아니니, 부디 양찰해주시기 바랍니다.

32 징분질욕(懲忿窒欲)과 개과천선(改過遷善) : 징분질욕은 《주역》 〈손괘(損卦) 상(象)〉의 말로 '분노를 징계하고 욕심을 막음'의 뜻이며, 개과천선은 《주역》 〈익괘(益卦) 상(象)〉에 "바람과 우레가 익(益)이니, 군자가 이 상(象)을 보고서 선을 보면 옮기고 허물이 있으면 고친다.〔風雷益, 君子以, 見善則遷, 有過則改.〕"라고 보인다.

33 인을……말하나 : 《논어》 〈안연(顏淵)〉에, 안연이 인을 묻자 공자가 "자기의 사욕을 이겨 예로 돌아감이 인을 행하는 것이니, 하루라도 사욕을 이겨 예로 돌아가면 천하가 인을 허여할 것이다. 인을 행하는 것은 자신에게 달려 있으니, 남에게 달려 있겠는가.〔克己復禮爲仁, 一日克己復禮, 天下歸仁焉, 爲仁由己, 而由人乎哉?〕"라고 답한 말이 보인다.

경호 이공에게 답함 갑자년(1804, 순조4) 1월

答鏡湖李公 甲子正月

오담(烏潭) 권필칭(權必稱)[34]은 무과로 출신하였으나, 어버이가 별세한 뒤에 벼슬길에 대한 뜻을 끊고 독서하여 학자가 되었으니, 이것은 송당(松堂)[35]의 유풍(遺風)을 듣고 진작한 것입니까? 더욱 훌륭하게 여길 만한 것은 이전의 인습에서 벗어나 역천(櫟泉)[36] 등 여러 공을 따라 유학했다는 것이니, 한번 변하여 도에 이르렀다 할 만할 것입니

34 오담(烏潭) 권필칭(權必稱) : ?~1784. 자는 자평(子平), 호는 오담, 본관은 안동이다. 1750년(영조26) 무과에 급제하여 선전관을 거쳐 주부, 도사, 경력, 충청도 우후 등을 역임하였다. 서산, 장기의 현감을 지내던 중 어머니의 상을 당해 사직하였다가, 1771년 원인손(元仁孫)과 서지수(徐志修)의 천거로 산림유신(山林儒臣)의 예에 준하여 고성 현감에 임명되었는데, 사직하고 학문에 힘썼다. 1775년 해남, 광양의 현감을 지내면서 선정을 베풀었으며, 1781년(정조5) 창성 방어사를 거쳐, 1784년 경상 좌수사가 되었다. 무신이면서도 경학에 밝았고, 사부(詞賦)에도 능하였다.

35 송당(松堂) : 박영(朴英, 1471~1540)으로, 자는 자실(子實), 호는 송당, 본관은 밀양이다. 이조 참판 박수종(朴壽宗)의 아들이며, 어머니는 양녕대군(讓寧大君) 이제(李褆)의 딸이다. 어릴 때부터 무예에 뛰어나 담 너머 물건을 쏘아도 반드시 맞히므로, 아버지가 기이하게 여겨 이름을 영(英)이라 하였다. 항상 무인으로서 유식한 군자가 되지 못한 것을 한탄하였는데, 1494년(성종25)에 성종이 승하하자 가솔들을 거느리고 고향으로 가서 낙동강변에 집을 지어 '송당'이라는 편액을 걸고, 정붕(鄭鵬), 박경(朴耕) 등을 사우(師友)로 삼아 학문에 정진하였다.

36 역천(櫟泉) : 송명흠(宋明欽, 1705~1768)으로, 자는 회가(晦可), 호는 역천, 본관은 은진(恩津)이다. 이재(李縡)의 문인이다. 1764년 경연관이 되어 정치문제를 논하다가 왕의 비위를 거슬러서 파직 당하였다. 죽은 뒤에 복관(復官)되어 이조 판서에 추증되었다. 시호는 문원(文元)이고, 문집에 《역천집》이 있다.

다. 만일 용맹을 아는 군자가 아니면 어찌 여기에 참여할 수 있었겠습니까. 존경할 만하고 존경할 만합니다. 전할 만한 유편(遺編)이 현재 어디에 있습니까? 집안을 다스릴 만한 후손이 있는지요?

신돈항(愼敦恒) 처사는 거창(居昌)의 이족(吏族)이면서도 서리의 일을 하지 않고 전심으로 책을 읽어서 행실이 독실하고 지극하다 하니, 참으로 '문왕(文王)을 기다리지 않고도 흥기한 자'[37]라 할 수 있으며, 또한 그가 세속에 얽매이지 않는 사람임을 알 수 있습니다. 어르신과도 강학을 한다고 들었으니, 그 식견과 몸가짐이 어떻습니까? 배움은 도를 듣는 것을 귀하게 여기니, 그로 하여금 날로 새로워지고 천리에 통달하게 하여 심성의 근원 자리에서 깨달을 수 있게 하십시오. 예사로운 것만을 따라 글자 뜻이나 찾고 글자 수나 세어서 군자의 대도(大道)에 대하여 듣지 못한다면 끝내 촌학구(村學究)의 풍모를 면치 못할 것입니다. 바라건대 이러한 뜻을 그에게 말씀해주시어 그로 하여금 유자(儒者)의 학문이 있다는 것을 알게 해주십시오.

듣건대, 영우(嶺右) 지방에서는 그의 신분이 낮다는 이유로 그를 그다지 중시하지 않고, 경학 하는 유생과 학자들도 그와 교유하지 않는다고 하니, 참으로 고루합니다. 권재운(權載運)[38]도 감영의 서리가 아

37 문왕(文王)을……자 : 《맹자》에 "문왕을 기다린 뒤에 흥기하는 자는 일반 백성이니, 호걸의 선비로 말하면 비록 문왕 같은 성군이 없더라도 흥기한다.〔待文王而後興者, 凡民也, 若夫豪傑之士, 雖無文王, 猶興.〕"라고 한 데에서 온 말이다.

38 권재운(權載運) : 1701~1778. 자는 경후(景厚), 호는 이택재(麗澤齋), 본관은 안동이다. 평생을 향리에 묻혀서 학문연구에 전심하였으며, 여러 번 벼슬에 임명되었으나 사퇴하고 독서로 일생을 보냈다. 문집에 《이택재유고(麗澤齋遺稿)》가 있다.

닙니까. 그럼에도 안동(安東)의 인사들이 모두 그를 위해 기꺼이 사역을 했으니, 오직 사람을 논할 뿐이지 어찌 그의 신분을 논할 것이 있겠습니까. 이러한 폐습이 변하지 않는다면 끝내 도에 들어갈 수 없을 것입니다.

하시찬(夏時贊)[39]이 문하에게 가르침을 받는데 도를 구하는 마음이 매우 독실하다고 하니, 근간에 더욱 정진(精進)하고 전심하고 있습니까? 제가 달성(達成)에 머물 때, 한번 만날 것을 여러 차례 요청하였으나 끝내 오지 않았으니, 이는 언(偃)의 집에 들어가지 않은 뜻[40]을 따랐기 때문이었습니다. 이는 그가 지키는 지조의 일부분을 징험한 것이니, 존경스럽고 감탄스럽습니다. 제가 병으로 인하여 급히 돌아오는 바람에 찾아가 만나지보지 못하여 끝내 한번도 얼굴을 보지 못하였으니, 지금까지도 마음에 잊지 못하고 있습니다. 바라건대, 번거로우

39 하시찬(夏時贊) : 1750～1828. 호는 열암(悅菴), 본관은 대구(大邱)이다. 송환기(宋煥箕), 이의조(李宜朝)의 문인이 되어 이기설(理氣說)과 명덕학(明德學)을 배웠고 역학(易學)의 탐색에도 힘썼으나 벼슬은 하지 않았다. 저서로 《팔예절요(八禮節要)》와, 종손 하정익(夏正益)·하정창(夏正昌)에 의해 간행된 《열암문집(悅菴文集)》이 있다.

40 언(偃)의……뜻 : 공과 사를 구분하여 사사로운 일로 읍재(邑宰)를 만나보지 않음을 말하는바, 자신의 소신을 굽혀 남을 따르는 일을 하지 않음을 의미한다. 공자의 제자 자유(子游)가 무성(武城)의 읍재(邑宰)가 되었는데, 공자가 "너는 인물을 얻었느냐?"라고 묻자, 자유는 "담대멸명(澹臺滅明)이라는 자가 있는데, 길을 다닐 적에 지름길을 따르지 않으며, 공적(公的)인 일이 아니면 일찍이 저〔偃〕의 집에 이른 적이 없습니다.〔有澹臺滅明者, 行不由徑, 非公事, 未嘗至於偃之室也.〕"라고 답한 데에서 온 말인바, 언(偃)은 자유의 이름이다. 《論語 雍也》 홍직필은 부친 홍이간(洪履簡)이 대구판관에 임명되자 부친을 따라가서 대구에 머물렀다.

시겠지만 저의 이런 뜻을 전해주십시오.

사계(沙溪 김장생(金長生))가 장자(長子)를 위해, 우암(尤菴 송시열(宋時烈))이 백형(伯兄)을 위해 양자를 세우지 않고 다음 적손에게 전중(傳重)한 것은 어째서입니까? 적처(嫡妻)와 첩에게 모두 자식이 없을 때 이렇게 하는 것은 국전(國典)에 상고해보면 어긋남이 없습니다. 그러나 종법(宗法)은 매우 엄하니 그렇다면 《예경(禮經)》으로 질정해 보았을 때 당연히 양자를 세워야 합니다. 또 형이 죽으면 아우에게 미치는 예(禮)는 성인이 되기 전에 죽은 자의 경우에 해당됩니다. 만약 이미 장가든 자에게 후손이 없다 하여 후사를 끊어버린다면 적자로서의 중함이 어디에 있겠습니까. 대현(大賢)의 가법이라 하여 본받아서는 안 될 듯하니, 어떨지 모르겠습니다.

탁계 김공[41] 상진 에게 보냄 계해년(1803, 순조3)

與濯溪金公 相進○癸亥

제가 일찍이 근재(近齋 박윤원(朴胤源)) 선생을 모시고서 "부자(夫子)께서 '은거하면서 자신의 지조를 구하고, 의(義)를 행하면서 그 도를 행한다.'[42]고 하셨는데, 이 세상에 그런 사람이 누가 있습니까?"라고 여쭈어 본적이 있었습니다. 근옹(近翁)께서는 집사를 들어 대답 하시고, 또 말씀하기를 "탁곡(濯谷)의 문중에 제자들이 더욱 진전되었다." 라고 하시니, 고요히 살면서 도를 강학하시는 즐거움을 상상해볼 수 있었습니다. 그 후에 주산(注山)에서 운호(雲湖) 임장(任丈 임정주(任靖周))을 배알하고서 "호남, 호서 지방의 선비 중 누가 으뜸이 됩니까?" 하고 먼저 물었더니, 공께서도 "탁곡(濯谷)이 바로 그런 분이다."라고

41 탁계 김공 : 김상진(金相進, 1736~1811)으로, 자는 사달(士達), 호는 탁계, 본관은 김해이다. 젊은 시절에는 홍명원(洪命元)에게 수학하였고, 성장하여서는 김원행(金元行), 송명흠(宋明欽)을 사사하였다. 1755년 생원시에 합격하였으나, 그 뒤 과거 때마다 뜻을 이루지 못하여 과거를 단념하고 계산에 은거하면서 《주자대전(朱子大全)》과 《주자어류(朱子語類)》에 심취하였다. 1791년 땅을 사서 의전택(義田宅)을 만들고, 1천권의 책을 모아 묵장각(墨莊閣)을 설치한 뒤 문약(門約)과 종맹(宗盟) 등을 만들어 문중자질들을 가르치면서 《예설잡지(禮說雜識)》, 《경전경의(經傳經義)》, 《미강어록(渼江語錄)》등 많은 저술을 남겼다. 문집에 《탁계집》이 있다.

42 부자(夫子)께서……행한다 : 《논어》 〈계씨(季氏)〉에 "은거하면서 자신의 지조를 구하고, 의를 행하면서 그 도를 행하는 것을, 나는 그러한 말만 들었고 그러한 사람은 보지 못하였노라.〔隱居以求其志, 行義以達其道, 吾聞其語矣, 未見其人也.〕"라는 공자의 말이 보인다.

말씀하셨습니다. 그러고서 제가 알지 못하던 것을 듣게 되었으니, 집사를 향한 마음이 이에 갑절이나 간절해졌지만 찾아뵐 길이 없어서 한갓 우러러 사모하는 마음만 수고롭게 할뿐이었습니다.

저는 인(仁)을 구하고 자기를 위하는 학문에 뜻을 두었지만, 기질이 이미 정해져서 바로 잡을 희망이 없고, 또 물욕에 가려서 사욕을 이겨 다스리는 공부에 힘쓰지 못하였습니다. 그리하여 어느덧 서른의 나이가 되도록 향리의 용렬한 사람이 됨을 면치 못하고 있습니다. 근재 선생의 상에 통곡한 이후로는 본받고 우러를 곳이 없어 마치 인도하는 사람을 잃은 맹인처럼 허둥댈 뿐입니다. 어떻게 하면 초심을 저버리지 않아서 가르침에 게으르지 않으셨던 스승의 지극한 뜻에 부응할 수 있겠습니까? 옛날 심유지(沈攸之)[43]가 말하기를, "곤궁과 영달이 천명에 달려 있는 것을 알았더라면. 십년동안 독서하지 못한 것이 한스럽다." 하였습니다. 저는 곤궁과 영달이 천명에 달려 있음을 대략 알았습니다. 그러므로 오직 종신토록 독서하기를 원하나, 분명하게 강론하지 못하고 바르게 질정하지 못한다면 어두컴컴한 자리에 앉아있는 것과 같을 뿐이니, 어떻게 진면목의 풍광(風光)을 볼 수 있겠습니까.

삼가 생각하건대, 집사께서는 타고난 재주가 보통사람보다 월등히 뛰어나고, 입으로 강론하고 마음으로 연구하며 몸소 행하고 힘써 실천하는 것 모두가 하루 이틀 쌓은 것이 아닙니다. 전부터 한번 찾아가 상 아래에서 절을 올리고 싶었지만, 우환과 병으로 예부터 가지고 있는 소원을 이루지 못하니, 하늘이 버리는 바가 됨에 어찌 한단 말입니까, 어찌 한단 말입니까. 한 세상에 같이 살면서도 멀리서 바라보고 우러러

43 심유지(沈攸之) : ?~478. 자는 중달(仲達)이며, 남북조시기의 송나라의 장군이다.

사모함이 마치 책속의 사람에게 하는 것과 같아서 끝내 한번 만날 기약이 없으니, 어찌 천고의 한이 되지 않겠습니까. 하늘이 만약 집사로 하여금 저를 모르게 하고자 한다면 만남을 기약할 수 없겠지만, 만약 저를 알게 하려 한다면 편지를 버리고 무엇을 통하겠습니까. 편지를 통해서는 학문을 논하고 시사를 논할 수 있으며 경서를 강론하고 예(禮)를 강론할 수 있습니다. 또 밝고 밝은 마음도 서로 통하여 막힘없이 비출 수 있으니, 집사께서도 이를 도모해주시길 바랍니다.

집사 또한 산림에서 도를 간직하고 있어서 외롭게 선창을 함에 화답하는 이가 적으니, 더불어 도와주는 자가 누구이며, 함께 교유하는 자가 누구이며, 경전을 연구하여 논란을 하는 자가 누구이며, 독실이 행하여 나아가 바로잡는 자가 누구이며, 후생으로서 두려워할만한 자가 누구이며, 창을 잡고서 곧장 방으로 들어오는 자[44]가 누구이며, 우리 도를 의탁하여 우리 도가 이 사람에게 있다고 여기는 자가 또 누구입니까? 미옹(渼翁)[45]과 역로(櫟老 송명흠(宋明欽))는 묘소의 나무가 이미

44 창을……자 : 학문이나 견해에 대하여 반론을 제기함으로써 이를 더 발전시켜주는 사람을 말한다. 후한(後漢)의 하휴(何休)가 공양학(公羊學)을 좋아하여 《공양묵수(公羊墨守)》, 《좌씨고황(左氏膏肓)》, 《곡량폐질(穀梁廢疾)》 등을 저술하였는데, 그의 제자인 정현(鄭玄)이 그 내용의 오류를 번번이 제시하자, "강성(康成)이 내 방에 들어와서 내 창을 잡고 나를 친단 말인가."라고 탄식하였던 것에서 유래하였다. 《後漢書 卷35 鄭玄列傳》

45 미옹(渼翁) : 김원행(金元行, 1702~1772)으로, 자는 백춘(伯春), 호는 미호(渼湖) 또는 운루(雲樓), 본관은 안동이다. 당숙인 김숭겸(金崇謙)에게 입양되어 종조부 김창협(金昌協)의 손자가 되었다. 이재(李縡)의 문인으로, 그의 사상은 대체로 김창협의 학설을 답습하여 주리(主理)와 주기(主氣)의 절충적인 입장에 서 있었다. 그의 학통을 이은 제자로는 아들 김이안(金履安)과 박윤원(朴胤源), 오윤상(吳允常), 홍대용(洪

크게 자랐고, 근재(近齋)와 운호(雲湖)는 서로 학문을 강습하던 것이 영원히 막혔습니다. 당시에 느꼈던 스승과 벗의 즐거움을 가슴을 어루만지며 떠올리실 때면, 응당 외롭고 쓸쓸한 생각이 드실 것입니다.

처사 송계간(宋啓幹)[46] 같은 분은 집사의 사문(師門)의 손자이니, 함께 유서를 정리하여 스승이 남기신 서업을 더욱 밝히고 계십니까? 《역천집(櫟泉集)》의 편집을 집사께서 마치셨다고 하니, 황강(黃岡)에서 어느 때나 출판할 수 있을는지요? 운호(雲湖)의 글도 집사께서 현안(玄晏)의 일[47]을 하셨다고 하니, 근간에 정본(正本)이 완성되었습니까? 나이가 많은 원로들이 모두 별세하고 유편만 홀로 남아있으니, 그분들의 정신과 마음이 담겨 있는 것을 찾으려면 이 문집을 떠나 어디서 구하겠습니까. 그러므로 제가 관심을 가지지 않을 수 없는 것입니다.

심성에 대한 의논은 오랫동안 유가의 큰 논쟁거리가 되었으니, 집사께서는 이에 대하여 스승의 설을 높이고 믿으실 뿐입니까? 아니면 여러 설을 모아서 절충하십니까? 근래에 들으니, 집사께서 《남당집(南塘集)》[48]을 읽고서 좋아하여 근원의 의리에 대하여 기존의 견해를 수정하

大容), 황윤석(黃胤錫) 등이 있다. 시호는 문경(文敬)이며, 문집에 《미호집》이 있다.

46 송계간(宋啓幹) : 1764~1841. 자는 직경(直卿), 호는 추양(秋陽), 본관은 은진이며, 송명흠의 손자이다.

47 현안(玄晏)의 일 : 교정보는 일을 말한다. 현안은 진나라 황보밀(皇甫謐)의 호이다. 황보밀은 20여 세부터 학문에 힘써 몸소 농사를 지으면서도 늘 책을 끼고 다니면서 백가의 전적을 두루 섭렵하고 저술에 힘썼다. 문고(文稿)를 교정하길 좋아했기 때문에 후대에 교정에 관한 일을 말할 때는 으레 현안을 일컫는다.

48 남당집(南塘集) : 한원진(韓元震, 1682~1751)의 문집이다. 한원진은 자는 덕소

셨다 하니, 그러셨습니까? 과연 그렇다면 이는 복도의 기둥을 다시 세는 격[49]이 아니겠습니까. 부디 훌륭한 가르침을 받들어 저의 어리석음을 깨우칠 수 있기를 바랍니다.

(德昭), 호는 남당(南塘), 본관은 청주이다. 권상하(權尙夏)의 문인으로 강문팔학사(江門八學士) 중 한 사람이며, 호락논쟁(湖洛論爭)에서 호론(湖論)인 인물성이론(人物性異論)을 주장한 대표적 인물이다. 그는 성삼층설에 입각하여 성을 인간과 사물이 같은 초형기(超形氣)의 성, 인간과 사물이 다른 인기질(因氣質)의 성, 인간과 인간이 서로 다른 잡기질(雜氣質)의 성으로 구분하여 파악하였다. 또한 성은 이(理)가 기질 속에 내재된 뒤에 말해질 수 있는 개념이라는 이이(李珥)의 생각을 계승하여, 인성과 물성은 기질을 관련시키는 인기질의 차원에서 비교될 수 있다고 생각하였고, 이와 같은 사고를 바탕으로 인성과 물성은 다르다는 주장을 전개하였다. 그는 미발심체(未發心體)의 문제에 관한 논쟁에서도 미발의 심체는 본래부터 선하다고 주장하는 이간(李柬)과는 달리, 미발의 심체에도 선악의 가능성이 공재하는 것으로 파악하여 미발심체유선악설(未發心體有善惡說)을 주장하였다.

49 복도의……격 : 처음에 옳은 견해를 가지고 있다가 뒤에 잘못 수정하여 오히려 잘못된 견해를 갖게 됨을 말한다. 정호(程顥)가 창고에 앉아 복도의 기둥을 보고 마음속으로 그 숫자를 세고서 의심이 없었는데, 다시 세어보니 처음에 세었던 숫자와 맞지 않으므로 계속 반복하여 세어 보아도 숫자가 맞지 않았고, 이에 사람을 시켜 하나하나 소리 내어 세어보게 하니 처음 마음속으로 세었던 숫자와 같았다는 데에서 유래하였다. 《二程遺書 卷2上》

영서 임장[50] 노 에게 올림 무오년(1798, 정조22) 11월 4일

上潁西任丈 魯○戊午十一月四日

우리 동방의 선유(先儒)들이 문답하고 논란한 것은 그 말의 정추(精粗)나 천심(淺深)을 막론하고 깊이 쌓여 있는 뜻을 드러내어 경전에 도움이 될 만한 것이 서가를 채우고 방을 채울 정도일 뿐만이 아닙니다. 그러나 여러 책에 흩어져 있어 하나로 모을 수가 없으므로 같고 다름과 옳고 그름을 일일이 뽑아 서로 교정할 수가 없으니, 이것이 저의 한이 됩니다. 매번 이 여러 책을 모아 하나의 책으로 만들어서 열람하기에 편하게 할 것을 생각하지만, 절충하여 보존과 산삭을 결정하는 일은 어리석고 식견이 얕은 자가 감히 참여할 수 있는 바가 아닙니다. 삼가 생각하건대 문장(文丈)께서는 산림에서 두문불출하시어 세상일이 이르지 않으니, 한가로이 계시는 여가에 이 일을 완수하신다면 사문(斯文)의 다행함이 무엇이 이보다 크겠습니까.

이것은 바로 전술(傳術)하기만 하고 창작하지는 않는 것[51]입니다.

50 영서 임장 : 임노(任魯, 1755~1828)로, 자는 득여(得汝), 호는 영서거사(潁西居士), 본관은 풍천(豊川)이다. 대사간 임종주(任宗周)의 아들로, 부친이 1777년(정조1) 홍국영에 몰려 유배 중에 죽은 이후로 학문에만 전념하였다. 1809년(순조9)에 신령, 충원 현감 등을 지냈는데, 지방 토반들의 모해로 충청도 진천으로 귀양 갔다. 이듬해 풀려나고 두 번 다시 벼슬하지 않았다. 학문적 계보를 보면 임성주를 스승으로 모셨다.

51 전술(傳述)하기만……것 : 《논어》 〈술이(述而)〉에 "전술하기만 하고 창작하지 않으며 옛 것을 믿고 좋아하기를 우리 노팽에게 견준다.〔述而不作, 信而好古, 竊比於我老彭.〕"라고 한 공자의 말을 인용한 것이다.

훌륭한 말을 남겨 후세에 전하는 것[52]과는 크게 다르니, 깊이 사양하시거나 굳게 거절하실 필요는 없을 듯합니다. 범례를 만드는 것은 모두 문하께서 어떻게 헤아리시는가에 달렸고, 인용하실 서목(書目)도 차례로 기록하여 보내주신다면 마땅히 답장을 올려 가르침을 청하겠습니다. 병계(屛溪) 윤공(尹公)[53]이 만년에 이 책을 찬술(纂述)하고자 하여 여러 문인들에게 명해 책마다 분류하게 하셨으나 완성되는 것을 보지 못하고 별세하셨고, 여러 문인들도 뒤이어 선생의 뜻을 이룬 자가 없으니, 애석하고 애석합니다.

52 훌륭한……것 : 《춘추좌씨전(春秋左氏傳)》 양공(襄公) 24년 조에 "최상의 것은 덕을 세우는 것이고, 그 다음은 공을 세우는 것이고, 그 다음은 훌륭한 말을 남기는 것이다. 이 세 가지는 아무리 오래되어도 없어지지 않으니 이를 일러 썩지 않음이라 한다.〔大上有立德, 其次有立功, 其次有立言, 雖久不廢, 此之謂不朽.〕"고 한 데에서 온 말이다.

53 병계(屛溪) 윤공(尹公) : 윤봉구(尹鳳九, 1683~1768)로, 자는 서응(瑞應), 호는 병계 또는 구암(久菴), 본관은 파평(坡平)이다. 권상하의 문인으로 한원진(韓元震), 이간(李柬), 현상벽(玄尙壁), 채지홍(蔡之洪) 등과 함께 소위 강문팔학사(江門八學士)의 한 사람이며, 인물성이론(人物性異論)을 주장한 호론(湖論)의 중심인물이다. 시호는 문헌(文獻)이고, 문집에 《병계집》이 있다.

영서 임장에게 올림 기미년(1799, 정조23) 2월 11일

上潁西任丈 己未二月十一日

사문(斯文)이 불행하여 근재(近齋 박윤원(朴胤源)) 선생께서 갑자기 함장(函丈 스승의 자리)을 버리고 떠나시니, 천분(天分)의 높음과 문장의 성대함은 세상에 드문 인물이시고, 마음이 청명하고 공정하며 진실하고 평탄하여 그 덕을 보는 자가 심취하고 풍도를 들은 자가 기뻐하게 되는 분이었습니다. 비록 거두고 감추어서 스승의 도를 자임(自任)하지 않으셨으나 공리(功利)가 남에게 미친 것을 측량할 수 없었는데, 이제 이미 끝났으니 어디에서 선생과 같은 분을 뵐 수 있겠습니까. 제 몸과 바꿀 수 있다면 백 번 이 몸을 바쳐서라도[54] 지하에서 살아 나오게 하고 싶은 소원이 있습니다.

엎드려 생각하건대, 문장(文丈)께서는 이 어른에 대하여 그 교분의 두터움이 심상한 벗들에 비길 바가 아니니, 애통히 슬퍼하는 마음을 어떻게 견디십니까? 저 같은 자는 곤궁한 사람이 돌아갈 데가 없는 것과 같을 뿐만이 아닙니다.[55] 강구하여 헤아려야 할 것들이 끝이 없는

54 제……바쳐서라도 : 원문은 '속백신(贖百身)'으로, 《시경(詩經)》 〈진풍(秦風) 황조(黃鳥)〉에 "만일 바꿀 수 있다면 사람마다 그 몸을 백 번이라도 바치리로다.〔如可贖兮, 人百其身.〕"라고 보인다.

55 곤궁한……아닙니다 : 이 말은 《맹자》에 "순(舜)은 부모에게 순(順)하지 못하였으므로 곤궁한 사람이 돌아갈 데가 없는 것처럼 여겼다.〔爲不順於父母, 如窮人無所歸.〕"라고 보이는데, 주희는 스승 이통(李侗)이 전수해준 미발(未發)의 의미를 깨닫기 전에 스승이 별세한 것을 회고하며 "나는 스스로 영민하지 못함을 슬퍼하여 마치 곤궁한

데 지금부터는 찾아가서 질정할 곳이 없으니, 평소 길을 잃고 헤매면서 장차 누구를 의지한단 말입니까. 하늘이 실로 이렇게 만드셨으니, 어쩌겠습니까.

몇 년 전에는 운호(雲浩)의 상[56]에 곡하였고, 금년에는 근재의 상에 곡하였으니, 이게 무슨 운수입니까. 독서하는 종자가 장차 이대로 모두 끊어진단 말입니까. 말이 여기에 이르면 비단 저 한 사람의 사사로운 애통일 뿐만이 아닙니다. 문장께서는 운호를 따라 배우셨고 근재에게서 덕을 살피셨으며 동강(東岡)[57]에서 두문불출하시면서 곤궁함을 지키고 도를 지키시니, 성공하시기를 우러러 바라는 저의 마음이 어떠하겠습니까. 바라건대 도를 책임지시기를 반드시 용맹하게 하고 마음을 세우기를 반드시 높게 하시어, 이미 아는 바에 더욱 전진하시고 이미 능한 바에 더욱 독실하게 하십시오. 그래서 두 현인께서 마치지 못하신 뜻과 사업을 끝까지 이루신다면 저 같이 외람되이 문하에서 놀던 자도 함께 영광이 있을 것이니, 저는 마땅히 공수하고 기다리겠습니다.

책을 편찬하려는 계획은 어찌 일찌감치 일에 착수하고 싶지 않겠습

사람이 돌아갈 데가 없는 것과 같았다."라고 하여 이 말을 인용하였다. 《朱子大全 卷75 中和舊說序》

56 운호(雲湖)의 상 : 운호는 임정주(任靖周)로, 3년 전인 1796년에 별세하였다.

57 동강(東岡) : 벼슬하지 않고 물러나 있는 곳을 말한다. 《후한서(後漢書)》〈주섭전(周燮傳)〉에 은사(隱士)인 주섭(周燮)을 조정에서 누차 불렀으나 그가 이에 응하지 않자, 그의 종족들이 그에게 "선대로부터 훈총(勳寵)이 계속 이어져 왔는데 그대는 어째서 동강의 비탈만 지키는가?〔自先世以來, 勳寵相承, 君獨何爲守東岡之陂乎?〕"라고 말한 데서 온 것이다. 동강은 주섭의 선인(先人)이 초가집을 지어놓은 동쪽 산등성이이다.

니까마는 식견이 미치지 못하므로 보존과 산삭을 결정하는 일이 가장 어렵고, 일이 매우 커서 정신과 재력이 미치지 못합니다. 아직까지도 여쭈어 결재를 받지 못한 것은 바로 이 때문입니다. 근재께서 매번 "문장(文丈)의 학식이 정밀하고 해박하여 이 일을 함께 할만하다."고 하셨는데, 이 말씀이 아직도 귓가에 남아 있습니다. 그런데 사람의 일이 변하는 것이 이와 같으니 거듭 슬퍼집니다. 여러 학설을 참고하고 절충해서 책을 완성하는 것은 문장께서 사양하지 못하실 듯합니다. 모르겠습니다만 마음속으로 계획하고 생각해두신 초본(草本)이 있으십니까? 조금도 겸손하게 물러나지 말고 상세히 가르침을 내려 주십시오.

영서 임장에게 올림 기미년(1799, 정조23) 6월

上潁西任丈 己未六月

"소상(小祥)의 의상은 만드는 제도가 대공(大功)의 최복(衰服)과 같고 삼베 또한 같다"고 말한 것은 부판(負版)[58], 벽령(辟領)[59], 최(衰)[60]를 빼고는 칠승포(七升布)를 쓰기 때문입니다. 참최(斬衰)의 치마를 소상이 되어 가장자리를 꿰맨다면 참최로 3년을 마치는 뜻이 없어지게 되고, 또 이는 《의례(儀禮)》와 《가례(家禮)》에 언급되지 않은 것입니다. 그러므로 단연코 가장자리를 꿰매지 않는 것을 정론으로 삼습니다. 듣건대 근재(近齋 박윤원(朴胤源))께서 외암(巍巖 이간(李柬))의 설을 따라 소상에 가장자리를 꿰매지 않았다고 합니다. 어르신께서 지난날 행하신 바는 또한 어떠하셨습니까? 그 자세한 내용을 듣기를 원합니다.

58 부판(負版) : 슬픔을 등에 짊어진 것을 나타내는 것으로, 사방 1척8촌의 삼베를 등 쪽의 옷깃 밑에 단다.

59 벽령(辟領) : 적(適)이라고도 한다. 슬픔을 어깨에 짊어진 것을 나타내는 것으로, 각기 사방 8촌의 삼베를 사용하여 그 양쪽을 꺾어 서로 붙여서 너비가 4촌이 되게 만들어 꿰맨다.

60 최(衰) : 심장의 슬픔을 나타내는 것으로, 너비 4촌, 길이 6촌의 삼베를 심장이 있는 왼쪽 가슴에 다는 것이며, 때로 눈물받이로 쓰기 위하여 양쪽 가슴에 달기도 한다.

영서 임장에게 올림 임술년(1802, 순조2) 2월 2일

上潁西任丈 壬戌二月二日

배알을 하지 못한 채 한 해를 지내고 또 봄이 되었으니, 목을 빼고 동쪽을 바라봄에 우러러 사모하는 마음만 수고로울 뿐입니다. 엎드려 생각하건대 이때에 평소 행하시는 것이 유인(幽人)처럼 바르고 길하시겠지요?[61] 이전에 들으니, 고당(高堂)에 편치 못한 일이 있다가 이내 다시 원기를 회복하셨다고 하니, 우러러 생각하건대 이는 순수한 효성이 하늘을 감동시킨 것입니다. 두 손 모아 축하합니다.

저는 선비(先妣)의 면례(緬禮 묘소를 옮겨 다시 장사를 지내는 일)를 경영하기 위하여 몇 년 동안 산을 구하였었는데, 이번에 다행히 동음(峒陰) 금주(錦洲)의 산중에 자리를 정하게 되어 늦봄에 이곳으로 이장(移葬)하려 합니다. 저는 신명에게 죄를 얻어서 관례를 하자마자 사랑하는 어머니를 잃게 되었습니다.[62] 불효한 몸으로 차마 죽지 못한 채 슬픔과 애통을 머금고서 덕을 아는 군자에게 만사(輓詞)의 수식을 받을 것을 생각하고 있으니, 혹 가엽게 여겨 허락해 주신다면 저승과 이승이 모두 빛나는 칭찬을 입을 것입니다. 참람하고 경솔하여 황공하니, 높은 분의 양찰을 엎드려 바랍니다.

61 유인(幽人)처럼 바르고 길하시겠지요 : 유인은 은자(隱者)를 말한다. 《주역》 〈이괘(履卦) 구이(九二)〉에 "행하는 도가 평탄하니, 유인이라야 바르고 길하리라.〔履道坦坦, 幽人貞吉.〕"라고 보인다.

62 관례를……되었습니다 : 홍직필은 1793년(정조17) 18세 때 모친상을 당했다.

부인의 행실은 아름다움을 머금고 있어 밖으로 드러나지 않지만 아름다운 덕을 징험할 수 있는 것으로 말하면 박근재(朴近齋 박윤원(朴胤源)) 선생이 지은 광지(壙誌)가 있으니, 부디 받으시면 한 번 봐주시길 바랍니다. 우빈(虞殯)의 노래는 비록 성인(聖人)의 말씀은 아니나 이미 《좌전(左傳)》에 실려 있으니,[63] 그 유래가 오래된 것입니다. 선인들의 문집 가운데에도 부인을 위한 만시(輓詩)가 많이 있으니 근거가 없는 것이 아닙니다. 바라건대 금과 옥 같은 소리를 발휘하여 불초한 저의 바람에 부응해주소서. 이는 지극한 정이 발현된 것이니, 죽은 사람과 산 사람이 서로 위로받을 수 있는 방도는 오직 깊이 잠겨있는 것을 드러내어 영원토록 없어지지 않기를 도모하는 것에 있기 때문입니다. 구구한 저의 고심을 군자께서 슬퍼하실 것입니다. 자루가 있는 죽선(竹扇)을 아름답게 꾸미는 것을 미처 장만하지 못하였으니, 빈 종이에 화제를 써서 보내주시길 바랍니다.

63 우빈(虞殯)의……있으니 : 우빈의 노래는 장사 행렬을 보내는 노래이다. 《춘추좌씨전(春秋左氏傳)》 애공(哀公) 21년 조에 "공손하(公孫夏)가 그 무리들에게 명하여 우빈을 노래하게 하였다.〔公孫夏命其徒, 歌虞殯.〕"라는 대목이 있다.

영서 임장에게 답함 임술년(1802, 순조2) 2월 18일

答潁西任丈 壬戌二月十八日

외숙(外叔)께서 지난겨울 황감과(黃柑科)에 장원을 하시어 사당에 고유(告由)하기를, "은혜를 입어 황감과에 장원을 하여 곧바로 전시(殿試)에 달려가게 되었습니다.……"라고 하였는데, 이번에 전시에 참여하고 고유할 때는 "은혜를 입어 전시병과(殿試丙科)에 급제하였습니다.……"라고 해야 할 것이니, 위아래의 어구는 《상례비요(喪禮備要)》에 실려 있는 바를 따른 것입니다. 이번에도 이를 따르면 중첩될 듯하나, 전시에 곧바로 달려감을 고유하는 것과 전시에 급제함을 고유하는 것은 두 가지 조항의 일이 되니 혐의가 없을 듯합니다. 고견은 어떠신지 모르겠습니다.

영서 임장에게 올림 임술년(1802, 순조2) 8월

上潁西任丈 壬戌八月

추석에 성묘를 가면서 검은 띠를 차고 가다가 도중에 갑자기 생각하기를 '성묘는 본래 사당을 배알하는 것과 다르니, 비록 복중이 아니더라도 마땅히 흰 옷과 흰 띠를 착용해야 한다.'고 여겼으니, 산소를 바라보고 청소함은 어린 아이처럼 부모를 사모하는 마음을 금하지 못하는 것[64]과 같은 것이요, 다만 서리와 이슬을 밟는 감회[65]일 뿐만이 아닙니다. 이에 검은 띠를 차고 세사(歲事)를 행하는 것이 마음에 몹시 서운하였는데, 돌아가서 《예경(禮經)》을 고찰해보니 〈곡례(曲禮)〉에 "묘에 가서는 노래를 부르지 않는다." 하였고, 〈단궁(檀弓)〉에 "무덤 사이에서는 백성에게 슬픔을 보이지 않아도 백성들 스스로 슬퍼한다."라 하였으니, 떳떳한 성품이 보존된 것은 옛날과 지금이 일치함을 알 수 있습니다. 지금 이후로는 성묘와 절사(節祀)에 마땅히 흰 옷과 흰 띠

64 어린……것 : 부모의 죽음에 크게 슬퍼하는 것이 어린 아이가 부모를 사랑하는 마음을 금하지 못하는 것처럼 자연스러운 감정이라는 의미이다. 《예기》 〈단궁 하(檀弓下)〉에 "유자(有子)가 자유(子游)와 서서 유자(孺子)처럼 사모하는 자를 보고서 자유에게 이르기를, '나는 항상 상례에 발을 구르는 이유를 알지 못하여 내 없애고자 한 지가 오래되었는데, 인정(人情)에 이 발을 구르는 것에 있는 까닭이 이것이구나.' 하였다.〔有子與子游立, 見孺子慕者, 有子謂子游曰: 予壹不知夫喪之踊也, 予欲去之久矣, 情在於斯, 其是也夫.〕"라고 한 데에서 온 말이다.

65 서리와……감회 : 돌아가신 부모를 떠올리며 서글퍼하는 마음을 말한다. 《예기》 〈제의(祭義)〉에 "서리와 이슬이 내리면 군자가 이를 밟음에 반드시 서글픈 마음이 든다.〔霜露旣降, 君子履之, 必有悽愴之心.〕"라고 한 데서 온 말이다.

를 착용하는 것을 정론으로 삼아야 할 것입니다. 또 처음 벼슬길에 나서서 영화롭게 소분(掃墳)하는 자는 더욱 풍악을 연주해서는 안 될 것입니다. 헤아려 가르쳐 주시기를 바랍니다.

영서 임장에게 올림 계해년(1803, 순조3) 1월 7일

上潁西任丈 癸亥元月七日

지금 어떤 사람이 대종손(大宗孫)인데, 죽어서 자식이 없고 오직 몇 살이 많은 족자(族子 5촌이나 7촌의 친척)가 있으며 그 족자 외에는 달리 양자를 세울 만한 사람이 없어서 후사가 장차 끊어지게 되었습니다. 이에 대하여 혹자는 "대종은 끊어지는 것을 잇지 않을 수 없으니, 이미 족자가 있다면 나이가 많더라도 마땅히 그를 세워서 양자로 삼아야한다."라 하였고, 저는 "자식이 아버지보다 나이가 많은 것은 이치에 크게 어긋나니, 대종이 끊어지더라도 양자로 삼을 수 없다."라고 하였습니다. 고견은 어떠신지 모르겠습니다. 자식이 만약 아버지와 나이가 같고 생일이 약간 뒤라면 괜찮습니까? 부자가 동갑인 것도 이치에 가깝지 않으니 해서는 안 될 듯합니다. 만약 몇 살이 적으면 얽매일 필요가 없습니까? 고명한 의견을 듣길 원합니다.

또 한 가지 질문 드릴 것이 있습니다. 주자(朱子 주희(朱熹))가 일찍이 "공자께서 후세에 태어나셨다면 필시 과거에 급제하셨을 것이니, 성인(聖人)은 세상을 잊음에 과감하지 않기 때문이다."라고 하셨습니다. 그러나 만약 원나라와 청나라가 천하를 통합한 시대에 태어났더라면 그 출처가 어떠하셨겠습니까? 대성인의 벼슬함과 그만둠, 오래 머묾과 빨리 떠나심[66]은 본래 권도(權度)가 있으니, 소인의 마음으로 우러러

66 대성인의……떠나심 : 때에 맞게 행하는 공자의 도를 형용한 말이다. 《맹자》〈공손추 상(公孫丑上)〉에 "벼슬할 만하면 벼슬하고 그만둘 만하면 그만두며, 오래 머무를

측량할 수 있는 것이 아니나 저는 생각하기를 '세상을 피하여 은둔하되 근심하지 않을 뿐이었을 것이다.'[67]라고 여기니, 어째서이겠습니까?

공산불요(公山弗擾)와 필힐(佛肹)이 불렀을 적에 공자께서 가고자 하신 것[68]은 천하에 훌륭한 일을 할 수 없는 사람이 없고 허물을 고칠 수 없는 사람이 없다고 여기셨기 때문입니다. 그러나 또 끝내 찾아가지 않으신 것은 그 사람이 끝내 할 수 없음을 아셨기 때문입니다.[69] 두 사람이 비록 군주를 배반한 역적이지만 공자를 부르면서 공자를 신하의 예로 대하지 않았고, 공자께서 그들을 상대함에 또한 그들을 인군의 도리로 대하지 않으셨을 것이니, 가령 부름에 갔더라도 다만 그 읍을 반환하고 천명을 따를 것을 권하실 뿐이었을 것입니다. 그러

만하면 오래 머물고 빨리 떠날 만하면 빨리 떠나신 것은 공자이다.〔可以仕則仕, 可以止則止, 可以久則久, 可以速則速, 孔子也.〕"라고 보인다.

67 세상을……것이다 : 《주역》〈건괘(乾卦) 문언(文言)〉에 "공자께서 말씀하시길 '용덕(龍德)을 가지고 은둔한 자이니, 세상에 따라 변치 않으며 명성을 이루려 하지 않아, 세상에 은둔하되 근심하지 않으며, 남으로부터 인정을 받지 못하여도 고민하지 않아, 즐거운 세상이면 도(道)를 행하고 걱정스런 세상이면 떠나가서, 뜻이 확고하여 뽑을 수 없는 것이 잠겨있는 용이다.' 하였다.〔子曰: 龍德而隱者也, 不易乎世, 不成乎名, 遯世无悶, 不見是而无悶, 樂則行之, 憂則違之, 確乎其不可拔, 潛龍也.〕"라고 보인다.

68 공산불요(公山弗擾)와……것 : 공산불요가 비읍(費邑)을 가지고 반란을 일으키고서 공자를 불렀을 때, 그리고 필힐이 중모(中牟)땅을 가지고 반란을 일으키고서 공자를 불렀을 때에 공자는 그들의 부름에 응하여 나아가려고 하였다. 《論語 陽貨》

69 천하에……때문입니다 : 공자가 필힐의 부름에 나아가려고 하다가 끝내 가지 않은 이유에 대하여 정이(程頤)는 "성인께서는 천하에 훌륭한 일을 할 수 없는 사람이 없고 또한 허물을 고칠 수 없는 사람이 없다고 생각하셨다. 이 때문에 찾아가려고 하신 것이다. 그러나 끝내 찾아가지 않으신 것은 그가 반드시 고치지 못할 것을 아셨기 때문이다." 하였다. 《論語集註 陽貨》

나 그 사람이 끝내 변할 수 없음을 알았기 때문에 결국 나아가지 않으신 것입니다.

원나라와 청나라 두 오랑캐의 경우에는 우뚝하게 천하 사람들의 우두머리가 되었으니, 만약 폐백을 바쳐서 그들을 섬긴다면 군신간의 분수가 정해질 것입니다. 어찌 개와 양 같은 오랑캐 중에 군주를 요순(堯舜) 같은 군주로 만들고 백성을 요순의 백성이 되게 하는 자가 있겠습니까. 가령 오랑캐의 괴수가 말을 듣자마자 깨달아 천하를 남에게 주고서 물러나 사막에 거처하더라도 그에게 복종하여 그를 섬긴 이후에야 어려운 일을 요구[70]할 수 있으니, 이는 무릎을 한번 굽히면 변하여 오랑캐가 되는 것입니다. 한 자를 굽혀 여덟 자를 펴는 것을 맹자도 오히려 부끄러워하셨는데[71] 하물며 여덟 자를 굽혀 한 치를 펴는 것을 공자께서 하시겠습니까. 그러므로 '공자께서 만일 그 시대에 계셨다면

70 어려운 일을 요구 : 요순의 도를 행하여 요순과 같은 군주가 될 것을 요구함을 말한다. 《맹자》〈이루 상(離婁上)〉에 "어려운 일을 임금에게 요구하는 것을 공(恭)이라 이른다.〔責難於君, 謂之恭.〕"라고 하였는데, 이에 대한 범조우(范祖禹)의 주에 "신하가 어려운 일을 군주에게 요구하여 그 군주로 하여금 요순과 같은 성군(聖君)이 되게 하는 자는 군주를 높임이 큰 것이다.〔人臣以難事責於君, 使其君爲堯舜之君者, 尊君之大也.〕"라고 하였다. 《孟子集註 離婁上》

71 한 자를……부끄러워하셨는데 : '한 자를 굽혀 여덟 자를 펴는 것'은 이익을 계산하여 작은 것을 희생하고 큰 것을 취함을 말한다. 맹자가 제후왕을 만나보지 않는 것에 대하여 맹자의 제자 진대(陳代)가 "제후왕을 만나보지 않는 것은 작은 일인 것 같습니다. 이제 한 번 만나보시면 크게는 왕자를 이루고, 작게는 패자를 이룰 것입니다. 또 옛 기록에 '한 자를 굽혀 여덟 자를 편다.' 하였으니, 할 만한 일 일듯 합니다.〔不見諸侯, 宜若小然. 今一見之, 大則以王, 小則以覇, 且志曰: 枉尺而直尋, 宜若可爲也.〕"라고 하자, 맹자는 자신의 도를 굽혀 남을 펴주는 경우는 있지 않다는 말로 그 잘못을 지적하였다. 《孟子 滕文公下》

출사하지 않았을 것이다.'라고 생각한 것입니다.

그렇다면 어떻게 해야 되겠습니까? 숨어살면서 뜻을 구할 뿐이요, 효도하고 우애하며 집안을 다스릴 뿐입니다. 중화와 오랑캐는 천하의 대방(大防)이고, 출사와 은둔은 군자의 대절(大節)입니다. 대방이 무너지고 대절이 훼손됐다면 비록 이것을 사공(事功)에 조처하고자 한들 어디에 시행하겠습니까. 그러나 성인의 가함도 없고 불가함도 없는[72] 정밀한 의리와 오묘한 쓰임은 측량할 수 없는 것이 있으니, 제가 어찌 감히 억측하여 결단하겠습니까. 문장(文丈)께서 가르침을 내려주시길 바랍니다.

매번 회옹(晦翁 주희(朱熹))의 "어버이의 연세가 더욱 높아지는데 살아갈 일이 더욱 쓸쓸하다.〔親年益高 生事寥落〕"[73]는 말을 읽을 때마다 마치 문하를 위해 준비한 말인 것 같다고 생각하였습니다. 그러나 회옹은 나가면 봉급이 있고 들어오면 사당의 녹이 있어서 부모를 봉양할 음식을 마련하고 제사 음식을 장만할 수 있었지만, 문하는 이중에 한 가지도 없어서 벽만 서있고 경쇠처럼 드리워져[74] 자주 끼니를 거를 뿐

72 가함도……없는 : 가하다고 여겨 반드시 하거나 불가하다고 여겨 반드시 하지 않음이 없다는 것이다. 《논어》〈미자(微子)〉에 "나는 7명의 일민(逸民)들과 달라서 가한 것도 없고 불가한 것도 없다.〔我則異於是, 無可無不可.〕"는 공자의 말이 보인다.

73 어버이의……쓸쓸하다 : 《주자대전》 권39 〈답가국재(答柯國材)〉에 "어버이의 연세가 날로 늙어가는데 살아갈 일이 더욱 쓸쓸하다.〔親年日老, 生事益聊落.〕"라고 보인다.

74 벽만……드리워져 : 매우 가난함을 비유한 것이다. '벽만 서있음'은 집이 허물어져 벽만 남아있는 모습을 형용한 것이고, '경쇠처럼 드리워짐'은 경쇠를 매달아 놓았을 때 가운데는 높고 양 갈래는 낮으며 그 사이의 공간에는 아무 것도 없는 것처럼, 가난하여 집에 아무것도 없음을 비유한 것이다.

만이 아닙니다. 도를 근심하고 가난함을 근심하지 않아야 함[75]을 진실로 알지만 우러러 염려하는 저의 마음은 지극합니다.

근일에 하늘에서 눈이 내리고 땅이 얼어서 추위가 매서우니 어떻게 지내시는지 모르겠습니다. '남에게 재물을 나누어 줌'에 대하여 추성(鄒聖)의 가르침을 들었지만[76] 타들어 가는 가마솥에 깨진 항아리의 물을 붓는 위급함[77]을 도울 밑천이 없으니, 원결(原結)에 크게 부끄럽습니다. 삼가 두 말의 멥쌀을 구하여 소략함을 잊고 올리니, 정월 보름날 참례(參禮)의 수요에 대비하십시오.

75 도를……함 : 《논어》 〈위령공(衛靈公)〉에 "군자는 도를 도모하고 밥을 도모하지 않는다. 밭을 갊에 굶주림이 그 가운데에 있고, 학문을 함에 녹이 그 가운데 있는 것이니, 군자는 도를 근심하고 가난함을 근심하지 않는다.〔君子謀道, 不謀食. 耕也餒在其中矣, 學也祿在其中矣. 君子憂道, 不憂貧.〕"라고 보인다.

76 남에게……들었지만 : 추성은 맹자를 가리킨다. 맹자는 남에게 재물을 나누어 주는 것을 작은 은혜이고 쉬운 일이라 하였다. 《맹자》 〈등문공 상(滕文公上)〉에 "남에게 재물을 나누어 줌을 혜(惠)라 이르고, 남에게 선(善)을 가르쳐 줌을 충(忠)이라 이르고, 천하 사람들을 위하여 인재를 얻음을 인(仁)이라 이른다. 이러므로 천하로써 남에게 주기는 쉽고, 천하를 위하여 인재를 얻기는 어려운 것이다.〔分人以財謂之惠, 教人以善謂之忠, 爲天下得人者謂之仁, 是故以天下與人易, 爲天下得人難.〕"라고 보인다.

77 타들어……위급함 : 상황이 너무 급박해서 잠시도 늦출 수 없다는 말이다. 《사기》 권46 〈전경중완세가(田敬仲完世家)〉에 "조나라가 제나라와 초나라의 울타리 역할을 하고 있는데, 이는 치아에 입술이 있는 것과 같다. 입술이 없어지면 치아가 시릴 것이니, 오늘 조나라를 망하게 놔두면 내일은 제나라와 초나라가 환난을 당할 것이다. 따라서 새는 항아리의 물을 가지고 뜨겁게 달구어진 가마솥에 부어 주는 것처럼 조나라를 급히 구해야만 할 것이다.〔且趙之於齊楚扞蔽也, 猶齒之有脣也. 脣亡則齒寒, 今日亡趙, 明日患及齊楚, 且救趙之務, 宜若奉漏瓮沃焦釜也.〕"라는 말이 나온다.

영서 임장에게 올림 계해년(1803, 순조3) 6월
上潁西任丈 癸亥六月

밤에 홀로 빈 서재에서 호담암(胡澹菴)의 봉사(封事)[78]를 낭송함에 격앙되고 강개(慷慨)하여 가슴 속이 시원해지니, 오랑캐를 물리치는 글이 더위를 물러나게 함을 참으로 알겠습니다. 왕륜(王倫)이 오랑캐 사신을 데리고 와서 '강남(江南)에 조유(詔諭)한다'는 것을 명분으로 삼을 적에[79] 말하기를, "한번 무릎을 굽히면 재궁(梓宮)을 돌아오게 할 수 있고, 태후를 돌아오게 할 수 있고, 연성(淵聖)을 돌아오게 할 수 있고, 중원을 얻을 수 있다."[80]라고 하였습니다. 이 때문에 담옹(澹翁)이 이를 배척하여 말하기를, "재궁을 결코 돌아오게 할 수 없고,

78 호담암(胡澹菴)의 봉사(奉事) : 담암은 호전(胡銓, 1102~1180)의 호로, 남송 고종 때 추밀원 편수관을 지냈다. 호전은 일찍이 금(金)나라와의 화의(和議)를 극력 반대하여, 장문의 상소를 올려 화의를 주장한 진회(秦檜)・손근(孫近)・왕륜(王倫) 등을 처벌할 것을 주장하였다. 호전의 〈상고종봉사(上高宗封事)〉는 《문장궤범(文章軌範)》에도 실려 있다.

79 왕륜(王倫)이……적에 : 왕륜(王倫, 1084~1144)은 금(金)나라와의 화친을 주장하고 악비(岳飛) 등 주전론자를 모략해 죽인 남송(南宋)의 정신(廷臣)이다. 금나라가 남송에 사신을 보낼 때 마치 천자가 신하의 나라를 대하듯 '강남에 조유한다〔詔諭江南〕'는 것을 명분으로 삼았는데, 이때 왕륜은 오랑캐 사신을 유치했다는 이유로 비판받았다.

80 한번……있다 : 재궁(梓宮)은 제왕의 빈소나 관을 이르는 말로, 여기서는 휘종(徽宗)의 관을 가리킨다. 연성(淵聖)은 흠종(欽宗)이다. 휘종은 금(金)나라로 잡혀가 오국성(五國城)에서 죽었는데 그 시신을 금나라에서 억류하고 돌려주지 않았다. 휘종의 후비(后妃)이자 고종(高宗)의 어머니인 위태후(韋太后) 및 휘종의 뒤를 이어 즉위한 흠종이 모두 금나라에 잡혀가 있었다.

태후를 결코 돌아오게 할 수 없고, 연성을 결코 돌아오게 할 수 없고, 중원을 결코 얻지 못할 것이며, 임금의 무릎이 한번 굽혀지면 다시는 펼 수 없고, 국세(國勢)가 침체되면 다시는 떨치지 못할 것이다."라고 하였으니, 이는 진실로 정도(正道)를 지키는 주장으로 다시 평할 것이 없습니다. 재궁은 휘종(徽宗)의 관이고 태후는 고종(高宗)의 어머니이며 연성은 흠종(欽宗)이니, 아버지가 죽었는데 관이 돌아오지 못하고 어머니와 형이 북쪽 변방에 구금되어 살아 돌아올 기약이 없다면, 자식 된 마음에 비록 더러움을 머금고 치욕을 참고서라도 수화(水火)에서 구원하듯이 하여 그 귀환을 신속하게 함이 옳을 것입니다. 다만 추악한 오랑캐는 온갖 변덕과 속임수를 내니, 비록 왕륜의 의견을 따라 표문(表文)을 받들어 신하를 칭한다 하더라도 결코 재궁과 황제와 태후를 돌아오게 하지 못했을 것입니다. 그러므로 담옹의 말이 이와 같았던 것입니다.

그러나 귀환하고 귀환하지 못함이 만약 참으로 항복 여부에 달려있다면, 마땅히 항복하여 돌아오게 해야 합니까? 강토와 백성이 개와 양 같은 오랑캐로 전락하고, 종묘와 사직이 혈식(血食)을 받지 못하는 데에 이른다면, 황제와 태후가 비록 돌아올 수 없더라도 항복은 진실로 해서는 안 되는 것입니까? 정자(程子)는 조포(趙苞)가 급히 싸워 그 어미를 죽게 했던 일을 그르게 여겨 심지어 "부득이하면 자신이 항복하는 것도 괜찮다."고 하였는바,[81] 어버이를 위한 마음은 귀한 자와 천한

81 정자(程子)는……하였는바 : 조포는 후한(後漢) 때 사람으로, 선비족(鮮卑族)이 쳐들어 왔을 때 어머니가 볼모로 붙잡혔는데, 친정(親情) 때문에 충절(忠節)을 훼손할 수는 없다고 하여 아랑곳하지 않고 공격을 개시했다. 이로 인해 어머니는 적에게 살해되

자가 차이가 없으니, 정자의 말을 미루어 고종의 경우를 헤아려 보면 어떻게 처신해야 하는 것입니까?

다만 고종은 본디 원수를 잊은 사람이었습니다. 그러므로 부모를 도탄 속에 버려두어 구원할 방도를 생각하지 않았으니, 이는 아마도 마음속으로 '만약 두 황제를 맞이해 돌아오게 하면 나는 천자의 자리를 보유(保有)하지 못할 것이다'라고 생각했기 때문일 것입니다. 그러므로 여러 장수들의 진군을 막아 감히 싸우지 못하게 하였으니, 악붕거(岳鵬擧)의 죽음[82]에 이르러서는 극에 달하였습니다. 악붕거의 화가 비록 진회(秦檜)에게서 나왔다고 말하나 실제로는 고종의 밀지(密旨)를 받은 것이고, 또 진회가 화친을 주장했던 것 역시 고종의 뜻에 영합한 것이요 그의 전횡이 아니었으니, 아! 이것을 차마 할 수 있단 말입니까. 강을 건너 남쪽으로 도읍을 옮긴 초기에 만약 삼군(三軍)을 독려하여 거느리고서 직접 중원을 정벌하였더라면 파죽지세로 며칠이 안 되어 나라를 흥복(興復)하여 금나라 사람들이 반드시 먼저 황제와 태후를 송환하고 화친을 청했을 것입니다. 그러니 이때 마땅히 사신을 보내 맞이하여 돌아오게 해서 적을 토벌하여 치욕을 씻었어야 했습니다.

고 말았다. 《後漢書 趙苞傳》 정자(程子)는 이와 같은 조포의 행위를 잘못된 것이라 평가하고, "임금의 성을 가지고 항복하여 자신의 어미를 살리는 것은 진실로 해서는 안 되는 일이지만, 마땅히 어미를 살릴 방도를 찾아야 했으니, 어찌하여 급하게 싸우는가. 부득이 하면 자신이 항복함도 괜찮다.〔以君城降而求生其母, 固不可, 然亦當求所以生母之方, 奈何遽戰乎? 不得已, 身降之可也.〕" 하였다. 《二程遺書 卷24》

82 악붕거(岳鵬擧)의 죽음 : 붕거는 남송의 무장(武將)인 악비(岳飛, 1103~1141)의 호이다. 여러 차례 금군(金軍)을 물리쳐 지속적으로 전공을 세웠으나, 화의론자인 진회(秦檜)의 모함과 무능한 고종에 의해 39세로 옥사(獄死)했다.

그러나 이렇게 하지 않고 온 천하를 들어 오랑캐의 신하가 되게 하여 화친이 이루어지는 것을 마음에 달게 여겨서 황제와 태후가 돌아오지 못하게 하였습니다. 그런데도 오히려 맹약을 저버린 것을 책망하여 죄를 묻는 군대를 신속히 일으키지 않았으니, 이것이 어찌 천리나 인정으로 그만둘 수 있는 일이겠습니까.

다시 생각해 보건대, 백성을 위하여 사직을 두었고 백성과 사직을 위하여 군주를 두었습니다. 그러므로 백성이 중하고 사직이 그 다음이며 군주는 가벼운 것이니,[83] 가령 고종이 부모를 귀환시키기 위하여 무릎을 굽혀 오랑캐에게 항복했더라면 조종(祖宗)과 종묘사직의 영혼이 모두 오랑캐에게 더럽혀졌을 것이요, 조종의 수백 년 동안 내려온 백성이 모두 좌임(左衽)[84]을 하여 과연 담옹의 말처럼 되었을 것이니,[85] 천하를 거느리고서 오랑캐에게 귀의하여 만세의 화(禍)를 열어놓아서는 안 됨이 분명합니다. 다만 마땅히 품에 차가운 얼음을 안고 손에 뜨거운 불을 쥐고서[86] 원수인 오랑캐를 격멸할 것을 맹세해서 군대를

83 백성이……것이니 : 《맹자》 〈진심하(盡心下)〉에 "백성이 가장 귀중하고 사직이 그 다음이며 임금은 가벼운 것이다.〔民爲貴 社稷次之, 君爲輕.〕"라는 말을 인용한 것이다.

84 좌임(左衽) : 오른쪽 옷섶을 왼쪽 옷섶 위로 여미는 것으로, 오랑캐의 풍속을 가리키는 말이다. 《논어》 〈헌문(憲問)〉에 "관중이 없었다면 우리는 머리를 풀고 좌임하는 오랑캐가 되었을 것이다.〔微管仲, 吾其被髮左衽矣.〕"라고 보인다.

85 담옹의……것이니 : 호전의 〈상고종봉사〉에, "폐하께서 한 번 무릎을 굽히시면 조종과 종묘사직의 영혼이 모두 오랑캐에게 더렵혀지고 조종의 수백 년 동안 내려온 백성들이 모두 좌임을 하게 될 것입니다.〔陛下一屈膝, 則祖宗廟社之靈, 盡汚夷狄, 祖宗數百年之赤子, 盡爲左衽.〕"라고 하였다.

86 품에……쥐고서 : 원수를 갚기 위하여 절치부심한다는 말로, 춘추시대 월왕(越王)

일으켜 강을 건너가 황제와 태후의 송환을 요구하면, 돌아오지 못할 리가 없을 것이고, 만약 돌아오지 못하면 이 일은 중지할 수가 없으니, 비록 군신상하(君臣上下)가 적의 칼날 아래에서 함께 죽는 지경에 이르더라도 부끄러움이 없게 할 뿐입니다.

자식이 부모를 위해, 신하가 군주를 위해 죽는 것은 바로 떳떳한 이치입니다. 조포는 한 군(郡)의 관리였으니 어머니를 살리기 위하여 성을 가지고 항복했더라도 국가의 존망과는 무관했습니다. 그러므로 정자의 논의가 있었던 것이니, 고종이 처한 상황은 조포와는 전혀 같지 않습니다. 마음속으로 억측하여 재단한 것을 붓 가는 대로 썼으니, 불가하지는 않습니까? 균형 잡힌 고견을 듣길 원합니다.

생각건대 숲속의 시냇물이 가뭄에 그 신령스런 수액이 거의 말라서 비록 제가 그곳으로 가더라도 기수(沂水)에서 목욕하는 놀이[87]를 하기는 어려울 것이니, 비가 내리길 기다려 기약하겠습니다.

외숙(外叔)께서는 광해군(光海君)의 외손(外孫)으로 그 제사를 주관하시는데, 국법에 의거하여 신주를 부조(不祧 신주를 옮겨 매안하지 않고 계속 모심)하였습니다. 광해군은 숙빈(淑嬪) 윤씨(尹氏)에게 거두어 길

구천(句踐)이 오(吳)나라에 원수를 갚기 위해 자신을 경계하는 뜻으로 겨울에는 얼음을 품속에 품었고 여름에는 불을 손에 쥐고 있었다는 고사에서 나온 말이다. 《吳越春秋 句踐歸國外傳》

87 기수(沂水)에서 목욕하는 놀이 : 기수는 노(魯)나라 도성 남쪽에 있는 물 이름이다. 공자의 제자 증점(曾點)이 자신의 뜻을 말하라는 공자의 명에 "늦은 봄날 봄옷이 이루어지거든 어른 대여섯 사람, 동자 예닐곱 사람과 함께 기수에서 목욕하고 무우(舞雩)에서 바람 쏘이고 시 읊으면서 돌아오겠다."라고 하였다. 《論語 先進》

러졌으니, 이 분은 목릉(穆陵)의 빈(嬪)[88]인바, 숙빈의 유명(遺命)을 따라 폐주(廢主)의 사당의 협실(夾室)에서 제사를 지내왔습니다. 또 폐주가 아직 자리에서 물러나지 않았을 때에 대사성(大司成) 윤탁(尹倬)의 증손녀를 뽑아서 후궁(後宮)으로 들여 한 딸을 낳았으니, 이 분이 바로 저의 외가 5대 조모이십니다.[89] 윤씨가 별세하자 또 옆에서 제사하여 지금 5대가 지났으니, 이미 예가 아닙니다. 예에 준거한다면 신주를 옮겨 매안(埋安)한지 오래되었을 것입니다. 비록 잘못을 답습해 온 줄은 알고 있으나 갑자기 바꾸기에는 어려움이 있으니, 어떻게 생각하십니까?

우옹(尤翁)은 안빈(安嬪)의 신주를 옮기지 않는 것을 잘못이라 하여 그 자손에게 매안할 것을 권하였으니,[90] 안빈은 덕흥대원군(德興大院君)의 사친(私親)[91]입니다. 경사를 기른 곳[92]은 소중히 여기는 바가 되

88 목릉(穆陵)의 빈(嬪) : 목릉(穆陵)은 선조(宣祖)의 묘호(廟號)인데, 숙빈 윤씨는 인종(仁宗)의 후궁인바, 선조의 빈(嬪)이라는 말은 착오인 듯하다.

89 윤탁(尹倬)의……조모이십니다 : 윤탁(尹倬, 1472~1534)은 중종(中宗) 연간에 대사성, 동지성균관사 등을 역임한 인물로, 그의 증손인 윤홍업(尹弘業)의 딸이 광해군의 후궁으로 간택되었으니, 곧 소의(昭儀) 윤씨(尹氏)이다. 소의 윤씨는 윤탁의 현손녀(玄孫女)로, 증손녀라 한 것은 착오인 듯하다. 광해군과 소의 윤씨 사이에서 출생한 옹주(翁主)는 박지함(朴至諴)의 4남 박징원(朴澂遠)에게 하가(下嫁)하였는바, 박징원은 홍직필의 모친인 음성 박씨(陰城朴氏)의 고조이다.

90 우옹(尤翁)은……권하였으니 : 우옹은 송시열(宋時烈)을 가리키고, 안빈(安嬪)은 중종의 후궁인 창빈(昌嬪) 안씨(安氏)를 가리킨다. 송시열은 창빈 안씨의 신주를 체천(遞遷)하지 않는 것을 문제시했다. 《국조보감(國朝寶鑑)》 효종 9년 기사에 "송시열이 상소하기를 '창빈의 사당을 5대가 지나도록 체천하지 않으니, 후비를 체천하는 예에 비하면 도리어 더함이 있습니다.'라고 하였다."고 보인다.

91 덕흥대원군(德興大院君)의 사친(私親) : 덕흥대원군은 중종의 일곱째 아들로 이

는데도 우옹은 오히려 국법에서 벗어난다 하여 부조를 허락하지 않았으니, 하물며 숙빈이겠습니까. 또 하물며 윤씨이겠습니까. 두 신주를 마땅히 매안해야 함은 지혜로운 자를 기다리지 않고도 알 수 있는 일입니다만, 외숙께서는 '상례와 제례는 선조를 따른다'는 의리[93]때문에 차마 못하고 계시니, 비록 예에 지나치긴 하나 또한 여기에서 그 분의 어짊을 알 수 있습니다. 저는 권할 수가 없기에 집사께서 한 마디 말씀을 해주시기를 요청하오니, 부디 경전을 인용하고 의리에 근거하여 간곡하게 일러주시어 말씀하는 즉시 깨달을 수 있게 해주시기를 간절히 바랍니다.

름이 이초(李岹)이다. 창빈 안씨의 소생이며 선조의 친부이다. 1567년 명종이 후사(後嗣) 없이 죽자, 그의 셋째 아들 하성군(河城君) 이균(李鈞)이 명종의 뒤를 이어 즉위하였으므로 1569년(선조2)에 덕흥대원군에 추존되었다.

92 경사를 기른 곳 : 왕이 될 인물을 생육했다는 뜻으로, 덕흥대원군의 아들인 선조가 왕위에 오른 것을 감안하여, 덕흥대원군의 생모인 창빈 안씨를 이처럼 수식한 것이다.

93 상례와……의리 : 《맹자》 〈등문공 상(滕文公上)〉에 "옛 기록에 '상례와 제례는 선조를 따른다.' 하였으니, 우리가 전수받은 바가 있기 때문이다.〔且志曰: 喪祭從先祖, 曰吾有所受之也.〕"라 하였다.

영서 임장에게 올림 갑자년(1804, 순조4) 1월

上穎西任丈 甲子正月

일찍이 《녹문집(鹿門集)》[94]에서 호경재(胡敬齋)[95]를 칭찬하여 "주자 이후의 일인(一人)이니, 공맹(孔孟)의 바른 학맥이 진실로 여기에 있다."[96]라고까지 말한 것을 보았으나, 어떠한 사람인지는 알지 못하였습니다. 그러다 근래에 《명유학안(明儒學案)》과 《명사(明史)》를 보고서 그 사람됨을 자세히 알게 되었으니, 과연 엄숙하고 굳세고 청고(淸苦)하여 힘써 행하는 것이 두려워할 만하고, 그 말씀 또한 순수하게 한결같이 바름에서 나왔으니, 녹문옹(鹿門翁)께서 반드시 표장하려고 했던 것이 그럴만한 이유가 있음을 알겠고 녹문옹의 고심함 또한 볼 수 있었습니다. 이른바 《경재록(敬齋錄)》, 《거업록(居業錄)》과 문집 중에 현재 《이학전서(理學全書)》에 실려 있는 것을 합쳐 하나로

94 녹문집(鹿門集) : 녹문(鹿門) 임성주(任聖周, 1711~1788)의 문집이다.

95 호경재(胡敬齋) : 호거인(胡居仁, 1434~1484)으로, 자는 숙심(叔心), 호는 경재이다. 명나라 강서(江西) 여간(餘幹) 사람이다. 사람됨이 근엄하여 성인의 학문에 뜻을 두고, 오여필(吳與弼) 문하에 들어가 관료로서의 꿈을 접고 정주학(程朱學)의 정통을 이어받았다. 백록서원(白鹿書院)과 동원서원(洞源書院)의 초청을 받아 강의했고, 또 회왕(淮王)의 초청으로 《주역》을 강의하여 큰 대우를 받았다. 저서에 《거업록(居業錄)》, 《경재집》, 《역상초(易象鈔)》, 《호문경공집(胡文敬公集)》 등이 있다.

96 주자……있다 : 《녹문집》 권21 〈독호경재거업록(讀胡敬齋居業錄)〉에 "마땅히 주자 이후의 일인이 됨을 의심할 것 없으니, 공맹의 바른 학맥이 진실로 여기에 있다. 그런데도 우리나라 사람들은 그 성명을 아는 이가 또한 드무니, 어찌 개탄스럽지 않겠는가." 하였다.

만들고, 본전(本傳)과 여러 현인들이 이 분에 대해 쓴 글을 가지고 그 아래에 부록을 만들어서 《호자전서(胡子全書)》를 편찬하면, 아마 이 분과 마음이 합하여 떨쳐 일어나는 자가 있을 것이요, 녹문옹의 뜻을 이룰 수 있을 것입니다. 그러니 문하께서 도모하십시오. 비록 판각하여 널리 배포하지 못하더라도 여러 부를 전사(傳寫)하여 각각 한 질을 보관해 두는 것이 좋을 것입니다. 《황명통기(皇明通紀)》에 보이는 한 조항은 참으로 본받기 좋으므로 삼가 기록하여 바치니, 보아주시기 바랍니다.

현재 법문이 무너지고 정학(正學)이 밝지 못하여 독서하는 일맥이 거의 끊기게 되었습니다. 한 개, 반 개라도 유지할 수 있는 것은 지금껏 보존되어 있는 선인들의 좋은 말씀에 힘입은 것인데, 모두 방치해두어 어떤 것인지도 거의 살피지 못하게 하니, 비록 애써 책을 지었다 할지라도 세교(世敎)에 무슨 보탬이 되겠습니까. 진실로 개탄할 만합니다.

짐작건대 저의 시에 이미 글을 써주셨을 듯하니, 바라건대 이번 인편에 부쳐서 보내주십시오. 이것을 받으면 상자에 보관하여 영원토록 아끼겠습니다. 두 말의 장요미(長腰米)를 구하여 올리니, 어버이께 올리는 하루의 양식에 대비하십시오. 곤궁한 사람을 구휼한다는 뜻이 아니고 다만 아랫사람의 정을 표시하는 것일 뿐입니다.

지금 어떤 사람이 아내가 죽었는데 남편이 알지 못하였으니, 이것은 남편의 병이 심하기 때문에 말하지 않은 것입니다. 또 미처 성복(成服)[97]하기 전에 남편이 죽으니, 그 아들은 아버지가 어머니의 죽음을

97 성복(成服) : 상례(喪禮)에서 대렴(大殮)을 한 다음날 상제들이 복제(服制)에 따

알지 못했다고 하더라도 부재모상(父在母喪)의 예[98]를 써야한다고 여겼습니다. 그래서 신주에는 '현비(顯妣)'라고 쓰고, 상복은 장기(杖期)[99]에 담제사(禫祭祀)가 없는 것으로 하였으니, 담제사가 없는 것은 아버지 상 때문입니다. 제가 그를 위해 강론하여 정한 것이 이와 같으니, 예의 뜻에 위배되지 않는지 모르겠습니다.

데리고 가서 기르지 않은 첩의 자식은 그 생모를 위해 마땅히 개가한 어머니나 쫓겨난 어머니에게 입는 것과 같은 복(服)을 입어서, 아버지의 생존 여부를 막론하고 자최장기(齊衰杖期)[100]를 하여야 하니, 의리는 비록 끊어졌으나 은혜는 끊어질 수 없기 때문입니다. 기년복을 입고서 복을 벗은 뒤에는 심상(心喪)을 해서 삼년을 마치는 것이 옳을 것입니다. 그의 아내는 낳고 길러주신 은혜가 없으니 다만 "부인은 남편을 따라 복을 입되 한 등급을 낮춘다."는 글을 따라 대공복을 입으면 될 뿐이요 굳이 심상을 할 것은 없습니다. 그리고 그의 아들로 말하면 더욱 복을 입을만한 의리가 없으니, 할아버지의 뒤를 이은 자가 아니라고 하더라도 복을 입지 않습니다.

라 상복(喪服)을 입는 절차로, 죽은 날로부터 4일째 되는 날 입는다.

98 부재모상(父在母喪)의 예 : 자식은 어머니의 상에 자최 3년을 입어야 하지만, 아버지가 생존해 계실 경우 아버지가 상주가 되기 때문에 아버지에게 압존(壓尊)되어 기년복을 입는다. 다만 복을 벗더라도 심상(心喪) 1년을 하여 3년상을 마친다.

99 장기(杖期) : 상례(喪禮)에서 상장(喪杖)을 짚고 자최(齊衰)를 1년 동안 입는 거상(居喪)이다.

100 자최장기(齊衰杖期) : 1년 동안 자최복을 입고 상장을 짚는 복(服)이다.

영서 임장에게 올림 갑자년(1804, 순조4) 8월

上潁西任丈 甲子八月

저는 여덟 살에 소학의 가르침을 잃었는데, 장성해서는 학문에 뜻을 두었다고 말할 수는 없으나 위엄을 두려워하여 죄를 적게 하기를[101] 다소 원하였습니다. 그러나 이미 방심(放心)을 거두고 덕성을 길러서 기본을 세우는 일을 하지 못했으니, 그렇다면 또 어찌 의리를 살피고 사업에 시행하여 성공을 거둘 수 있겠습니까. 다만 어두운 자리에 머물면서 30년 광음(光陰)에 이르렀습니다.

안으로 살펴봄에 하자가 있고 마음에 부끄러움이 있어서[102] 돌이켜서 쇄소응대(灑掃應對)의 예절에 종사하고자 하였으나 또한 받아들이지 못하여 공을 이루기 어려운 근심을 면치 못하였습니다. 그런데 지난번 여러 군자들의 말석을 따라 이 《소학》책을 강론하게 되니, 귀가 번쩍 뜨이고 심취해서 제 몸이 삼대(三代)의 뒤에 있다는 것을 잊었습

101 위엄을……하기를 : 이 말은 《주역》 〈혁괘(革卦) 상육(上六)〉의 "군자는 표범이 변하듯 하고 소인은 얼굴만 바꾼다.〔君子豹變, 小人革面.〕"에 대한 정이(程頤)의 주석에 보이는바, '소인은 얼굴만 바꿈'에 대한 해석이다. 상육 효사의 의미는, 선량한 사람은 개혁을 따라 변하여 마치 표범의 무늬와 같이 그 화려함을 드러내지만, 자포자기하는 소인은 마음으로는 비록 선도(善道)를 끊었으나 군주의 위엄을 두려워하여 죄를 적게 하고자 하므로 다만 얼굴만 고친다는 것이다.

102 안으로……있어서 : 《중용》에 군자의 신독(愼獨)을 설명하면서 "군자는 안으로 살펴봄에 하자가 없고 마음에 부끄러움이 없으니, 군자의 미칠 수 없는 점은 사람들이 보지 않는 바에 있을 것이다.〔君子內省不疚, 無惡於志, 君子之所不可及者, 其唯人之所不見乎!〕"라고 한 것을 반대로 쓴 것이다.

니다. 지금부터는 소학동자가 되기를 원하오니 만일 작은 것을 보충하고 큰 것으로 나아가서 근본을 갖추어 스스로 통달할 수 있게 된다면 이것은 문하의 은혜입니다. 다만 산에 있는 해가 서쪽으로 기울기 쉬워 이것을 끝까지 연구할 수가 없어서 마치 식탐을 부리는 자가 아무리 먹어도 배부르지 못하는 것처럼 된 것이 한스럽습니다. 그러나 이것 또한 억지로 조장하고 속히 이루고자 하는 병통입니다.

엎드려 생각하건대, 이 소추(素秋)에 부모님을 모시는 마음이 더욱 경사스럽습니까? 중양절이 이미 지나 꽃소식이 적막하니 노포(老圃)의 가을모습이 어떤지 묻고 싶습니다. 낙양에 있는 유명한 동산이 서로 이어질 만큼 많지만 날로 동산을 거니는 취미[103]를 참으로 아는 자가 적습니다. 엎드려 생각건대 지팡이 집고 언덕에 올라가서 옥 같은 이슬과 단풍 숲 사이에서 소요하심에 또한 절사(節士)의 비통한 마음을 금하지 못하실 것입니다. 오류옹(五柳翁)의 이른바 "이 원림의 아름다움이 있으니 인간사 참으로 사양할 수 있겠다.〔有此園林好, 人間良可辭〕"는 말[104]은 바로 문장(文丈)의 마음을 말한 것입니다. 가을이 되어 매양 바람이 따뜻하고 기운이 깨끗해서 천지가 확 트인 것을 보니, 좋은 철을 생각하여 외로이 가고 싶은 생각[105]이 있습니다. 상산(商山)

103 날로……취미 : 도연명(陶淵明)의 〈귀거래사(歸去來辭)〉에 "동산은 매일 거닐어도 풍치가 있고, 문은 나 있으나 늘 닫아 두고 있네.〔園日涉以成趣, 門雖設而常關.〕"라고 하였다.

104 오류옹(五柳翁)의……말 : 오류옹은 도연명이다. 이 말은 도연명의 시 〈경자세오월중종도환조풍어규림(庚子歲五月中從都還阻風於規林)〉에 보인다. 원래의 시는 "고요히 전원의 좋음을 생각해 보니, 인간사는 진실로 사양할 수 있겠네.〔靜念園林好, 人間良可辭.〕"이다.

의 정상과 영수(潁水)의 물가 사이를 제 마음이 더욱 끊임없이 왕래합니다.

105 좋은……생각 : 은거하고자 하는 생각을 말한다. 도연명의 〈귀거래사(歸去來辭)〉에 "좋은 철을 생각하여 외로이 가고 혹은 지팡이를 꽂아놓고 김매노라.〔懷良辰以孤往, 或植杖而耘耔.〕"라고 하였다.

영서 임장에게 올림 갑자년(1804, 순조4) 10월

上潁西任丈 甲子十月

곤월(坤月)과 복월(復月)이 교차하는 때[106]에 추위와 더위가 일정하지 않으니, 엎드려 생각건대 이 고르지 못한 날씨에 도(道)을 연구하시는 재미가 더욱 깊으실 것이고, 서책의 공부도 상중(喪中)이라 하여 중지하지는 않으셨겠지요?

근일에 어떤 이가 성충문(成忠文)[107] 선생의 신주를 쓰는 일로 와서 묻기를,

"성씨 집안에서 충문공 선생의 후사(後嗣)를 세우는 일을 가지고 올해 가을에 상언(上言)하자 이를 묘당으로 내려 보내 품처하게 하였는데, 묘당에서는 '세대가 멀리 떨어져서 소목(昭穆)이 여러 번 바뀌었으니 후사를 세울 수 없다. 다만 방손(傍孫)을 시켜 사당을 별도로 세우고 섭사(攝祀)의 준례를 따라 제사를 모시게 하라'는 말로 회계(回啓)하여 윤허를 받았습니다. 속칭(屬稱)[108]과 방제(傍

106 곤월(坤月)과……때 : 음력 10월말에서 11월초에 해당되는 때이다. 12개의 괘를 1년 열두 달에 배속한 십이벽괘설(十二辟卦說)에 따르면 곤괘는 10월에, 복괘는 11월에 해당된다.

107 성충문(成忠文) : 성삼문(成三問, 1418~1456)으로, 자는 근보(謹甫), 호는 매죽헌(梅竹軒), 본관은 창녕이다. 사육신의 한 사람으로, 아버지 성승과 함께 군기감 앞에서 능지처사(凌遲處死)를 당하였고, 그의 아들 5형제와 아우 성삼고, 성삼빙, 성삼성 등 남자는 젖먹이까지도 살해되는 멸문지화를 겪었다. 시호는 충문(忠文)이고, 문집으로 《매죽헌집》이 있다.

題)[109]를 뭐라고 써야 할지 모르겠습니다."

라고 하였습니다. 그래서 제가 답하기를,

"이 일은 어리석은 제가 말씀드릴 수 있는 바가 아닙니다만, 후사가 아니면서 불천위(不遷位)의 제사를 모시는 것은 옛날엔 없던 일입니다. '섭사'라고 부른다면 섭사라는 것은 주인을 대신하여 제사를 지내는 것인데 이 경우에는 주인이 없으니 섭사가 아닙니다. '권봉(權奉)'이라고 부른다면 권봉이라는 것은 일단 후사를 세우기를 기다리는 것인데 이 경우에는 끊어진 후사를 이을 수가 없으니 권봉이 아닙니다. 섭사도 아니고 권봉도 아니고 또 선조가 그를 위하여 후사를 세운 것도 아닌데, 특별히 종방손(從傍孫)이 그 제사를 모셔서 백세토록 옮기지 않는 일은 예(禮)에 근거가 없습니다. 신주를 쓸 때 '종방조(從傍祖)'와 '종방손'이라고 해야 할 듯하나, '방(傍)' 자는 예에서 말하지 않은 것입니다."

라고 하였습니다. 고견은 어떠하신지 모르겠습니다.

〈대학장구서(大學章句序)〉에서 말한 '총명예지(聰明睿智)'의 '지(智)' 자는 아마도 '지(知)' 자의 오류인 듯합니다. 만약 지(智)라고 쓴다면 지(智)는 성(性)이니, 어찌 다시 '그 성을 다한다'고 말하겠습니까.[110]

108 속칭(屬稱) : 선조에 대한 칭호를 말하는 것으로, '속'은 고(高), 증(曾), 조(祖), 고(考) 등의 친속의 호칭이고, '칭'은 관직이나 호를 말한다. 《二程文集 卷11 作主式》

109 방제(傍題) : 신주 하단의 왼쪽에 봉사자(奉祀者)의 이름을 쓰는 것으로, 예컨대 부친의 신주에는 '효자(孝子) 아무개', 조부의 신주에는 '효손(孝孫) 아무개'라고 적는다.

110 대학장구서(大學章句序)에서……말하겠습니까 : 〈대학장구서〉에 "한 사람이라

성으로 성을 다하는 것이 가능하겠습니까. 그러므로 《중용(中庸)》에도 '총명예지(聰明睿智)'의 '지(智)'가 '지(知)' 자로 되어 있는데 《중용장구(中庸章句)》에 이를 '생이지지(生而知之)의 자질'이라고 풀이하였고,[111] 소주(小註)에 실린 주자(朱子)의 말씀에는 "'예(睿)'는 다만 '통(通)'이라고 새기니, '지(知)'를 상대하여 말한 것이다. 지(知)는 체(體)이고, 예(睿)는 깊게 통한 부분이다."라고 되어 있는 것입니다. 이렇듯 모두 '지(知)' 자로 썼는데, 오직 여기에서만 '지(智)' 자로 썼으니, 틀림없이 오류임을 알 수 있습니다. 고견은 어떠하신지요?

'대인(大人)의 학문'은 소자(小子)의 학문과 상대하여 말한 것입니다.[112] 그러나 이른바 '대인'이란 반드시 하늘과 그 위대함이 똑같은

도 총명예지(聰明睿智)하여 그 성(性)을 다한 자가 그렇지 못한 사람들 사이에서 나오면 하늘이 반드시 그에게 명하여 억조 백성의 군주와 스승으로 삼아 그로 하여금 백성을 다스리고 가르쳐서 그 성을 회복하게 한다.〔一有聰明睿智能盡其性者, 出於其間, 則天必命之, 以爲億兆之君師, 使之治而敎之, 以復其性.〕"고 하여 총명예지를 통해 성을 다한다고 설명하였다. 여기에서는 만약 총명예지의 '지'가 '지(智)'라면 이는 인의예지의 성 중에 하나이니 곧 성을 통해 성을 다한다는 말이 되어 이치에 맞지 않게 됨을 지적하는 것이다.

111 중용(中庸)에도……풀이하였고 : 《중용》에 "오직 천하의 성인이어야 총명예지가 족히 임할 수 있다.〔唯天下至聖, 爲能聰明睿知足以有臨也.〕" 하였는데, 《중용장구》에서 "총명예지는 생이지지의 자질이다.〔聰明睿知, 生知之質.〕"라고 풀이하였다.

112 대인(大人)의……것입니다 : 《대학》에 "대학의 도는 명덕을 밝히는 데 있으며 백성을 새롭게 하는 데 있으며 지극한 선에 그침에 있다.〔大學之道, 在明明德, 在親民, 在止於至善.〕" 하였는데, 《대학장구》에서 "대학은 대인의 학문이다."라고 훈(訓)하였다. 주희(朱熹)의 〈경연강의(經筵講義)〉에 "대학은 대인의 학문이다. 옛날의 가르침은 소자의 학문이 있고 대인의 학문이 있으니, 소자의 학문은 쇄소·응대·진퇴(灑掃應對

뒤에야 '대인'이라고 할 수 있으니, "오직 하늘이 위대하시거늘 요(堯) 임금만이 그와 같았다."[113]는 경우가 그것입니다.

사람의 심체(心體)는 활짝 열리고 트여서 그 끝을 볼 수 없으니, 만일 기질에 구애되거나 물욕에 가리지 않게 하여 넓히고 확충해서 그 광대한 본체를 온전히 한다면 이 마음은 또한 하늘과 같을 뿐입니다.[114] 그러므로 《주역(周易)》에 "대인은 천지와 그 덕이 같다."고 한 것입니다.[115] 대인의 마음은 천덕(天德)의 처음과 끝을 관통하니, 하늘에 있으면 '천덕'이라 하고, 사람에게 있으면 '명덕(明德)'이라 하는데, 그 덕은 똑같습니다. 사람이 대인이 된 까닭은 명덕을 소유했기 때문이니 명덕은 《대학》을 시작하는 제일의(第一義)인바, 명덕을 밝히는 연

進退)의 예절과 시·서·예·악·사·어·서·수(詩書禮樂射御書數)의 문(文)이 이것이고, 대인의 학문은 궁리·수신·제가·치국·평천하(窮理修身齊家治國平天下)의 도가 이것이다."라고 보인다.

113 오직……본받았다 : 《논어》 〈태백(泰伯)〉에 "공자께서 말씀하였다. '위대하시다, 요의 임금 노릇 하심이여! 높고 크다, 오직 하늘이 위대하시거늘 오직 요 임금만이 그와 같으셨으니, 그 공덕이 넓고 넓어 백성들이 형용하지 못한다.'〔子曰: 大哉堯之爲君也! 巍巍乎唯天爲大, 唯堯則之, 蕩蕩乎民無能名焉!〕"라고 하였는데, 주희(朱熹)는 '칙(則)'을 "같음〔準〕과 같다."고 하였다. 《論語集註 泰伯》

114 사람의……뿐입니다 : 《대학장구》에 명덕을 설명하여 "사람이 하늘에서 얻은 것으로, 허령하고 어둡지 않아서 중리(衆理)를 갖추고 만사에 응하는 것이다. 다만 기품에 구애되고 인욕에 가리면 어두울 때가 있으나 그 본체의 밝음은 일찍이 쉰 적이 없다. 그러므로 배우는 자가 마땅히 그 발하는 바를 인하여 마침내 밝혀서 그 처음을 회복하는 것이다."라고 하였다. 이렇듯 명덕은 기질에 구애되어나 물욕에 가리지 않은 마음의 본체의 의미이므로 여기에서 명덕을 밝힌 대인을 설명하면서 심체를 언급한 것이다. 대인은 이 심체를 밝혀 온전히 하여 하늘과 똑같은 덕을 소유한 사람이다.

115 주역(周易)에……것입니다 : 《주역》 〈건괘(乾卦) 문언(文言)〉에 보인다.

고를 연구하면 장차 대인이 될 것입니다. 따라서 대인 두 글자를 먼저 주의 깊게 보아야 할 것 같은데, 어떨지 모르겠습니다.

심기(心氣)의 기(氣)는 기 중에 정밀한 것이고, 기질(氣質)의 기는 기 중에 거친 것이니, 기는 두 가지이고 이(理)는 하나입니다. 그러나 그 근본에 이르면 기 역시 하나일 뿐입니다.

영서 임장에게 답함 병인년(1806, 순조6) 11월 10일

答潁西任丈 丙寅十一月上旬

유정언(柳正言)[116]-성한(星漢)-이 외로운 충정(忠情)을 드러내지 못하고서 한을 품고 지하에 들어갔으니, 진실로 서글퍼 할 만 하였습니다. 하지만 다행히 해와 달의 밝음이 엎어놓은 동이를 환히 비추어서[117]

116 유정언(柳正言) : 유성한(柳星漢, 1750~1794)으로, 자는 원명(原明), 본관은 진주(晉州)이다. 김원행(金元行)의 제자로, 1777년(정조1) 식년문과에 장원하였다. 성격이 엄격하고 꿋꿋하여 병조좌랑으로 있을 때는 세도가 홍국영(洪國榮)의 종에게 곤장을 치기도 하였고, 홍국영이 사과하였으나 대답을 하지 않아 노여움을 샀다. 이때 그가 데리고 온 호위병 박중근(朴重根)이 궐내에서 칼을 뽑은 일로 사형되고, 유성한은 사천현에 유배되었다. 1765년(정조12)에 사헌부 지평으로 상소하여 임금의 학문정진과 사도세자(思悼世子)의 원수를 갚을 일, 사치의 폐단을 단속할 것을 주청하였다. 1791년에는 황해도 도사의 임기를 마치고 돌아와 염전, 둔전, 군정의 폐단 등을 논하여 시정케 하였다. 1792년에는 도산서원(陶山書院)에서 별시(別試)를 치룬 것에 대해 왕이 경연에는 참석치 않고 유흥만 즐긴다며 도산서원 별시에 대한 노론의 불편한 심기를 우회적으로 드러내는 상소를 올려, 영남 선비들이 만인소(萬人疏)를 올리게 하는 원인을 제공하였으며, 이 상소 가운데 사도세자에게 저촉되는 말이 있다 하여 성균관 유생들과 사간원으로부터 성토를 당하였다. 숱한 탄핵과 성토에도 불구하고 정조는 그를 끝까지 비호하고 죄주지 않았다.

117 해와……비추어서 : 일반적으로 성은을 입었을 때 사용하는 말로, 억울한 일을 당하고도 변명할 수 없는 처지에 있을 때 임금의 은혜를 입어 누명을 벗거나 죄를 받지 않음을 표현한 것이다. 《포박자(抱朴子)》 〈변문(辨問)〉에 "해와 달도 비추지 못하는 곳이 있고, 성인도 알지 못하는 것이 있으나 어찌 이 때문에 성인이 하지 않는 것이라고 하며 천하에 신선이 없다고 하겠는가. 이것은 바로 해와 달과 별이 엎어 놓은 동이 안을 비추지 못한다고 책망하는 격이다.〔日月有所不照, 聖人有所不知, 豈可以聖人所不爲, 便云天下無仙? 是責三光不照覆盆之內也.〕"라 한 데서 온 말이다. 여기에서는 숱한

그의 마음이 지금과 후세에 거의 드러날 수 있게 되었습니다. 그런데 이번 여름에 또 다시 나쁜 사람에게 무함과 훼방을 당하였으니,[118] 그 사람이 말한 것은 전혀 조리가 없습니다. 당시에 신원되지 못했던 것이 내세에도 여전히 어둡게 남겨지게 된단 말입니까. 그러나 저 사람 스스로 올바른 사람을 욕한 것일 뿐이니, 유공(柳公)과 무슨 관계가 있겠습니까. 그저 가련함을 볼 뿐입니다.

문하께서 유공의 덕을 기술한 글은 놓친 부분이 거의 없으니, 만약 그가 구원(九原)에서 나올 수 있다면 필시 '나를 알아주는 사람이 있구나!'라고 할 것이고, 또 후세에 자기의 명성이 알려지지 못함을 한스러워 하지 않을 것입니다. 저는 항상 그가 살아서는 불우하고 죽어서는 전해지지 않는 것을 슬퍼하여 그를 위하여 전(傳)을 쓰고자 했었습니다. 훌륭한 문장에 근거하여 글을 짓기를 원하니, 부디 문하의 글 한 부를 전사하여 보여주시기를 바랍니다. "글이 완성되면 남에게 보이지 말고 이 산중에 놓아 두어라.〔書成勿示人 留置此山間〕"라는 것은 일찍이 회옹(晦翁)에게 가르침을 받았으니,[119] 삼가 받아 잘 보관해서 행여 남에게 보이지 않을까 염려하시지 않게 하겠습니다.

탄핵과 성토에도 불구하고 정조가 유성한을 끝내 죄주지 않은 것을 가리켜 말한 것이다.

118 이번……당하였으니 : 이해 6월 서유기가 김귀주 등 벽파를 노륙할 것을 청하면서 '역적 김달순의 패주가 나온 것은 유성한에게 형률을 시행하지 않았기 때문'이라고 하였다.《純祖實錄 6年 6月 26日》

119 글이……받았으니 : 회옹은 주희(朱熹)이다. 이 말은 주희의 시 〈운곡이십육영(雲谷二十六詠)〉 중 〈수서(修書)〉의 일부인바,《주자대전》에는 "서성막시인(書成莫示人)"으로 되어 있다.

영서 임장에게 답함 정묘년(1807, 순조7) 4월 13일

答穎西任丈 丁卯四月十三日

방금 먼저 보내주신 편지가 도착하여 손수 쓰신 가르침이 장엄하게 이르렀습니다. 출처와 의절(儀節)을 물으시니, 지극한 뜻을 받들어 헤아림에 감사함과 황송함을 어찌 감당하겠습니까. "어버이의 연세가 더욱 높아지는데, 살아갈 일이 더욱 쓸쓸하다.〔親年益高 生事寥落〕"는 것은 회옹(晦翁)이 스스로 서글퍼 하신 것입니다.[120] 그런데도 벼슬의 취사를 선택할 때에는 "다만 머뭇거리고 뒤로 물러나 동강(東岡)의 언덕을 지키고자 하는 것은 그 안에 반드시 부득이한 사정이 있어서이다."[121]라고 하였으니, 부득이한 사정이라는 것이 과연 어떤 것인지 알 수 없으나 문장(文丈)에게 비한다면 '벼슬하지 않는 것은 명분이 없다'고 할 수 있는데도 오히려 이렇게 말씀하였습니다. 하물며 문장은 더욱 슬프고 괴로운 사정[122]이 있지 않으십니까.

120 어버이의……것입니다 : 회옹은 주희(朱熹)이다. 《주자대전》 권39 〈답가국재(答柯國材)〉에 "어버이의 연세가 날로 늙어가는데 살아갈 일이 더욱 쓸쓸하다.〔親年日老, 生事益聊落.〕"라고 보인다.

121 다만……있어서이다 : 주희는 추밀원 편수관(樞密院編修官)에 제수하는 명을 사양하고서 진 승상(陳丞相)에게 감남악묘라는 사관직을 제수받을 수 있도록 도와달라는 내용의 편지를 보냈는데, 이 말은 그 편지에 보인다. 《朱子大全 卷24 與陳丞相書》 '동강의 언덕을 지킴'은 벼슬에 나가지 않고 은거하거나 낮은 벼슬에 머무는 것을 의미하는 바, 주희의 이 말에서는 감남악묘(監南岳廟)를 맡는 것을 말한다. 동강에 대해서는 179쪽 주57 참조.

122 슬프고 괴로운 사정 : 임노는 1777년(정조1) 아버지가 세도가인 홍국영(洪國榮)

주옹(疇翁)[123]이 벼슬을 사양하셨을 때, 저는 그 고상함에 탄복하여 여러 번 문장께 그 분을 찬미하고 탄복하는 뜻을 극진히 말씀드렸습니다. 문장의 실정과 처지는 비록 주옹과 다르지만, 그 차이가 얼마나 되겠습니까. 선조의 뜻을 펴지 못한 것은 똑같습니다. 문장께서도 전에 주옹이 관직을 사양하고 회포를 기록한 시에 차운하여 "창명은 천리나 멀고, 남은 한은 백 년 동안 깊었네.〔滄溟千里遠 遺恨百年深〕"라고 하셨으니, 서로 감동하신 것이 깊습니다.

보잘 것 없는 제가 오늘에 바라는 것이 바로 주옹을 찬미하는 마음입니다. 두호(斗湖) 조 대감 같은 분은 진실로 자중하여 은거하는 사람이 아니지만 반드시 선조의 억울함이 다 풀어지기를 기다린 뒤에 출사하였습니다. 문장의 선고(先考)의 경우는 비록 억울함을 씻어주는 은혜를 받았지만 임금께 자신의 마음을 모두 진달했다고 말할 수는 없습니다. 일명(一命)[124]을 받은 선비는 비록 글을 올려 호소해서 임금이 통찰

에게 몰려 단천에 유배되어 죽은 뒤로는 벼슬을 단념하고 오로지 학문에만 전력을 쏟았다.

123 주옹(疇翁) : 이의병(李義秉, 1751～1814)으로, 자는 재심(在心) 또는 사형(士衡), 호는 주암(疇巖), 본관은 전주이다. 아버지는 이조판서 이최중(李最中)이다. 1782년(정조6) 아버지가 역모에 무고되어 전라도 추자도로 극배되자 천복으로 수행하였는데 금오랑(金吾郎)에게 발각되어 배소의 선상 수행을 금지 당하였다. 그는 유배 중인 아버지의 안부를 살피기 위하여 행상차림으로 해변까지 가서 통곡하였으며, 돌아와 향리에 은거, 매일 밤 산에 올라 남쪽을 향하여 재배하며 울면서 안온을 빌었다. 1784년 가을에 불길한 꿈을 꾸고 즉시 길을 떠났는데, 전라도 영암에 이르렀을 때 아버지의 부음을 듣고 읍졸에게 간청하여 추자도로 건너가 아버지를 향리로 반장(返葬)하였다. 1796년 아버지의 억울함이 신원되고 1801년(순조1) 복관되었다. 그 뒤 두 번이나 관직의 부름을 받고도 나가지 않고 향리에서 은둔하였다.

해주기를 기대할 수는 없지만, 마땅히 출사하지 않는 것을 가지고 스스로를 깨끗하게 하는 도리로 삼아야 하니, 이것은 또한 두호가 예전에 사용한 의리입니다.

자신의 거취는 실로 여유가 있으면서 도리어 문장께 출사를 권하는 것은 혈구(絜矩)의 도[125]는 아닌 것 같습니다. 천관(天官 이조) 어른이 주자(朱子)가 이경자(李敬子 이번(李燔))에게 답한 편지에 근거하셨는데, 정밀한 뜻을 발견할 수 없습니다. 경자가 벼슬하지 않은 것은 다만 병을 치료하고 책을 읽기 위해서였기 때문에 주자가 "벼슬을 하지 않아야 하는 바르고 분명한 의리가 있는 것이 아니라면, 가난 때문에 벼슬할 수 있으니 이런 경우는 옛사람 중에도 있었다. 이와 같이 후퇴할 것이 없다."[126]고 한 것입니다. 그러나 문장과 같은 처지는 어찌 바르고 분명한 의리가 없다고 말할 수 있겠습니까.

자당(慈堂)께서 음식을 물리치시는 것은 자식의 마음에 통박(痛迫)

124 일명(一命) : 조정으로부터 임명받는 최하위의 관직을 가리키는 말로, 조선조의 경우는 종9품이다.

125 혈구(絜矩)의 도 : '혈'은 헤아리는 것이고 '구'는 곡척(曲尺)으로, 자신의 마음을 미루어 남의 마음을 헤아리는 도를 말한다. 《대학》에 "윗사람에게서 싫었던 것으로써 아랫사람을 부리지 말며, 아랫사람에게서 싫었던 것으로써 윗사람을 섬기지 말며, 앞사람에게서 싫었던 것으로써 뒷사람에게 가하지 말며, 뒷사람에게서 싫었던 것으로써 앞사람을 따르지 말며, 오른쪽에게서 싫었던 것으로써 왼쪽에게 사귀지 말며, 왼쪽에게서 싫었던 것으로써 오른쪽에게 사귀지 말 것이니, 이것을 일러 혈구의 도라고 한다.〔所惡於上, 毋以使下, 所惡於下, 毋以事上, 所惡於前, 毋以先後, 所惡於後, 毋以從前, 所惡於右, 毋以交於左, 所惡於左, 毋以交於右, 此之謂絜矩之道.〕"라 하였다.

126 벼슬을……없다 : 《주자대전》 권62 〈답이경자여국수(答李敬子余國秀)〉에 보인다.

한 일이지만 이 일을 벼슬하지 않는 일에 비교해보면 경중이 같지 않습니다. 어버이를 도(道)로 깨우치는 의리를 가지고 눈물을 흘리면서 말씀드린다면 필시 자당께서도 감동하실 것입니다. 만약 부득이 하다면 한 가지 방법이 있으니, 참하(參下)로 다시 등용되는 것이 준례입니다. 만약 제수의 명이 스스로 이른다면 이때 무릅쓰고 응할 수가 있으니, 첫 번째 명에 출사하지 않는 것은 의(義)에 대처하는 것이고, 두 번째 명에 출사하는 것은 어버이의 뜻에 순종하는 것입니다. 출사하는 것이 비록 자신의 뜻을 펴고 자신의 지킴을 온전히 하는 것만은 못하지만 어버이를 위해 뜻을 굽히는 것도 의리가 없지는 않으니, 이것을 가지고 마음에 헤아려서 자당의 마음을 풀어주십시오.

그런데 지금은 관직을 제수한 명령이 내린 지 보름이 되었고 또 재차 사양의 소(疏)를 올린 지 열흘이 되었습니다. 이때 갑자기 명령을 받들어 응한다면 과연 보내주신 편지에 '전후가 크게 다르고 진퇴가 질서가 없다'고 하신 것과 같게 되니, 천하의 보물을 아끼는 방법[127]이 아닐 듯합니다. 비록 이것은 말하기가 매우 어려우나 다만 출사하지 않는 것이 마땅하니, 이렇게 한 뒤에야 비로소 '살아있는 효〔活孝〕'라고 말할 수 있을 것입니다. 출처는 군자의 큰 절개이고 그에 대한 득실은 세교(世敎)의 성쇠와 관계되니, 살피지 않으면 안 됩니다. 저의 마음에 생각하는 바를 감히 바꿀 수 없으므로 시종일관 이렇게 말씀드리는 것입니다.

127 천하의……방법 : 천하의 보물은 훌륭한 인재를 가리키는바, 훌륭한 인재는 천하를 위하여 아끼고 소중히 여겨야 한다는 말이다. 《晉書 卷75 王坦之傳》

저는 예(禮)는 모름지기 《의례(儀禮)》를 따르는 것을 바름으로 삼아야 하고 고금의 마땅함이 달라서 변통하지 않을 수 없는 경우에 이르러서 비로소 《가례(家禮)》를 참고해야한다고 생각했습니다. 〈사혼례(士婚禮)〉의 동뢰(同牢)하는 자리에 신랑이 서쪽에 있고 신부가 동쪽에 있으니,[128] 서쪽은 동향을 하는 것이고 동쪽은 서향을 하는 것입니다. 그런데 소(疏)에서 "편의를 취하는 것도 괜찮다."라고 했고, 《서의(書儀)》의 주(註)에서는 "옛사람은 오른쪽을 숭상하고 지금 사람은 왼쪽을 숭상하니, 세속을 따라야 한다."고 하였습니다.[129] 이에 대하여 김본암(金本菴)[130]이 논박하기를 "이는 고례의 뜻이 오른쪽을 숭상하

128 사혼례(士婚禮)의……있으니 : 동뢰하는 자리는 혼례 때 신랑과 신부가 신방에 들기 전에 술잔을 나누고 음식을 먹는 의식을 하는 자리를 말한다. 《의례》 〈사혼례(士昏禮)〉에 의하면, 신부가 신랑의 집에 도착하여 신랑의 인도를 받아 집에 들어간 뒤에 동뢰하는 자리에 나아가는데, 신랑의 자리는 서남쪽 모퉁이〔奧〕에 마련되고 신부의 자리는 그 맞은편에 마련된다.

129 서의(書儀)의……하였습니다 : 《서의》는 송나라의 사마광(司馬光)이 《의례》에 근본하고 당시에 행할만한 예를 참작하여 만든 예서(禮書)인데, 주희(朱熹)에게 높은 평가를 받았으며, 《가례》의 전형(典型)이 되었다. 《서의》 권3 〈혼의 상(昏儀上)〉에, "신랑이 읍하면 신부는 좌석에 나아가니, 신랑은 동쪽이고 신부는 서쪽이다.〔壻揖, 婦就坐, 壻東婦西.〕"라고 하였는데, 그 주(注)에 "옛날 동뢰의 예는 신랑이 서쪽에 있으면서 동향을 하고 신부가 동쪽에 있으면서 서향을 하였으니, 이는 옛사람이 오른쪽을 숭상하였기 때문에 신랑이 서쪽에 있었던 것으로, 신랑을 높인 것이다. 지금 사람들은 이미 왼쪽을 숭상하기 때문에 세속을 따라야 한다."라고 하였다. 《가례》는 《서의》를 따라, 〈혼례(昏禮) 친영(親迎)〉의 '좌석에 나아가 음식을 먹고 마치면 신랑은 나아감〔就坐飮食畢婿出〕' 조목의 본주(本註)에 "신랑은 동쪽이고 신부는 서쪽이다."라고 하였다.

130 김본암(金本庵) : 김종후(金鍾厚, 1721~1780)로, 자는 자정(子靜), 호는 본암(本庵) 또는 진재(眞齋), 본관은 청풍이다. 민우수(閔愚洙)의 문인으로, 《가례집고(家禮集考)》를 저술하였다.

는 데에 있지 않음을 살피지 못한 것이다. 또 옛날의 자리는 좌석에 나아가기 위한 것인데, 《서의(書儀)》에서는 의자에 앉는다 하였기 때문에 이때의 자리는 다만 절하기 위한 것이 될 뿐이니, 이 때문에 신부의 자리 또한 음식을 설찬한 뒤에는 있을 수가 없는 것이다." 하였는데, 이 말도 의의가 있습니다. 옛날에 양택(陽宅)과 유택(幽宅) 및 자리를 놓는 위차를 모두 좌향(坐向)을 가지고 주장을 하였으니, 신랑은 동향을 하고 신부는 서향을 하는 것은 음양의 자리를 따른 것입니다. 굳이 그 방법을 의심하여 《가례》의 글을 따를 필요는 없습니다.

영서 임장에게 올림 정묘년(1807, 순조7) 5월 13일

上潁西任丈 丁卯五月十三日

문하께서는 《소학(小學)》에 "백리 먼 길의 상(喪)에 달려가지 않는다."는 구절을 어떻게 해석하십니까? 주(註)에는 다만 "국경을 넘지 않는다."라고만 말하고[131] 상의 경중을 구분하지 않았으니, 어째서입니까? 살펴보건대, 《예기》〈잡기(雜記)〉에 "부인은 삼년상이 아니면 국경을 넘어 조문하지 않는다. 삼년상의 경우에는 군부인(君夫人)이 친정으로 돌아간다."라 하였는데, 주(註)에 "삼년상은 부모의 상이다. 시집간 자는 부모를 위하여 기년복을 입으니, 이는 본친(本親 낳아주신 부모)을 가지고 말한 것이다."라 하였습니다. 이것에 근거해보면 "백리 먼 길의 상에 달려가지 않는다."는 것은 부모의 상을 말한 것이 아니고, 곧 기년복과 공복(功服)을 입는 친척의 상[132]을 말한 것입니다. 옛날에 다른 나라로 시집간 자는 부모가 살아계시면 친정으로 돌아가 문안을 하였으니, 살아계실 때는 돌아가 문안을 하다가 돌아가시면 상에 달려

131 소학(小學)에……말하고 : 《소학》〈내편(內篇)〉에 "여자는 규문(閨門) 안에서 날을 마치고 백리 먼 길의 초상에 달려가지 않는다.〔女及日乎閨門之內, 不百里而奔喪.〕"라 하였는데, 《소학집설(小學集說)》에 "백리를 가지 않음은 국경을 넘지 않음을 말한 것이다." 하였다.

132 기년복과……상 : 기년복은 1년 동안 입는 장기(杖期)와 부장기(不杖期)의 복(服)을 말하고, 공복(功服)은 9개월 동안 입는 대공(大功)과 5개월 동안 입는 소공(小功)을 말한다. 기년복은 조부모와 백숙부모 등을 위한 복이고, 대공복은 종형제자매, 소공복은 종조부모, 재종형제, 종질, 종손 등을 위한 복이다.

가지 않는 것이 어찌 도리이겠습니까. 지금 어떤 사람이 《소학》을 원용하여 '출가한 딸은 부모의 상에 달려가지 않음'의 증거로 삼고 있습니다. 이 때문에 저는 〈잡기〉에 근거하여 부모의 상에 달려가는 것을 정론으로 삼았으니, 어떨지 모르겠습니다.

영서 임장에게 올림 무진년(1808, 순조8) 9월 29일

上潁西任丈 戊辰菊月少晦

지난 번 여쭈었던 '개장(改葬)을 할 때 여러 손자들 중에 현재 상복을 입은 자가 가마(加麻)[133]를 해야 할지의 여부'는 다시 생각해보셨는지요? 우옹(尤翁 송시열(宋時烈))이 말씀하기를 "중히 여기는 바가 이 개장한 것에 있으니, 마땅히 가마해야 한다."라고 하셨는데, 혹자가 이를 논란하여 말하기를 "무릇 상복은 거친 것을 따르는 것을 주장하니, 포건(布巾)에 가마하는 것은 상복이 아니다. 이것을 가지고 참최복(斬衰服)과 자최복(齊衰服)을 벗을 수는 없다."라고 하였습니다. 이에 대한 고견은 어떠하십니까? 제가 생각하건대, 혹자의 말이 옳은 듯하나 비록 참최복과 자최복을 입지 않더라도 제사 등의 일을 할 때 효건(孝巾)에 삼베로 만든 심의(深衣)를 입는 것도 상복이니, 그렇다면 여기에 그대로 가마하는 것이니, 어찌 참최복과 자최복을 제거한다고 혐의할 것이 있겠습니까. 각각 그 의미가 있어서 서로 눌리거나 굽히지 않으니, 다만 조고(祖考)의 면례(緬禮)만을 위한 것일 뿐만이 아니요, 또 백숙부모와 형제의 자질이라도 괜찮을 것입니다. 부디 가르쳐주시기를 바랍니다.

133 가마(加麻) : 소렴(小殮)때에 수질(首絰)을 머리에 쓰는 일을 말한다.

영서 임장에게 올림 무진년(1808, 순조8) 12월 26일

上潁西任丈 戊辰臘月念六日

근래에 사마공이 임안(任安)에게 답한 글[134]을 보니, 그가 이릉(李陵)을 위하여 변호한 것[135]은 어떠한지 모르겠습니다. 자장(子張 사마천)은 큰 협객인지라 이릉과 의기가 서로 투합하였습니다. 그래서 그가 투항한 것이 한나라를 배반하려는 마음에서 나온 것이 아님을 밝혔으니, 곧 그가 말한 "선비의 곤궁함에 달려가 존망과 사생을 함께 한 자이니, 또한 충분히 훌륭하게 여길 점이 있다."[136]는 것입니다. 그러나 의리로

134 사마공이……글 : 사마공은 사마천(司馬遷)이다. 임안은 전한시기의 형양(滎陽) 사람으로, 어려서 아버지를 여의고 집안형편이 매우 어려웠지만 지모가 뛰어나서 대장군 위청(衛青)의 사인이 되었고, 또 위청의 추천으로 낭중이 되었다가, 그 후 익주자사의 벼슬에까지 올랐다. 이 글은 〈보임안서(報任安書)〉로, 자신이 왜 죽음을 택하지 않고 궁형을 받아 목숨을 부지하려 하는지에 대해 설명한 내용이 있는바, 《한서(漢書)》 권62 〈사마천전(司馬遷傳)〉에 실려 있다.

135 이릉(李陵)을……것 : 이릉은 전한시기 농서(隴西) 성기(成紀) 사람이고, 한나라 때의 명장 이광(李廣)의 손자이다. 천한(天漢) 2년(기원전 99) 이사장군(貳師將軍) 이광리(李廣利)가 3만 명의 기병을 이끌고 주천을 나와 흉노를 공격할 때 이릉은 보병 5천으로 여러 차례 적을 무찌르는 공을 세웠다. 그러나 흉노에게 포위되어 8일 동안 싸우다가 무기와 화살도 떨어지고 구원병도 오지 않자 남은 병사들의 목숨을 살리기 위해 항복을 했는데, 선우(單于)가 우교왕(右校王)으로 삼고 딸을 시집보냈다. 흉노에게 용병술을 가르친다는 말을 전해들은 무제가 가족들을 모두 죽였다. 소제(昭帝)가 즉위하자 곽광(霍光)이 사신을 보내 불렀지만 돌아오지 않았고, 20여 년을 흉노 땅에 살다가 죽었다. 사마천은 이릉을 변호하다가 무제의 노여움을 사 궁형을 받았다.

136 선비의……있다 : 《사기(史記)》 〈유협열전서(遊俠列傳序)〉에 보인다.

헤아려보면 그렇지 못합니다. 이릉이 한연년(韓延年)과 함께 죽지 않았다면[137] 응당 위율(衛律)[138]과 같은 자로 귀결될 것이니, 그 마음은 부귀를 탐한 것이 아니나 그 행적은 오랑캐에게 항복하여 구차히 삶을 훔친 것일 뿐입니다. 그러니 어찌 그 마음을 따져보고 용서할 수 있겠습니까. 왕통(王通)이 마음과 행적을 구분하였는데, 정자(程子)는 그가 도를 알지 못한다고 배척을 하였으니,[139] 이릉에게도 마땅히 이 의리로써 죄를 정해야 할 뿐입니다. 사마공이 이릉을 구원한 것은 군자의 대도(大道)를 듣지 못해서였지만, 평소에 서로 사모하고 좋아하여 죽는 한이 있더라도 서로 배신하지 않겠다고 맹세하였다가 터럭만한

137 이릉이……않았다면 : 한연년은 천한 2년에 교위(校尉)의 신분으로 이릉을 따라 북쪽으로 흉노 정벌에 나섰는데, 이릉은 투항을 하고 한연년은 전사하였다.

138 위율(衛律) : 한나라 사람으로 흉노(匈奴)에게 사신으로 갔다가 항복한 자이다. 《한서》 〈소무전(蘇武傳)〉에 "선우(單于)가 위율을 시켜 소무를 불러 항복을 받게 하자, 위율은 소무에게 말하기를, '내가 전일에 한을 저버리고 흉노에게 귀순하였는데 다행히 큰 은혜를 입어서 왕(王)이란 칭호를 얻고 마축(馬畜)이 산에 가득하다. 나는 이와 같은 부귀를 누리고 있으니, 그대도 오늘 항복한다면 내일 그렇게 될 것이다.' 하였다. 그러자 소무는 위율을 크게 꾸짖었다."라고 하였다.

139 왕통(王通)이……하였으니 : 정이(程頤)가 '불교를 평가할 적에 우선 그들의 행적을 가지고 결단해야 함'을 주장하면서 한 말로, 《근사록(近思錄)》 권13 〈변이단(辨異端)〉에 다음과 같이 보인다. "석씨의 학설을 만약 그 말을 연구하여 취사선택하려 하면 그 말을 궁구하기 전에 진실로 이미 화하여 불자가 될 것이다. 다만 우선 행적상에서 상고하여야 할 것이니, 그들이 이처럼 가르침을 베풀었다면 그 마음이 과연 어떠하겠는가. 진실로 그 마음만 취하고 그 자취를 취하지 않기가 어려우니, 이 마음이 있으면 이 자취가 있는 것이다. 왕통은 '마음과 자취가 다르다.'라고 말하였는데, 이는 바로 어지러운 말이다.〔釋氏之說, 若欲窮其說而去取之, 則其說未能窮, 固已化而爲佛矣. 只且於迹上考之, 其設敎如是, 則其心果如何? 固難爲取其心, 不取其迹, 有是心則有是迹. 王通言心跡之判, 便是亂說.〕"

이해관계가 있으면 우물에 빠뜨리고 돌을 던지는 후세의 사람들에게 비교하면 또한 훌륭합니다. 부디 가르쳐주시기를 바랍니다.

영서 임장에게 답함 기사년(1809, 순조9) 11월 30일
答潁西任丈 己巳至晦

삼가 생각건대, 봉록이 농사일을 대체할 수가 없어서 벼슬함에 굶주림이 그 가운데에 있을 것이니, 부엌에 들어가면 맛좋은 음식을 장만해 봉양하지 못하고 문 앞에 서면 세금을 걷어가는 괴로움이 있을 것입니다. 슬퍼하고 탄식하는 마음이 더욱 절절합니다. 저는 진실로 다른 사람의 공청(公廳)에 간 적이 없으나, 집사에게는 미련하게 고집하는 것에 얽매지 않았으니 이는 '마음을 물건을 아끼는 데에 둠'[140]을 보고자 했던 것인바, 이 때문에 지난날의 배알함이 있었던 것입니다. 풀싹이 자라나는 것을 보는 즈음에 이미 몇 가지 일들이 마땅하게 됨을 징험하였으니, 끝내 구제함이 있을 것임이 분명합니다. 애석한 것은 소 잡는 칼을 닭 잡는 데에 쓴다는 것입니다.[141]

출사하지 않을 수 없는 이유에 대해서는 보내주신 편지를 통해 상세한 내용을 더욱 들었으니, 윤화정(尹和靖)이 정숙자(程叔子)께 의문을

140 마음을……둠 : 벼슬에 임하여 물건을 아끼는 데에 마음을 두어 백성을 구제함을 말한다. 《소학(小學)》 〈가언(嘉言)〉에 "명도 선생이 말하길, '처음 벼슬하는 낮은 관직의 선비가 진실로 물건을 아끼는 데에 마음을 둔다면 사람에 있어서 반드시 구제하는 바가 있다.' 하였다.〔明道先生曰: 一命之士, 苟存心於愛物, 於人必有所濟.〕"라고 하였다.

141 소 잡는……것입니다 : 큰 재능을 작은 일에 시행함을 말한다. 《논어(論語)》 〈양화(陽貨)〉에, 공자가 자유(子游)가 다스리는 무성(武城)에 가시어 현가(絃歌) 소리를 들으시고, "닭을 잡는 데에 어찌 소 잡는 칼을 쓰느냐?〔割雞, 焉用牛刀?〕"라고 말한 데에서 온 것이다.

가졌던 것[142]이 이에 분명히 이해되었습니다. 만일 자강(子岡)[143]이 이 일을 안다면 응당 마음에 거슬려 하지 않을 것입니다. 다만 제가 보건대, 스스로 지조를 지키던 선비들이 한 번 조정에 나가 벼슬하면 종신토록 돌아오지 않으니, 원컨대 문장(文丈)께서는 주선생(朱先生 주희(朱熹))의 "끝내는 마땅히 처음의 일로 돌아가서 높이 읍하고 세상과 사절하노라.〔終當返初服 高揖與世辭〕"[144]라는 시를 항상 마음에 두십시오. 그렇게 하시면 끝내 여유로움을 볼 수 있을 것입니다. 천옹(泉翁)의 《삼관기(三官記)》[145]에 전생서(典牲署)에 계실 때의 일이 기록되어

142 윤화정(尹和靖)이……것 : 정숙자는 정이(程頤)이고, 윤화정(尹和靖)은 정이(程頤)의 문인 윤돈(尹焞)이다. 윤돈이 젊었을 적에 진사시에 응시하였는데 시제(詩題)로 왕안석(王安石)의 신법(新法)에 반대하였던 사마광(司馬光)·소식(蘇軾)·정이·황정견(黃庭堅) 등의 선류(善類)를 주벌함을 논할 것이 출제되자, "이런 조정에서 어찌 녹을 구할 수 있으랴."라 하고 바로 나와 버렸다. 그리고 스승 정이에게 다시는 진사시에 응하지 않겠다고 말하자, 정이는 "그대는 어머니가 계시다."라고 답하였다. 윤돈이 집에 돌아가 어머니 진씨(陳氏)에게 자신의 뜻을 고하자, 어머니가 말하길, "나는 네가 선(善)으로 봉양하는 것은 알고 네가 녹으로 봉양하는 것은 모른다. [吾知汝以善養, 不知汝以祿養.] "라고 하였다.《宋史 卷428 尹焞列傳》 임노는 1777년(정조1) 아버지가 세도가인 홍국영(洪國榮)에게 몰려 단천에 유배되어 죽은 뒤로는 벼슬을 단념하고 오로지 학문에만 매진하였으나, 어머니가 생존해계신다는 이유로 1807년(순조7) 이후 관직 생활을 하였다.

143 자강(子岡) : 이봉수(李鳳秀, 1778~1852)로, 자는 자강, 호는 대은(大隱) 또는 금계(禁溪), 본관은 연안(延安)이다. 그는 임노의 출사에 대하여 불만스러워 하였는데, 홍직필 역시 임노에게 은거할 것을 줄곧 권하였었다. 그러나 임노가 생계가 어렵고 특히 벼슬하기를 원하는 어머니의 뜻을 돌리기 어려웠음을 알게 된 뒤로는 이봉수에게 편지를 보내어 그 사정을 말해주었다.《梅山集 卷9 答李子岡, 韓國文集叢刊 295輯》

144 끝내는……사절하노라 :《주자대전》 권1 〈술회(述懷)〉에 보인다.

145 천옹(泉翁)의 삼관기(三官記) : 천옹(泉翁)은 이재(李縡)로, 자는 희경(熙卿),

있는 것을 본 적이 있습니다. 작은 관직을 낮게 여기지 않고서 일마다 직분을 다한 것이 족히 감탄할 만하였습니다.

호는 도암(陶庵) 또는 한천(寒泉), 본관은 우봉(牛峰)이다. 《삼관기(三官記)》는 이재가 지은 잡록집으로, 귀・눈・마음의 세 가지 기관을 통하여 보고 듣고 느낀 것을 적어 놓은 글이라는 뜻이다.

영서 임장에게 올림 신미년(1811, 순조11) 8월 25일
上潁西任丈 辛未八月二十五日

글의 부본(副本)을 보여 주심에 여러 번 읽어 보고서 이 글들이 천덕(天德)으로부터 나왔음을 우러러 알 수 있었으니, 공허한 말들에 비길 바가 아니었습니다. "옛 정전법(井田法)을 비록 갑자기 실행하기는 어려우나 조금이라도 옛 법에 가깝게 하여 백성들이 사유한 전지(田地)를 제한해서 부족한 것을 보충하고 겸병하는 길을 막아야 한다."[146]는 논의는 동광천(董廣川 동중서(董仲舒))으로부터 나와서 섭적(葉適), 소순(蘇洵), 마단림(馬端臨) 등이 상세히 말하였습니다. 그러나 결국 오래된 종이더미 속의 쓸데없는 이야기가 되고 말았었는데, 지금 문장(文丈)은 "이것이 나라를 살리고 백성의 폐단을 치료하는 제일의(第一義)이다."라고 하여 이를 인용하고 외우셨습니다. 그리하여 성지(聖旨)에 응하여 진언하는 상소 중에 걸출하게 여러 관료들의 으뜸이 되셨으니, 또한 유사(有司)의 지혜로움을 증험할 수 있습니다.[147] 그 상소에서 "등급을 나누고 양전(量田)을 공평하게 하여 실정에서 어긋나

146 옛 정전법이……막아야 한다 : 《한서(漢書)》 〈식화지 상(食貨志上)〉에 실린 동중서(董仲舒)의 간언 내용이다.

147 유사의……있습니다 : 유사의 지혜로움으로 인하여 상대방의 상소가 채택되었음을 말한다. 한유(韓愈)의 《진학해(進學解)》에 "여러 학생들은 학업이 정밀해지지 못함을 걱정하고 유사가 밝지 못함을 근심하지 말며, 행실이 이루어지 못할까 걱정하고 유사가 공정하지 못할까 근심하지 말라.〔諸生業患不能精, 無患有司之不能明, 行患不能成, 無患有司之不公.〕"고 하였다.

지 않게 해야 하니, 그렇게 한 뒤에 세금이 균등해질 수 있고 백성의 전지(田地)에도 제한을 둘 수 있다."고 말씀하신 것은 가슴 속에 성대한 규모의 경륜(經綸)이 있는 분이 아니라면 어찌 이처럼 말씀할 수 있겠습니까. 끝내 이것을 조처하지 못한다면 이 백성들의 불행함이니, 동광천 등 여러 공과 함께 천고(千古)에 한을 남기게 될 것입니다.

영서 임장에게 답함 갑술년(1814, 순조14) 윤달

答潁西任丈 甲戌閏月

운호(雲湖 임정주(任靖周))의 조카가 또 청산(靑山)의 현감이 되었습니다. 청산현이 그 분의 집안에 본래 좋은 인연이 있으니 너무도 기이합니다. 운옹(雲翁)께서 청산 현감이 되지 않았더라면 《녹문집(鹿門集)》이 세상에 간행될 수 있었겠습니까.[148] 장차 운호의 문집이 또 세상에 나옴을 보게 될 것입니다. 반드시 계획하고 관리할 일이 있을 것이니, 부디 빨리 하도록 권면하여 주십시오.

운옹(雲翁)은 다른 일은 거론할 것 없고, 오직 묻고 배우는 공부가 비단 근세에 없었던 것일 뿐 아니라 거슬러 올라가더라도 그 분과 견줄 사람이 드뭅니다. 만약 선조와 인조의 성대한 시대에 나셔서 유집(遺集)이 간행되었더라면 오묘한 지식과 뛰어난 견해가 마땅히 사람들이 칭송하고 본받는 바가 되었을 것이니, 아끼고 공경하며 높여 사모하는 것이 어찌 오늘날 녹문옹(鹿門翁)과 같을 뿐이겠습니까. 그러나 세상에 안목을 갖춘 자가 적어서 다만 시대의 선후(先後)와 명예·지위의 높고 낮음을 가지고 높이기도 하고 낮추기도 하니, 그 또한 다행함도 있고 불행함도 있는 것입니다.

148 운옹(雲翁)께서……있었겠습니까 : 《녹문집(鹿門集)》은 임정주의 형인 임성주(任聖周, 1711~1788)의 문집이다. 임노가 쓴 〈운호집발(雲湖集跋)〉에 따르면, 임정주가 청산 현감이었을 때에 《녹문집(鹿門集)》을 발간하였고 후에 임정주의 조카이자 임성주의 아들인 임조(任照)가 또 청산현의 현감이 되어 문집의 인쇄를 도왔다고 한다.

첩이 여군(女君)을 섬김은 신하가 소군(小君)[149]을 섬기는 의리와 서로 유사합니다. 그러므로 자최부장기(齊衰不杖期)[150]의 상복을 입으니, 이는 신분이 귀한 첩을 가지고 말한 것입니다. 옛 사람들은 노비를 사서 첩으로 삼거나 혹 노비를 그대로 첩으로 삼은 경우가 있으니, 마땅히 여군을 위한 복에 기년복(朞年服)을 입어야 합니까? 아니면 마땅히 안주인을 위한 복으로 시자(侍者)의 상복을 입어서 다른 노비들과 동등하게 하여야 합니까? 《상례비요(喪禮備要)》의 시자복제(侍者服制)의 주석에 "시비(侍婢)는 마땅히 구준(丘濬)의 《가례의절(家禮儀節)》의 중첩복제(衆妾服制)에 따라야 한다."고 되어 있으니, 시비의 복제(服制)를 첩들의 상복과 똑같이 해야 함을 말한 것이요, 첩들의 상복도 시비를 따라 3년을 해야 한다고 말한 것이 아닙니다. 이른바 비첩(婢妾)은 비록 시비에서 나왔으나, 남편의 첩이 되었다면 이미 천함을 면한 것이니, 다만 마땅히 여군을 위해 기년복을 입어야 할 듯합니다. 어떨지 모르겠습니다.

149 소군(小君) : 임금의 아내이다. 《춘추곡량전(春秋穀梁傳)》 장공(莊公) 22년 조에 "소군은 임금이 아닌데도 군(君)이라 말하는 것은 어째서인가? 공의 배필이 되었기 때문에 소군(小君)이라 부를 수 있는 것이다.〔小君非君也, 其曰君, 何也? 以其爲公配, 可以言小君也.〕"고 하였다.

150 자최부장기(齊衰不杖期) : 1년 동안 자최복을 입으면서 상장(喪杖)은 짚지 않는 복(服)으로, 자최장기보다 낮은 복이다.

영서 임장에게 답함 병자년(1816, 순조16) 6월

答潁西任丈 丙子六月

지난달 그믐에 유생의 상소가 또 발의되어 근옹(近翁 박윤원(朴胤源))의 관작과 시호를 청하자, 묘당(廟堂)에 내려 품처(稟處)하라는 분부가 있었는데, 상소문을 이미 보셨습니까? 무릇 후인이 전현(前賢)을 위하여 알려지지 못한 것을 드러내는 일을 함은 살아계실 때는 그 문하에 들어가 훌륭한 덕을 뵙는 것이요, 돌아가셔서는 행장(行狀)을 살펴보아 행적을 기술하는 것이며, 또 유문(遺文)과 서론(緖論)을 좇아서 글을 짓는 것입니다. 그런데 지금 이른바 상소를 올렸다는 유생들은 이 세 가지 중에 한 가지도 없어서, 말하는 바가 다만 얼굴을 가리고서 코끼리를 더듬는 격이라 한 마디 말, 반 마디 말도 실제의 정황과 비슷한 것이 없으니, 메아리 말이라고 하기에도 부족합니다. 이와 같은 것을 사론(士論)이라고 할 수 있겠습니까. 공론(公論)이라고 할 수 있겠습니까. 진실로 천고(千古)에 부끄러움을 남길 만합니다. 만약 근옹의 영혼이 아신다면 마치 자신을 오염시킬 듯이 여겨서 다만 뒤돌아보지 않고 떠날 뿐만 아닐 것입니다.[151] 원득(元得)[152]이 살아있지

151 마치……것입니다 :《맹자》〈공손추 상(公孫丑上)〉에 백이(伯夷)에 대하여 서술하기를 "악을 미워하는 마음을 미루어 생각하기를 마을 사람과 함께 서있을 때에 그 관이 바르지 않으면 뒤돌아보지 않고 떠나가 마치 자신을 더럽힐 듯이 여겼다.〔推惡惡之心, 思與鄕人立, 其冠不正, 望望然去之, 若將浼焉〕"라고 한 것을 인용한 말이다.

152 원득(元得) : 박종여(朴宗輿, 1736~1785)로, 박윤원의 아들이다. 홍직필과 교분이 깊어 학문을 논한 왕복편지가 많았다.

않음이 애석합니다. 준엄한 말로 엄격하게 배척하였던 그의 고심(苦心)을 생각해보면, 구천(九泉)이 멀리 막혀 있음을 더욱 느끼게 될 뿐입니다. 사옹(沙翁 김장생(金長生))을 문묘에 종향(從享)할 것을 청한 상소에 대한 논의가 시작되었을 때에 인경성모(仁敬聖母)[153]께서 국모로서 계셨는데 우옹(尤翁 송시열(宋時烈))께서 이것을 만류하여 우선 천천히 기다리게 하셨으니, 그 깊은 뜻을 알 수 있습니다. 저는 일찍이 이러한 의리를 원득에게 말해주었는데, 원득이 저와 서로 뜻이 부합하였던 것도 이 때문이었습니다. 끝내는 묘당의 회계(回啓)가 어떻게 될지 모르겠으나 설령 허락을 얻는다고 하더라도 끝내 영광이 될 수 없을 것입니다.

153 인경성모(仁敬聖母) : 숙종의 정비(正妃) 인경왕후(仁敬王后) 김씨(金氏, 1661~1680)로, 김장생의 고손녀이다.

영서 임장에게 답함
答潁西任丈

지난번 직접 가르침을 받았을 때 오래된 소나무와 흐르는 물 사이에서 가르침을 받아, 좋은 산을 구경하고 좋은 사람을 알고 또 좋은 의론을 들었으니, 이것이 세 가지 기이함이 됩니다. 돌아올 때에도 만족스레 얻은 바가 있어서 진흙을 밟고 어둠을 뚫는 어려움을 느끼지 못했습니다. 밤사이 존체(尊體)가 더욱 진중하십니까?

어제 〈태극도설(太極圖說)〉의 '삼재(三才)의 도를 세움'[154]이 체(體)가 되는지 용(用)이 되는지를 물으셨을 때, 체(體)와 용(用)을 다 포함한다고 대답했었는데, 다시 외워보고 음미해보니 본문의 뜻은 분명 체로 말한 것입니다. '삼재의 도를 세움'을 천・지・인의 삼재의 도로 나누어 거론한 것은 바로 태극의 체(體)가 서는 것을 말하고자 한 것입니다. 이뿐만이 아니라, '입(立)' 자를 쓴 곳은 모두 체(體)로 말한 것이니,[155] '입' 자는 체(體)를 말하는 데만 쓸 수 있고 용(用)을 말하는

154 태극도설(太極圖說)의……세움 : 삼재는 천(天)・지(地)・인(人)을 말한다. 송나라 학자 주돈이(周敦頤)의 〈태극도설〉에 "그러므로 말하기를 '하늘의 도(道)를 세움은 음(陰)과 양(陽)이요, 땅의 도(道)를 세움은 유(柔)와 강(剛)이요, 사람의 도(道)를 세움은 인(仁)과 의(義)이다' 하였다.〔故曰: 立天之道, 曰陰與陽; 立地之道, 曰柔與剛; 立人之道, 曰仁與義.〕"라는 대목이 있다.

155 입(立)자를……것이니 : 삼재의 입도(立道)를 말한 외에도, "태극이 한번 동하고 한번 정(靜)하여 서로 뿌리가 되어 양과 음으로 나누어짐에 양의(兩儀)가 선다.〔一動一靜, 互爲其根, 分陰分陽, 兩儀立焉.〕" 하였고, "성인(聖人)은 중(中)・정(正)・인(仁)・의(義)로 정하되, 정(靜)을 위주로 하여 인극(人極)을 세우셨다.〔聖人定之以中正仁

데는 쓸 수 없기 때문입니다. 지금 '도를 세운다'고 운운한 말을 미루어 보면, 각각 체(體)와 용(用)의 구별이 있으나 본지는 단지 체(體)만을 말하고 있을 뿐입니다. 어떨지 모르겠습니다.

義而主靜, 立人極焉.]" 하였다.

영서 임장에게 올림 병자년(1816, 순조16) 11월 14일

上潁西任丈 丙子至月少望

《근재집(近齋集)》[156]이 이미 세상에 간행되었으니, 응당 책상 위에 놓여 있을 것이라 생각됩니다. 간행된 책에 잘된 곳과 잘못된 곳은 다시 보시기에 어떠합니까? 삼가 가르침을 받기를 원합니다. 이 어른의 얼음 같은 마음과 옥호(玉壺) 같은 인품은 맑고 투명하여 흠이 없으니, 겉모습이나 속마음이나 흠잡을 것이 없습니다. 도성과 시장에 사는 것을 구렁에 빠진 듯이 여기고 수레와 면류관 보기를 진흙을 보듯이 하였으니, 진실로 이미 당세의 높은 행실이 되었고, 자신을 지킨 의리와 스스로를 깨끗이 하신 절개로 말하면 만물의 위로 높이 솟아 나셨습니다. 경학과 문장은 단지 여사(餘事)일 뿐이니 한 질의 문집을 가지고 그 평생을 모두 이해하려 한다면 얕게 아는 것이라 말할 것입니다. 덕을 아는 자가 드무니 누가 그 진면모를 알겠습니까. 흉중의 경설(經說)이 큰 규모가 있었는데 오랫동안 병을 앓고 또 손가락에 부스럼이 나서 촛불을 켜놓고 글을 쓰는 일을 하지 못하셨으니, 이것이 천추에 남을 한입니다.

156 근재집(近齋集) : 박윤원(朴胤源, 1734～1799)의 문집으로, 박윤원은 자는 영숙(永叔), 호는 근재(近齋), 본관은 반남(潘南)이다. 홍직필의 스승이다.

영서 임장에게 올림 정축년(1817, 순조17) 6월 26일

上潁西任丈 丁丑六月卄六日

지난번에 말씀하신 "호연지기장(浩然之氣章)은 심(心)을 바꾸어서 지(志)라고 쓴 것이다."[157]는 것을 물러나와 생각해보니, 심(心)은 체(體)와 용(用)을 다 갖추고 동(動)과 정(靜)을 다 아우르지만 지(志)는 단지 마음이 가는 바만을 말할 뿐이니, 전적으로 운용처만을 따라서 말했기 때문에 '심(心)'이라고 하지 않고 '지(志)'라고 한 것입니다. 주자(朱子)가 "지(志)라는 것은 심(心)이 막 팽창한 곳이다."[158]라고 한 말씀이 실제를 잘 형용한 것입니다. 만약 "심(心)은 기(氣)의 장수이다."[159]라고 한다면 심(心)자는 지(志)자에 비해 힘이 없어서 충분히

157 호연지기장(浩然之氣章)은……것이다 : 《맹자》 〈공손추 상(公孫丑上)〉의 호연지기장(浩然之氣章)은 맹자와 그의 제자 공손추 간에 행해진 부동심(不動心)의 방법에 대한 문답을 그 내용으로 한다. 따라서 심(心)과 기(氣)에 대한 언급이 이 장의 주조를 이룬다. 그런데 맹자는 심(心)과 기(氣)를 이야기하는 중간에 갑자기 지(志)의 개념을 도입하여 심(心)과 기(氣)의 관계를 설명하였다. 이는 자칫 화제에서 벗어나는 일로 비쳐질 수도 있는바, 임노가 '심(心)을 지(志)라고 한 것이다'라고 언급한 것은 지(志)가 심(心)을 대신해 쓰인 것이라야 화제에서 벗어나지 않을 수 있으리라는 판단 하에 내린 결론으로 보인다.

158 지(志)라는……곳이다 : 《주자어류(朱子語類)》 권12 〈학육(學六) 지수(持守)〉에 보이는바, 《주자어류》에는 "그 뜻을 잡음은 바로 마음이 막 팽창한 곳에서 잡아두는 것이다.〔持其志, 是心之方漲處便持着.〕"로 되어있다.

159 심(心)은……장수이다 : 호연지기장의 본문은 "지(志)는 기(氣)의 장수이다.〔夫志, 氣之帥也.〕"이다.

부하들을 관할하지 못할 것입니다. 그러므로 전편(全篇)에 심(心)을 이야기하다가 돌연 '지(志)' 자 한 글자를 끄집어내고, 이어 일곱 개의 '지(志)' 자를 말하고서 끝에 가서는 다시 '심(心)' 자를 써넣어 윗글의 '부동심(不動心)'의 심(心)을 매듭지었으니, 기이하고도 오묘합니다. 맹자의 필력이 아니면 누가 이렇게 할 수 있겠습니까. 그러나 《맹자집주(孟子集註)》에는 "그 심(心)을 굳게 지킨다."라 하였고, 《주자어류(朱子語類)》에는 "그 지(志)를 굳게 잡는다."라 하였으니, 그렇다면 부동심은 곧 지(志)를 잡는 것인바, 그 귀결을 요약하면 지(志)와 심(心)이 하나라는 것입니다. 삼가 가르침을 주시길 바랍니다.

《맹자》 호연지기장의 처음부터 피사(詖辭)·음사(淫辭)·사사(邪辭)·둔사(遁辭)를 논한 부분까지와, 재아(宰我)·자공(子貢)부터 이하로 장의 끝까지는 마치 한 편의 글 안의 두 부분인 것처럼 보여 서로 조응하지 않는 듯하지만 실제로는 문리가 이어지고 맥락이 관통합니다. 이 장의 종지(宗旨)는 "내가 원하는 것은 공자(孔子)를 배우는 것이다."라는 한 구절에 있으니, 지언(知言)과 양기(養氣)로부터 부동심에 이르기까지는 바로 공자를 배우는 절도입니다. 이른바 지언과 양기는 곧 공자의 '박문약례(博文約禮)'[160]이고,-양기를 곧장 약례라고 할 수는 없지만 나누어 소속시킨다면 응당 약례에 속할 것이다.- 이른바 부동심은 곧 공자의 '불혹(不惑)'[161]입니다.

160 박문약례(博文約禮) : 《논어》 〈옹야(雍也)〉에 "군자가 문(文)에 대하여 널리 배우고 예(禮)로써 요약한다면 또한 어긋나지 않을 것이다.'〔君子博學於文, 約之以禮, 亦可以弗畔矣夫.〕"라고 보인다.

'맹분(孟賁)·북궁유(北宮黝)·맹시사(孟施舍)의 혈기의 용맹'을 먼저 이야기하고서 부자(夫子)의 도의(道義)에서 나온 대용(大勇)[162]을 제기하여 아래에서 큰 서술을 할 장본으로 만들었으며, 이어서 '피사·음사·사사·둔사'를 말하고서 부자의 '사명(辭命)에 능하지 못하다'는 말씀을 거론하여 비로소 '성(聖)' 자 하나를 드러내었습니다.[163] 그리하여 "자하(子夏)·자유(子游)·자장(子張)은 모두 성인(聖人)의 일부분만을 가지고 있었고, 염우(冉牛)·민자(閔子)·안연(顏淵)은 전체를 갖추고 있었으나 미약하여 아직 성인(聖人)에는 나아가지

161 불혹(不惑) : 《논어》 〈위정(爲政)〉에 "공자(孔子)께서 말씀하셨다. '나는 열다섯 살에 학문(學問)에 뜻을 두었고, 서른 살에 자립(自立)하였고, 마흔 살에 사리(事理)에 의혹(疑惑)하지 않았고, 쉰 살에 천명(天命)을 알았고, 예순 살에 귀로 들으면 그대로 이해되었고 일흔 살에 마음에 하고자 하는 바를 좇아도 법도(法度)에 넘지 않았다.'〔子曰: 吾十有五而志于學, 三十而立, 四十而不惑, 五十而知天命, 六十而耳順, 七十而從心所欲, 不踰矩.〕"라고 보인다.

162 부자(夫子)의……대용 : 호연지기장의 "옛적에 증자(曾子)가 자양(子襄)에게 말하였다. '그대는 용맹을 좋아하는가? 내 일찍이 대용(大勇)을 부자에게 들었으니, 「스스로 돌이켜서 정직하지 못하면 비록 갈관박(褐寬博)이라도 내 두려워하지 않겠는가. 그러나 스스로 돌이켜서 정직하다면 비록 천만 명이 있더라도 내가 가서 당당히 대적하겠다.」 하셨다.'〔昔者曾子謂子襄曰 : 子好勇乎? 吾嘗聞大勇於夫子矣, 自反而不縮, 雖褐寬博, 吾不惴焉? 自反而縮, 雖千萬人, 吾往矣.〕"고 한 부분을 가리킨다.

163 이어서……드러내었습니다 : 맹자가 지언을 설명하면서 공손추에게 자신은 피사·음사·사사·둔사에서 그 잘못을 알 수 있다고 하자, 공손추가 "재아(宰我)와 자공(子貢)은 말을 잘 하였고 염우(冉牛)와 민자(閔子), 안연(顏淵)은 덕행을 잘 말씀하였는데, 공자께서는 이것을 겸하셨으면서도 말씀하시기를 '나는 사명에 있어서는 능하지 못하다.' 하셨으니, 그렇다면 부자께서는 이미 성인(聖人)이시겠습니다.〔宰我、子貢善爲說辭, 冉牛、閔子、顏淵善言德行, 孔子兼之, 曰 : 我於辭命則不能也. 然則夫子旣聖矣乎?〕고 질문한 것을 말한다.

못했으니 우선 이들을 버려두라."[164]는 말을 제기하고서, 특별히 '백이(伯夷)·이윤(伊尹)은 옛 성인이었으나 완전한 데에 나아가지 못했음'[165]을 이야기하였습니다. 그러므로 마침내 "재아(宰我)와 자공(子貢)과 유약(有若)은 지혜가 충분히 성인(聖人)을 알 만하다."는 말에 이어, 재아·자공·유약의 말을 인용하여 깊은 의미를 밝혔습니다.[166] 그리고서 '공자가 고금(古今)에 있지 않았던 큰 성인이 됨'[167]을 말함으

164 자하(子夏)……버려두라 : 공손추가 "옛적에 들으니, 자하·자유·자장은 모두 성인의 일부분을 가지고 있었고, 염우·민자·안연은 전체를 갖추고 있었으나 미약하다고 하였으니, 선생님께서 편안히 자처하시는 바를 감히 묻겠습니다.〔昔者竊聞之, 子夏、子游、子張皆有聖人之一體, 冉牛、閔子、顔淵則具體而微, 敢問所安.〕" 하자, 맹자가 "우선 이들을 버려두라.〔姑舍是.〕"고 한 것을 변형하여 쓴 것이다.

165 백이(伯夷)……못했음 : 공손추가 "백이와 이윤은 어떻습니까?〔伯夷、伊尹何如?〕"라고 묻자, 맹자가 "도가 같지 않으니, 섬길 만한 군주가 아니면 섬기지 않으며 부릴 만한 백성이 아니면 부리지 않아서 세상이 다스려지면 나아가고 어지러워지면 물러감은 백이였고, 어느 분을 섬긴들 내 군주가 아니며 어느 사람을 부린들 내 백성이 아니겠는가 하여 다스려져도 나아가고 혼란해도 나아감은 이윤이었고, 벼슬할 만하면 벼슬하고 그만둘 만하면 그만두며 오래 머무를 만하면 오래 머물고 빨리 떠날 만하면 빨리 떠나심은 공자이시니, 모두 옛 성인이시다.〔不同道. 非其君不事, 非其民不使, 治則進, 亂則退, 伯夷也. 何事非君, 何使非民, 治亦進, 亂亦進, 伊尹也. 可以仕則仕, 可以止則止, 可以久則久, 可以速則速, 孔子也, 皆古聖人也.〕"라고 답한 것을 변형하여 쓴 것이다.

166 재아(宰我)와……밝혔습니다 : 맹자가 "재아와 자공과 유약은 지혜가 충분히 성인을 알 만하니, 이들이 가령 지혜가 낮다 하더라도 좋아하는 사람에게 아첨하는 데에는 이르지 않았을 것이다.〔宰我、子貢、有若智足以知聖人, 汙不至阿其所好.〕"라고 말하고서 세 사람이 공자를 칭송한 말을 각각 인용하여 공자가 대성이 되는 까닭을 밝힌 것을 말한다.

167 공자가……됨 : 맹자가 인용한 자공과 유약의 말에 보이는바, 자공은 "생민(生民)이 있은 이래로 부자 같은 분은 있지 않았다.〔自生民以來, 未有夫子也.〕" 하였고,

로써 자신이 공자를 배우길 원하는 뜻을 드러내어 찬탄해 마지않은 것입니다. 부자께서 대성(大聖)이 된 까닭도 대용(大勇)을 말미암은 것일 뿐이니, 대용은 부동심이 아니라면 어찌 가능하겠습니까. '부동심' 세 글자는 호연지기장 전체의 골자이지만 배워서 공자의 경지에 이르는 것은 다만 부동심일 뿐만이 아니니, 지언과 양기를 말미암아 서서히 나아가서 그 극에 도달하는 것입니다.

유약은 "생민이 있은 이래로 공자보다 훌륭한 분은 계시지 않다.〔自生民以來, 未有盛於孔子也.〕" 하였다.

영서 임장에게 올림 정축년(1817, 순조17) 9월 26일

上潁西任丈 丁丑九月二十六日

새로 받으신 제수[168]는 찬양하고 기뻐하는 마음을 이길 수 없습니다. 목공(繆公)의 곁에 보좌할만한 사람이 없던 지[169]가 오래되었는데 지금 문장(文丈)을 얻어서 궁료로 삼았으니, 옛날 사람이 말한 "덕이 모범이 될 만하여 충분히 덕성을 보조하여 이룰 수 있고, 학문이 심오한 경지를 이루어서 충분히 총명을 계도할 수 있으니, 도덕을 크게 지닌 선비를 구하여 국가의 성대한 일을 이룬다."[170]는 것은 오직 문장

168 새로 받으신 제수 : 임노는 이 해 9월에 익찬에 제수되었다. 《承政院日記 純祖 17年 9月 25日》

169 목공(繆公)의……지 : 군주의 좌우에 현자가 없음을 말한다. 《맹자》 〈공손추 하(公孫丑下)〉에 "옛적에 노목공(魯繆公)은 자사(子思)의 곁에 자기의 성의를 전달할 사람이 없으면 자사가 떠나가실까 염려하여 자사를 편안하게 여기지 못하였고, 설류(泄柳)와 신상(申詳)은 목공의 곁에 보좌할 만한 사람이 없으면 그 몸을 편안하게 여기지 못하였다.〔昔者, 魯繆公無人乎子思之側, 則不能安子思, 泄柳、申詳無人乎繆公之側, 則不能安其身.〕"라고 보인다.

170 덕이……이룬다 : 원나라 때 사람 이호문(李好文)이 태자의 유덕(諭德)을 사직하기 위해 보낸 편지에 "스스로 모범이 될 만한 덕을 지니지 않았으면 덕성을 계도할 수 없고, 스스로 학문이 깊은 경지를 이루지 않았으면 총명을 계도할 수 없으니, 마땅히 도덕을 크게 지닌 선비를 구하여 우러러 국가의 성대한 일을 이루어야 하거늘 저는 타고난 자질이 본래 못나고 인망이 평소 미천한데 갑자기 중요한 임무를 받으니 맡기신 임무가 진실로 어렵습니다.〔自非德堪模範, 不足以輔成德性; 自非學成闐奧, 不足以啓迪聰明. 宜求道德之鴻儒, 仰成國家之盛事, 而某天資本下, 人望素輕, 驟膺重託, 負荷誠難.〕"라고 한 데에서 인용하였다. 《元史 卷183 列傳》

만이 여기에 해당할 수 있으니, 삼가 주연(冑筵 서연(書筵))을 위하여 축하합니다. 또 문장이 60년 동안 책을 읽은 것을 바로 오늘날 쓸 수 있으니, 바라건대 배위관(陪衛官)으로 자처하지 마시고 반드시 녹문(鹿門 임성주(任聖周))과 운호(雲湖 임정주(任靖周))가 자임하셨던 것으로 자임하소서. 보익(輔翼)하고 교유(敎諭)한 공효를 장차 볼 것이니, 이것이 제가 공수하고 기다리는 바입니다.

장차 한 권의 〈숙예록(宿豫錄)〉이 높은 가문의 문집이 될 것이니,[171] 이 또한 기이한 일입니다. 그러나 언어와 문자로 한갓 아름답게 꾸미는 데 그치지 않는다면 더욱 다행일 것이니, 후세에서 지금을 보기를 지금에서 옛날을 보는 것처럼 하지 말게 하시기를 천만번 지극히 바랍니다. 매번 《운호집》을 읽을 때마다 "당우(唐虞)와 삼대(三代)의 성함에 도유(都兪)하고 기축(祈祝)한 것이 황홀하게 격세의 일 같아서 오색구름을 바라봄에 한밤중에도 잊지 못한다."[172]는 부분에 이르러서는 저로

171 숙예록(宿豫錄)이……것이니 : 〈숙예록(宿豫錄)〉은 임정주가 세자익위사로 있을 때 강론을 위해 우리나라와 중국의 고사들을 뽑아서 만든 것으로, 군신과 부자 등 인륜에 관한 것을 비롯해 입지(立志)·학문·과거·용인(用人)·학교·인재·외방(外方)·치국·천거 등 광범위한 내용을 다루고 있는바, 《운호집》에 실려 있다. 임노가 익찬에 제수되었기 때문에 〈숙예록〉과 같은 글을 남기게 될 것이라는 의미로 한 말이다.

172 당우(唐虞)와……못한다 : 임정주가 〈숙예록〉 아래에 부기한 말로, 〈숙예록〉에는 "당시 경연하는 자리에서 당우와 삼대의 성함에 도유하고 기축했던 것이 황홀하게 마치 격세의 일처럼 느껴지니, 오색구름을 바라봄에 한밤중에도 잊지 못한다.〔當日講席之間, 都兪祈祝於唐虞三代之盛, 怳然若隔世事, 瞻望五雲, 中夜耿耿.〕"라고 되어 있다. '도유'는 감탄사인 도유우불(都兪吁咈)의 준말로, 도(都)와 유(兪)는 찬성의 의미, 우(吁)와 불(咈)은 반대의 의미를 표하는 감탄사이다. 《書經 虞書 堯典, 益稷》 '기축'은 천명이 영원하기를 바라는 것으로, 《서경》 〈소고(召誥)〉에 "왕이 덕을 씀은 하늘의

하여금 여러 번 탄식하게 합니다. 이 어른이 끝마치지 못한 뜻과 사업을 이루시기를 문하에게 엎드려 바랍니다.

영원한 명을 비는 것이다.〔王其德之用, 祈天永命.〕"라고 보인다.

영서 임장에게 답함 무인년(1818, 순조18) 5월 15일

答潁西任丈 戊寅五望

다시 양전(量田)하는 한 가지 일[173]은 한 고을의 큰 병폐가 되어서 백성들이 원망하여 조석(朝夕)을 보전하지 못할 듯하니, 어찌 다시 척량(尺量)을 가하여 민심에 순응하지 않을 수 있겠습니까. 민심의 향배(向背)가 여기에서 판가름 나니, 일이 전관 사또와 관여된다는 문제는 돌아볼 겨를이 없습니다. 한결같이 백성의 바람을 따르는 것이 당장의 제일의(第一義)가 될 것입니다. 좋아하고 미워함이 사람의 성품을 어기는 것은 바로 환란을 불러오는 방도가 되니, 비단 그 재앙이 자기 몸에 미칠 뿐만이 아닙니다.[174] 다른 때에 있어서도 오히려 그러한데

173 다시……일 : 양전(量田)은 과세의 대상인 토지를 조사하고 측량하던 일로《경국대전(經國大典)》에 의하면 모든 토지는 6등급으로 나누며, 20년마다 한 번씩 토지를 다시 측량하여 토지대장 즉 양안(量案)을 만들어 호조(戶曹)·본도(本道)·본읍(本邑)에 보관하는 것으로 되어 있다. 그러나 실제로는 수십 년 내지 백여 년이 지나서야 양전을 실시하는 게 보통이었고, 그것도 전국적이 아니라 일부 지방에 한해 실시되었을 정도였다. 양전은 공정한 수세(收稅)를 위한 기초조사였던 만큼 양전할 때의 조사 기준은 수세의 가능성 여부와 감세의 필요 여부에 주어졌다. 그러나 영조 대 이후부터 제대로 된 양전이 실시되지 않고 전정의 문란이 심한 지역에서만 수시로 미봉적인 양전이 실시될 뿐이었다. 게다가 농지의 경계 및 소유권 분쟁이 일어나는 등 토지문제가 심각해지고 세입이 줄어들자, 순조 연간에는 대대적인 양전계획을 세웠다. 그러나 대토지소유자나 지방의 권세가들을 중심으로 한 반대론이 제기되면서 결국 시행하지 못하였다.

174 좋아하고……아닙니다 :《대학(大學)》에 "남의 미워하는 바를 좋아함과 남의 좋아하는 바를 미워함을 일러 '사람의 성품을 어긴다'고 하니, 이러한 자는 재앙이 반드시 그 몸에 미칠 것이다.〔好人之所惡, 惡人之所好, 是謂拂人之性, 災必逮夫身.〕"라고 보

하물며 오늘날에 있어서이겠습니까.

'면(面)의 유사를 선정해서 이 일을 맡게 하고 고을의 아전들은 그 지휘를 따르면 될 뿐이다'고 한 것은 이미 편의를 얻은 말이어서 다시 헤아릴 것이 없고, 면의 유사가 만일 적임자가 아니면 고을 아전들의 창귀(倀鬼)[175]가 되어서 이로움은 없고 해로움만 있을 것이니 그만두는 것만 못합니다. 그러나 아직 닥치지 않은 근심을 염려하여 마땅히 해야 할 것을 하지 않으면 안 되니, 각 면에 전령(傳令)을 내려서 대민(大民)을 일제히 모이게 하여 그들로 하여금 이 임무를 감당할만한 자를 스스로 선정하게 한다면 이것은 백성의 바람을 따르는 것입니다. 비록 어긋나고 잘못된다 하더라도 현관(縣官)에게는 원망을 품지 않을 것이고, 만약 한 고을의 명망 있는 사람을 얻어서 그에게 위임하여 성공하기를 요구한다면 그 또한 응당 마음을 다할 것이니, 어찌 일을 그르치는 데에 이르겠습니까. 정성과 힘이 이르면 돼지와 물고기를 믿게 하고[176] 금과 돌을 뚫을 수 있는데[177] 하물며 사람에 있어서이겠습니까. 또 하물

인다.

175 창귀(倀鬼) : 호랑이에게 물려 죽은 사람의 영혼을 말하는데, 호랑이의 사역을 받아 호랑이를 사람에게 인도하여 사람을 해치게 한다고 한다.

176 돼지와……하고 : 《주역(周易)》 중부괘(中孚卦)에 "중부(中孚)는 믿음이 돼지와 물고기에 미치면 길(吉)하니, 대천(大川)을 건넘이 이롭고 정(貞)함이 이롭다.〔中孚, 豚魚, 吉, 利涉大川, 利貞.〕"라고 보이는바, 돼지는 조급하고 물고기는 혼매하여 물건 중에 감동시키기 어려운 것인데 부신(孚信)이 돼지와 물고기까지 감동시키면 믿음이 지극하여 만물이 감동하게 됨을 말한 것이다.

177 금과……있는데 : 《주역(周易)》 감괘(坎卦)에 "습감(習坎)은 정성이 있어 마음 때문에 형통(亨通)하니, 가면 가상(嘉尙)함이 있으리라.〔習坎, 有孚, 維心亨, 行, 有尙.〕"라고 하였는데, 《정전(程傳)》에 "지성은 금과 돌을 뚫고 물과 불을 헤쳐 나갈 수

며 백성을 화합하게 하는 고심과 혈성에 있어서이겠습니까.

이동하고 머무는 비용과 지필(紙筆)의 경비로 말하면 모두 관청에서 가져다 쓴 뒤에야 유폐(流弊)가 없을 것이니, 백성을 기르려고 하면서 먼저 백성에게 해를 끼치는 것은 염려하지 않을 수 없습니다. 다시 양전한 뒤에 한 지방의 현자들에게 물어 의견이 일치하면 사실대로 감영에 보고하여 상사의 처분을 기다리는 것 외에 다른 방도가 없을 듯합니다.

상정미(詳定米)를 줄여주는 것은 오히려 그만두는 것보다 나으나 고른 조세가 되지 못할 듯하고, 또한 백성을 안정시키는 방도가 아닙니다. 민심이 한번 흩어지면 다시 안정될 수가 없으니 흙이 무너지는 듯하고 기와가 산산이 깨어지는 것이 어찌 지나친 우려이겠습니까. 큰일을 하는 자는 작은 이해(利害)에 얽매이지 않아야 하니, 이미 마음에 결단하셨으면 가을에 수확한 뒤에 들이 깨끗이 다 청소되기를 기다려서 즉시 이것을 시행하십시오. 굳이 다시 세 번 생각함을 허비해서 복도의 기둥을 다시 세는 의혹[178]을 이루지 마시길 바랍니다.

있으니, 무슨 험난함인들 형통하지 못하겠는가."라고 주석하였다.

178 복도의……의혹 : 175쪽 주49 참조.

영서 임장에게 올림 기묘년(1819, 순조19) 10월 27일
上潁西任丈 己卯十月廿七日

한 가지 아뢸 말씀이 있습니다. 현재 도신(塗莘)의 집[179]은 우리 문장(文丈)께서 깊이 사랑하고 돈독히 사귀셨던 집안이니, 이 일을 아는 사대부들이 이로 인해 내심 기뻐하는 것은 문장께서 도신의 집을 충고해주고 선(善)으로 인도할 수 있기 때문입니다.

옛날 사람들은 절행(節行)이 있는 선비를 뽑아 척리(戚里)[180]와 함께 지내게 하여 척리를 겸양하는 군자로 만듦으로써 국가에 도움이 되게 하였으니, 세도(世道)에 대한 염려가 깊은 것입니다. 예전 광성부원군(光城府院君)[181]과 여양부원군(驪陽府院君)[182]이 천가(天家 왕실)와 혼

179 도신(塗莘)의 집 : 왕비의 친정을 말한다. 우(禹) 임금이 도산의 여인을 아내로 맞이하고 문왕(文王)이 신(莘)땅의 여인인 태사를 아내로 맞이한 것에서 유래한 말이다. 여기에서는 조만영(趙萬永)을 가리키는바, 이때 조만영의 딸이 세자빈으로 책봉되었다.

180 척리(戚里) : 왕실의 외척을 말한다. 본래 중국 장안의 마을이름인데, 한(漢)나라 때에 내척과 외척이 많이 살았으므로 전하여 외척을 가리키는 말이 되었다.

181 광성부원군(光城府院君) : 숙종의 장인인 김만기(金萬基, 1633～1687)로, 김만기는 자가 영숙(永淑), 호가 서석(瑞石) 또는 정관재(靜觀齋), 본관은 광산(光山)이다. 1671년, 딸이 세자빈으로 책봉되었는데 그가 바로 인경왕후(仁敬王后)이다. 1675년 사위인 숙종이 즉위하면서 광성부원군에 봉해졌다. 김익희(金益熙), 송시열(宋時烈)의 문인이다.

182 여양부원군(驪陽府院君) : 숙종의 장인인 민유중(閔維重, 1630～1687)으로, 민유중은 자가 지숙(持叔), 호는 둔촌(屯村), 본관이 여흥(驪興)이다. 1681년, 딸이 인경왕후(仁敬王后)의 뒤를 이어 숙종의 계비가 되었으니 바로 인현왕후(仁顯王后)이다.

인을 할 적에 우옹(尤翁 송시열(宋時烈))이 편지를 써서 경계하면서 한 번 말하는 것에 그치지 않고 누차 말하였습니다. 이때의 말에 "의리가 마음속에 가득하면 부귀가 그 마음을 얽어맬 수 없다."고 한 것이 있으니, 이 말이 매우 좋습니다. 이러한 의리를 문장께 기대하지 않고 누구에게 기대할 수 있겠습니까.

비록 처지가 구애되고 형세가 막혀서 스스로 먼저 말해줄 수는 없겠지만, 만약 그가 편지로 물어온다면 부디 최고의 정도(正道)를 알려주고 신신당부해주시길 바랍니다. 그가 허심탄회하게 받아들여서 마침내 국가의 무궁한 복이 된다면 여러 백성들이 모두 그 은혜를 입을 것이니, 이것이 어찌 작은 일이겠습니까. 이 때문에 밤낮으로 바라는 것입니다.

이로써 자신은 여양부원군에 봉해졌다. 송준길(宋浚吉), 송시열의 문인이다.

영서 임장에게 답함 신사년(1821, 순조21) 1월 23일

答潁西任丈 辛巳正月念三日

서울에 있을 때, 구우(邱隅 김기서(金基敍)) 장인(丈人)과 만나기로 약속하여 함께 자각(紫閣 남산)의 설월(雪月)을 구경하였습니다. 당시 이 어른이 《증서(曾書)》[183]의 의심나는 부분을 말씀하였는데, 그 말씀이 정밀(精密)하고 심오하였습니다. 이 분은 말씀을 아예 하지 않을지언정 말을 하면 반드시 이치에 맞아서[184] 말을 미루어 나가 끝까지 다다르니, 사람으로 하여금 정신이 번쩍 들게 합니다.

정심(正心)장의 '유소(有所)'의 뜻[185]을 논하면서는 이를 얽매임의 뜻

183 증서(曾書) : 《대학》을 가리킨다. 《대학》을 증자(曾子)의 저작으로 보기 때문에 이렇게 일컫는 것이다.

184 말을……맞아서 : 《논어》 〈선진(先進)〉에 나오는 말로, 노(魯)나라 사람이 장부(長府)라는 창고를 만들자, 민자건(閔子騫)이 "옛것을 그대로 쓰면 어때서 하필 새로 지어야만 하는가?〔仍舊貫如之何, 何必改作?〕"라고 말하였는데, 공자가 "저 사람이 말을 하지 않을지언정, 말을 하면 꼭 도리에 맞게 한다.〔夫人不言, 言必有中.〕"라고 평한 데에 보인다.

185 정심(正心)장의 유소(有所)의 뜻 : '유소'는 분치(忿懥)하는 바, 공구(恐懼)하는 바, 호요(好樂)하는 바, 우환하는 바의 네 가지가 있음을 말하는 것으로, 《대학》에서 정심을 논하면서 "이른바 '몸을 닦음이 그 마음을 바룸에 있다.'는 것은 마음에 분치(忿懥)하는 바가 있으면 그 바름을 얻지 못하며, 공구(恐懼)하는 바가 있으면 그 바름을 얻지 못하며, 좋아하는 바가 있으면 그 바름을 얻지 못하며, 우환하는 바가 있으면 그 바름을 얻지 못한다.〔所謂修身在正其心者, 身有所忿懥, 則不得其正; 有所恐懼, 則不得其正; 有所好樂, 則不得其正; 有所憂患, 則不得其正.〕"라고 한 데에 보인다. 주희(朱熹)는 이에 대하여 "이 네 가지는 모두 마음의 용(用)이니, 사람이 없을 수 없는

으로 보지 않고, 이것이 수신제가(修身齊家)장의 다섯 가지 '벽(辟)'[186]을 논한 문장과 유사하다고 보았습니다. 그러면서 말하기를,

"'친애(親愛)'·'천오(賤惡)'·'외경(畏敬)'·'애긍(哀矜)'·'오타(敖惰)'는 병이 아니고 '벽(辟)'만 병이 된다면, 마찬가지로 네 가지 '유소(有所)'는 병이 아니고 '부득기정(不得其正)'만 병이 되는 것이다. 윗장과 아랫장의 문세(文勢)가 일치하는데, 어찌 다르게 볼 수 있겠는가."

하였습니다. 그래서 제가 말하기를,

"중간에 글을 전환한 부분의 '즉(則)' 자와 '이(而)' 자는 그 문세가 매우 다르니, '이(而)' 자는 여기에서 저기로 가는 뜻이 있고 '즉(則)' 자는 그 자체가 바로 이것이라는 뜻이 있습니다.[187] 그러니 4개의

것이다. 그러나 하나라도 이것을 가지고 있으면서 살피지 못하면 욕심이 동하고 정(情)이 치우쳐서 그 용(用)의 행하는 바가 혹 올바름을 잃지 않을 수 없을 것이다."라고 주석하였다.

186 수신제가(修身齊家)장의……벽(辟) : '벽(辟)'은 치우치는 것으로, 《대학》에서는 "이른바 '그 집안을 가지런히 함이 몸을 닦음에 있다.'는 것은, 사람은 가까이 하고 사랑하는 바에 편벽되며, 천히 여기고 미워하는 바에 편벽되며, 두려워하고 존경하는 바에 편벽되며, 가엽게 여기고 불쌍히 여기는 바에 편벽되며, 오만하고 태만히 하는 바에 편벽된다.〔所謂齊其家在修其身者, 人之其所親愛而辟焉, 之其所賤惡而辟焉, 之其所畏敬而辟焉, 之其所哀矜而辟焉, 之其所敖惰而辟焉.〕"라 하여, 친애함, 천오(賤惡)함, 외경함, 애긍(哀矜)함, 오타(敖惰)함의 다섯 가지에 치우침을 제시하였다. 이에 대하여 주희는 "다섯 가지는 사람에게 있어 본래 당연한 법칙이 있다. 그러나 보통 사람의 정(情)은 오직 향하는 바대로 하고 살핌을 가하지 않으니, 그렇다면 반드시 한쪽으로 빠져서 몸이 닦이지 않을 것이다."라고 주석함으로써, 다섯 가지의 감정 자체가 문제라고 보지 않고 다만 법도를 벗어나 치우치는 것을 문제로 삼았다.

187 중간에…있습니다 : 정심장에서는 분치·공구·호요·우환과 부득기정(不得其

'유소'와 '부득기정'은 구분하여 볼 수 없을 것 같고, 5개의 '벽(辟)'은 나누어 설명할 수 있을 것 같습니다. 두 장은 글을 쓴 뜻이 같은 듯하지만 실제로는 다르니, 이 때문에 '유소'가 병이 되는 것입니다." 하였습니다만, 끝내 그 분은 믿지 않으셨습니다. 문장(文丈)께서는 어떻게 이해하시는지 모르겠습니다. '유소'의 뜻에 대하여 녹문(鹿門)의 설[188]을 구차히 따르지는 않으심을 진실로 알고 있으니, 위아래 장의 문세를 참고하여 입론하셨던 것이 있으십니까? 고명한 가르침을 받기를 원합니다.

正) 사이에 '즉(則)' 자를 놓았고, 수신제가장에서는 친애・천오・외경・애긍・오타와 벽언(辟焉) 사이에 '이(而)' 자를 놓았기 때문에 이렇게 말한 것이다. 홍직필은 '즉' 자와 '이' 자의 차이에 주목하여, '즉' 자는 전후가 동일한 값을 가지는 반면 '이' 자는 전후의 차이가 있으므로 두 장의 문세가 일치한다고 볼 수 없음을 지적하는 것이다.

188 녹문(鹿門)의 설 : 녹문은 임성주(任聖周)이다. 임성주도, 김정택과 마찬가지로, 《대학혹문(大學或問)》에서 주희가 "이 장의 뜻은 실로 윗장을 이은 것이니, 글과 뜻이 대체로 비슷하다. 이 장은 '몸과 사물이 접한 뒤에 혹 치우친 바가 있다'고 하는 것이지 '한번이라도 사물과 접하면 반드시 치우친 바가 있다'고 하는 것이 아니다."라고 한 것 등을 근거로 내세워 네 가지 유소를 얽매임의 뜻으로 보지 않았다. 《鹿門集 卷16 大學, 韓國文集叢刊 228輯》

영서 임장에게 답함 신사년(1821, 순조21) 9월 14일
答潁西任丈 辛巳菊月少望

청나라에 진주(陳奏)한 두 편의 글 가운데 '군부(君父)'나 '부모' 등의 말은 저로 하여금 분하고 원통하여 죽고 싶게 합니다. 전후로 쓴 글이 이어지면서 전에 쓴 주문(奏文)을 그대로 답습하고 이어받음으로써 이제는 마치 이러한 글자가 아니고서는 글을 쓸 수 없을 것처럼 하니, 아! 이 어찌 차마 할 수 있는 일이겠습니까.

지금 세상 사대부들은 피복과 기물을 오로지 청나라 물건만 쓰고, 청나라와 교통하면서 지성으로 높이고 받들고 있습니다. 또 인가에서 맨다리를 내놓거나 길거리에서 얼굴을 내놓고 다니는 여자들에 이르러서도 모두 쪽을 짓지 않고 산발한 채 길을 다니니, 이천피발(伊川被髮)의 조짐[189]이 이미 나타난 것입니다. 백년을 기다리지 않고도 모두 오랑캐가 되고 말 것이니, 누가 이것을 주장하여 마침내 이런 지경에까지 이르게 되었는지 모르겠습니다. 이 또한 운수가 그렇게 만든 것이니, 이를 어찌하겠습니까. 세도(世道)를 근심하는 고충(苦衷)을 지니신 우리 문장(文丈)께서는 응당 깊고 먼 생각을 가지고 계시겠지요.

189 이천피발(伊川被髮)의 조짐 : 예가 없어져 장차 오랑캐의 땅이 될 것이라는 뜻이다. 주평왕(周平王)이 동천(東遷)하였을 때 대부 신유(辛有)가 이천(伊川)에 갔는데, 그 곳에서 산발하고 들에서 제사하는 자를 보고는, "백년이 못되어 이곳이 융(戎)이 되리라. 예가 먼저 없어졌구나." 하였는데, 과연 양왕(襄王) 때에 진(晋)나라가 육혼(陸渾) 땅의 융(戎)을 이천으로 옮겼다고 한 데에서 온 말이다. 《春秋左氏傳 僖公22年》

영서 임장에게 올림 계미년(1823, 순조23) 9월 17일

上潁西任丈 癸未九月十七日

지난날 《대학》의 '동화(動化)'의 뜻을 물으셨는데, 다른 이야기로 화제가 바뀌는 바람에 물음에 즉시 답하지 못하였습니다. 말 위에서 추후에 생각해보니, 9장에서는 '동화'를 말하고 10장에서는 '미루어 나감〔推〕'을 말하였습니다.[190] 그러나 치국(治國)과 평천하(平天下)는 애당초 두 가지 법도가 아니니, 치국에 어찌 일찍이 '미루어 나감〔推〕'이 없으며 평천하에 어찌 '동화'가 없겠습니까. 다만 상·하장에 호언(互言)[191]했을 뿐입니다. 다만 '미루어 나감'과 '동화'는 크고 작음과 넓고 좁음의 차이가 다소 있으니, 나라에 대하여 '동화'를 말하고 천하에 대하여 '미루어 나감'을 말한 것은 바로 이 때문입니다.

정심장(正心章)의 체용(體用)[192]으로 말하면, 저는 일찍이 '이 장에

190 9장에서는……말하였습니다 : 《대학》 전(傳) 9장은 제가(齊家)와 치국(治國)을 해석한 장이고, 전 10장은 치국과 평천하(平天下)를 해석한 장이다. '동화'는 몸소 실현하여 아랫사람을 감화시킨다는 뜻으로, 《주자어류》 권16 〈대학(大學) 전 9장〉에 보이는데 이 말이 《대학장구대전(大學章句大全)》 전 9장 소주(小註)에 다음과 같이 요약, 인용되어 있다. "이 장은 또 다만 동화(動化)가 근본이 된다는 것만을 말하였고 아직 미루어 나가는 데까지는 말하지 않았다. 뒷장에서 비로소 미루어 나감에 대해 전적으로 말하였다.〔此且只說動化爲本, 未說到推上. 後方全是說推.〕"

191 호언(互言) : 호문(互文)이라고도 하는바, 두 개 이상의 문장이 서로 내용상 보완될 수 있으면 한 쪽에 한 가지씩만 써서 뜻을 통하게 하는 것이다.

192 정심장(正心章)의 체용(體用) : 《대학(大學)》 전 7장 정심장(正心章)에서 '마음을 바르게 한다'고 했을 때, 바르게 하는 대상이 마음의 본체(體)인지 작용(用)인지를

서 공부는 마땅히 동용(動用)의 자리에 있고, 그 효과를 거둠에 이르러서는 체(體)도 바름을 얻을 수 있다'고 생각했습니다. 모든 경전 중에 마음을 말한 것은 대부분 용처(用處)에서 말하였으니, 《대학》의 '정심'도 공자와 증자가 입언(立言)하실 적에 또한 용(用)의 측면에서 말씀하신 것입니다. 그러므로 《대학장구(大學章句)》에서 '용(用)이 행하는 바〔用之所行〕'로 해석하였으니,[193] 《대학혹문(大學或問)》과 《대학강의(大學講義)》에서 근본을 미루어 체(體)를 말한 것은 바른 뜻은 아닐 듯합니다.

두고 한 말이다. 주희는 《대학장구(大學章句)》에서 마음의 작용을 바르게 하는 것으로 보았는데, 《대학혹문(大學或問)》과 《대학강의(大學講義)》에서는 본체와 작용을 겸하여 논하였다.

193 용(用)이…해석하였으니 : 정심을 설명한 《대학(大學)》 전 7장에 "이른바 '몸을 닦음이 그 마음을 바룸에 있다.'는 것은 마음에 분치(忿懥)하는 바가 있으면 그 바름을 얻지 못하며, 공구(恐懼)하는 바가 있으면 그 바름을 얻지 못하며, 좋아하는 바가 있으면 그 바름을 얻지 못하며, 우환하는 바가 있으면 그 바름을 얻지 못한다.〔所謂修身在正其心者, 身有所忿懥則不得其正, 有所恐懼則不得其正, 有所好樂則不得其正, 有所憂患則不得其正.〕"라고 하였는데, 《대학장구(大學章句)》의 주석에서, 위 네 경우를 마음의 용(用)이 행하는 바가 올바름을 잃은 것으로 해석하여 다음과 같이 말하였다. "이 네 가지 경우는 마음의 용(用)으로 사람이 없을 수 없는 것인데, 한 번 이것을 두고 살피지 못하면 욕심이 동(動)하고 정(情)이 치우쳐서, 그 용(用)의 행하는 바가 혹 올바름을 잃지 않을 수 없을 것이다."

영서 임장에게 올림 계미년(1823, 순조23) 11월 30일
上潁西任丈 癸未至晦

《주역》에서 함괘(咸卦)와 항괘(恒卦)부터 하경(下經)에 배속시킨 것[194]은 진실로 의미가 있는 것이지만, 《시경》은 〈소아(小雅)〉부터, 《서경》은 〈여오(旅獒)〉부터를 하경이라 하니, 경서를 상하로 나누는 것은 언제부터 시작된 것이며, 또 무슨 뜻을 취한 것입니까? 저는 무슨 이유인지 알지 못하겠습니다.

〈순전(舜典)〉에 구관(九官)을 나누어 명할 적[195]에 모두 경계하는 말이 있었으나, 오직 기(棄), 설(契), 고요(皐陶), 기(夔)에게는 없는 것은 어째서입니까? 옛날 직책을 그대로 이었기 때문에 거듭 명할 필요가 없어서가 아니겠습니까. 아니면 사양한 자가 있음을 인하여 명했기 때문입니까?

공공(共工)과 우(虞)의 관직은 화순함을 훌륭하게 여기기 때문에

194 주역을……것 : 《주역》은 상경과 하경으로 나뉘는데, 상경은 건괘(乾卦)부터 이괘(離卦)까지의 서른 괘로 이루어져있고, 하경은 함괘(咸卦)부터 미제괘(未濟卦)까지의 서른 네 괘와 〈계사전(繫辭傳)〉·〈설괘전(設卦傳)〉·〈서괘전(序卦傳)〉·〈잡괘전(雜卦傳)〉으로 이루어져있다. 상경은 건괘과 곤괘(坤卦)로 시작하는데 이는 자연을 위주로 하였기 때문이고, 하경은 함괘와 항괘로 시작하는데 이는 인간을 위주로 하였기 때문이다. 건괘과 곤괘는 천지를, 함괘과 항괘는 부부를 상징한다.

195 순전(舜典)에……적 : 순은 우(禹)·기(棄)·설(契)·고요(皐陶)·수(垂)·익(益)·백이(伯夷)·기(夔)·용(龍)에게 각각 사공(司空)·후직(后稷)·사도(司徒)·사(士)·공공(共工)·우(虞)·질종(秩宗)·전악(典樂)·납언(納言)의 관직을 내렸다.

수(垂)와 익(益)을 불러 임명할 때에는 모두 먼저 "누가 순히 하겠는가?〔疇若〕"라고 말하고, 마지막에 "네 직책을 화하게 수행하라.〔汝諧〕" 라고 말하였으니,[196] '약(若)'은 순함이고 '해(諧)'는 화함입니다. 그런데 오직 우(禹)에게는 "이것을 힘쓸진저."라 말하고, 백이(伯夷)에게는 "가서 공경히 임무를 수행하라."라 말하였으니, 일을 다스림은 근면을 위주로 삼고 예를 관장함은 공경을 우선으로 여기기 때문에 이렇게 말한 것입니까?[197] 고요가 계책을 아뢸 때에 전(典)과 예(禮)에 대하여는 또한 "군신이 공경함을 함께 하고 공손함을 합하여 마음을 화(和)하게 하소서."라 하고, 관직의 임명과 토벌에 대하여는 "정사를 힘쓰고 힘쓰소서."라 하였으니,[198] 순 임금이 우와 백이에게 명하신 것과 같은

196 수(垂)와……말하였으니 : 수는 공공에, 익은 우에 임명되었는바, 순이 수에게 관직을 맡길 때 먼저 "누가 나의 백공의 일을 순히 다스리겠는가?〔疇若予工?〕"라 하고 끝에 "가서 네 직책을 화하게 수행하라.〔往哉汝諧.〕"라 하였고, 익에게 관직을 맡길 때는 먼저 "누가 나의 산택의 초목과 조수를 순히 다스리겠는가?〔疇若予上下草木鳥獸?〕"라 하고 끝에 "가서 네 직책을 화하게 수행하라.〔往哉汝諧.〕" 하였다. 《書經 舜典》

197 우(禹)에게……것입니까 : 우는 사공에, 백이는 사도에 임명되었는바, 사공은 수토를 다스리는 직책이고 사도는 예를 관장하는 직책이다. 순이 우를 임명하면서는 "아, 우야. 너는 수토를 평탄하게 해야 하니, 이것을 힘쓸진저.〔兪, 咨禹. 汝平水土, 惟時懋哉!〕" 하였고, 백이를 임명하면서는 "아, 가서 공경히 임무를 수행하라.〔兪, 往欽哉!〕" 하였다. 《書經 舜傳》

198 고요가……하였으니 : 《서경》 〈고요모(皐陶謨)〉에 보이는바, 전문(全文)은 다음과 같다. "하늘이 차례로 펴서 법을 두시니 우리 오전(五典)을 바로잡아 다섯 가지를 후하게 하시며, 하늘이 차례 하여 예를 두시니 우리 오례(五禮)로부터 하여 다섯 가지를 떳떳하게 하소서. 군신이 공경함을 함께 하고 공손함을 합하여 마음을 화하게 하소서. 하늘이 덕이 있는 이에게 명하시거든 다섯 가지 복식으로 다섯 가지 등급을 표창하시며, 하늘이 죄가 있는 이를 토벌하시거든 다섯 가지 형벌로 다섯 가지 등급을 써서 징계하시

의미입니까?

어 정사를 힘쓰고 힘쓰소서〔天敍有典, 勅我五典, 五惇哉! 天秩有禮, 自我五禮, 五庸哉! 同寅協恭, 和衷哉. 天命有德, 五服, 五章哉! 天討有罪, 五刑, 五用哉, 政事懋哉懋哉!〕”

영서 임장께 올림 계미년(1823, 순조23) 12월 15일

上潁西任丈 癸未臘月望

《서경(書經)》은 지금 어느 편을 공부하고 계십니까? 〈무성(武成)〉편에 말하기를, "문왕(文王)께서 대통(大統)을 이루지 못하고 별세하셨으므로 나 소자(小子)가 그 뜻을 이루노라."[199]라고 하니, 이 정벌의 일을 문왕에게 미루어 해당시키는 것은 선친의 뜻을 손상시키는 일이 아니겠습니까. 문왕은 천하가 셋으로 나뉨에 그 둘을 소유하시고도 주(紂)를 섬기셨고,[200] 자신의 방백(方伯)·연수(連帥)의 직분[201]을 닦아서 백성을 구원하셨습니다. 이는 문왕에게 인군으로서의 큰 덕과 임금을 섬기는 삼감이 있었기 때문에 두 가지 모두를 해낼 수 있었던

199 무성(武成)편에……이루노라 : 《서경(書經)》〈무성(武成)〉에 다음과 같은 무왕(武王)의 말이 있다. "우리 문고(文考)이신 문왕께서 능히 공을 이룩하시어 크게 천명에 응하여 사방의 중하(中夏)를 어루만지시니, 큰 나라는 그 힘을 두려워하고 작은 나라는 그 덕을 그리워한 지가 9년이었다. 그런데 대통을 이루지 못하고 별세하셨으므로 나 소자가 그 뜻을 이었노라.〔我文考文王, 克成厥勳, 誕膺天命, 以撫方夏, 大邦畏其力, 小邦懷其德, 惟九年, 大統未集, 予小子其承厥志.〕" 여기에서는 '여소자기성궐지(予小子其成厥志)'라 하여 《서경》 원문의 '승(承)' 자를 '성(成)'으로 바꿔 썼다.

200 문왕은……섬기셨고 : 주(紂)는 은(殷)나라 최후의 왕으로, 하(夏)나라의 걸왕(桀王)과 더불어 폭군의 상징으로 일컬어진다. 이 내용은 《논어(論語)》〈태백(泰伯)〉에 다음과 같이 보인다. "문왕은 천하가 셋으로 나뉨에 그 둘을 소유하시고도 복종하여 은나라를 섬기셨으니, 주 문왕의 덕은 지극한 덕이라 말할 만하다.〔三分天下, 有其二, 以服事殷, 周之德, 其可謂至德也已矣.〕"

201 자신의……직분 : 여러 제후국을 통솔하는 직분을 말한다. 방백은 5개 제후국을 통솔하는 우두머리이고 연수는 10개 제후국을 통솔하는 우두머리이다. 《禮記 王制》

것이니, 바로 이른바 "유독 그 마음을 온전히 하여 안팎에 유감이 없다."[202]라는 것입니다. 설사 문왕이 다시 몇 십 년간 나라를 다스려서 팔백 제후가 약속하지 않고 모이게 되었더라도[203] 반드시 무왕처럼 한 번 갑옷을 입음으로써 천하를 소유하는 일은 하지 않았을 것이요 누런 과실이 저절로 떨어지게 내버려두듯이 했을 것이니, 이것이 바로 회옹(晦翁 주희(朱熹))께서 말씀하신 "그 뜻을 논해보면 문왕이 진실로 무왕보다 높다."[204]라는 것입니다.

탕왕(湯王)과 무왕이 혁명을 하여 천명(天命)에 순종하고 인심(人心)에 응한 것[205]은 곧 성인(聖人)의 부득이함에 처했던 것이지만, 무

202 유독……없다 : 이 말은 주희(朱熹)가 양도(楊禱)에게 보낸 편지에 보이는바, 본래는 태백(泰伯)을 평가하면서 쓴 말이다. 이 편지에서 주희는 《논어》에 등장하는 두 번의 '지덕(至德)'을 분석하여, 첫 번째 지덕은 문왕(文王)의 덕으로 이는 군사를 일으켜 은(殷)나라를 정벌한 무왕(武王)과 대비시킨 것이라 하고, 두 번째 지덕은 태백의 덕으로 이는 상(商)나라를 칠 생각이 있었던 태왕(太王)에 대비시킨 것이라 하였다. 그리하여 "그 일을 논해보면, 태백 · 왕계(王季) · 문왕 · 무왕은 모두 성인(聖人)의 부득이함에 처해 있었지만, 그중에서도 태백이 유독 그 마음을 온전히 하여 안팎에 유감이 없다〔若論其事, 則泰伯、王季、文王、武王皆處聖人之不得已, 而泰伯爲獨全其心, 表裏無憾也.〕"라고 하였다. 《朱子大全 卷58 答楊志仁》

203 팔백……되었더라도 : 《서경(書經)》 〈목서(牧誓)〉의 채침(蔡沈)의 주(註)에 "무왕(武王)이 주왕(紂王)을 정벌할 때에 날짜를 약속하지 않고도 모인 것이 8백 개의 나라였다.〔武王伐紂, 不期會者八百國.〕"라고 하였다.

204 그 뜻을……높다 : 주희(朱熹)가 양도(楊禱)에게 보낸 편지에 다음과 같이 보인다. "만약 그 뜻을 논해보면, 문왕(文王)은 진실로 무왕(武王)보다 높고, 태백(泰伯)이 처신한 것은 또 문왕보다 높다.〔若論其志, 則文王固高於武王, 而泰伯所處, 又高於文王.〕" 《朱子大全 卷58 答楊志仁》

205 탕왕(湯王)과……것 : 《주역(周易)》 〈혁괘(革卦) 단(彖)〉에 "천지가 변혁(變革)하여 사시(四時)가 이루어지며 탕(湯) · 무(武)가 혁명을 하여 천명에 순종하고 인

왕이 군사에게 맹세할 때에 문왕에게 미룬 것은 유감이 없을 수 없을 듯합니다. 아니면 발양도려(發揚蹈厲)하면서 일에 미치지 못할까 염려하였기 때문에[206] 이렇게 된 것입니까? 이 때문에 무왕의 음악이 진선(盡善)함이 되지 못한 것입니까?[207] 예로부터 여러 학자들이 이 부분을 논할 때 모두 인정을 아껴서 완곡히 돌려 비호하고 감히 대언(大言)하지 않았지만, 책을 읽다가 여기에 이르면 마음이 답답하여 항상 문왕을 위해 해명하고 싶어집니다.[208] 고견은 어떠신지 모르겠습니다.

심에 응하였으니, 혁(革)의 때가 크도다.〔天地革而四時成, 湯、武革命, 順乎天而應乎人, 革之時大矣哉!〕"라고 하였다.

206 발양도려(發揚蹈厲)하면서……때문에 : 발양도려는 처음 춤을 출 때 손과 발이 발양(發揚)하면서 땅을 딛기를 빨리 한다는 것인바, 무왕(武王)의 악(樂)에 나온 춤으로, 무왕이 주(紂)를 정벌(征伐)할 때를 상징하여 만들어진 춤이다. 《예기(禮記)》〈악기(樂記)〉에 "'손과 발을 발양하고 땅을 딛기를 급히 함이 너무 빠름은 어째서인가?' 답하였다. '무왕이 때에 미쳐 정벌한 일을 형상한 것이다.'〔發揚蹈厲之已蚤, 何也? 對曰: 及時事也.〕"라고 하였는데, 연평 주씨(延平周氏)의 주(註)에 "무왕이 주(紂)를 정벌함을 어찌 그만둘 수 있었겠는가. 인심에 순종하고 천명에 응했을 뿐이다. 인심에 순종하고 천명에 응하였는데도 여러 사람의 마음을 얻지 못할까 근심하고 일에 미치지 못할까 염려하였으니, 이것이 끝내 때에 미처 정벌의 일을 이룰 수 있었던 까닭이다.〔武王之伐紂, 豈得已哉? 順乎人, 應乎天而已矣. 順乎人, 應乎天, 猶且病其不得衆, 恐其不逮事, 則此所以終能及時事也.〕"라고 하였다. 《禮記集說 卷99》

207 무왕의……것입니까 : 《논어(論語)》〈팔일(八佾)〉에 "공자(孔子)께서 소악(韶樂)을 평하시되 '극진히 아름답고 극진히 좋다.' 하셨으며, 무왕의 음악을 평하시되 '극진히 아름답지만 극진히 좋지는 못하다.' 하셨다.〔子謂韶: 盡美矣, 又盡善也. 謂武: 盡美矣, 未盡善也.〕"라고 하였다. '소악'은 순 임금의 음악이다.

208 학자들이……싶어집니다. : 이와 유사한 내용이 주희(朱熹)가 양도(楊燾)에게 보낸 편지에 다음과 같이 보인다. "이전의 여러 학자들이 이 부분을 말할 때 모두 인정을 아껴 완곡히 돌려 비호하고 감히 끝까지 궁구하지 않았다. 이 때문에 다시 감히 대언하

지 않지 않아서 사람의 마음을 답답하게 하여 스스로를 속이게 하니, 이 병통이 작지 않다.〔前此諸儒說到此處, 皆爲愛惜人情, 宛轉回護, 不敢窮究到底, 所以更不敢大開口說, 令人胸次憒憒, 自欺自誑, 此病不小.〕"《朱子大全 卷58 答楊志仁》

영서 임장께 답함 갑신년(1824, 순조24) 4월 17일
答潁西任丈 甲申四月十七日

개성 송악산(松岳山)의 뛰어난 형세는 웅대하고 장건하니, 진실로 안팎으로 산하가 둘러싸고 있어 반 천 년 패왕(覇王)의 거처가 되기에 마땅합니다. 고려가 삼국을 통합하여 하나로 만들어서 백성을 안정시켜 공렬(功烈)이 영원한 후세에 이르렀는데, 그 옛날 빛나던 궁궐과 전각이 지금은 까마귀가 우짖고 사슴이 뛰노는 폐허가 되었으니, 자취를 더듬으며 감회가 일어남에 마음과 눈이 모두 서글퍼졌습니다. 그중에 가장 서글픈 것은 벽옥(碧玉)으로 변한 선죽교(善竹橋)의 피가 지금까지도 사라지지 않아서 물을 뿌려 돌을 씻어내도 얼룩이 새 것처럼 선명한 일입니다.[209] 이어서 '백번 다시 죽어도 충심을 지키겠다'는 노래[210]를 읊으니 충의(忠義)의 마음이 가득 생겨납니다. 혁명이 일어

209 벽옥(碧玉)으로……일입니다 : 이성계(李成桂)를 추대하려는 세력을 따르지 않고 고려의 왕조를 지키려 했던 정몽주(鄭夢周)는 이방원의 문객 조영규(趙英珪)에게 선죽교에서 격살되었는데, 세월이 지난 후에도 당시의 핏자국이 사라지지 않고 있다고 하는바, 이를 말한 것이다. 피가 벽옥으로 변한다는 것은 충심이 지극하여 죽어서도 사라지지 않음을 말하니, 《장자(莊子)》 〈외물(外物)〉에 "장홍(萇弘)이 촉(蜀)에서 죽으니 그 피를 보관하였는데 3년이 지나 벽옥으로 변하였다.〔萇弘死于蜀, 藏其血, 三年而化爲碧.〕"라고 한 데에서 온 말이다.

210 백번……노래 : 이방원(李芳遠)이 정몽주(鄭夢周)의 뜻을 떠보려고 읊은 〈하여가(何如歌)〉에 답하여 정몽주가 부른 시조 〈단심가(丹心歌)〉를 말한다. 《청구영언(靑丘永言)》과 《가곡원류(歌曲源流)》에 실려 있으며, 《약천집(藥泉集)》에는 "이 몸이 죽고 또 죽어, 일백 번 죽고 다시 천 번 죽어, 백골이 진토가 되어, 혼과 넋이 있든 없든,

난 초기에 고려의 신하 중 귀화하지 않은 자들은, 사람마다 각기 자신의 주인을 위할 뿐이니, 칭찬할 만한 것이지 죄줄 일이 아닙니다. 그런데 이로 인하여 오백 년간 버려져서 사람 축에 들지 못하게 되었으니, 진실로 그 이유를 찾고자 하나 얻지 못하겠습니다. 한(漢)·당(唐)·송(宋)·명(明)과 단군(檀君)·기자(箕子)·신라·고려 등이 전대의 왕조에 대해 이런 일을 한 적이 있었는지요?

임을 향한 일편단심이야, 아직도 그칠 줄이 없어라.〔此身死復死, 百死又千死, 白骨爲塵土, 魂魄復何有, 向君一片丹心, 到此猶未已.〕"로 한역(漢譯)되어 실려 있다.《藥泉集 卷1 翻方曲》

영서 임장께 올림 갑신년(1824, 순조24) 5월 30일

上潁西任丈 甲申五月少晦

시습(時習)[211]은 단지 강습하는 일입니다. 그러나 지행(知行)이 모두 그 가운데 있는 것은, 삼대(三代)의 학교는 사술(四術)로써 사람을 가르쳤으니 시(詩)·서(書)는 노래하고 읽어서 이치를 강구하는 것이지만 예(禮)·악(樂)은 자신에게 절실한 일이 허다하게 있는 것이기 때문입니다.[212] 예(禮)의 위의(威儀)가 잠깐이라도 단정하거나 공경스럽지 못하다면 어떻게 예를 행할 수 있겠으며, 악(樂)의 음절이 잠깐이라도 조화롭거나 즐겁지 못하다면 어떻게 악(樂)을 행할 수 있겠습니까.[213] 그러므로 주선생(朱先生)께서는 '시습'을 본디 '시시습지(時時

211 시습(時習) : 《논어(論語)》 〈학이(學而)〉에 "공자께서 말씀하셨다. '배우고 때때로 익히면 즐겁지 않겠는가.' 〔子曰: 學而時習之, 不亦說乎?〕"라고 한 데서 온 말로, 배운 것을 복습함을 말한다.

212 지행(知行)이……때문입니다 : 유학에서는 공부를 지(知)공부와 행(行)공부로 나누어 이해하는데, 지공부는 이치를 궁구하는 공부로 치지(致知)를 이르고, 행공부는 그 이치를 체행하는 공부로 역행(力行)을 이른다. 사술(四術) 중의 시(詩)와 서(書)는 지공부에, 예(禮)와 악(樂)은 행공부에 속하므로 복습의 일은 지공부와 행공부를 겸한다고 말한 것이다.

213 예(禮)의……있겠습니까 : 비록 예와 악을 사용하더라도 그 효과를 얻지 못할 것이라는 말이다. 이 말은 《논어(論語)》 〈팔일(八佾)〉에 "사람으로서 인하지 못하면 어떻게 예를 하며 사람으로서 인하지 못하면 어떻게 악을 할 수 있겠는가.〔人而不仁, 如禮何? 人而不仁, 如樂何?〕"라고 한 데서 온 것으로, 주희(朱熹)는 《논어집주(論語集註)》에 유작(游酢)이 "비록 예악을 쓰려고 하더라도 예악이 그를 위해 쓰이지 않을 것이라고 말한 것이다."라고 한 말을 채록해 넣었다.

習之)'로 해석하시되, 사상채(謝上蔡)의 '입시좌재설(立尸坐齊說)'을 겸하여 취하셨으니, '무시불습(無時不習)'이 시습에 매우 부합되기 때문입니다.[214] 《논어집주(論語集註)》를 마땅히 바른 뜻으로 삼아야 하고, 사상채의 설은 또 하나의 설로 구비할 만합니다. 고견은 어떠하신지 모르겠습니다.

214 주선생(朱先生)께서는……때문입니다 : 사상채는 사량좌(謝良佐)이다. 주희는 《논어집주(論語集註)》에서 "이미 배우고 또 '때때로 그것을 익힌다면〔時時習之〕' 배운 것이 익숙해져서 중심에 희열을 느껴 그 진전이 자연히 그만둘 수 없는 것이다."라고 하여, '시습'을 '시시습지' 즉 '때때로 그것을 익힘'으로 해석하였는데, 또 하나의 설로 '시습'을 '무시불습' 즉 '항상 익힘'으로 해석한 사량좌의 설을 채록해 넣었다. 사량좌의 설은 다음과 같다. "시습이란 때마다 익히지 않음이 없는 것이니, 앉음에 시동처럼 함은 앉아 있을 때의 익힘이요, 섬에 재계하는 것처럼 함은 서 있을 때의 익힘이다.〔時習者, 無時而不習. 坐如尸, 坐時習也; 立如齊, 立時習也.〕" 이에 따르면 '입시좌재(立尸坐齊)'가 아니라 '좌시입재(坐尸立齊)'라고 해야 한다.

영서 임장께 올림 갑신년(1824, 순조24) 6월 14일

上潁西任丈 甲申六月少望

지난번 질문 올린 '시습(時習)'의 뜻은 이미 입론(立論)하신 것이 있을 터이니 편안히 가르침을 받길 원합니다. 저는 〈학이(學而)〉 한 편에 대해 이렇게 생각합니다. '처음에 효제충신(孝悌忠信)에서 그 근본을 세우고, 그런 뒤에 스승을 친히 하고 벗을 취하며 학문을 강론하고 유익함을 취한다. 그러나 외물(外物)에 의해 마음이 바뀌면 안 되기 때문에 '불구안포(不求安飽)'[215]와 '처빈부(處貧富)'[216]와 '불환인지(不患人知)'[217]로 끝맺은 것이다. 수장(首章)이 〈학이(學而)〉 한 편의 강령(綱領)이 된다.'

'학습(學習)'을 앞에 두었으니[218] 〈학이(學而)〉편 중에 '효제(孝悌)'[219]

215 불구안포(不求安飽) : 《논어(論語)》 〈학이(學而)〉 14장에 "군자(君子)가 먹을 적에 배부름을 구하지 않으며, 거처할 적에 편안함을 구하지 않는다.〔君子食無求飽, 居無求安.〕"라고 한 것을 가리킨다.

216 처빈부(處貧富) : 《논어(論語)》 〈학이(學而)〉 15장에 "자공(子貢)이 말하였다. '가난하면서도 아첨함이 없으며, 부(富)하면서도 교만함이 없는 것이 어떻습니까?' 공자(孔子)께서 답하셨다. '괜찮으나, 가난하면서도 즐거워하며, 부하면서도 예(禮)를 좋아하는 자만은 못하다.'〔子貢曰: 貧而無諂, 富而無驕, 何如? 子曰: 可也, 未若貧而樂, 富而好禮者也.〕"라고 한 것을 가리킨다.

217 불환인지(不患人知) : 《논어(論語)》 〈학이(學而)〉의 마지막 장인 16장에 다음과 같이 보인다. "공자(孔子)께서 말씀하셨다. '남이 자신을 알아주지 못함을 걱정하지 말고, 내가 남을 알지 못함을 걱정해야 한다.'〔子曰: 不患人之不己知, 患不知人也.〕"

218 학습(學習)을 앞에 두었으니 : 《논어(論語)》 〈학이(學而)〉 1장에 "배우고 때때

와 '충신(忠信)'·'중위(重威)'[220]와 '전습(傳習)'[221]과 '학문(學文)'[222]의 따위가 모두 이것이고, '붕우(朋友)'를 다음에 두었으니[223] 이른바 '친인(親仁)'[224]과 '무우불여기(無友不如己)'[225]로부터 '취유도이정(就有道而

로 익히면 즐겁지 않겠는가.〔學而時習之, 不亦說乎?〕"라고 한 것을 가리킨다.

219 효제(孝悌) : 《논어(論語)》 〈학이(學而)〉 2장에 다음과 같이 보인다. "유자(有子)가 말하였다. '그 사람됨이 효도하고 공경하면서 윗사람을 범하기를 좋아하는 자는 드무니, 윗사람을 범하기를 좋아하지 않고서 난(亂)을 일으키기를 좋아하는 자는 있지 않다. 군자(君子)는 근본(根本)을 힘쓰니, 근본이 확립되면 도(道)가 발생(發生)하는 것이다. 효(孝)와 제(弟)라는 것은 인(仁)을 행하는 근본일 것이다.'〔有子曰: 其爲人也孝弟, 而好犯上者鮮矣, 不好犯上, 而好作亂者未之有也. 君子務本, 本立而道生, 孝弟也者, 其爲仁之本與.〕" '제(弟)'는 '제(悌)'와 통용된다.

220 충신(忠信)중위(重威) : 《논어(論語)》 〈학이(學而)〉 8장에 다음과 같이 보인다. "공자(孔子)께서 말씀하셨다. '군자(君子)가 후중(厚重)하지 않으면 위엄(威嚴)이 없으니, 그러고도 배우면 배움도 견고하지 못하다. 충신(忠信)을 주장해야 한다.'〔子曰: 君子不重則不威, 學則不固. 主忠信.〕"

221 전습(傳習) : 《논어(論語)》 〈학이(學而)〉 4장에 "증자(曾子)가 말씀하였다. '나는 날마다 세 가지로 내 몸을 살피니……전수(傳受)받은 것을 복습하지 않는가이다.'〔曾子曰 : 吾日三省吾身……傳不習乎.〕"라고 한 것을 가리킨다.

222 학문(學文) : 《논어(論語)》 〈학이(學而)〉 6장에 다음과 같이 보인다. "공자(孔子)께서 말씀하셨다. '제자(弟子)가 들어가서는 효도하고 나와서는 공손하며, 행실을 삼가고 말을 성실하게 하며, 널리 사람들을 사랑하되 인(仁)한 이를 친근히 해야 하니, 이것을 행하고 여력(餘力)이 있으면 글을 배워야 한다.'〔子曰: 弟子入則孝, 出則弟, 謹而信, 汎愛衆, 而親仁, 行有餘力, 則以學文.〕"

223 붕우(朋友)를 다음에 두었으니 : 《논어(論語)》 〈학이(學而)〉 1장에 '학이시습지불역열호(學而時習之不亦說乎)' 뒤에 "붕우가 먼 곳으로부터 찾아온다면 즐겁지 않겠는가.〔有朋自遠方來, 不亦樂乎?〕"라고 한 것을 가리킨다.

224 친인(親仁) : 《논어(論語)》 〈학이(學而)〉 6장에 "널리 사람들을 사랑하되 인(仁)한 이를 친히 해야 한다.〔汎愛衆, 而親仁.〕"라고 한 것을 가리킨다.

正)'[226]의 따위가 모두 이것이며, '불온(不慍)'을 끝에 두었으니[227] 〈학이(學而)〉편(篇) 끝에 '불구안포(不求安飽)'와 '무첨무교(無諂無驕)'와 '낙차호례(樂且好禮)'[228]로부터 '불환인지부기지(不患人之不己知)'[229]가 모두 이것이니, 학문(學問)하는 공부의 처음과 끝은 오직 이 세 가지 일이 강령이 됩니다. 그러므로 한 편의 첫머리에 게시한 것이 아니겠습니까.

증점(曾點)의 즐거움은 진실로 안자(顔子)의 즐거움에 가깝습니다. 그런데 어찌하여 '춘풍기수(春風沂水)'의 즐거움[230]이 '누항단표(陋巷

225 무우불여기(無友不如己) : 《논어(論語)》 〈학이(學而)〉 8장에 "자기만 못한 자를 벗삼으려 하지 말아야 한다.〔無友不如己者.〕"라고 한 것을 가리킨다.

226 취유도이정(就有道而正) : 《논어(論語)》 〈학이(學而)〉 14장에 "도(道)가 있는 이에게 찾아가서 질정(質正)한다면 배움을 좋아한다고 이를 만하다.〔就有道而正焉, 可謂好學也已.〕"라고 한 것을 가리킨다.

227 불온(不慍)을 끝에 두었으니 : 《논어(論語)》 〈학이(學而)〉 1장 마지막 절에 "사람들이 알아주지 않더라도 서운해 하지 않는다면 군자가 아니겠는가.〔人不知而不慍, 不亦君子乎?〕"라고 한 것을 가리킨다.

228 무첨무교(無諂無驕)와 낙차호례(樂且好禮) : 위에서 '처빈부(處貧富)'라고 한 것과 통하는바, 《논어(論語)》 〈학이(學而)〉 15장에 "자공(子貢)이 말하였다. '가난하면서도 아첨함이 없으며, 부(富)하면서도 교만함이 없는 것이 어떻습니까?' 공자(孔子)께서 답하셨다. '괜찮으나, 가난하면서도 즐거워하며, 부하면서도 예(禮)를 좋아하는 자만은 못하다.'〔子貢曰: 貧而無諂, 富而無驕, 何如? 子曰: 可也, 未若貧而樂, 富而好禮者也.〕"라고 한 것을 가리킨다.

229 불환인지부기지(不患人之不己知) : 《논어(論語)》 〈학이(學而)〉의 마지막 장인 16장의 내용을 가리킨다. 266쪽 주217 참조.

230 춘풍기수(春風沂水)의 즐거움 : 《논어(論語)》 〈선진(先進)〉에 다음과 같이 보인다. "증점(曾點)이 말했다. '늦봄에 봄옷이 이미 이루어지면 관(冠)을 쓴 어른 5,

簞瓢)'의 즐거움[231]과 이처럼 같지 않은 것입니까? 누항단표는 본래 즐거워할만한 것이 아닌데 안자(顔子)의 즐거움은 누항단표로 인해 변하지 않았고,[232] 춘풍기수는 원래 즐거워할만한 것이니 증점(曾點)의 즐거움은 춘풍기수로 인하여 드러난 것입니다. 증점(曾點)의 즐거움을 미루어보면 또한 장차 가는 곳마다 즐거움을 보존할 수 있습니다. 다만 그가 말한 뜻을 가지고 살펴보면, 성대하게 화락(和樂)하여 천시(天時)에 합해서 만물을 육성하는[233] 뜻을 볼 수 있습니다. 그러므로 도(道)를 아는 자들이 자주 그 마음에 묵묵히 합치되었으니, 그 지극

6명과 동자(童子) 6, 7명과 함께 기수(沂水)에서 목욕하고 무우(舞雩)에서 바람 쐬고 노래하면서 돌아오겠습니다.' 공자(孔子)께서 아! 하고 감탄하시며 '나는 점(點)을 허여(許與)한다.'라고 하셨다.〔曰: 莫春者, 春服旣成, 冠者五六人, 童子六七人, 浴乎沂, 風乎舞雩, 詠而歸. 夫子喟然嘆曰: 吾與點也.〕"

231 누항단표(陋巷簞瓢)의 즐거움 : 《논어(論語)》 〈옹야(雍也)〉에 다음과 같이 보인다. "공자(孔子)께서 말씀하셨다. '어질다, 안회(顔回)여! 한 대그릇의 밥과 한 표주박의 음료로 누추한 시골에 있는 것을 딴 사람들은 그 근심을 견뎌내지 못하는데, 안회는 그 즐거움을 변치 않으니, 어질다, 안회여!'〔子曰: 賢哉回也! 一簞食, 一瓢飮, 在陋巷, 人不堪其憂, 回也不改其樂, 賢哉回也!〕"

232 누항단표는……않았고 : 안회(顔回)가 즐거워한 것이 누항단표 자체였던 것이 아니라 안회가 자신의 즐거움을 누항단표의 상황에서도 이어갔음을 말한다. 이와 관련한 정호(程顥)의 말이 《논어집주(論語集註)》에 다음과 같이 채록되어있다. "한 대그릇의 밥과 한 표주박의 음료와 누추한 시골은 즐거워할 만한 것이 아니요, 따로 즐거움이 있는 것이다. '기(其)' 자를 마땅히 완미하여야 하니, 진실로 깊은 뜻이 있다.〔簞瓢陋巷, 非可樂, 蓋自有其樂爾, 其字當玩味, 自有深意.〕"

233 천시(天時)에……육성하는 : 원문은 '대시휵물(對時育物)'로, 《주역(周易)》 〈무망괘(无妄卦) 상(象)〉에 다음과 같이 보인다. "하늘 아래에 우레가 행하여 물건마다 무망(无妄)을 주니, 선왕(先王)이 보고서 천시(天時)에 성하게 합하여 만물(萬物)을 기른다.〔天下雷行, 物與无妄, 先王以, 茂對時, 育萬物.〕"

한 것을 미루어 다한다면 요순(堯舜)의 기상이 될 수 있을 것입니다. 안자(顔子)와 증점(曾點)의 즐거움의 같고 다름이 과연 어떠합니까?

영서 임장께 올림 갑신년(1824, 순조24) 7월 9일

上穎西任丈 甲申七月九日

《중용(中庸)》 제3장에 《논어(論語)》의 문장을 인용하였는데, '지위덕야(之爲德也)' 네 글자를 삭제하고 '능(能)' 자를 첨가한 것[234]은 무슨 뜻입니까? 이 제3장 아래 경문(經文)의 수많은 '능(能)' 자가 모두 이 '능(能)' 자에서 시작되었으니, 만약 이 한 글자를 놓지 않았다면 정신이 없고 골격이 없었을 것입니다. 한 글자에 만균(萬勻)의 힘이 있으니, 이 때문에 '과능차도(果能此道)'[235]의 장본(張本)이 된 것입니다.

《논어》에서 '중용의 덕됨〔中庸之爲德〕'이라고 한 것은 '중용의 중용됨'이라고 말한 것과 같은바, '귀신의 덕됨〔鬼神之爲德〕'[236]이라고 하는

234 중용(中庸)……것 : 《논어(論語)》 〈옹야(雍也)〉 27장에 "공자(孔子)께서 말씀하셨다. '중용(中庸)의 덕(德)이 지극하구나! 사람들이 이 덕(德)을 소유한 이가 적은 지 오래이다.'〔子曰: 中庸之爲德也, 其至矣乎! 民鮮久矣.〕"라고 하였는데, 《중용(中庸)》 3장에서는 이를 인용하여, "공자(孔子)께서 말씀하셨다. '중용(中庸)은 지극할 것이다. 사람들이 능한 이가 적은 지가 오래이다.'〔子曰: 中庸, 其至矣乎! 民鮮能久矣.〕"라고 하여, '지위덕야(之爲德也)'를 빼고 '능(能)' 자를 더한 것을 말한다.

235 과능차도(果能此道) : 《중용(中庸)》 20장에 보이는 말로, 학·문·사·변(學問思辨)을 수행함에 있어 그 수행이 완전해질 때까지 멈추지 않고 남보다 천배의 노력을 기울여야 하는데 '이 도에 과연 능하면〔果能此道矣〕' 비록 어리석으나 반드시 밝아지며 비록 유약하나 반드시 강해진다고 하였다.

236 귀신의 덕됨 : 《중용(中庸)》 16장에 다음과 같이 보인다. "공자(孔子)께서 말씀하셨다. '귀신의 덕이 지극하다.'〔子曰: 鬼神之爲德, 其盛矣乎!〕"

경우와 같아서 굳이 산삭할 필요가 없는데도 산삭한 것은 반드시 정밀한 뜻이 있을 터인데 이유를 알지 못하겠습니다. 덕행(德行)의 의미로 중용이라고 한 것이라면 '중용'이라고만 말하더라도 '위덕(爲德)'의 뜻이 포함됩니다.[237] 그러므로 장구(章句)에 "오직 중용의 덕이 지극함이 된다."라고 하였으니, 이는 상문(上文)의 "군자(君子)는 중용을 한다."의 예(例)를 이어 받아 말한 것입니까?[238]

《논어》에서 '위덕(爲德)'이라고 한 것은 '사람이 도(道)를 행하여 마음에 얻음이 있는 것'[239]을 가지고 말한 것이기 때문에 '능(能)' 자를

237 덕행(德行)의……포함됩니다 : '중용'을 《중용(中庸)》 1장에서는 '희로애락(喜怒哀樂) 미발(未發)의 중(中)'과 '이발(已發)의 화(和)'로 논하여 '중화(中和)'라 하였는데, 2장에서는 "군자는 중용을 하고 소인은 중용에 반대로 한다.〔君子中庸, 小人反中庸.〕"라 하여 1장과 다르게 '중용'이라 하였다. 이에 대하여 주희(朱熹)는 《중용장구(中庸章句)》 2장의 주(註)에 "성정(性情)으로써 말하면 중화(中和)라 하고, 덕행(德行)으로써 말하면 중용(中庸)이라 한다."〔以性情言之, 則曰中和; 以德行言之, 則曰中庸.〕"라고 한 유작(游酢)의 설을 채록하였다. 즉 중용이라고 했을 때에는 중용의 덕(德)과 이것의 체행을 가리켜 말한 것이라는 뜻인바, 여기에서는 그렇다면 '중용'에 굳이 '위덕(爲德)'이란 말을 붙이지 않아도 된다고 말한 것이다.

238 장구(章句)에……것입니까 : 《중용(中庸)》 2장에 "군자는 중용을 하고 소인은 중용에 반대로 한다.〔君子中庸, 小人反中庸.〕"라고 하였는바, 여기에서의 중용은 중용의 덕(德)과 체행을 가지고 말한 것이다. 그런데 다음 3장의 "중용(中庸)은 지극할 것이다. 사람들이 능한 이가 적은 지가 오래이다.〔中庸, 其至矣乎! 民鮮能久矣.〕"에 대하여, 주희(朱熹)가 《중용장구(中庸章句)》에서 "과(過)하면 중(中)을 잃고 불급(不及)하면 이르지 못한다. 그러므로 오직 중용의 덕이 지극함이 되는 것이다.〔過則失中, 不及則未至, 故惟中庸之德爲至.〕"라고 주(註)를 내어 '중용의 덕'이라 하였으므로 이것이 위의 2장을 이어 말한 것이 아닌가 묻는 것이다.

239 사람이……것 : 주희(朱熹)가 '덕(德)'을 훈(訓)하여 한 말인바, 《논어집주(論語集註)》 〈위정(爲政)〉의 주(註)에 다음과 같이 보인다. "덕이란 말은 얻는다는 뜻이니,

포함하므로 아래 구(句)에 '민선구의(民鮮久矣)'라고만 말한 것입니다. 《중용》에서 자사(子思)가 이를 인용한 것은 중용의 도를 밝히기 위함이었는데 세상 사람들이 능하지 못할 것을 걱정하였기 때문에 '능(能)' 자를 첨부해서 사람의 몸과 마음에 직접적 연관이 있는 말로 만든 것입니다. 이미 능하다고 말했다면 '도(道)를 행하여 얻음이 있음'의 뜻을 포함한 것이니, 이 때문에 '위덕(爲德)'이라는 한 구절을 뺀 것입니까?

도를 행하여 마음에 얻음이 있는 것이다.〔德之爲言, 得也, 行道而有得於心也.〕"

영서 임장께 답함 갑신년(1824, 순조24) 7월 22일

答潁西任丈 甲申七月念二日

《청송유고(聽松遺稿)》[240]는 전달해 보내 주신 것을 받아 책상 위에 잘 올려 두었습니다. 이 어르신은 세속과 통하여도 정도(程度)를 넘지 않고 강직하여도 세속과의 인연을 끊지 않아서, 험준한 바위에 여유 있게 은둔하되 과격한 뜻이 없었고, 고명(高明)함을 마음에 두되 공허함에 치우친 병통이 전혀 없었습니다. 그래서 우리나라 처사(處士)의 으뜸이 되셨으니, 이 때문에 한 번 전해져서 우계(牛溪 성혼(成渾))같은 이가 나온 것입니다. 그러나 저는 그의 언행(言行)과 출처(出處)가 우계(牛溪)보다 높다고 생각해왔으니, 고견은 어떠하신지 모르겠습니다.

저의 경우는 성시(城市)에서 나고 자라 어느덧 반백년이 되었으니, 세속의 때에 물들지 않은 것이 거의 없습니다. 매번 이 어르신이 백악

240 청송유고(聽松遺稿) : 청송(聽松)은 우계(牛溪) 성혼(成渾)의 아버지인 성수침(成守琛, 1493~1564)의 호이다. 성수침은 자가 중옥(仲玉)이며 청송 외에 죽우당(竹雨堂)·파산청은(坡山淸隱)·우계한민(牛溪閒民) 등의 호가 있으며, 본관은 창녕(昌寧)이다. 조광조(趙光祖)의 문인으로, 1519년(중종14)에 현량과(賢良科)에 천거되었으나, 기묘사화(己卯士禍)가 일어나자 벼슬을 단념하고 청송당(聽松堂)을 짓고 들어가 두문불출하였다. 이때부터 과업(科業)을 폐하고 경서 공부에 전념하였으며, 여러 차례 관직에 임명되었으나 끝내 나아가지 않았다. 그의 문하에서 아들 성혼을 비롯해 많은 학자가 배출되었으며, 저서로는 《청송집(聽松集)》이 있는데 현존하는 《청송집(聽松集)》은 성수침의 유고에 아우 성수종(成守琮)의 《절효선생유고(節孝先生遺稿)》를 부편(附編)한 유문집이다.

산(白岳山)에서 두문불출(杜門不出)하며 베개를 높이 베고 자연스레 노닌 것[241]을 생각하면 이를 배우기를 원하게 됩니다만 그럴 수가 없으니, 단지 삼연옹(三淵翁 김창흡(金昌翕))의 "고요히 솔바람소리 들으며 북산(北山)에 의지하여, 누워서 높은 홍취 이루니 아득하여 따르기 어렵네."[242]라는 시구를 읊을 뿐입니다.

241 백악산(白岳山)에서……것 : 성수침(成守琛)은 기묘사화가 일어나자 과업(科業)을 버리고 서울의 백악산(白岳山) 아래에 '청송당(聽松堂)'을 짓고 두문불출하였다.

242 고요히……어렵네 : 북산은 백악산을 가리킨다. 이 시는 《삼연집(三淵集)》 권14 〈갈역잡영(葛驛雜詠)〉에 보인다.

영서 임장께 올림 을유년(1825, 순조25) 6월 1일

上潁西任丈 乙酉六月初吉

지난번에 말씀하신 〈계사전 하(繫辭傳下)〉 6장의 '미현천유(微顯闡幽)'[243]의 뜻은 다시 생각해 보았습니다. 일의 자취는 지극히 드러나기 때문에 반드시 근본을 끝까지 미루어 은미하게 해야 하니 곧 지극히 드러난 상(象)을 지극히 은미한 이치에 기탁하는 것이요, 성명(性命)의 이치는 지극히 그윽하기 때문에 반드시 사물(事物)에 나아가 밝혀야 하니 곧 지극히 은미한 이치를 지극히 드러난 상(象)에 기탁하는 것입니다.

〈계사전 상(繫辭傳上)〉에서 말한 '덕행을 신묘하게 한다〔神德行〕'는 말은 곧 '드러난 것을 은미하게 함〔微顯〕'의 뜻이고, '도(道)를 드러낸다〔顯道〕'는 말은 곧 '그윽한 것을 밝힘〔闡幽〕'의 뜻입니다.[244] 또 '드러

243 미현천유(微顯闡幽) : 《주역》 〈계사전 하〉 6장에 "역(易)은 지나간 것을 드러내고 미래를 살피며, 드러난 것을 은미하게 하고 그윽한 것을 밝히며, 명칭에 마땅하게 하고 사물을 분별하며, 말을 바르게 하고 말을 결단하니, 구비되어 있다.〔夫易, 彰往而察來, 而微顯闡幽, 開而當名, 辨物, 正言, 斷辭, 則備矣.〕"라고 하였는데, 주희(朱熹)의 《주역본의(周易本義)》에 "'이미현(而微顯)'은 '미현이(微顯而)'가 되어야 할 듯하다."라고 하였는바, 주희의 해석대로 고치면 '미현이천유(微顯而闡幽)'가 된다. 미현천유는 '현(顯)을 미(微)하고 유(幽)를 천(闡)하다'의 구조로 보는 것이 일반적인 해석이지만, 《중용(中庸)》에서 '미지현(微之顯)'이라고 한 것과 연관하여 '미(微)가 현(顯)하고 천(闡)이 유(幽)하다'의 구조로 해석하는 것도 가능하다. 여기에서 홍직필은 '미현이천유'를 바로 위 구(句)인 '창왕이찰래(彰往而察來)'와 같은 구조로 보아 첫 번째 해석을 지지하고 두 번째 해석의 부당성을 지적하는 것이다.

난 것은 은미하게 하고 그윽한 것은 밝힘'은 바로 두 가지가 호응하는 뜻이니, 《중용(中庸)》의 '은미한 것이 드러남〔微之顯〕'[245]이라는 말과는 어세가 다릅니다. 이는 윗글의 '지나간 것을 드러내고 미래를 안다〔彰往知來〕'[246]는 것과 함께 두 갈래로 나누어 말한 것으로서, 뜻이 일관되면서도 원만하게 통하니, 만약 '미자현지(微者顯之)'라고 표현하면 뜻을 이루지 못하고 문법(文法)에도 맞지 않을 듯합니다.

또 주자(朱子)께서 말씀하시길, "그윽한 것은 볼 수 없으니 드러난 곳에 나아가 말을 하고, 드러난 것은 그 형이상(形而上)의 측면에 나아가 볼 수 없는 것을 탐구한다면 사람으로 하여금 알 수 있게 할 것이다."[247]라고 하셨습니다. 은미함〔微〕과 그윽함〔幽〕은 모두 볼 수 없으니, 이른바 '볼 수 없는 것을 탐구한다'는 것은 '드러난 것을 은미하게 한다

244 계사전 상(繫辭傳上)에서……뜻입니다 : '현도(顯道)'와 '신덕행(神德行)'은 《주역》〈계사전 상〉 9장에 "도(道)를 드러내고 덕행(德行)을 신묘(神妙)하게 한다. 이 때문에 더불어 수작(酬酢)할 수 있으며 더불어 신(神)을 도울 수 있는 것이다.〔顯道, 神德行. 是故可與酬酢, 可與祐神矣.〕"라고 보인다. 이에 대하여 주희(朱熹)는 "미현천유는 '현도'·'신덕행'과 서로 비슷하다."라고 하였다. 《朱子語類 卷76 易十二 繫辭下》

245 은미한 것이 드러남 : 《중용(中庸)》 16장에 "은미(隱微)한 것이 드러나니, 성(誠)을 가릴 수 없음이 이와 같구나!〔夫微之顯, 誠之不可揜, 如此夫!〕"라고 하였고, 33장에 "군자(君子)의 도(道)는 담박하되 싫지 않으며, 간략하되 문채나며, 온화하되 조리가 있으니, 멂이 가까운 데로부터 시작함을 알며, 바람이 불어오는 곳을 알며, 은미함이 드러남을 안다면, 더불어 덕(德)에 들어갈 수 있을 것이다.〔君子之道, 淡而不厭, 簡而文, 溫而理, 知遠之近, 知風之自, 知微之顯, 可與入德矣.〕"라고 하였다.

246 지나간……안다 : 《주역》〈계사전 하〉 6장에서는 "지나간 것을 드러내고 미래를 살핀다.〔彰往而察來.〕"라고 하였다.

247 그윽한……것이다 : 《주자어류》 권76에 보이는바, '미현천유(微顯闡幽)'에 대한 설명으로 한 말이다.

〔微其顯〕'는 말을 풀이한 것으로, 다른 말이 필요치 않을 듯합니다. 고견은 어떠신지 모르겠습니다.

예(禮)에 의심나는 부분에 대해서는 삼가 가르침을 들었습니다. 이미 유월(逾月)의 예(禮)[248]를 따름으로써 고인(故人)의 뜻을 받들었지만, 예(禮)에 따르면 귀천에 관계없이 3개월을 기다리지 않고 지낸 장사는 급하게 장사지낸 것이 되니, 결코 법으로 삼아서는 안 됩니다. 도암(陶菴)께서 사(士)가 죽었을 때 달을 넘겨 장사지내는 것에 대하여 '부장(報葬)이 아니므로 졸곡(卒哭)을 굳이 3개월 뒤에 할 필요가 없다'[249]고 하신 것은 따르기 어려울 듯합니다. 《예기(禮記)》 〈상복소기(喪服小記)〉에 말한 "부장은 우제(虞祭)를 빨리 지내니,[250] 3개월이 지난

248 유월(逾月)의 예(禮) : 달을 넘겨 장사를 지내는 예를 말한다. 《춘추좌씨전(春秋左氏傳)》 은공(隱公) 원년조에 "대부는 죽은 지 석 달 만에 장사를 지내니 이는 동료 관원들이 오기를 기다리는 것이요, 사(士)는 달을 넘겨서 장사를 지내니 이는 친척들이 모이기를 기다리는 것이다.〔大夫三月, 同位至; 士踰月, 外姻至.〕"라고 하였다.

249 도암(陶菴)께서……없다 : 도암은 이재(李縡)이다. 부장(報葬)은 가난이나 기타의 사정으로 인하여 예(禮)에서 정한 날짜보다 일찍 지내는 장사를 말하는 것으로, 《예기집설(禮記集說)》 〈상복소기(喪服小記)〉의 주(註)에 "보(報)'는 '부(赴)'로 읽으니, 급하다는 뜻이다."라고 하였다. 이재의 종형인 이유(李維)를 40일 만에 장사지냈는데 이에 대하여 '이는 부장(報葬)이므로 3개월이 지난 후에 졸곡(卒哭)을 해야 한다'는 주장이 있었다. 이에 대하여 이재는 "근래에 세속에서 귀천을 막론하고 모두 3개월이 지난 후에 장사를 지내는데, 고례(古禮)는 오직 대부만이 3개월을 기다렸다. 사(士)는 달을 넘겨 장사를 지냈으니, 대심(大心)은 사(士)이므로 달을 넘겨 장사를 지낸 것이 예를 잃은 것이 아니다. 어찌 부장(報葬)으로 논할 수 있겠는가."라고 하였다. 대심은 이유의 자(字)이다. 《陶菴集 卷21 答或人》

250 부장은……지내니 : 사정으로 인해 예법보다 일찍 장사를 지낸 경우, 즉 부장(報

후에 졸곡을 한다."라고 한 것은 오직 대부(大夫)를 가리켜 말한 것이 아니니, 그렇다면 사(士)가 죽었을 때 한 달을 기다려 장사지내는 경우에 어찌 부장이 아니라고 하여 3개월을 기다리지 않고 졸곡을 할 수 있겠습니까.

어제 말씀하신 〈홍범(洪範)〉의 의문점은 밤에 생각해보니, 약(若)자를 운서(韻書)에서는 비록 '순(順)'으로 뜻을 풀이했으나 순은 응한다는 뜻입니다. 때문에 '휴징(休徵)'과 '구징(咎徵)'[251]에서 모두 '약(若)' 자를 둔 것이니, 채침(蔡沈)의 주(註)에 이른바 "휴징과 구징은 각기 종류에 따라 응한다."[252]라는 것이 정의(正義)를 얻은 듯합니다. 《시경(詩經)》과 《서경(書經)》에서 쓰이는 '약(若)' 자는 모두 순응한다는 뜻이니, 단지 길하고 좋은 일에 쓰는 것만은 아닙니다. 휴징과 구징을

葬)을 한 경우, 이에 맞추어 우제 역시 빨리 지내는데, 이는 우제가 신(神)을 편안히 하는 것이므로 늦출 수 없기 때문이다. 《禮記集說 卷6 喪服小記》

251 휴징(休徵)과 구징(咎徵) : 아름다운 징조와 나쁜 징조를 의미하는바, 《서경(書經)》 〈홍범(洪範)〉 34장에 "아름다운 징조는 엄숙함에 제때에 비가 내리며, 조리(條理)가 있음에 제때에 날이 개이며, 지혜로움에 제때에 날이 따뜻하며, 헤아림에 제때에 날이 추우며, 성스러움에 제때에 바람이 부는 것이다. 나쁜 징조는 미친 짓을 함에 항상 비가 내리며, 참람한 짓을 함에 항상 볕이 나며, 게으름에 항상 날씨가 더우며, 급박함에 항상 날씨가 추우며, 몽매함에 항상 바람이 부는 것이다.〔曰休徵, 曰肅, 時雨若, 曰乂, 時暘若, 曰哲, 時燠若, 曰謀, 時寒若, 曰聖, 時風若. 曰咎徵, 曰狂, 恒雨若, 曰僭, 恒暘若, 曰豫, 恒燠若, 曰急, 恒寒若, 曰蒙, 恒風若.〕"라 하였다.

252 채침(蔡沈)의……응한다 : 《서경집전(書經集傳)》에 "하늘에 있으면 오행(五行)이 되고, 사람에 있으면 오사(五事)가 되니, 오사가 갖추어지면 아름다운 징조가 각기 종류에 따라 응하고, 오사가 잘못되면 나쁜 징조가 각기 종류에 따라 응하니, 이는 자연의 이치이다."라고 한 것을 말한다.

막론하고 하늘은 반드시 사람에 응하니, 행한 바에 대하여 징험을 보여주는 것입니다.

영서 임장께 답함 을유년(1825, 순조25) 11월 7일

答潁西任丈 乙酉復月七日

침상에서 전모(典謨)[253]를 외울 때면 마치 여러 용들과 함께 향초 사이에서 읍양(揖讓)하는 듯하여 저도 모르는 사이에 정오(正午)가 훌쩍 지나있습니다. 사악(四岳)의 천거[254]와 제요(帝堯)의 시험[255]은 곧 능히 효(孝)로 화목하게 하여 점점 다스려서 간악한 데에 이르지 않게 했기 때문인데,[256] 《맹자(孟子)》에는 '우물을 파고 창고에 올라가 흙을 바른 일'이 '아홉 아들이 백관(百官)을 갖추고 견묘에서 섬긴 일'의 뒤에 있는 것[257]은 어째서입니까? 만약 '간악한 데에 이르지 않게 함'을

253 전모(典謨) : 《서경(書經)》의 〈요전(堯典)〉·〈순전(舜典)〉과 〈대우모(大禹謨)〉·〈고요모(皐陶謨)〉를 말한다.

254 사악(四岳)의 천거 : 사악(四岳)은 사방 산악을 통치하는 일을 맡은 자로, 요 임금이 왕위를 사악에게 선양하려 하였는데, 사악이 사양하고서 우순(虞舜)을 추천하였다. 《書經 虞書 堯典》

255 제요(帝堯)의 시험 : 요(堯)는 순(舜)에게 양위하기 전에 자신의 두 딸을 시집보내어 그를 시험하였다. 《書經 虞書 堯典》

256 능히……때문인데 : 사악(四岳)이 순(舜)을 천거하면서 한 말로, 《서경(書經)》 〈요전(堯典)〉에 보이는바, 이 말을 들은 요 임금은 자신의 두 딸을 순에게 시집보내 그를 시험하였다.

257 맹자(孟子)에는……것 : 《맹자》에는 순(舜)의 가족들이 그를 해치려 한 일이 요 임금이 순을 시험하려 한 일보다 뒤에 나온다. 《맹자》 〈만장(萬章)〉 1장에 "요 임금께서 자식 9남 2녀로 하여금 백관(百官)과 우양(牛羊)과 창름(倉廩)을 갖추고서 순(舜)을 견묘(畎畝)의 가운데에서 섬기게 하시니, 천하의 선비가 찾아가는 자가 많았다. [帝使其子九男二女, 百官牛羊倉廩備, 以事舜於畝之中, 天下之士多就之者.]"라고 하였

다만 '크게 간악한 짓을 하는 것에는 이르지 않았을 뿐임'[258]의 의미이고 '부모에게 화순하여 자신의 근심을 풀 수 있었음'[259]의 의미는 아니라고 한다면, 〈대우모(大禹謨)〉에서 어떻게 "고수(瞽瞍) 또한 믿고 따랐으니, 지극한 정성은 신명(神明)을 감동시킨다."라고 말했겠습니까. 《맹자》에 앞뒤가 맞지 않는 것과 회옹(晦翁 주희(朱熹))이 전혀 문제제기 하지 않은 것이 역시 이상합니다. 아니면 만장(萬章)의 질문이 혹 제(齊)나라 동쪽 야인(野人)의 말인데, 단지 그 처음만 거론하고 끝은 거론하지 않은 것은 아닙니까?[260] 맹자는 단지 천리(天理)와

고, 그 뒤의 2장에 "순(舜)의 부모가 순으로 하여금 곳집을 손질하게 하고서 사다리를 치운 다음, 고수(瞽瞍)가 창고에 불을 질렀으며, 순에게 우물을 파게하고는 순이 나오려 하자 따라서 흙을 덮었다.〔父母使舜, 完廩捐階, 瞽瞍焚廩, 使浚井, 出, 從而揜之.〕"라고 하였다.

258 크게……뿐임 : 사악(四岳)이 순(舜)을 천거하면서 "능히 효(孝)로 화목하게 하여 점점 다스려서 간악한 데에 이르지 않게 하였다."라고 한 것을 채침(蔡沈)은 이렇게 해석하였다. 《書經集傳 虞書 堯典》

259 부모에게……있었음 : 《맹자》〈만장(萬章)〉 1장에 "순 임금은 오직 부모에게 순하여야 근심을 풀 수 있으셨다.〔惟順於父母, 可以解憂.〕"라고 보인다.

260 만장(萬章)의……아닙니까 : '만장의 질문'은 '곳집을 태우고 우물을 덮은 일'에 대하여 물은 것을 가리키고, '제나라 동쪽 야인의 말'은 터무니없는 말이라는 의미이다. 《맹자(孟子)》〈만장(萬章)〉 4장에, 맹자의 제자 함구몽(咸丘蒙)이 "옛말에 '순(舜)이 남면(南面)하고 서계셨는데 요(堯)가 제후를 거느리고 북면(北面)하여 조회하시고, 고수(瞽瞍) 또한 북면하여 조회하자 순이 고수를 보시고 불안하여 위축됨이 있었다.'라고 하였는데, 공자(孔子)께서 '이 때에 천하가 매우 위태로웠다.'라고 하셨다 하니, 이 말이 사실입니까?"라고 묻자, 맹자가 "아니다. 이것은 군자의 말이 아니요, 제나라 동쪽 야인의 말이다."라고 답한 것이 보인다. '처음만 거론하고 끝은 거론하지 않음'은 함구몽의 질문에서 이미 '제나라 동쪽 야인의 말이다.'라고 하였으므로 그 뒤 만장의 질문에서는, 그 말이 비록 제나라 야인의 말일지라도, 언급하지 않았다는 뜻이다.

인륜(人倫)의 지극함을 가지고 순(舜)의 마음을 말했을 뿐이었기에 허실(虛實)과 시종(始終)을 분별할 겨를이 없었던 것입니까? 만약 대순(大舜)이 곳집을 태우고 우물을 덮은 변고에서 벗어나지 못했다면, 요(堯)가 고수를 처리하는 것이 마땅히 어떠했겠습니까?

영서 임장께 올림 을유년(1825, 순조25) 12월 17일

上潁西任丈 乙酉臘月十七日

《중용(中庸)》의 '의호중용(依乎中庸)'[261]의 '의(依)' 자는 다시 생각해 보니, 곧 자연히 그러하여 인위적 노력을 들이지 않는 것으로, '솔성(率性)'의 '솔(率)'이 사람이 인솔하는 것이 아니기 때문에 '순(循)'으로 뜻을 풀이한 것과 같습니다.[262] '택호중용(擇乎中庸)'[263]의 '택(澤)' 자와는 같지 않으니, '택(澤)'은 힘써서 중도(中道)에 맞는 것으로 안자(顔子)의 경우이고, '의(依)'는 힘쓰지 않고도 중도에 맞는 것으로 부자(夫子)의 경우니, 인도(人道)와 천도(天道)의 구분이 있을 뿐입니다.[264] 《중용》 2장에서는 다만 '중용(中庸)'이라고만 말하였는데 이 장

261 의호중용(依乎中庸) : 《중용(中庸)》 11장에 "군자(君子)는 중용(中庸)을 따라, 세상에 은둔하여 인정을 받지 못하여도 후회하지 않으니, 오직 성자(聖者)만이 이에 능하다.〔君子依乎中庸, 遯世不見知而不悔, 唯聖者能之.〕"라고 하였다.

262 솔성(率性)의……같습니다 : 《중용(中庸)》 1장에 "하늘이 명(命)하신 것을 성(性)이라 이르고, 성(性)을 따름을 도(道)라 이르고, 도(道)를 품절(品節)해 놓음을 교(敎)라 이른다.〔天命之謂性, 率性之謂道, 修道之謂敎.〕"라고 하였는데, 주희(朱熹)가 《중용장구(中庸章句)》에서 "'솔(率)'은 순(循)이다."라고 하였다.

263 택호중용(擇乎中庸) : 《중용(中庸)》 11장에 "공자(孔子)께서 말씀하셨다. '안회(顔回)의 사람됨이 중용(中庸)을 가려 한 선(善)을 얻으면 권권(拳拳)히 가슴속에 두어 잃지 않는다.'〔子曰: 回之爲人也, 擇乎中庸, 得一善, 則拳拳服膺而弗失之矣.〕"라고 하였다.

264 택(擇)은……뿐입니다 : '힘써서 중도에 맞음'은 중도에 맞게 하기 위해 노력을 들여야 하는 경지로, 《중용(中庸)》 20장에 이를 "성실히 하려는 자는 사람의 도이다.〔誠之者, 人之道.〕"라 하고, "성실히 하려는 자는 선(善)을 택하여 굳게 지키는 자이

에서 '의(依)'라는 한 글자를 더한 것은 윗글의 '색은행괴(索隱行怪)'[265]에 대하여 말한 것이기 때문에 문세가 그러하지 않을 수 없는 것입니다. 이렇게 보는 것이 어떨지 모르겠습니다.

'성인(聖人)'이라고 말하지 않고 '성자(聖者)'라 말한 것[266]은 어째서입니까? 19장의 '그 자리를 밟아 그 예(禮)를 행한다〔踐位行禮〕'[267]의 한 절은 이미 무왕(武王)과 주공(周公)이 부모를 계승한 뜻을 끝맺은 것이니,[268] 다시 다른 말이 없어야 하는데, 다시 교제사와 종묘(宗廟)의

다.〔誠之者, 擇善而固執之者也.〕"라 하였다. '힘쓰지 않고도 중도에 맞음'은 노력을 들이지 않고도 저절로 중도에 맞는 성인(聖人)의 경지로, 《중용》 20장에 이를 "성실한 자는 하늘의 도이다.〔誠者, 天之道.〕"라 하고, "성실한 자는 힘쓰지 않고도 중도에 맞으며 생각하지 않고도 알아서 자연스럽게 중도에 맞으니, 성인이다.〔誠者, 不勉而中, 不思而得, 從容中道, 聖人也.〕"라고 하였다.

265 색은행괴(索隱行怪) : 특이하고 괴벽한 것을 찾고 행함을 말한다. 《중용》 11장에 "공자(孔子)께서 말씀하셨다. '은벽(隱僻)한 것을 찾고 괴벽(怪僻)함을 행함을 후세에 칭술(稱述)하는 이가 있는데, 나는 이러한 짓을 하지 않는다.'〔子曰: 索隱行怪, 後世有述焉, 吾弗爲之矣.〕"라고 하였다.

266 성인(聖人)이라고……것 : 《중용(中庸)》 11장에 '중용을 따르는 것'에 대하여 "오직 성자(聖者)만이 이에 능하다.〔唯聖者能之.〕"라고 하여, 성인이라 하지 않고 성자라고 한 것을 가리킨다.

267 19장의……행한다 : 선왕(先王)의 자리를 이어받아 왕의 지위에 올라서 선왕이 행하던 예를 행함을 말한다. 《중용》 19장에 "그 자리를 밟아 그 예를 행하고 그 음악(音樂)을 연주하며, 그가 존경하시던 바를 존경하고 그가 친애(親愛)하시던 바를 사랑하며, 죽은 이를 섬기기를 산 이를 섬기듯이 하고 없는 이를 섬기기를 생존한 이를 섬기듯이 하는 것이 효(孝)의 지극함이다. 〔踐其位, 行其禮, 奏其樂, 敬其所尊, 愛其所親, 事死如事生, 事亡如事存, 孝之至也.〕"라고 하였다.

268 무왕(武王)과……것이니 : 《중용(中庸)》 19장의 첫머리에서 "무왕(武王)과 주공(周公)은 누구나 공통으로 칭찬하는 효(孝)이시다. 〔子曰: 武王、周公, 其達孝矣

예(禮)를 거론한 것[269]은 어째서입니까? 위로는 귀신장(鬼神章)[270]의 뜻을 총괄하여 맺고 아래로는 구경장(九經章)[271]의 뜻을 연 것입니까?

《의례(儀禮)》〈상복(喪服)〉의 기(記)[272]의 "개장(改葬)할 때에는 시마복(緦麻服)을 입는다."라는 구절의 주(註)에 "처(妻)가 남편을 위하여 입는다."라 하였는데, 소(疏)에 "'첩이 남편을 위하여 입는다'고 말하지 않은 것은 남편과 나란히 할 수 없기 때문이다."라고 하였으니, 그렇다면 남편과 나란히 할 수 없다는 이유로 시마복을 입지 않는 것입니까? 삼년복을 입는 자는 모두 시마복을 입어야 하는 것이라면 첩은 어째서 유독 그렇게 하지 않습니까? 《의례》에 "첩이 남편의 친족을 위하여 입는 상복은 처(妻)와 같게 할 수 있다."[273]라 하였으니, 그렇다면 〈상복〉의 주(註)에서 "처가 남편을 위하여 입는다."라고 한 것은

乎!〕"라 하여 무왕과 주공이 선왕을 잘 계승한 것을 칭송하였다.

269 다시……것 : 《중용(中庸)》 19장에 "그 자리를 밟아 그 예(禮)를 행하고……"라고 한 뒤에, 다시 "교제(郊祭)와 사직(社稷)의 제사의 예는 상제(上帝)를 섬기는 것이고, 종묘의 예는 그 선조에게 제사지내는 것이니, 교제와 사직 제사의 예와 체제(禘祭)·상제(嘗祭)의 의의(意義)에 밝으면 나라를 다스림은 손바닥 위에 놓고 보는 것처럼 쉬울 것이다〔郊社之禮, 所以事上帝也; 宗廟之禮, 所以祀乎其先也, 明乎郊社之禮、禘嘗之義, 治國其如示諸掌乎!〕"라고 한 것을 가리킨다.

270 귀신장(鬼神章) : 《중용(中庸)》 16장을 말한다.

271 구경장(九經章) : 《중용(中庸)》 20장을 말한다.

272 의례(儀禮) 상복(喪服)의 기(記) : 《의례》에는 기(記)와 전(傳)이 있는데, 기(記)는 후세 사람이 경문을 보충하여 지은 것으로, 〈사상견례(士相見禮)〉 등 4편을 제외하고는 모든 편에 있으며, 편말에 실려 있다.

273 첩이……있다 : 《의례》〈상복〉 전(傳)에 보인다.

첩을 그 말 속에 포함해 둔 것이지, '남편과 나란히 할 수 있으면 시마복을 입고 남편과 나란히 할 수 없으면 시마복을 입지 않는다.'라고 말한 것은 아닙니다. 소(疏)의 언급도 단지 주(註)에서 '첩이 남편을 위하여 입는다'라고 말하지 않은 이유를 설명한 것일 뿐이니, '남편과 나란히 할 수 없으므로 시마복을 입지 않는다.'라고 말한 것이 아닙니다. 이렇게 보는 것이 어떨지 모르겠습니다.

영서 임장께 올림 병술년(1826, 순조26) 5월 16일

上潁西任丈 丙戌午月旣望

〈계사전 상(繫辭傳上)〉 제5장의 첫 번째 구절에 도(道)라 말하고, 마지막 구절에서는 신(神)이라 하여,[274] 혹 도(道)라 하기도 하고 신(神)이라 하기도 한 뜻에 대하여 지난번에 물으셨는데, 당시에 경황이 없어 미처 다 말씀 드리지 못했습니다. 삼가 이를 생각해보건대, 신(神)이 바로 도(道)의 신묘함이니, 도(道)를 벗어나서 다시 이른바 '신(神)'이란 것이 있는 것이 아닙니다. 동일한 음양(陰陽)인데, 한 번 음(陰)하고 한번 양(陽)하는 것으로 말하면 '도(道)'라고 하니, 도(道)는 바로 진실하고 기준이 있는 본체입니다. 측량할 수 없는 것으로 말하면 '신(神)'이라고 하니, 신(神)은 바로 변화를 측량할 수 없는 작용입니다. 도(道)와 신(神)은 형이상(形而上)과 형이하(形而下)의 구별이 있어서, 진실로 하나라고 하여 섞을 수가 없고, 둘이라고 하여 분리시킬 수도 없으니, 곧 회옹(晦翁)이 말한바 "도(道)는 음양을 벗어나지 않지만, 음양에 의지하지도 않는다."라는 것입니다.[275]

274 계사전 상(繫辭傳上)……하여 : 《주역》〈계사전 상〉 5장의 첫 번째 절은 "한 번 음(陰)하고 한 번 양(陽)하는 것을 일러 도(道)라 한다.〔一陰一陽之謂道.〕"이고, 마지막 절은 "음하고 양하여 측량할 수 없음을 신(神)이라 한다.〔陰陽不測之謂神.〕"이다.

275 회옹(晦翁)이……것입니다 : 회옹은 주희(朱熹)이다. 주희는 《주역(周易)》〈계사전 상〉 5장을 총평하면서 "이 장은 '도(道)의 체용(體用)이 음양(陰陽)을 벗어나지 않으나 소이연(所以然)은 일찍이 음양에 의지하지 않음'을 말하였다.〔此章言道之體用, 不外乎陰陽, 而其所以然者則未嘗倚於陰陽也.〕"라고 하였다.

음(陰)과 양(陽) 두 가지가 끊임없이 순환하여 천지의 대의(大義)를 세우니,[276] 도(道)가 전적으로 양(陽)에 있다고 한다면, 음(陰)하게 하는 것은 진실로 도(道)의 본체이므로 도(道)가 또한 일찍이 음(陰)에 있지 않은 적이 없고, 도(道)가 전적으로 음(陰)에 있다고 한다면, 양(陽)하게 하는 것은 진실로 도(道)의 작용이므로 도(道)가 일찍이 양(陽)에 있지 않은 적이 없습니다. 이는 곧 장횡거(張橫擧)가 말한 "두 가지에 모두 있기 때문에 측량할 수 없다."는 것입니다.[277] 진실로 오로지 음(陰)하기만 함을 측량할 수가 없고, 오로지 양(陽)하기만 함을 측량할 수도 없어서, 존재함도 없고 존재하지 않음도 없습니다. 그래서 신묘함이 되는 것입니다. 이와 같이 보는 것이 본래의 취지에 어긋나지는 않는지요?

276 음(陰)과……세우니 : 장재(張載)의 《정몽(正蒙)》 〈참량편(參兩篇)〉에 보인다.

277 장횡거(張橫渠)가……것입니다 : 장재의 《정몽(正蒙)》 〈참량편(參兩篇)〉에 "한 가지 사물에 두 가지 체(體)가 있는 것이 기(氣)이니, 하나이기 때문에 신묘하다.〔一物兩體, 氣也, 一故神.〕"라고 하였는데, 여기에 이 말을 자주(自註)로 달았다.

영서 임장께 답함 병술년(1826, 순조26) 5월 30일

答潁西任丈 丙戌午月少晦

《정몽(正蒙)》의 의심나는 부분에 대하여 하문하신 내용은 잘 살펴보았습니다. 《정몽》에서 "하나이기 때문에 신묘하고, 둘이기 때문에 조화(造化)가 생긴다.〔一故神 兩故化〕"라고 말한 것은 위 문장의 "한 가지 사물에 두 가지 체(體)가 있다.〔一物兩體〕"라고 한 것을 이어서 말한 것이고, 다시 "둘에 모두 있기 때문에 측량할 수 없다.〔兩在故不測〕", "하나를 미루어 행한다.〔推行于一〕"라고 스스로 주(註)를 달았으니,[278] 하나가 신묘한 까닭은 곧 '둘에 모두 있으므로 측량할 수 없

278 정몽(正蒙)의……달았으니 : 《정몽》은 북송(北宋)의 학자 장재(張載, 1020~1077)의 저서이다. 이 내용은 《정몽》 〈참량편(參兩篇)〉에 보이는바, "한 가지 사물에 두 가지 체(體)가 있는 것이 기(氣)이니, 하나이기 때문에 신묘하고, 둘이기 때문에 조화가 생긴다.〔一物兩體氣也, 一故神, 兩故化〕"라고 하였는데, '일고신(一故神)' 밑에 "둘에 모두 있기 때문에 측량할 수 없다.〔兩在故不測.〕"라고 자주(自註)를 달고, '양고화(兩故化)' 밑에 "하나를 미루어 행한다.〔推行于一.〕"라고 자주를 달았다. 주희(朱熹)는 이 '화(化)'와 '신(神)'에 대하여 설명하기를, "'화'는 작은 것을 따라 미루어 가는 것이니, 하루를 하고 또다시 하루를 하며 한 달을 하고 또다시 한 달을 하여 절기를 미루어 가서 1년을 이루는 것이고, '신'은 하나의 사물이 저기에도 있고 여기에도 있어서, 음(陰)에 있을 때에는 전체가 음에 있고 양(陽)에 있을 때에는 전체가 양에 있는 것이다. 그렇게 다만 하나의 사물이 두 곳에 모두 있으므로 측량할 수 없는 것이다. 그래서 '신'이라고 하는 것이다."라고 하였다. 《朱子語類 卷75 易十一 上繫下》 또 '일(一)'과 '양(兩)'에 대하여 설명하기를, "일은 바로 하나의 도리이니, 여기에 양단(兩端)이 있어서 작용처가 같지 않은 것이다. 음양에 비유하면, 음 안에 양이 있고 양 안에 음이 있으며 양이 지극하면 음이 생기고 음이 지극하면 양이 생기는 것과 같으니, 이

음' 때문이고, 둘이 조화가 생기는 까닭은 '하나를 미루어 행함' 때문입니다.

하나의 기(氣)가, 움직이면 양(陽)이 되고 고요하면 음(陰)이 되니, 음이 되면 도(道)가 음에 있고, 양이 되면 도가 양에 있습니다. 이렇듯 음에 있기도 하고 양에 있기도 하여, 그 신묘함이 무궁하여 측량할 수가 없으니, 그래서 '신(神)'이라고 한 것입니다. 만약 하나의 기(氣)이면서 두 사물이 아니면 곧 음과 양이 국한되어, 음에 있으면 혹 양에 있을 수 없고, 양에 있으면 혹 음에 있을 수 없어서 측량할 수가 있게 되니, 이를 어찌 '신(神)'이라 할 수 있겠습니까. 주자(朱子)께서 다만 "둘에 모두 있기 때문에 헤아릴 수 없다.〔兩在故不測〕"는 말만 취하여, 음양의 측량할 수 없는 신묘함을 밝혔으니, '양재(兩在)'는 곧 '음양(陰陽)' 두 글자를 풀이한 것이고, '불측(不測)'은 바로 '신(神)' 자를 풀이한 것입니다.[279] 상・하구를 인용하지 않은 것은 길게 끄는 느낌이 있기 때문입니다. 삼가 가르쳐주시기를 바랍니다.

때문에 '화'와 '신'이 무궁한 것이다."라고 하였다. 《朱子語類 卷98 張子之書一》

279 주자(朱子)께서……것입니다 : 주희는 《주역》〈계사전 상〉 5장의 "음하고 양하여 측량할 수 없음을 신(神)이라 한다.〔陰陽不測之謂神.〕"에 주(註)를 달면서, 장재(張載)의 "둘에 모두 있기 때문에 측량할 수 없다.〔兩在故不測.〕"라는 말을 채록해 넣었다. 《周易本義 卷3 繫辭上傳》

영서 임장께 올림 정해년(1827, 순조27) 10월 12일

上潁西任丈 丁亥十月十二日

서자(庶子)를 놔두고 종자(從子)를 상주(喪主)로 삼아 신주에 이름을 쓰는 것은, 비록 적장자(嫡長子)와 서자(庶子)를 구분하는 의리를 엄하게 하려는 뜻에서 나왔다하더라도 《예기(禮記)》〈분상(奔喪)〉의 "아버지가 같지 않으면 가까운 자를 상주로 삼는다."는 내용과는 어긋나는 듯합니다.[280] 제가 생각하건대, 상례는 서자가 주관하게 하고, 사당의 제사는 종자가 주관하게 한다면, 한편으로는 적서(嫡庶)의 분별을 보존할 수 있고, 다른 한편으로는 가까운 자가 주관해야 한다는 가르침을 따를 수 있어서 병행하여도 어긋남이 없을 것이니, 고견은 어떠하신지 모르겠습니다.

후사를 세우기 전에, 선조의 사당 제사를 지내기 위한 이른바 '섭주(攝主)'[281]라는 것은 단헌(單獻)만 하고 축문도 없으니, 종자(從子)가

280 예기(禮記)……듯합니다 : 《예기(禮記)》〈분상(奔喪)〉에 "모든 상(喪)은 아버지가 살아 계시면 아버지가 상주가 되고, 아버지가 돌아가셨으면 형제가 함께 살더라도 각각이 자기 상의 상주가 된다. 어버이가 같으면 장자(長子)가 주관을 하고, 같지 않으면 가까운 자가 주관을 한다.〔凡喪, 父在, 父爲主. 父沒, 兄弟同居, 各主其喪. 親同, 長者主之, 不同, 親者主之.〕"라고 하였는데, 《예기집설(禮記集說)》에 "'같지 않으면 가까운 자가 주관한다'는 것은 종형제의 상에는 죽은 사람의 친한 자가 상주가 됨을 이른다.〔不同, 親者主之, 謂從父兄弟之喪, 則彼親者, 爲之主也.〕"라고 하였다.

281 섭주(攝主) : 다른 사람을 대신해서 제사를 주관하는 사람을 가리키는바, 후사가 없는 상의 상주가 됨으로써 그 선조의 제사까지 아울러 섭행하게 되는 것을 말한다. 일반적으로 섭주는 제사만 대신하고 신주에 자신의 이름을 쓰지 않는다.

사당 제사를 주관하더라도 서자(庶子)로 하여금 삼년상을 주관하게 하는 것에 무방합니다. 예(禮)에 상례와 제례의 주인이 다른 것에 대한 글이 있기 때문입니다.[282] 상례를 마치고 사당에 모신 뒤에는 섭사(攝祀)를 하는 것이므로 삼헌(三獻)을 할 수 없기 때문에 다른 여러 신위와는 다르게 하니, 또한 종자가 주관하게 하여도 이치에 해가 되지는 않을 것입니다.

282 예(禮)에……때문입니다 : 《예기(禮記)》 〈상복소기(喪服小記)〉에 "부인의 상(喪)에는 우제(虞祭)와 졸곡(卒哭)은 남편과 자식이 주관하고, 부제(祔祭)는 시아버지가 주관을 한다."라고 하였는데, 《예기집설(禮記集說)》에 "우제와 졸곡은 정침(正寢)에서 하니 이것은 부인에게 제사하는 것이요, 사당에 부제하는 것은 시어머니의 어머니에게 제사하는 것이니 존비(尊卑)가 다르기 때문에 주관하는 이가 같지 않은 것이다."라고 하였다.

매산집

제8권

書서

서 書

대석 이장[1] 재진 에게 올림 정축년(1817, 순조17) 2월 28일
上對石李丈 宰鎭○丁丑二月二十八日

《설문청공유집(薛文淸公遺集)》[2] 여덟 책을 열람하시도록 삼가 올리니, 열람하신 뒤에 상론(尙論 옛사람의 말과 행동에 대한 평론)을 보내주시기 바랍니다. 이 분은 스승에게 학문을 전수받지 않았고 따로 문호(門戶)를 세우지 않았으며, 오직 거경(居敬)과 궁리(窮理)[3]를 몸과 마음에 체험하여 이것을 실제 공부로 삼았습니다. 이 때문에 지(知)와 행(行)이 겸하여 지극하고 겉과 속이 간격이 없습니다. 또 간곡하게 본

1 대석(對石) 이장(李丈) : 이재진(李宰鎭)으로, 본관은 덕수(德水), 이수(李琇)의 아들이고 이채진(李寀鎭)의 형이며 보만재(保晩齋) 서명응(徐命膺)의 사위이다.

2 설문청공유집(薛文淸公遺集) : 설 문청공은 명나라 초기의 문신이자 성리학자인 설선(薛瑄, 1389~1464)으로 문청공은 시호이다. 자는 덕온(德溫), 호는 경헌(敬軒)으로 성조(成祖) 영락(永樂) 19년(1420) 향시에 장원으로 급제하고 벼슬이 예부 우시랑(禮部右侍郞) 겸 한림원학사(翰林院學士)에 이르렀다. 평생 독실하게 주자의 학문을 연구하여 명대 성리학의 종장(宗匠)으로 일컬어진다.

3 거경(居敬)과 궁리(窮理) : 주자학(朱子學)에서 중시하는, 학문 수양의 두 가지 방법인데, 거경은 내적 수양법으로 항상 몸과 마음을 삼가서 바르게 가지는 일이고, 궁리는 외적 수양법으로 널리 사물의 이치를 궁구하여 정확한 지식을 얻는 일을 이른다.

성을 회복하는 것을 가지고 가르침을 삼았으니, 성문(聖門)에 공이 있는 것이 또한 훌륭합니다.

명(明)나라가 일어난 뒤에 작자(作者) 중에 알려진 이가 없었는데, 이 분이 첫 번째로 나와서 올바른 학문을 창도(倡導)하고 밝혔습니다. 바로 그가 지은 글과 발표한 의견들은 오직 정자와 주자께서 글로 남기신 가르침을 전술(傳述)하고 법으로 삼은 것이어서, 후세에 전하여도 병폐가 없으니, 평론이 정확한 선비가 명나라의 염계(濂溪)로 허여한 것[4]이 지나친 말이 아닐 듯합니다.

다만, 영락(永樂)의 세대는 천지가 닫혔으니[5], 이 어찌 선비들이 몸

4 평론이……것 : 평론이 정확한 선비는 농암(農巖) 김창협(金昌協)을 이른다. 염계(濂溪)는 북송(北宋)의 유학자 주돈이(周敦頤)의 호이다. 이 내용은 본집 권12 〈답박원득(答朴元得)〉에 "맹자께서는 맹시사(孟施舍)를 증자(曾子)에 견주셨고, 농암(農巖)은 오백풍(吳伯豐)을 안자(顔子)에 견주고 설경헌(薛敬軒)을 명나라의 염계로 허여하고 진백사(陳白沙)를 살아 있는 맹자로 장려하셨는데, 어찌 맹시사・오백풍・설경헌・진백사가 네 성현의 전체를 얻었다고 여긴 것이겠습니까. 이는 모두 일부분을 가지고 말씀한 것입니다.〔鄒聖比孟施舍於曾子, 農巖比吳伯豐於顔子, 許薛敬軒以有明濂溪, 奬陳白沙以活底孟子, 豈以孟、吳、薛、陳, 謂得四聖賢之全耶? 此皆以一段而言也.〕"라고 보인다. 백풍은 오필대(吳必大)의 자(字)로 주자의 문인이며, 백사는 진헌장(陳獻章)의 자로 명(明)나라 신회(新會) 사람이며 백사리(白沙里)에 거주하여 백사선생(白沙先生)으로 불리었다. 그의 학문은 정공부(靜工夫)를 위주로 하여 배우는 자들로 하여금 단정히 앉아 마음을 깨끗하게 함에 있었다.

5 영락(永樂)의……닫혔으니 : 영락은 명나라 3대 황제인 성조(成祖, 1360~1424)의 연호로 성조를 흔히 영락제라고 칭하는데 이름은 주체(朱棣)이다. 명나라가 건국된 이후 연경 일대를 봉지로 연왕(燕王)에 봉해졌는데, 태조(太祖)의 손자이자 자신의 조카인 혜제(惠帝) 주윤문(朱允炆)이 2대 황제로 등극하자, 난을 일으켜 제위를 찬탈하고 이에 반대하는 수많은 사람들을 도륙하였으므로 천지가 닫혔다고 한 것이다. 《주역》〈곤괘(坤卦) 문언전(文言傳)〉에 "천지가 닫히면 현인(賢人)이 은둔한다.〔天地閉,

을 바쳐 벼슬할 수 있는 때이겠습니까. 출처(出處)의 떳떳한 법으로 헤아려보면 자기 몸의 지조를 잃었다고 단정할 만합니다. 이때는 나이가 아직 장년이 되지 못하였고 덕이 완성되지 못하여 굳이 출처의 큰 절개가 완전하기를 바랄 것이 없을 듯하나, 큰 절개가 이미 이지러지면 나머지는 말할 것이 없으니, 이 때문에 안타까워 탄식하며 애석하게 여기는 것입니다.

賢人隱.〕" 하였다.

대석 이장에게 올림 정축년(1817, 순조17) 7월 3일
上對石李丈 丁丑七月三日

지난번 편지에 송(宋)나라 조정에 인물이 많았음을 말씀하신 것에서, 고금을 평론하고 그 잘잘못을 구별함에 있어 스스로 하나의 권형(權衡)이 있어서 판단이 정밀하고 적절하여 어긋나지 않음을 볼 수 있었으니, 공경히 탄복하고 공경히 탄복합니다.

가만히 생각해보니, 하늘이 태극(太極)을 열어서 성현들을 탄생시켜 삼재(三才)의 극(極)을 세우고 만세(萬世)의 표준을 세운 것은 오직 주(周)나라와 송(宋)나라가 그러하였습니다. 위에 문왕(文王)과 무왕(武王)과 주공(周公)이 있었기 때문에 아래로 공자(孔子)와 안자(顏子)와 증자(曾子)와 맹자(孟子)가 있었으니, 이는 이치상 당연합니다. 그러나 송나라 조정과 같은 경우는 점검(點檢)은 황제의 자리를 찬탈을 하고,[6] 광의(匡義)는 속임수를 부리고,[7] 상부(祥符)는 상천(上天)을

6 점검(點檢)은……하고 : 점검은 전전도점검(殿前都點檢)을 줄여 쓴 것으로 금군(禁軍)을 통솔하는 관직인데, 송나라를 개국한 태조 조광윤(趙匡胤)을 이른다. 후주(後周)의 세종(世宗)에 의해 전전도점검에 제수되었던 조광윤이 세종이 죽은 후에 어린 황제 공제(恭帝)를 퇴위시키고 송나라를 세웠기 때문에 이렇게 말한 것이다.

7 광의(匡義)는 속임수를 부리고 : 광의는 태조 조광윤의 아우로 송의 2대 황제에 오른 태종(太宗) 조광의(趙匡義)를 이른 것으로, 태조의 모친인 두태후(杜太后)는 태조로 하여금 아우에게 전위하여 나이든 임금을 세우라고 유언하였다.《宋史 卷242 太祖母昭憲杜太后傳》이로 인해 태종이 태조의 뒤를 잇게 되었는데, 태조가 죽을 적에 다른 사람들이 입시(入侍)하지 못하여 의문의 소지가 있었으며, 뒤에 또 태종은 자신의 후계가 될 수 있는 태조의 아들 조덕소(趙德昭)와 자신의 아우 조정미(趙廷美)를 제 명에

교무(矯誣)하고,[8] 건염(建炎)은 임금과 어버이를 버렸는데도,[9] 도리어 삼백 년 동안에 주자(周子)와 정자(程子)와 장자(張子)와 주자(朱子)를 배출하였으니, 그 이유가 무엇입니까?

여러 현자(賢者)들이 탄생하는 것은 바로 규수(奎宿)가 빛나는 운(運)에 응한 것이요,[10] 사람의 일에는 관여가 없을 듯하지만, 사람의

죽지 못하게 한 것에 대하여 혐의를 받게 되었다. 태종이 유주(幽州)를 친정(親征)할 적에 군중(軍中)에서 밤에 소동이 있었는데, 태종이 어디에 있는 곳을 알지 못하게 되자 조덕소를 세우려는 자가 있었다. 태종이 이 말을 듣고 불쾌하였는데, 개선한 뒤에 전공을 행상(行賞)하지 않으므로 조덕소가 이 일을 말하니, 태종이 노하여 "기다렸다가 네가 황제가 되어 스스로 해도 늦지 않을 것이다." 하였다. 이에 조덕소가 물러가 자살하였으며, 조정미는 무고로 방주(房州)에 안치되었다가 근심과 놀람으로 인해 병에 걸려 죽었다. 《宋史 卷244 燕王德昭傳, 魏王廷美傳》

8 상부(祥符)는 상천(上天)을 교무(矯誣)하고 : 상부는 송의 3대 황제인 진종(眞宗)의 연호인 대중상부(大中祥符)를 줄여 쓴 것이며 교무는 하늘의 뜻이라고 속여서 말함을 이른다. 진종은 요(遼)나라를 친정하였으나 승리하지 못하자 전연(澶淵)의 맹약을 맺어 강화(講和)하였는데, 매년 비단 20만 필과 은 10만 냥을 보내고, 요나라 성종(聖宗)을 아우로 삼고 소태후(蕭太后)를 숙모라고 부르고, 그에 따른 예(禮)를 갖추는 등 굴욕적인 조건을 받아들여 권위가 크게 실추되었다. 이를 만회하기 위해 진종이 간신 왕약흠(王欽若) 등을 시켜 천서(天書)를 위조하게 하고 태산(泰山)에 봉선(封禪)한 일을 말한다. 《宋史 卷283 王欽若傳》

9 건염(建炎)은……버렸는데도 : 건염은 남송(南宋)의 제1대 황제인 고종(高宗)의 연호이다. 고종은 정강(靖康)의 변으로 자신의 아버지인 휘종(徽宗)과 형인 흠종(欽宗)이 금나라에 포로로 끌려가고 북송이 멸망하자 장강(長江)의 남쪽인 임안(臨安)에 남송을 세웠으나, 주전론자(主戰論者)들을 내치고 금나라와 화친하여 아버지와 형은 끝내 귀국하지 못하고 금나라에서 죽었으므로 이렇게 말한 것이다.

10 규수(奎宿)가……것이요 : 규수는 이십팔수(二十八宿)의 백호(白虎) 7수(宿) 중 첫째 별자리인 규성(奎星)으로 문운(文運)을 주관하는 별자리이다. 송나라 태조 건덕(乾德) 5년(967)에 수(水)·목(木)·금(金)·화(火)·토(土)의 오성(五星)이 규수

일이 아래에서 흡족한 뒤에 천도(天道)가 위에서 갖춰지는 것이니, 감응(感應)하는 이치가 그림자와 메아리보다 빠릅니다. 오성(五星)이 규수(奎宿)에 모인 것은 바로 그 합당한 시기가 아닌데, 어찌하여 그런 것입니까? 이것은 하늘이 오계(五季)[11]의 더러운 덕(德)을 싫어해서 마침내 한 번 다스려지는 아름다운 기회를 열고자 해서 부득이 그런 것입니까? 만일 그렇다면 어찌하여 이 현자들이 군주와 스승의 지위를 얻어 성주(成周)[12]의 성대함을 계승하지 못하고, 마침내 아래로 신하가 되어서 버려지고 곤액을 당한 채 그 몸을 마쳤습니까? 이것은 또 무슨 이치입니까?

공자(孔子)께서 지극히 공정하며 지극히 성실한 것과 맹자(孟子)께서 거칠게 주먹질하고 크게 발길질한 것[13]과 정자와 주자가 천덕(天德)과 왕도(王道)를 소유한 것[14]은 그 어느 것이든 합당하지 않음이 없었

의 분야(分野)에 모였는데, 점치는 자들이 훌륭한 인재가 많이 배출되어 문운이 창성할 조짐이라 하였는데 과연 수많은 학자와 명신이 배출되고 정주학(程朱學)을 탄생하였다. 《宋史 卷2 太祖本紀》

11 오계(五季) : 오대(五代) 시대의 후량(後梁)·후당(後唐)·후진(後晉)·후한(後漢)·후주(後周)를 이른다. 계(季)는 말세란 뜻으로 오대 시대에는 혼란이 심하여 찬탈과 시해가 반복되어 왕조가 자주 바뀐 시기이다.

12 성주(成周) : 서주(西周)의 동도(東都) 낙읍(洛邑)으로, 주공(周公)이 이곳을 경영하였기 때문에 전하여 주공이 성왕(成王)을 보좌했던 시기를 가리키거나 서주의 별칭으로 쓰인다.

13 맹자(孟子)께서……것 : 맹자가 이단을 배척하고 유학을 진흥시키기 위해 펼친 노력을 비유한 말로, 주자가 진량(陳亮)에게 보낸 편지에, "맹자가 어찌 거친 주먹을 휘두르고 크게 발길질하지 않았겠는가.〔孟子豈不是麤拳大踢?〕"라고 한 데서 나온 말이다. 《晦庵集 卷28 答陳同夫書》

14 정자와……것 : 천덕(天德)은 자신의 마음과 몸을 닦는 명명덕(明明德)을 이르고

는데, 끝내 손을 쓰지 못했으니, 이것은 똑같습니다. 정자와 주자는 말할 것이 없고, 한기(韓琦)와 범중엄(范仲淹)[15] 같은 여러 공(公)들도 범위와 역량이 높고 깊고 크고 원대해서 요컨대 삼대(三代) 이후의 인물이 아닌데, 어찌하여 이 훌륭한 분들을 조송(趙宋)의 시대에 두었단 말입니까?

예조(藝祖)가 나라를 세운 것은 비록 바르지 못하였으나[16], 그 진실한 덕과 진실한 행실은 진(秦)·한(漢) 이후로 여러 제왕들에게 일찍이 없었던 것입니다. 주태후(周太后)를 섬기기를 자기 친어머니와 같이 하고 정왕(鄭王) 시종훈(柴宗訓)이 천수(天壽)를 마쳤으며[17], 항상

왕도(王道)는 인의(仁義)의 도로 백성을 다스리는 신민(新民)을 이르는바, 곧 수기(修己)·치인(治人)을 강조한 정주학을 가리킨 것이다.

15 한기(韓琦)와 범중엄(范仲淹) : 모두 북송(北宋) 초기의 명신들로 한기(1008~1075)는 자가 치규(稚圭), 호가 공수(贛叟)인데, 1027년(인종5) 진사시에 급제하고 벼슬이 우복야(右僕射)에 이르렀다. 인종(仁宗) 경력(慶曆) 연간의 새로운 정치를 주도하였으며 범중엄과 함께 서하(西夏)의 침략을 막았으나, 신종(神宗) 때 왕안석(王安石)과 대립하다가 벼슬에서 물러났다. 위국공(魏國公)에 봉해지고 시호가 충헌(忠獻)이다. 범중엄(989~1052)은 자가 희문(希文), 시호가 문정(文正)이다. 1015년(진종8)에 진사로 출사하고 벼슬이 참지정사(參知政事)에 이르렀다. 한기, 부필(富弼) 등과 함께 인종(仁宗) 경력(慶曆) 연간의 정치를 주도하였으며 서하의 침략을 물리쳐 명성을 떨쳤다. 문장가로도 뛰어나 그의 시부(詩賦)와 산문은 모두 깊은 사회적 성찰을 담은 아름다운 문장으로 정평이 나 있다.

16 예조(藝祖)가……못하였으나 : 역대의 태조(太祖) 혹은 당대 왕조의 태조를 뜻한다. 원래 문덕(文德)을 지닌 조상이라는 뜻인바, 여기서는 송나라 태조를 가리킨다. 태조가 후주(後周)의 제위를 찬탈하였으므로 이렇게 말한 것이다.

17 주태후(周太后)를……마쳤으며 : 주태후는 후주(後周) 세종(世宗)의 두 번째 황후인 부후(符后)이고, 시종훈은 세종의 아들로 후주의 마지막 황제인 공제(恭帝)이다. 송 태조는 선위(禪位)를 받은 뒤에 공제를 정왕(鄭王)으로 봉하고 부후를 주태후(周太

만승(萬乘)의 지위를 버리는 것을 헌신짝을 벗는 것처럼 여겨 자식에게 주지 않고 아우에게 주었습니다.[18] 그렇다면 그가 "천명(天命)을 소유한 자가 스스로 황제가 되도록 맡겨준다."라고 한 말과 구중궁궐의 문을 활짝 열고 이처럼 간격이 없음이 바로 자신의 마음과 같다고 한 것[19]들은 이를 모두 모훈(謨訓)[20]에 기재하더라도 부끄러울 것이 없을 것입니다. 회옹(晦翁 주자)께서 말씀하신바, '태조께서는 성인의 재질을 가지고 있었다.'는 것이 이것입니다. 이 때문에 위로 천심(天心)을 감동시켜서 이와 같은 인물이 나올 수 있었던 것입니까? 그러나 하늘

后)로 섬겼다. 그전에는 강제로 선양(禪讓)을 받은 뒤에 모두 은밀히 예전의 황제를 시해하고 멸족까지 하였으나 태조는 이렇게 하지 않았는바, 이는 후주의 재상이었던 범질(范質)이 "태위(조광윤)께서 예에 따라 선위 받으신 뒤에는 태후를 어머니처럼 섬기고 어린 주군을 자식처럼 길러 선제(세종)의 옛 은혜를 저버리지 마소서."라고 한 충고를 그대로 따른 것이었다. 《宋史 卷1 太祖本紀》《東都事略 卷18 范質列傳》

18 만승(萬乘)의……주었습니다 : '만승의 지위'란 천자의 지위를 말한다. 원문의 '탈사(脫屣)'는 《전한서(前漢書)》 권25상 〈교사지(郊祀志)〉에 "진실로 황제(黃帝)와 같을 수 있다면 내가 처자를 버리는 것을 헌신짝을 벗는 것처럼 여길 것이다.〔誠得如黃帝, 吾視去妻子如脫屣耳.〕"라고 보인다. 태조가 아들인 조덕소(趙德昭)에게 천자의 자리를 물려주지 않고 아우인 조광의(趙匡義)에게 물려준 것을 말한다.

19 천명(天命)을……것 : '천명(天命)을 소유한 자가 스스로 황제가 되도록 맡겨준다'는 말은 《송사(宋史)》 권3 〈태조본기(太祖本紀)〉에 그대로 보이며, '구중궁궐의 문을 활짝 열고서 이처럼 간격이 없음이 바로 자신의 마음과 같다'고 한 것은 〈태조본기(太祖本紀)〉의 "태조가 여러 문들을 활짝 열게 하고 좌우의 신하들에게 '이는 마치 내 마음과 같으니, 사곡(邪曲)함이 조금이라도 있으면 사람들이 모두 볼 수 있을 것이다.' 하였다.〔令洞開諸門, 謂左右曰: 此如我心, 少有邪曲, 人皆見之.〕"라는 구절을 원용한 것이다.

20 모훈(謨訓) : 제왕의 훌륭한 가르침과 말씀으로 《서경》의 〈대우모(大禹謨)〉·〈고요모(皐陶謨)〉와 같은 따위를 이른다.

이 잠시 좋은 기회를 보여주었는데, 그 운용을 다하지 못하여 끝내 삼고(三古)[21]의 융성함에 이르지 못하고 한 귀퉁이의 편벽됨을 면하지 못하였으니,[22] 여기서 바로 천심을 볼 수 있는 것입니다.

옛날 현자들이 신종(神宗)이 명도(明道)선생을 잃은 것과 악비(岳飛)가 진회(秦檜)를 만난 것[23]을 가지고 "조화소아(造化小兒)[24]가 제대

21 삼고(三古) : 상고(上古)·중고(中古)·하고(下古)를 아울러 일컫는 말로, 복희(伏羲) 시대를 '상고', 문왕(文王) 시대를 '중고', 공자(孔子) 시대를 '하고'로 나누기도 하며, 복희(伏羲) 시대를 '상고', 신농(神農) 시대를 '중고', 오제(五帝) 시대를 '하고'로 나누기도 한다.

22 한……못하였으니 : 북송(北宋)은 거란(契丹)이 차지하고 있던 연운(燕雲) 16주(州)를 회복하지 못한 상태에서 건국하여 끝내 중국의 북쪽 지역을 점유하지 못하였으며, 금(金)나라에 의해 멸망된 북송(北宋)을 계승한 남송(南宋) 역시 북쪽의 본토를 회복하지 못한 채 왕조를 이어갔으므로 이렇게 말한 것이다. 남송의 1대 황제인 고종은 장강 남쪽 임안(臨安)에 도읍하고, 금나라와의 전쟁을 피하기 위해 회수(淮水)에서 대산관(大散關)까지를 경계로 정하고 화약을 맺었다.

23 신종(神宗)이……것 : 신종은 북송의 제6대 황제이고, 명도(明道)는 북송(北宋)의 대학자 정호(程顥, 1032~1085)로 명도는 호이며 자는 백순(伯淳), 시호는 순(純)이다. 인종(仁宗) 가우(嘉祐) 연간에 진사시에 급제하고 신종의 신임을 받아 자주 진언하며 벼슬이 저작좌랑(著作佐郎)에 이르렀는데, 신종이 왕안석을 등용하고 신법(新法)을 시행하자, 자청하여 지방관으로 내려갔으므로 이렇게 말한 것이다. 악비(岳飛, 1103~1142)는 남송의 명장으로 자는 붕거(鵬擧)이다. 뛰어난 군사 전략가이자 애국지사로서 금(金)나라에 대항하는 데 앞장섰으나, 당시 화의(和議)를 주도하던 간신 진회(秦檜)의 모함을 받고 살해되었다. 뒤에 신원되어 효종(孝宗) 때 무목(武穆)이란 시호가 내려졌고, 영종(寧宗) 때 악왕(鄂王)에 추봉(追封)되었다. 진회(秦檜, 1090~1155)는 자가 회지(會之)로 중국의 대표적인 간신으로 꼽히는데, 정강(靖康)의 변 이후 건국된 남송에서 재상으로 19년 동안 집정하면서 금나라와의 화친을 주장하고 북벌을 주장하던 악비 등을 제거하고 권력을 누렸다. 죽은 뒤 신왕(申王)에 추증되고, 충헌(忠獻)이란 시호를 받았으나, 영종(寧宗) 때 왕작(王爵)을 추탈당하고, 시호도 유추(謬醜)로

로 기롱(欺弄)한 부분이다."라고 하였으니, 이 말이 아주 중요한 핵심[25]을 엿본 것인데, 훌륭한 견해는 어떠신지 모르겠습니다.

고쳐졌다. 정강은 송나라 흠종(欽宗)의 연호로, '정강의 변'은 정강 2년 금나라 군대가 남하하여 수도 변경(汴京)을 함락하고 휘종(徽宗)과 흠종을 포로로 잡아간 일을 가리킨다.

24 조화소아(造化小兒) : 운명을 주관하는 조물주(造物主)를 해학적으로 부르는 칭호이다.

25 아주 중요한 핵심 : 원문의 '긍경(肯綮)'은 사물의 가장 긴요한 곳, 즉 핵심을 이르는 말이다. 긍은 뼈 사이에 붙은 살을 가리키고, 경은 힘줄과 살이 얽힌 부분을 가리키는데, 소를 잡는 포정(庖丁)이 긍경을 정확히 알아 순리에 따라 칼을 써서 오랜 세월 동안 수천 마리의 소를 잡고도 칼날이 마치 숫돌에서 막 갈아낸 것처럼 예리했다는 고사에서 온 말이다. 《莊子 養生主》

나산 조공[26] 유선 에게 보냄 계해년(1803, 순조3) 4월

與蘿山趙公 有善○癸亥四月

《주자유사(朱子遺事)》는 내 가만히 생각해보건대 이미 정본(正本)을 이루셨을 것인데, 어찌하여 저에게 보여주셔서 저로 하여금 아름다운 은혜의 성대한 뜻을 받들 수 있도록 하지 않으십니까? 존사문(尊師門)[27]의 부탁하신 뜻이 지극히 정중하시니, 원고(原稿)를 가려 뽑고 편집할 적에 바라건대 하나하나 유념해서 먼지를 쓸어내는 한탄[28]이 없게 하소서. 경산(瓊山)의 《주자학적(朱子學的)》[29]과 동교(東嶠)의

26 나산(蘿山) 조공(趙公) : 조유선(趙有善, 1731~1809)으로 나산은 호이고, 자는 자순(子淳), 본관은 직산(稷山)으로, 미호(渼湖) 김원행(金元行)의 문인이다. 1771년(영조47) 사마시에 합격하고, 1788년 57세의 나이에 혜릉 참봉(惠陵參奉)에 제수된 뒤 익산 군수 등을 역임하였다. 벼슬을 그만 둔 뒤 학문에 전념하며 후진양성에 힘썼다.

27 존사문(尊師門) : 스승의 경칭으로 여기서는 미호(渼湖) 김원행(金元行)을 이른다.

28 먼지를 쓸어내는 한탄 : 교정한 책에 여전히 오류가 남아있는 것을 말한다. 원문의 '소진(掃塵)'은 책을 교정하는 일의 비유로, 먼지는 아무리 쓸어 내도 다시 생기는 것처럼, 책의 오탈(誤脫) 또한 완벽히 교정하기 어려우므로 이렇게 비유한다. 북송의 장서가(藏書家)인 송수(宋綬)가 "책을 교정하는 것은 먼지를 쓰는 것과 같아서 한 곳에서 쓸어 내면 다른 곳에서 생긴다. 그러므로 한 책을 서너 번 교정해도 여전히 오탈이 있다.〔校書如掃塵, 一面掃, 一面生, 故一書三四校, 猶有脫謬.〕"라고 한 데서 유래하였다. 《夢溪筆談 卷25》

29 경산(瓊山)의 주자학적(朱子學的) : 경산은 명나라 초기의 유학자이자 문신인 구준(丘濬, 1420~1495)의 호로 자는 중심(仲深), 시호는 문장(文莊)이다. 벼슬이 예부상서(禮部尙書)에 이르렀으며 학문이 정심(精深)하여 문연각 태학사(文淵閣大學士)를 겸하였는데 특히 주자학에 정통하였다. 《주자학적》은 《논어》의 체제를 모방하여

《소학속편(小學續編)》[30]과 왕우(汪佑)와 장백행(張伯行)의 《속근사록(續近思錄)》[31]은 모두 주 부자(朱夫子)의 언행을 분류한 것인데, 이들 책에 유감이 없지 못하니, 모름지기 선인들의 잘못을 살펴서 후래의 비난을 없도록 하여야 할 것입니다.

일찍이 선사(先師)의 가르침을 엎드려 받았는데, 말씀하시기를 "집사(執事)께서는 심성설(心性說)에 있어서 호론(湖論)과 낙론(洛論)[32]

주자의 평소 언행을 기록한 책이다.

30 동교(東嶠)의 소학속편(小學續編) : 동교는 호가 동담(東潭)인 한교(韓嶠, 1556~1627)를 이른 것으로 보인다. 자는 사앙(士昻), 상당부원군(上黨府院君) 명회(明澮)의 5대손으로, 이이(李珥)와 성혼(成渾)의 문인으로 성리학을 비롯하여 천문과 지리 등 여러 학문에 두루 통하였다. 임진왜란 때 의병이 되어 공을 세워 출사하였으며 인조반정에 참여하여 정사공신(靖社功臣) 3등으로 서원군(西原君)에 봉해졌다. 훈련도감낭관 시절 《기효신서(紀效新書)》를 강해(講解)하며 당시 명나라의 여러 무기와 그 사용법을 그림으로 남겨, 후일 《무예도보통지(武藝圖譜通誌)》를 만드는 자료가 되었다. 《소학속편》은 《소학》의 입교(立敎)·명륜(明倫)·경신(敬身) 세 편에 대해 주자의 설을 유별(類別)로 모아 기재한 책이다.

31 왕우(汪佑)와 장백행(張伯行)의 속근사록(續近思錄) : 왕우는 명말청초 때 학자로 자는 계아(啓我), 호는 성계(星溪)이다. 벼슬하지 않고 은거한 채 주로 정주학(程朱學)을 연구하며 강학하였다. 장백행(1652~1725)은 청나라 초기의 문신이자 학자로 자는 효선(孝先), 호는 서재(恕齋)이다. 강희(康熙) 24년(1685) 진사가 되고, 벼슬이 예부 상서(禮部尙書)에 이르렀다. 왕우의 《속근사록》은 《오자근사록(五子近思錄)》으로, 주돈이(周敦頤)·정호(程顥)·정이(程頤))·장재(張載) 등 사자(四子)의 글을 주자와 여조겸(呂祖謙)이 편찬한 본래의《근사록》에 주자의 글을 추가하여 오자라고 한 것이며, 장백행은 《속근사록》·《광근사록(廣近思錄)》을 지었고, 《근사록》을 주해하기도 하였다.

32 심성설(心性說)에……낙론(洛論) : 심성설은 성리학에 있어서 중요한 개념인 심(心)과 성(性)에 대한 이론을 이른다. 조선 후기, 노론 계열의 성리학자들이 대립하여 심과 성에 대한 해석의 문제로 논쟁하였는데, 주로 서울·경기 지역에 거주한 농암(農

을 아울러 취해서 합하여 하나로 만들 수 있다고 하셨다."고 하니, 알지 못하겠습니다마는 그런 일이 있었습니까? 근세에 의논하는 자들은 먼저 사사로운 마음이 가슴 속을 꽉 메워서 들어오는 쪽을 주인으로 여기고 나가는 쪽을 노예로 여기며[33], 같은 것을 좋아하고 다른 것을 싫어해서 한 주장을 얻으면 종신토록 바꾸지 않습니다. 그러나 마음을 비우고 기운을 화평하게 하여, 공정하게 듣고 아울러 보지 않으면 어떻게 이(理)와 기(氣)의 근원을 알 수 있겠습니까? 지금 집사께서는 선입견을 주장하지 않고 오직 옳은 것을 구하시니, 이를 통하여 나아간다면 위로 천리(天理)를 통달함에 무슨 어려움이 있겠습니까. 구구(區區)한 이 몸이 귀를 세우고 듣고자 하는 것입니다.

사람과 물(物)의 성(性)에 대한 논쟁은 이(理)와 성(性)이 같은가 다른가의 구분에 지나지 않습니다. 이른바 마음의 본체에 선과 악이 있다고 주장하여 곧바로 마음을 기질(氣質)이라고 인식함에 이르러서

巖) 김창협(金昌協), 삼연(三淵) 김창흡(金昌翕), 외암(巍巖) 이간(李柬) 등이 한 파를 이루어 이를 낙론 또는 낙파라 하였으며 충청 지역에 사는 남당(南塘) 한원진(韓元震) 등이 또 한 파를 이루어 이를 호론(湖論) 또는 호파라 하였다. 낙론은 본연지성(本然之性)은 이(理)와 같으므로, 사람과 물(物)의 성은 같다는 인물성동론(人物性同論)과 미발(未發)의 본체에는 선악이 없다는 주장을 폈으며, 호론은 이에 반대하여 현실에 드러나는 본연지성은 기질의 맥락 속에 있을 수밖에 없으므로 사람과 물의 성은 다르다는 인물성이론(人物性異論)과 미발의 본체에도 기질의 선악이 존재한다는 주장을 폈다. 홍직필은 낙론의 학통을 이었다.

33 들어오는……여기며 : 원문의 '입주출노(入主出奴)'는 당나라의 문장가인 한유(韓愈)가 지은 〈원도(原道)〉의 "들어가는 쪽을 주인으로 여기고 나가는 쪽을 노예로 여긴다.〔入者主之, 出者奴之.〕"라는 구절을 원용한 것으로, 자신이 속한 쪽(학파)의 주장만을 따르고 다른 쪽의 주장을 배척함을 말한다.

는, 사람으로 하여금 듣고 의혹에 빠지게 하니, 따를 수가 없습니다. 마음의 본체에 만일 탁(濁)한 것과 잡박(雜駁)한 것이 뒤섞여 있다면 어떻게 마음이 한 몸의 주재(主宰)가 되며, 어떻게 허령지각(虛靈知覺)이 되며, 어떻게 천군(天君)[34]이 될 수 있겠습니까? 만약 그렇다면 주자가 어찌하여 《맹자》〈진심(盡心)〉 편의 《집주(集註)》에서 "마음은 사람의 신명이니, 여러 이치를 갖추고 만사에 응한다."라고 말씀하였으며, 또 《대학혹문(大學或問)》에서 어찌하여 "사람의 한 마음은 깨끗하고 텅 비고 밝아서 거울이 텅 비어 있는 것과 같고 저울대가 평평한 것과 같아 한 몸의 주재가 되는 것이 진실로 그 진체(眞體)의 본연이다."라고 말씀했겠습니까?

사려(思慮)에서 발하게 되면 선(善)과 불선(不善)이 있게 되는 것은 기질이 용사(用事)하기 때문입니다. 그러므로 주자가 말씀하기를 "이미 발(發)하고 나면 마음이 아니라고 말할 수는 없지만 다만 불선이 있다면 마음의 본체가 아니다."라고 하셨으니, 정자가 '마음은 본래 선하다'는 의논을 발명하신 것이 미진한 부분이 거의 없습니다. 그런데도 오히려 기질을 가지고 마음의 본체에 해당시키는 것은 무엇을 근거하여 그러는 것입니까?

성(性)에는 정의(情意)와 조작(造作)이 없고 마음에는 재능과 기량(伎倆)이 있어서, 펴서 베풀고 운용함이 완전히 마음에 달려 있으니, 성(性)의 본체가 발현되는 것 또한 마음에 의해서입니다. 만일 그 잡박

34 천군(天君) : 마음을 가리킨다. 《순자》〈천론편(天論篇)〉에 "마음이 가운데 빈 자리에 있으면서 오관을 다스리니, 이를 천군이라 한다.〔心居中虛, 以治五官, 夫是之謂天君.〕"라고 보인다. 오관은 사람의 다섯 가지 기관으로 귀와 눈, 코와 이, 형체를 이른다.

(雜駁)하고 탁(濁)한 것이 마음속에 꽉 차 있고, 게다가 기질과 형기(形氣)가 안팎에서 얽어매고 가린다면[35] 비록 마음속에 성(性)이 보존되어 있더라도 발현될 수가 없어서 사람이 단 하루도 선을 행할 수가 없을 것입니다. 그러므로 "마음은 본래 선하다.[36]"라고 말씀하시고, 청탁(淸濁)과 수박(粹駁)은 저 기질에 돌리셨으니, 이는 마음과 기질을 분변하지 않을 수 없기 때문입니다.

집사께서는 이에 대하여 어떠한 견해를 가지고 계십니까? 성(性)과 천도(天道)는 초학자들이 논할 일이 아니라고 말씀하지 마시고, 부디 곧바로 통렬히 말씀하고 끝까지 논하여 보는 자들로 하여금 시원스럽게 큰 잠에서 깨어나는 것처럼 해주시기 바랍니다. 심(心)과 성(性)은 비록 은미하고 심오하여 쉽게 알 수 없다고 하나, 바로 우리들 몸속에 갖추어져 있는 물(物)이니, 그렇다면 사람으로서 이것을 강구(講究)하지 않을 수 없습니다.

35 기질과……가린다면 : 기질은 태어나면서부터 청탁(淸濁)과 수박(粹駁)이 다른 것이고, 형기는 이(耳)·목(目)·구(口)·비(鼻)와 사지(四肢)의 등속으로, 이는 내면의 기질에 구애되고 외면의 형체에서 생기는 사욕에 가려짐을 말한 것이다. 기(氣)에는 청(淸 깨끗함)과 탁(濁 혼탁함)의 구별이 있고, 질(質)에는 수(粹 순수함)과 박(駁 잡박함)의 차이가 있는데, 깨끗한 기를 받고 태어난 자는 알기를 잘하고 순수한 질을 타고난 자는 행(行)을 잘하는바, 성인은 지극히 깨끗하고 지극히 순수한 기질을 받고 태어났다고 한다.

36 마음은 본래 선(善)하다 : 이 구절은 정호(程顥)의 말이다. 마음에 선과 악이 있느냐는 혹자의 질문에 답한 것으로《이정유서(二程遺書)》 권18 〈유원승수편(劉元承手編)〉에 "마음은 본래 선하다. 그러나 생각으로 발현되면 선하기도 하고 불선하기도 하다. 발현되고 나면 정(情)이라고 해야 하고 심(心)이라고 해서는 안 된다.〔心本善. 發于思慮, 則有善有不善, 若既發, 則可謂之情, 不可謂之心.〕"라고 보인다.

저암 유장[37] 한준 에게 올림 무진년(1808, 순조8) 7월 2일

上著菴兪丈 漢雋○戊辰七月二日

더위가 물러간다는 처서(處暑)인데도 더위가 더욱 혹독하니, 해가 하늘을 말리고 땅을 불사른다는 것이 참으로 지나친 말이 아닙니다. 오늘의 존체(尊體)는 편안하십니까? 괴로운 인수(印綬)를 순탄하게 풀어 놓으셨으니, 엎드려 짐작하건대 후련하실 것입니다. 진실로 옛 사람이 이른바 '관부(官府)에서 화잠(華簪)을 벗고는 지팡이를 짚고 사가(私家)로 돌아온다.'[38]는 것입니다.

한가로이 거처하면 뜻을 기를 수 있고 《시경》과 《서경》을 읽으면 스스로 즐길 수 있으니, 사경산(謝景山)이 "집을 옮김에 오히려 청산이 얕음을 근심하고, 한가로이 안석에 기대니 오히려 백일이 긴 줄을 알겠네.〔移家尙恐靑山淺 隱几猶知白日長〕"라고 한 시구(詩句)[39]를 또 어찌

37 저암(著菴) 유장(兪丈) : 유한준(兪漢雋, 1732~1811)으로, 저암은 호이고 자는 만청(曼倩), 본관은 기계(杞溪)이다. 1768년(영조44) 진사시에 합격하고 벼슬이 형조참의에 이르렀다. 뇌연(雷淵) 남유용(南有容)의 제자로 우암(尤菴) 송시열(宋時烈)을 추숭하여 《송자대전(宋子大全)》을 손에서 놓지 않았다고 한다. 당대에 뛰어난 문장가로 손꼽혔으며 그림에 대한 관심도 높아 당시 화가들의 그림에 제발문(題跋文)을 많이 썼다.

38 관부(官府)에서……돌아온다 : 관직을 사임하고 물러나는 것〔致仕〕을 가리키는 표현으로, 출전은 당나라 양공(梁公) 적인걸(狄仁傑)의 〈고로표(告老表)〉이다. 《古今事文類聚 前集 卷32 致仕》 화잠(華簪)은 고관이 사용하는 머리 장식으로, 전하여 높은 관직을 가리킨다.

39 사경산(謝景山)이……시구(詩句) : 사경산은 북송의 문신이자 시인인 사백초(謝

군이 말할 것이 있겠습니까. 가만히 생각하건대, 벼슬을 그만두신 이후로 간약(簡約)함으로 돌아오는 한 가지 일에 있어서, 자신을 감추어 더욱 치밀해지셨으니, 이는 '묵묵히 성취함은 덕행(德行)에 있다.'[40]는 것이 아니겠습니까. 저술하고 글을 짓는 것은 바로 수사(修辭)의 일로서, 거업(居業)의 한 가지 일입니다.[41] 그러나 전심(專心)하지 않으면 이를 잘할 수가 없고, 여기에 전력(專力)하면 도를 해치니, 공부에 방해되고 뜻을 빼앗기지 않겠습니까?

우옹(尤翁)의 화상기(畫像記)를 흔쾌히 지어주시겠다는 가르침을 받고서 공손히 기다린 지가 여러 해가 되었습니다. 장안도(張安道)는 한 명의 훌륭한 자사(刺史)일 뿐인데, 소명윤(蘇明允)이 그의 화상기를 지어, 그가 깃발을 펄럭이며 여유롭게 부임해 온 기상(氣象)을 서술하여 후세에 전하였으니,[42] 하물며 문하(門下)의 훌륭한 문장을 가지고

伯初)로 경산은 그의 자이다. 인종(仁宗) 천성(天聖) 2년(1024)에 진사가 되고 허주법조(許州法曹)를 역임하였는데, 당대의 문장가인 구양수(歐陽脩)에게 시로써 인정을 받았다. 위의 시는 치사(致仕)하고 산중으로 들어가는 인물을 전송하며 쓴 것이다. 《宋詩紀事 卷11 謝伯初》

40 묵묵히……있다: 이 내용은 《주역》 〈계사전 상(繫辭傳上)〉의 "묵묵히 성취하며 말하지 않아도 믿음은 덕행(德行)에 있다.〔默而成之, 不言而信, 存乎德行.〕"라는 구절을 원용한 것이다.

41 저술하고……일입니다 : 거업(居業)은 사업과 공업(功業)을 쌓는 것으로 《주역》 〈건괘(乾卦) 문언(文言)〉의 "군자는 덕을 진전시키고 업을 닦으니, 충신이 덕을 진전시키는 것이고, 수사에 그 성실함을 세움이 업을 쌓는 것이다.〔君子進德修業, 忠信, 所以進德也, 修辭立其誠, 所以居業也.〕"라는 구절을 원용한 것이다.

42 장안도(張安道)는……전하였으니 : 장안도는 북송의 문신인 장방평(張方平, 1007~1091)으로, 안도는 그의 자이고 호는 낙전거사(樂全居士), 시호는 문정(文定)이다. 벼슬이 익주 지주(益州知州)를 거쳐 참지정사(參知政事)에 이르렀는바, 신종(神

대로(大老 우암)의 진면목을 서술함에 있어서이겠습니까? 이 일은 늦출 수가 없습니다. 이 영정본(影幀本)은 바로 죽천(竹泉) 김 문청공(金文淸公)[43]이 초벌을 그린 것이고 화사(畵師)가 전사(傳寫)한 것인데, 제가 받아 보관한 지가 오래되었습니다. 매월 초하루와 보름, 생신과 기일(忌日)의 두 날에 받들어 서실(書室) 가운데에 게시하고 재배(再拜)하는 예를 행하여 갱장(羹墻)의 사모하는 마음[44]을 붙여 왔습니다. 주 선생(朱先生)의 "선생은 조용하여 말씀이 없는데, 천한 이 제자는 눈물을 줄줄 흘린다.〔先生寂無言 賤子涕泗滂〕"는 이 시구가 바로 저의 심정을 잘 묘사한 것입니다.

또 받들어 간청할 일이 있습니다. 선왕고(先王考)[45]께서 일찍이 유

宗) 때 왕안석(王安石)의 임용과 왕안석의 신법(新法)을 반대했다. 소명윤(蘇明允)은 소순(蘇洵, 1009~1066)으로, 명윤은 그의 자이고 호는 노천(老泉)이다. 문장에 뛰어나 아들인 소식(蘇軾), 소철(蘇轍)과 함께 당송 팔대가(唐宋八大家)에 들었다. 화상기는 소순이 지은 〈장익주화상기(張益州畫像記)〉로 《가우집(嘉祐集)》 권15와 《고문진보 후집(古文眞寶後集)》에 보인다. 원문의 '서서(舒舒)'는 바람에 펄럭이는 모양이고 '우우(于于)'는 자득(自得) 또는 여유로운 모습이다.

43 죽천(竹泉) 김 문청공(金文淸公) : 김진규(金鎭圭, 1658~1716)로 죽천은 호이고 문청(文淸)은 시호이며 자는 달보(達甫), 본관은 광산(光山)이며 우암 송시열의 문인이다. 1686년(숙종12) 정시 문과에 급제하고 벼슬이 대제학을 거쳐 좌참찬에 이르렀으며 문장과 글씨에 뛰어났고 산수화·인물화에 두루 능하였다.

44 갱장(羹墻)의 사모하는 마음 : 이미 별세한 스승이나 성현에 대한 흠모를 이르는 말이다. 요(堯) 임금이 별세하자 순(舜) 임금이 요 임금을 몹시 그리워한 나머지 요 임금의 모습이 앉아 있을 때는 담장에 어른거리고 음식을 먹을 때는 국그릇에 어른거렸다는 고사에서 유래하였다. 《後漢書 卷63 李固列傳》

45 선왕고(先王考) : 돌아가신 할아버지라는 뜻으로 홍선양(洪善養, 1727~1798)을 이른다. 자는 사호(士浩)로 1754년(영조30) 생원시에 합격하고 성균관의 장의(掌議)

양(維楊)의 옥류산(玉流山) 가운데 터를 잡아 거처하신 적이 있었는데, 이곳을 노년에 돌아갈 장소로 삼으시어 정자와 누대와 못에 이름을 붙이시고 문장(文丈)에게 기문(記文)을 청하였습니다.

그러나 이때 문장께서 삼척 바닷가에 계셔서[46] 글을 미처 짓지 못하셨는데, 이어서 선왕고께서 별세하셨습니다. 그런데 옥류산의 옛집 또한 그대로 보유하지 못하였으니, 구구한 이 몸은 가슴속에 평천(平泉)의 감회를 이기지 못합니다.[47] 엎드려 생각하건대 문장께서는 옛 자취를 굽어보고 우러러보면 감회가 일어나지 않으실 수 없을 것이니, 지난날의 빚을 갚으실 뜻이 있으십니까?

저의 7세(世) 선조들의 묘소가 연천(漣川)의 청화산(淸華山)에 있는데, 선왕고 또한 여기에 장례하였습니다. 산 아래에다가 집 몇 칸을 세우고 경지재(敬止齋)라는 편액을 달았으니, 이는 《시경》 〈소변(小弁)〉의 "뽕나무와 가래나무도 부모가 심은 것이어서 반드시 공경한다.〔維桑與梓 必恭敬止〕"라는 구절의 뜻을 취한 것입니다. 바라건대 문장께서는 《시경》 〈소변〉의 "아버지 아니면 누구를 우러르고 어머니

를 지냈으며, 청주 목사와 상의원 첨정(尙衣院僉正) 등의 벼슬을 역임하였다.

46 문장께서……계셔서 : 유한준은 1796년(정조20) 7월, 삼척 부사(三陟府使)에 제수되었다.

47 평천(平泉)의……못합니다 : 평천은 평천장(平泉莊)으로, 당나라 무종(武宗) 때 재상이었던 이덕유(李德裕)의 별장이다. 기화이초(奇花異草)와 진귀한 소나무, 괴석 등이 어우러져 선경(仙境)을 방불하였는데, 이덕유는 자손에게 유언하기를 "평천장을 파는 자는 내 자손이 아니고, 나무 하나 돌 하나라도 남에게 주는 자는 좋은 자제가 아니다."라고 하였다. 그러나 오대(五代) 시대를 거치며 진기한 물건들이 모두 없어졌으므로 이렇게 말한 것이다. 《古今事文類聚 續集 卷9 平泉山居戒子孫記》

가 아니면 누구를 의지하겠는가.〔靡瞻匪父 靡依匪母〕"라는 구절의 뜻을 발휘하여 '공경하지 않음이 없어서 그치는 바에 편안함〔無不敬而安所止〕'[48]을 언급하신다면 가르침을 받음이 어찌 끝이 있겠습니까? 비단 저 한 몸의 아름다운 은혜가 될 뿐만이 아니요, 자손들에게 무궁한 은혜가 될 것입니다. 그리고 우리 조고(祖考)께서 영혼이 있어서 이 일을 아신다면, "나에게 훌륭한 친구가 있다."라고 말씀하지 않겠으며, 또 "군자의 말은 진실하고 근거가 있다."라고 말씀하지 않겠습니까?

주자(朱子)가 어떤 분의 병사(丙舍)에 기문(記文)을 쓰시기를 "세시(歲時)에 묘소의 아래에 와서 절할 때에 척연(惕然)히 부모의 가르침을 잊지 않겠다는 마음을 갖고 더욱 그 먼 것과 큰 것에 힘쓴다면 이름을 돌아봄에 그 실제에 걸맞게 될 것이다." 하셨으니,[49] 바로 제가 원하는 바가 여기에 있으며, 또 제가 문하(門下)에게 바라는 것도 주자가 시호(時鎬)에게 권면한 것[50]으로 저를 권면해 주시는 것입니다.

48 공경하지……편안함〔無不敬而安所止〕: 이 내용은 '경지(敬止)'에 대한 해석이다. 《시경》〈대아(大雅) 문왕(文王)〉에 "훌륭하신 문왕이여. 아! 계속하고 밝혀서 공경했다.〔穆穆文王 於緝熙敬止〕" 하였는바, 여기의 '지(止)'는 조사여서 해석하지 않는다. 그러나 《대학》에서 이 시를 인용하였는데, 이 장은 지어지선(止於至善)을 해석한 것이어서 지(止)에 큰 뜻이 있으므로 주자는 《대학장구》 제 3장에서 "경지(敬止)는 공경하지 않음이 없어서 그치는 바에 편안함을 말한다."라고 해석하였는바, 위의 〈소반〉 시에서 말한 '필공경지(必恭敬止)'의 지(止) 역시 원래 조사였으나 '경지재(敬止齋)'라는 편액에는 이 뜻이 포함되어 있음을 말한 것이다.

49 주자(朱子)가……하셨으니 : 병사(丙舍)는 묘소에 있는 재실(齋室)을 이른다. 기문(記文)은 〈자교암기(慈教庵記)〉로, 주자가 시호(時鎬)란 사람의 병사에 자교암이란 이름을 지어주고 써준 글이다. 《朱子大全 卷79 慈教庵記》

50 주자가……것 : 위에 인용한 주자의 글을 가리킨다. 위의 주49 참조.

글은 기운을 위주로 하니, 기운이 성대하면 글의 길고 짧음과 음률의 높고 낮음이 다 적당하게 됩니다. 그러나 이것은 옛 사람도 하기가 어려운 것인데, 문하께서는 이것을 잘 하셔서 비단 기운을 위주로 할 뿐만 아니라 또 이치로써 주재하시니, 어찌 지금의 글 짓는 자들이 능히 바라서 미칠 수 있는 것이겠습니까? 이 때문에 제가 소중한 한 말씀을 얻어서 송추(松楸)[51]를 아름답게 꾸미려는 것입니다. 저의 이 뜻이 참되고 간절하니, 부디 문하께서는 헤아려 주시기 바랍니다.

오여보(五汝甫)[52]는 병이 비록 위독하였으나 마땅히 좋은 소식이 있을 것으로 생각했었는데, 하늘에 무슨 죄를 지었기에 이렇게 빨리 빼앗아 간단 말입니까? 청명(淸明)한 자질과 방정한 지조와 탁월한 식견과 명쾌하고 아름다운 문장이 비단 대재(大齋)[53]의 훌륭한 손자와 덕 있는 가문의 행실이 뛰어난 선비일 뿐만이 아닙니다. 같은 시대 인물 중에 찾아보아도 실제로 견줄만한 사람이 적은데, 산야(山野)에 은거[54]한

51 송추(松楸) : 소나무와 가래나무로 옛날 선산(先山)에 이들 나무를 많이 심었기 때문에 선영(先塋)을 가리키는 말로 쓰인다.

52 오여보(五汝甫) : 유상주(兪常柱)로 오여는 자로 보이며, 보는 남자의 이름에 붙이는 미칭(美稱)이다.

53 대재(大齋) : 유언집(兪彦鏶, 1714~1783)으로, 대재는 호이고 자는 사호(士鎬)이며 수암(遂菴) 권상하(權尙夏)와 도암(陶菴) 이재(李縡)의 문인이다. 유일(遺逸)로 천거되어 세자시강원 자의(世子侍講院諮議)에 제수되었고 벼슬이 이조 참의에 이르렀다.

54 은거 : 원문의 '침적(寢跡)'은 침적(寢蹟)으로도 쓰는데 자신의 행적을 숨기고 감추는 것으로 은거를 가리킨다. 도연명이 지은 〈계묘세십이월중작 여종제경원(癸卯歲十二月中作與從弟敬遠)〉시에 "허름한 오두막에 행적을 감춘 채 아득히 세상과의 인연 끊었노라.〔寢跡衡門下, 邈與世相絶.〕"라고 보인다.

채 안에 거두고 드러내지 않아서 아는 자가 드뭅니다. 저는 일찍이 여러 해 동안 종유(從遊)하였는데, 질문하면 즉시 응답해서 저의 막혀 어두운 마음[55]을 열어주니, 백 년을 함께하기를 바랐는데 부음(訃音)을 알리는 수레가 갑자기 이르니, 저도 모르게 통곡하여 목이 쉬었습니다. 엎드려 생각하건대 한탄과 슬픔이 지극했던 것은 비단 동인(同人)[56]의 우의(友誼) 때문만은 아니었습니다.

삼가 살펴보건대, 이 공(公)을 가장 깊이 아신 분은 바로 문장이십니다. 그러므로 옛 사람이 편지를 보내 서로 조문하는 의리를 따르다 보니, 저의 자질구레하고 번거로운 말이 여기에 이르렀습니다. 짐작컨대 응당 이 때문에 감회를 더하실 것입니다. 가을 햇볕이 아직도 두려운데, 더욱 절선(節宣)[57]을 삼가시어 저의 우러르는 마음에 부응해 주시기를 만 번 바랍니다.

55 막혀 어두운 마음 : 원문의 '풍부(豐蔀)'는 《주역》 풍괘(豐卦) 육이(六二)의 효사(爻辭)에 "부(蔀)를 크게 하였다.〔豐其蔀.〕"라고 보이는데, 정이(程頤)는 《역전(易傳)》에서 "부(蔀)는 두루 가리는 뜻이니, 막고 가리는 물건을 사용하여 밝음을 가려 어둡게 하는 것이다.〔蔀, 周匝之義, 用障蔽之物, 掩晦於明者也.〕"라고 풀이하였다.

56 동인(同人) : 《주역》의 괘(卦) 이름으로 남들과 화동(和同)한다는 뜻인데, 여기서는 뜻이 같은 벗을 말한 것이다.

57 절선(節宣) : 몸의 긴장과 이완을 조절하여 기(氣)가 흩어지거나 막히지 않게 하는 것으로, 몸을 잘 조섭(調攝)함을 말한다. 《춘추좌씨전(春秋左氏傳)》 소공(昭公) 원년에 "군자는 사시의 일이 있어, 아침에는 국정을 처리하고, 낮에는 자문을 구하고, 저녁에는 정령(政令)을 닦고, 밤에는 몸을 편히 쉰다고 한다. 이에 몸 안의 기운을 절제(節制)하기도 하고 발산(發散)하기도 하여, 기운이 막히거나 적체되어 몸을 여위게 하지 말아야 한다.〔君子有四時, 朝以聽政, 晝以訪問, 夕以修令, 夜以安身. 於是乎節宣其氣, 不使有所壅閉湫底, 以露其體.〕"라고 보인다.

주암 이장[58] 의병 에게 올림 갑자년(1804, 순조4) 6월

上疇巖李丈 義秉○甲子六月

삼가 살펴보건대, 《이아(爾雅)》[59]에 이르기를 "아버지의 첩(妾)을 서모(庶母)라 한다." 하였으니, 아들의 첩이 아버지의 첩에게 또한 마땅히 군(君)을 따라 서모라고 할 뿐입니다. 예(禮)에 두 첩의 자식들이 각각 그 아버지의 첩을 서모라고 부른다고 하니,[60] 이것이 바로 그 증거입니다.

예(禮)에 자식의 처(妻)와 첩(妾)은 아버지의 첩에 대하여 복(服)이 없습니다. 복이 없는 것은 글이 빠진 것이 아니고, 존고(尊姑 시어머니의 경칭(敬稱))와의 분별을 강조하려고 한 것입니다. 만약 후(厚)한 편을 따르는 의리[61]로 구차히 서로 복을 입고자 한다면 함께 밥을 지어 먹는

58 주암(疇巖) 이장(李丈) : 이의병(李義秉, 1751~1814)으로 주암은 호이고 자는 재심(在心), 본관은 전주(全州)이다. 1773년(영조49) 생원시에 합격하였으나 1782년에 부친 이최중(李最中)이 역모에 휘말려 추자도(楸子島)에 유배되자 노복으로 위장하여 수행할 만큼 효심이 돈독하였다. 1796년 부친이 신원된 후 관직의 부름을 받았으나 끝내 나아가지 않고 향리에 은거하였다. 홍직필이 지은 행장이 본집 권47에 실려 있다.

59 이아(爾雅) : 중국의 고대 어휘(語彙)를 해석한 가장 오래된 훈고서(訓詁書)로, 유가의 13경 가운데 하나이다. 편찬 시기는 전국 시대 말기에서 한(漢)나라 무제(武帝) 사이로 추정하나 작자는 미상인데, 곽박(郭璞)이 주(注)를 내고 형병(邢昺)이 소(疏)를 내었다.

60 예(禮)에……하니 : 두 첩의 자식들이 각각 상대방의 어머니를 서모라고 부른다는 뜻으로 보인다.

61 후(厚)한……의리 : 원문의 '종후지의(從厚之義)'는 어떤 일을 행할 적에 너무 박

자를 위한 시마복(緦麻服)[62]을 입을 뿐입니다. 그러나 칭호는 다만 노비들이 부르는 대로 할 뿐이고, 편지에 또한 이 예를 따를 것이며, 자기가 말할 때는 마땅히 모실(某室)이라고 해야 할 것입니다.

근래의 풍속에서 혹 고(姑 시어머니)라고 칭하는 경우가 있는데, 이럴 경우 첩의 자식의 아내가 자기 남편을 낳아준 시어머니를 칭하는 것과 어떻게 분별될 수 있겠습니까? 죽어서 복이 없는데 살아서 시어머니라고 부르는 이치가 어찌 있을 수 있겠습니까? 복이 없는 것을 가지고 보건대 결코 시어머니라고 불러서는 안 됨을 알 수 있습니다.

자신을 스스로 칭할 적에 적자부(嫡子婦)라고 한다면 여군(女君)이라는 말에 혐의가 있게 되고, 자부(子婦)라고 한다면 자기를 낳아준 자부와 혐의가 있게 됩니다. 그러므로 이르기를 '칭호를 다만 노비들이 하는 것과 같이 하고, 스스로 말할 때 또한 규문(閨門)에서 칭하는 것과 같이 할 뿐이다.'라고 한 것입니다. 복종하여 섬김에 있어서는 공경을 지극히 하고 예를 다하는 것이 옳습니다. 고부(姑婦)라는 명칭은 없으나 고부의 도리가 있은 뒤에야 윤리가 바루어지고 은혜와 의리가 돈독해질 것입니다.

하지 않게 후한 편을 따라서 하는 의리를 이른다. 여기서는 상(喪)을 치를 적에 보다 후한 편을 선택함을 이른 것이다.

62 함께……시마복(緦麻服) : 이 내용은 《예기》 〈단궁 상(檀弓上)〉에 "종모(從母 이모)의 남편인 이모부(姨母夫)와 외삼촌의 아내인 외숙모(外叔母)의 경우 두 사람이 서로를 위하여 복을 입는 것에 대해 군자가 말하지 않았는데, 혹자는 말하기를 '함께 한 집에서 밥을 지어 먹고 살았으면 시마복을 입는다.' 하였다.〔從母之夫、舅之妻二夫人相爲服, 君子未之言也, 或曰: 同爨緦.〕"라고 보인다. 시마복은 오복(五服) 중에 가장 낮은 복으로 3개월의 복을 이른다.

주암 이장에게 올림 무진년(1808, 순조8) 4월

上疇巖李丈 戊辰四月

고(故) 충신 반구자(返求子) 이공 택징(李公澤徵)[63]의 묘갈명(墓碣銘)이 유공(兪公)과 임공(任公)[64]에게서 나왔는데, 근간에 이를 두 공에게서 받아 읽어 보았습니다. 그동안 펴지 못한 그 답답한 일들이 장차 후세에 밝혀지게 될 것입니다. 슬프고 슬픕니다. 그 가장(家狀)이 현재 책상 위에 있으시거든 부디 등사하여 보여주시기 바랍니다. 정언(正言) 이공 유백(李公有白)[65]에게도 그의 덕행을 기록한 글로, 취하

63 반구자(返求子) 이공 택징(李公澤徵) : 이택징(1715~1782)으로 자는 경민(景民), 호는 자호재(自好齋), 본관은 간성(杆城)인데 반구자는 또 다른 호로 보인다. 1738년(영조14) 식년 문과에 급제하고, 벼슬이 첨지중추부사(僉知中樞府事)에 이르렀다. 1782년(정조6) 이택징이 규장각의 폐단과 정세에 대한 과격한 상소를 올려 조정이 분분해지자, 대사헌 이재협(李在協)이 소를 올려 이를 탄핵하였는데, 이유백이 이택징을 옹호하는 상소를 올리면서 그 내용이 더욱 과격해져 말이 효의왕후(孝懿王后)에 미치고 왕후의 일가인 김치묵(金峙默)을 치죄할 것을 청하기에 이르렀다. 이를 보고 정조가 격노하였는데, 얼마 있다가 이유백의 아우인 이유원(李有源)이 이유백과 이택징이 모의하여 상소를 올렸다고 고발하였다. 이에 모두 역모죄로 다스려, 이유백은 국문하는 도중에 죽고 이택징은 처형되고, 이의병의 부친인 이최중(李最中)도 이에 연좌되어 추자도(楸子島)에 귀양 가서 죽었다. 이들은 모두 순조(純祖) 때에 신원(伸寃)되었다.

64 유공(兪公)과 임공(任公) : 유공은 유한준(兪漢雋)이고 임공은 임노(任魯)이다. 유한준이 쓴 이택징의 묘갈명은 유한준의 문집《자저(自著)》에 실려 있고, 임노가 쓴 묘갈명은 매산이 임노의 아들 임경문(任景文)에게 보낸 편지에 언급한 것이 보인다. 《自著 續集 冊3 工曹參議李公墓碣銘》《梅山集 卷15 與任景文》

여 의논을 세울 만한 것이 있습니까?

모후(母后)를 위해서 한번 죽음을 각오한 것은 두 분 이공이 똑같지만,[66] 물이 만 길 높이에서 굴곡이 없이 떨어지는 거침없는 태도는 정언 이공이 가지고 있었으니, 이 때문에 더 어려웠던 것입니다.

기사년의 세 충신[67]은 이미 일이 지난 뒤에 간언(諫言)하였는데, 임인년의 여러 현자들은 일이 아직 일어나기 전에 간언하였습니다. 이 때문에 비록 몸이 형틀에서 죽어서 유해(遺骸)를 거두지 못하였으나, 끝내 곤위(壼位)를 편안하게 하여 황상(黃裳)의 길(吉)함을 차지하고 건(乾)과 곤(坤)이 서로 화합하여 이남(二南)의 교화를 이루게 하였으니,[68] 이는 두 이공(李公)의 공(功)입니다. 그렇다면 저옹(著翁)[69]께서

65 이공 유백(李公有白) : 이유백(李有白, 1722~1782)으로 자는 경서(庚瑞), 본관은 전주(全州)이다. 1771년(영조47) 식년 문과에 급제하고 벼슬이 지평에 이르렀다. 이택징을 옹호하는 상소가 문제가 되어 정조의 친국(親鞫)을 받던 중 목숨을 잃었다. 자세한 내용은 위의 주63 참조.

66 모후(母后)를……똑같지만 : 모후는 정조의 비인 효의왕후(孝懿王后)를 이른다. 홍직필은 이택징과 이유백 두 사람의 상소가 본래 효의왕후를 위한 충심에서 나온 것인데, 잘못 이해되어 역모죄로 다스려진 것이라고 여겼기 때문에 이렇게 말한 것이다. 이 두 사람은 순조 1년에, 이들이 올린 상소의 본래의 뜻이 곤성(坤聖), 즉 효의왕후를 위해 충성을 다해 진언한 것으로 판단되어 신원되었다.

67 기사년의 세 충신 : 기사년은 1689년(숙종15)으로 희빈(禧嬪) 장씨(張氏)의 소생을 원자로 정호(定號)하는 문제를 계기로 서인이 축출되고 남인이 정국을 장악한 기사환국이 일어난 해이다. 세 충신은 박태보(朴泰輔)·오두인(吳斗寅)·이세화(李世華)로 인현왕후(仁顯王后) 민씨(閔氏)가 폐위되자 이에 반대하는 소를 올렸다가 숙종의 노여움을 받고 유배된 인물들로서 이 중 박태보와 오두인은 국문을 받고 유배 가는 도중에 별세하였다.

68 곤위(壼位)를……하였으니 : 곤위는 왕후의 지위를 이르고 황상(黃裳)의 길(吉)

말씀하신 바, 이 분들의 공이 어떤 경우에 있어서는 세 충신보다 더하다는 것이 참으로 옳은 말씀입니다. 저는 삼가 스스로 사양하지 않고 무능한 글에 의탁하여 두 분 이공(李公)을 위해 전(傳)을 쓰려고 하니, 비록 심히 참람하고 망령되나, 뜻으로 보면 취할 점이 있을 것입니다.

함은 왕후의 덕을 이르는바, 《주역》 〈곤괘(坤卦) 육오(六五)〉 효사(爻辭)에 "황색 치마이니 크게 길하다.〔黃裳元吉.〕"라는 구절에서 유래하였다. 건(乾)과 곤(坤)은 《주역》의 두 괘(卦) 이름인데, 건은 아버지, 곤은 어머니로 여기서는 국부(國父)인 임금과 국모(國母)인 왕후를 가리킨 것이다. 이남(二南)은 《시경》의 〈주남(周南)〉과 〈소남(召南)〉으로, 여기에 채록된 시들은 주로 문왕(文王)과 후비(后妃)의 덕화(德化)를 읊은 것인바, 이남의 교화는 왕과 왕비의 덕이 높아 백성들이 잘 교화됨을 이른 것이다. 효의왕후가 천성이 온후하고 청렴하여 일생을 검소하게 보냈으며, 생전에 여러 차례 존호(尊號)를 올렸으나 모두 사양하는 등 덕이 높았으므로 이렇게 말한 것이다.

69 저옹(著翁) : 호가 저암(著菴)인 유한준(兪漢雋)을 높여 부른 것으로, 자세한 내용은 312쪽 주37 참조.

주암 이장에게 올림 무진년(1808, 순조8) 11월 20일

上疇巖李丈 戊辰復念

《흑호록(黑虎錄)》[70]은 제가 감히 오랫동안 가지고 있으려는 것이 아니고, 두 이공(李公)[71]의 유문(遺文)과 고사(故事)가 모두 모아지기를 기다려서 차례로 논하고자 했었는데, 우선 이것들을 다 수습할 수가 없으므로 삼가 이에 다시 돌려드리오니, 다시 받들어 빌리는 일을 용납해 주시기 바랍니다. 훌륭한 대부(大夫)의 공업(功業)을 폐기하고 기술하지 않는 것을 태사공(太史公)이 "죄가 이보다 더 큰 것이 없다."라고 하였는데,[72] 제가 두 이공의 유사(遺事)를 찬술하고자 하면서도 또한 세상에 전해오는 것을 정리하는 일조차도 쉽게 성취하지 못하니, 이 또한 저의 죄입니다.

귀문(貴門 상대방의 가문에 대한 존칭)의 종숙(從叔) 척재공(惕齋公)[73]의

70 흑호록(黑虎錄) : 정조 6년(1782)인 임인년(壬寅年)에 이택징(李澤徵)·이유백(李有白) 등이 역모죄로 목숨을 잃은 일에 관한 기록으로 보인다. 임인년은 흑호의 해이므로 이렇게 칭한 것이다. 이택징·이유백의 일은 위의 서간 참조.

71 두 이공(李公) : 이택징과 이유백으로 자세한 것은 위의 서간을 참고할 것.

72 태사공(太史公)이……하였는데 : 태사공은 전한(前漢)의 사관(史官)으로 《사기》를 지은 사마천(司馬遷)을 높여 칭한 것이다. 이 내용은 《사기》 권130 〈태사공자서(太史公自序)〉의 "내가 그 관직을 맡고 있으면서 천자의 성명(聖明)한 성덕을 폐기하여 기재하지 않고 공신과 세가, 훌륭한 대부의 공업을 없애고 기술하지 않아 선인의 말씀을 빠뜨린다면, 죄가 이보다 더 큰 것이 없다.〔余嘗掌其官, 廢明聖盛德不載, 滅功臣世家賢大夫之業不述, 墮先人所言, 罪莫大焉.〕"라는 구절을 원용한 것이다.

73 척재공(惕齋公) : 이존중(李存中, 1703~1761)을 가리킨 것으로 보인다. 척재는

유집(遺集)이 세상에 나왔다가 곧바로 숨겨진 것은 어찌하여 그런 것인지 알지 못하겠습니다. 이 어른이 바른 말을 하고 숨기지 아니하여 번번이 명분과 의리를 지켜서 당시에 제일류의 선비가 되었으니, 문장은 다만 여사(餘事)일 뿐입니다. 그러나 살아서는 성주(聖主)에게 인정을 받지 못하고 죽어서는 장차 이름이 매몰되어 알려지지 못하게 되었으니, 슬픕니다.

진실하였으나 의심을 받고 충성스러웠으나 비방을 당한 것은 굴평(屈平)[74]도 원망이 없지 못하였는데, 이 어른은 그렇지 않아서 우수(憂愁)와 깊은 생각에서 나온 것이 한결같이 화평하였으니, 이른바 "벼슬길에서 버림을 받아도 원망하지 않고 곤액을 당하여도 근심하지 않았다."[75]라는 것에 거의 부끄러움이 없을 듯합니다.

일찍이 사람들의 입에 회자(膾炙)되는 시편(詩篇)을 따라 대략 이

이존중의 호이고 자는 경이(敬以), 본관은 전주이다. 진사시에 장원으로 합격하고 음보로 출사하였다가 1750년(영조26) 합천 군수로 있으면서 다시 식년 문과에서 초시・복시・전시에서 모두 장원을 차지하였고 벼슬이 대사간에 이르렀다. 대사간으로 있으면서 김상로(金尙魯) 형제를 탄핵했다가 거제도(巨濟島)에 귀양 갔다. 그 후 예조 참의에 제수되었으나 곧바로 사직하였다.

74 굴평(屈平) : 전국 시대 초(楚)나라의 충신이자 시인인 삼려대부(三閭大夫) 굴원(屈原)으로, 평(平)은 그의 이름이고 원(原)은 그의 자(字)이다. 초나라 회왕(懷王)이 참언(讒言)을 듣고 굴원을 멀리하자, 굴원이 우국충정을 서술하여 〈이소경(離騷經)〉을 지었다. 《史記 卷84 屈原列傳》

75 벼슬길에서……않았다 : 이 내용은 《맹자》 〈공손추 상(公孫丑上)〉에 "유하혜는 더러운 군주를 섬기는 것을 부끄러워하지 않으며 작은 벼슬을 낮게 여기지 않아, 나아가서는 어짊을 숨기지 않아서 반드시 그 도리를 다하였으며, 벼슬길에서 버림을 받아도 원망하지 않고 곤액을 당하여도 근심하지 않았다.〔柳下惠不羞汙君, 不卑小官, 進不隱賢, 必以其道, 遺佚而不怨, 阨窮而不憫.〕"라고 보인다.

어른의 심사(心思)를 알게 되었습니다. 이 때문에 남겨 놓으신 시문을 가지고 아침저녁으로 외워서 선배(先輩)들의 풍류를 따르고자 하니, 바라건대 그 후손들과 상의하셔서 저에게 문집 한 부를 보내주시기 바랍니다.

주암 이장에게 답함 경오년(1810, 순조10) 1월 3일

答疇巖李丈 庚午正月三日

옛날에는 동성(同姓)에게 장가들지 않았기 때문에 부인(婦人)의 성씨와 관향(貫鄕)을 쓰지 않았는데, 우리나라의 풍속은 관향이 다른 동성에게 장가들기 때문에 관향을 써서 분별하는 것이니, 이미 성씨가 다르다면 마땅히 관향을 쓰지 말아서 고례(古禮)를 따라야 할 것입니다.

또 첩(妾)을 사들일 때에 그의 성(姓)을 알지 못하면 점을 쳤으니, 어찌 동성임을 알면서 첩으로 삼을 수가 있겠습니까? 이러한 의리로 미루어본다면 첩의 상(喪)에는 더더욱 관향을 써서는 안 될 것이니, 봉작(封爵)[76]이 없더라도 다만 성씨만을 쓰는 것이 옳을 듯합니다.

"방주(傍注)[77]는 높은 분에게 시행하는 것이다."라는 구절은, 바로 첩의 신주에 방제(旁題 방주)를 하느냐는 물음에 주자(朱子)가 답하신 것인데, 《상례비요(喪禮備要)》에는 이 구절이 '서자소생모제주(庶子所生母題主)' 편의 밑에 기재되어 있습니다. 그러므로 이를 자신을 낳아준 어머니의 신주(神主)에 방제하여서는 안 된다는 증거로 보고 있

76 봉작(封爵) : 여기서는 부인의 봉작을 말한 것으로, 부인은 따로 봉작이 없고 남편의 신분에 따라 호칭을 붙여주는바, 예를 들어 남편이 정1품에 오르면 정경부인(貞敬夫人)의 봉호를 가한 것과 같다.

77 방주(傍注) : 본문 옆에 붙이는 주(註)를 이르는데, 주로 방주(旁註)로 표기한다. 여기서는 신주(神主)의 아랫부분 왼쪽에 제사를 받드는 사람의 이름을 쓰는 방제(旁題)와 같은 뜻으로 쓰였다.

습니다. 그러나 이것은 비유(卑幼 항렬이 낮거나 나이가 어린 자)와 방친(傍親 방계의 친족) 때문에 말한 것이지, 자신을 낳아준 어머니를 가리킨 것은 아닙니다. 자신을 낳아준 어머니를 비록 감히 적모(嫡母)와 동등하게 칭하지는 못하나, 그 자식의 입장에서는 높은 분이 아니라고 할 수 없으며 또한 방친이 아니니, 방제를 어찌 그만둘 수 있겠습니까?

다만 마땅히 '아들 아무개가 제사를 받는다.〔子某奉祀〕'라고만 써야 하고, 효(孝)자를 써서는 안 될 것입니다. 효(孝)는 바로 '노(老)' 자의 뜻인데, 노(老)는 바로 장(長)이라는 뜻입니다. 장자(長子)이기 때문에 효자(孝子)라고 말하는 것이니, 서자가 자기 어머니에게 있어 어찌 장자와 중자(衆子 맏아들 이외의 모든 아들)의 구별이 있겠습니까? 또 참람하게 장적자(長嫡子)의 예(禮)에 비견해서 효자라고 말해서는 안 됩니다.

주암 이장에게 답함 경오년(1810, 순조10) 1월 8일

答疇巖李丈 庚午正月八日

부군(夫君)이 첩의 상을 주관할 적에 마땅히 그의 신주를 쓰고 그 예를 행해야 합니다. 〈잡기(雜記)〉에 이른바 "스스로 부제(祔祭)를 지낸다."라는 것[78]은 조묘(祖廟)에 부제(祔祭)하기 때문에 스스로 하는 것이니, 《의례(儀禮)》〈사우례(士虞禮)〉에 "부인의 상에 있어 부제할 때에는 시아버지가 주관한다."라는 것 또한 이 뜻입니다.

〈잡기〉에 이른바 "연제(練祭 소상제)와 상제(祥祭 대상제)의 경우는 그 첩이 낳은 아들로 하여금 주관하게 한다." 하였는데, 그 주관한다는 뜻은 궤전(饋奠)을 주관함을 이른 것이요, 《예기》〈상복소기(喪服小記)〉에 "부인의 상에 우제(虞祭)와 졸곡(卒哭)은 그 남편 또는 아들이 주관한다."라는 것 또한 이 뜻과 같습니다.

혹은 '우제와 졸곡'이라 하고, 혹은 '연제와 상제'라고 말한 것은 호문(互文)이니, 우제와 졸곡을 주관하지 않았다고 하여 부인의 상을 주관하지 않았다고 할 수는 없는 것이니, 그렇다면 어찌 연제와 상제를 주관하지 않았다고 하여 첩의 상을 주관하지 않을 수 있겠습니까? 첩이 비록 낮고 천하나, 부군이 첩의 상을 주관할 수 있는 것은 그 여군(女

78 잡기(雜記)에……것 : 잡기는 《예기》의 한 편명이다. 이 내용은 "정실부인과 첩의 상에는 부군이 직접 부제(祔祭)를 지내고, 연제(練祭)와 상제(祥祭)의 경우는 그들이 낳은 아들로 하여금 주관하게 한다.〔主妾之喪則自祔, 至於練祥, 皆使其子主之.〕"라는 구절을 일부 원용한 것이다.

君)을 대신할 수 있기 때문입니다.[79] 또 모든 상(喪)에 아버지가 살아계시면 아버지가 주인이 되니, 그렇다면 서자들이 아버지의 집에 같이 살고 있는데, 어찌 감히 스스로 자기 어머니의 상을 주관할 수 있겠습니까.

우제와 졸곡과 연제와 상제는 모두 정침(正寢)에서 지내니, 존자(尊者 항렬이 높은 사람)가 관여할 바가 아니므로, 그 남편과 자식으로 하여금 주관하게 하는 것인데, 주관하게 한다는 것은 그 상을 주관하는 것이 아니고 그 궤전(饋奠)을 주관하는 것일 뿐이니, 이것이 바로 고례(古禮)입니다. 궤전 또한 본래 마땅히 존자가 주관해야 하는 것이니, "존장(尊長)은 앉아서 곡한다."라는 글[80]을 보면 일찍이 참여하지 않은 적이 없음을 알 수 있습니다.

첩을 부제(祔祭)하는 예(禮)는 세속에서는 행하지 않는 것이나, 고례를 가지고 보면 사당 안에 단을 만들어 제사하고, 만약 첩조고(妾祖姑)가 없으면 여군(女君)에게 부제하는 것이 가합니다. 이 예는 진실로 행하지 못할 것이 없으니, 바라건대 빨리 고례로 돌아와서 세상 사람들로 하여금 따라 교화되게 하십시오. 그러므로 말하기를 "예의(禮義)는 현자(賢者)로부터 나온다."라고 한 것입니다.

79 여군(女君)을……때문입니다 : 여군은 첩이 남편의 정실부인을 일컫는 칭호로, 정실부인이 죽었을 경우 첩이 대신하므로 말한 것이다.

80 존장(尊長)은……글 : 이 내용은 《가례(家禮)》 권4 〈상례(喪禮) 조전(朝奠)〉 조의 주(註)에 "날마다 새벽에 일어나 주인 이하는 모두 자기에게 해당되는 복을 입고 들어가 영위(靈位) 앞에 나아가되 존장은 앉아서 곡하고 낮은 자는 서서 곡한다.〔每日晨起, 主人以下皆服其服, 入就位, 尊長坐哭, 卑者立哭.〕"라고 보인다.

첩을 제사하는 축문(祝文)에 어찌 아내를 제사할 때와 같은 명칭을 쓸 수 있겠습니까? 다만 '부군(夫君)이 망첩(亡妾) 모씨(某氏)에게 고한다.'라고 쓰는 것이 옳을 것이니, 높은 분에게 통괄되는 뜻은 처첩(妻妾)이라고 어찌 다르겠습니까.

망첩이라고 신주에 쓴 뒤에야 예(禮)의 바름을 얻을 수 있으니, 어찌 예를 숭상하는 문장(文丈)으로서, 이처럼 어렵게 여기고 신중하게 하십니까?

《중용(中庸)》에 "돌아가신 분〔亡〕을 섬기기를 생존해 있는 분을 섬기는 것과 같이 한다." 하였는데, 그 주(註)에 이르기를 "선왕(先王)을 가리킨 것이다."라고 하였으니, 이 뜻을 미루어 보면 첩의 자식이 망모(亡母)라고 신주에 쓰는 것 또한 자기 어머니를 낮추는 뜻이 아닙니다. 더구나 주자께서 글로 남기신 가르침이 있음에 있어서이겠습니까?

화천 이장[81] 채 에게 올림 을축년(1805, 순조5) 11월

上華泉李丈 采○乙丑十一月

일찍이 엎드려 들으니, 문정(文正) 선생께서 신축년(辛丑年)의 건저(建儲) 때에 사대신(四大臣)이 대처한 바에 대해 논하기를 "무악(武樂)의 경지에는 이르렀으나 소악(韶樂)의 경지에는 이르지 못하였다."라고 하였다고 하니,[82] 옳습니까? 이는 조정에서 바로 청하지 않고 반드시 이공 정소(李公廷熽)의 상소문을 기다렸기 때문에[83] 이렇게 말

81 화천(華泉) 이장(李丈) : 이채(李采, 1745~1820)로 화천은 호이고 자는 계량(季亮), 본관은 우봉(牛峯), 시호는 문경(文敬)이며 도암(陶菴) 이재(李縡)의 손자이다. 1774년(영조50) 진사시에 합격하고 출사하였는데, 음죽 현감 시절 무고로 파직되자 귀향하여 학문에 전념하였다. 1790년(정조14) 다시 벼슬길에 올라 호조 참판, 한성부 좌우윤 등을 역임하였다.

82 문정(文正)……하니 : 문정 선생은 시호가 문정인 도암(陶庵) 이재(李縡)로 본편의 아래 구절에 보인다. 신축년(辛丑年)은 1721년(경종1)이고 건저(建儲)는 왕의 후사(後嗣)를 세우는 일로 여기서는 경종의 아우인 연잉군(延礽君)을 왕세제(王世弟)로 책봉한 일을 말하는바, 이 일은 《경종실록》 1년 8월 20일 기사에 자세히 보인다. 원문의 '무(武)'는 무왕(武王)의 음악이고 '소(韶)'는 순 임금이 음악이다. 이 내용은 《논어》 〈팔일(八佾)〉의 "공자께서 소악을 평하시되 '극진히 아름답고 극진히 좋다.'라고 하셨고, 무악을 평하시되 '극진히 아름답지만 극진히 좋지는 못하다.' 하셨다.〔子謂韶, 盡美矣, 又盡善也; 謂武, 盡美矣, 未盡善也.〕"라는 내용을 원용한 것으로 사대신의 처사가 일부 미진하였음을 말한 것이다.

83 조정에서……때문에 : 이정소(李廷熽, 1674~1736)는 자가 여장(汝章), 호가 춘파(春坡), 본관이 전주(全州), 시호가 충헌(忠獻)이다. 1714년(숙종40) 증광 문과에 장원급제하고 벼슬이 병조 참판에 이르렀다. 《경종실록》 1년 8월 20일 기사에 의하면 당시 정언이던 이정소가 상소하여 저사(儲嗣)를 세울 것을 청하자 경종이 대신에게

한 것입니까? 아니면 대리청정(代理聽政)의 명령을 즉시 받들어 따르지 않았고, 연명하여 차자(箚子)를 올린 뒤에 또 환수를 면치 못했기 때문입니까?[84]

이는 노선생(老先生 도암 이재)께서 이치를 밝게 보신 것이고, 또한 네 분 충신[85]에게 모든 일을 완비하여 한 가지도 부족함이 없기를 바란 것입니다. 네 분 충신의 당일의 마음이 어찌 여기에 미치지 못했겠습니까마는 시세(時勢)에 구애(拘碍)되어서 능히 자신들이 하고자 하는 바를 다하지 못했을 뿐입니다. 노선생께서는 오직 제일등의 완전한 도리를 추구하셨기 때문에 그 말씀이 이와 같은 것이니, 이는 이른바 "문왕(文王)이 무왕(武王)보다 훌륭하고 태백(太伯)이 문왕보다 훌륭하다."[86]라는 것입니다. 네 분 충신께서 구천(九泉)에서 다시 살아나실

이를 의논하여 품처(稟處)하라고 명하였다. 이에 영의정 김창집(金昌集) 등이 이를 따라 품처하여 경종의 아우 연잉군을 왕세제로 책봉하였다.

84 대리청정(代理聽政)의……때문입니까 : 1720년(숙종46)에 숙종이 승하하고 경종이 33세의 나이로 즉위하였는데 후사가 없고 병이 많자, 노론의 주도 하에 연잉군을 세제로 책봉하였다. 노론들은 한 걸음 더 나아가 1721년(경종1) 10월 17일에 노론의 대신들이 연명으로 차자를 올려 세제인 연잉군의 대리청정을 청하였는데, 경종이 허락하였으나, 소론의 대신인 우의정 조태구(趙泰耉)가 창경궁(昌慶宮)의 협문인 선인문(宣仁門)을 통해 입궐하여, 승정원을 거치지 않고 청대(請對)하여 반대하자 경종이 다시 대리청정의 명을 환수하였다. 《景宗實錄 1年 10月 17日》

85 네 분 충신 : 왕세제(王世弟)의 대리청정을 주청하였다가 반역죄로 몰려 죽은 노론의 사대신(四大臣)으로, 김창집(金昌集)·이이명(李頤命)·이건명(李健命)·조태채(趙泰采)를 가리킨다.

86 문왕(文王)이……훌륭하다 : 이 내용은 《회암집(晦庵集)》 권58 〈답양지인(答楊志仁)〉에 보이는 주자의 말씀을 원용한 것으로, 원문은 아래와 같다. "그 뜻을 논한다면 문왕(文王)은 진정 무왕(武王)보다 훌륭하고 태백(太白)의 처신(處身)은 문왕보다 더

수 있다면 또한 빙그레 웃으실 것입니다.

〈소희행례기(紹熙行禮記)〉[87]의 발문(跋文)이 《도암문집(陶菴文集)》에서 삭제된 것은 기휘(忌諱)에 저촉되었기 때문입니까? 백세(百世)의 뒤의 후손들이 끝내 이러한 훌륭한 의논이 있었음을 알지 못한다면 어찌 노(魯)나라에 군자가 있다고 말하겠습니까?[88]

욱 훌륭하다.〔若論其志, 則文王固高於武王, 而泰伯所處, 又高於文王.〕" 태백(太伯)은 태백(泰伯)으로도 표기하는바, 주나라 태왕(太王)의 장자이다. 태왕에게는 태백과 중옹(仲雍)·계력(季歷)의 세 아들이 있었는데, 천자국인 은(殷)나라는 점점 쇠퇴하고 제후국인 주나라는 점점 강성해지니, 태왕은 천자국이 되려는 마음을 갖고 있었으나 태백은 따르지 않았으며, 계력이 아들 창(昌)을 낳으니, 성덕(聖德)이 있었다. 태왕은 계력에게 전위하여 창에게 왕위를 넘기려는 뜻이 있었다. 이에 태백은 중옹과 함께 형만(荊蠻)으로 도망하여 결국 창이 제후가 되었는데, 천하의 3분의 2를 소유하였으나 은나라를 공격하지 않다가 아들 발(發)에 이르러 은나라를 정벌하고 주나라 왕조를 세우니, 이가 바로 무왕이다. 무왕은 아버지인 창을 문왕으로 계력을 왕계(王季)로 추존하였다. 《논어》〈태백〉에 "태백은 지극한 덕이라고 이를 만하다. 세 번 천하를 사양하였으나 그 자취를 숨겨 백성들이 칭송할 수 없게 하였다.〔泰伯其可謂至德也已矣. 三以天下讓, 民無得而稱焉.〕"라는 공자의 말씀과 "천하를 셋으로 나눔에 그 둘을 소유하고서 복종하여 은나라를 섬기셨으니 주나라(문왕)의 덕은 지극한 덕이라고 이를 만하다.〔三分天下, 有其二, 以服事殷, 周之德其可謂至德也已矣.〕"라는 공자의 말씀이 보인다. 여기서는 천자국인 은나라를 정벌하여 도탄에 빠진 백성을 구제한 무왕이 비록 태백과 문왕보다는 못하지만 이 역시 훌륭한바, 도암이 사대신을 무왕의 무악에 비유하였으므로 이 또한 순국한 충성에 해가 되지 않음을 강조한 것이다.

87 소희행례기(紹熙行禮記) : 겸재(謙齋) 박성원(朴聖源, 1697~1757)이 스승 도암(陶庵) 이재(李縡, 1680~1746)의 학문적 입장을 옹호하는 글을 모아 만든 책인 《불이언(不易言)》 제1권에 실려 있는 글로 도암이 발문을 지었다. 소희는 남송(南宋) 광종(光宗)의 연호이다.

88 백세(百世)의……말하겠습니까 : 군자인 도암의 글을 후대에 제대로 전해주지 않는다면 후대에 보고 배울 모범이 없게 되어 결국 군자가 없게 될 것이라고 말한 것이다.

네 분 충신의 후손들이 심지어 "만약 이것을 문집에 두고 삭제하지 않으면 마땅히 문집을 받지 않겠다."라고 말하기까지 하였다고 하니, 만일 그렇다면 이는 잘못된 생각인 듯합니다. 군자가 글을 씀에 있어 마땅히 지선(至善)의 소재(所在)를 미루어 나가야 하니, 돌아보건대 이 발문이 어찌 사대신이 순국한 충성에 해가 될 것이 있겠습니까? 엎드려 읽기를 원하오니, 바라건대 등사하여 저에게 보여주십시오. 감히 번거롭게 딴 사람에게는 보이지 않겠습니다.

타우공(打愚公)[89]은 허적(許積)을 배척하여 군부(君父)의 성청(聖聽)을 깨우치고자 했고, 윤증(尹拯)과 절교하고 우옹(尤翁 송시열)이 무함(誣陷) 당한 것을 통렬히 논변해서 군주와 스승을 위해 직분을 다하여 큰 절개가 탁월하였습니다. 예송(禮訟)의 화(禍)가 일어남에 이르러 유배와 내쫓김을 두루 겪었으나 한결같은 절개가 변치 않아서 시종 영욕(榮辱)을 우옹과 함께 하였으니, 이것은 감히 자신을 믿지 않고

이 내용은 《논어》〈공야장(公冶長)〉의 "공자께서 자천을 두고 평하셨다. '군자답다, 이 사람이여. 노나라에 군자가 없었다면 이 사람이 어디에서 이러한 덕을 취했겠는가.' 〔子謂子賤, 君子哉, 若人! 魯無君子者, 斯焉取斯?〕"라는 구절을 원용한 것이다.

89 타우공(打愚公) : 이상(李翔, 1620~1690)으로 타우는 호이고 자는 운거(雲擧), 본관은 우봉(牛峯), 시호는 문목(文穆)으로 도암 이재의 종조부(從祖父)이다. 1658년(효종9) 유일(遺逸)로 천거되어 자의(諮議)에 제수되었다. 1672년(헌종13)에 집의로 직언을 올렸다가 삭탈 관작되고, 1674년(숙종1) 남인의 영수인 허적(許積)을 탄핵하였으며 동년에 제2차 예송(禮訟)이 일어나자 송시열과 함께 대공설(大功說)을 주장하다가 파직되고, 이듬해 영해(寧海)로 유배되었다. 1680년 경신환국 때 다시 등용되어 벼슬이 이조 참판에 이르렀으나, 1689년(숙종15) 기사환국(己巳換局) 때 투옥되어 옥사하였다.

그 스승을 믿었기 때문입니다. 그러니 어찌 작은 청렴과 하찮은 근신(勤愼)으로 말과 모습을 아름답게 꾸미고, 스스로의 모신(謀身)에 능하여 의리를 억지로 이룬 자들과 나란히 논할 수 있겠습니까? 두 분 송 선생(宋先生)[90]과 비교할 수는 없지만 이하 동시대의 현자(賢者)들의 경우는 타우공보다 더 뛰어난 분이 없을 듯합니다.

유옥(柳獄)[91]이 일어난 것 또한 악한 사람을 미워하는 강한 심장에서 나온 것이니, 여기에서 군자의 마음을 볼 수 있습니다. 그런데 감정을 품은 무리들이 떼 지어 모여 기회를 틈타 모함해서 군흉(群凶)들이 현자를 해친 죄가 위로 하늘에 통하였습니다.

그런데 지금 사람들이 이 일을 아는 자가 진실로 적고, 비록 아는 자라도 오히려 이 일을 가지고 타우 옹의 누(累)로 여겨, 유종의 미를 거두지 못하였다고 하고 또 따라서 비난하니, 이것은 이른바 "자신의 몸을 온전히 하고 처자를 보전한 무리들이 이를 매개로 삼아 죄를 엮어 낸다."[92]라는 것입니다. 군자가 하신 일을 중인(衆人)들이 어떻게 알겠

90 두 분 송 선생(宋先生) : 우암 송시열과 동춘당(同春堂) 송준길(宋浚吉)을 이른다.

91 유옥(柳獄) : 1675년(숙종1) 제2차 예송에서 패한 송시열이 유배된 뒤에, 송시열의 제자를 자칭하는 청주(淸州)의 유학(幼學) 유필명(柳弼明)이 송시열을 옹호하는 상소를 올려 발발한 옥사(獄事)를 이른다. 이 상소의 내용은 《숙종실록》 1년 5월 19일 기사에 보인다. 타우 이상은 이 옥사에 연좌된 것으로 보이는데, 이는 유필명의 상소가 당시 송시열을 모함하려는 남인들을 미워한 마음에서 나온 것이라고 매산이 두둔한 것으로 보인다.

92 자신의……엮어낸다 : 이 내용은 사마천(司馬遷)이 지은 〈임소경에게 답하는 편지〔報任少卿書〕〉에 보이는 "지금 하나라도 부당한 일을 행하게 되면, 자신의 몸을 온전히 하고 처자를 보전한 신하들이 따라서 이를 매개로 삼아 그의 죄를 엮어낸다.〔今擧事一不當, 而全軀保妻子之臣, 隨而媒孽其短.〕"라는 구절을 원용한 것인바, 이 구절은 사

습니까? 구구한 저는 항상 그 글을 한 번 보기를 원하오니, 만약 남은 문고(文稿)가 있거든 보내주시기를 엎드려 바랍니다.

마천이 흉노(匈奴)와 싸우다가 패하여 항복한 이릉(李陵)을 두둔하며 당시 출전도 하지 않고 집에서 몸을 온건히 하고 처자를 보전한 신하들을 비판하여 쓴 글이다.

화천 이장에게 올림 병인년(1806, 순조6) 7월

上華泉李丈 丙寅七月

문목(文穆) 선생[93]의 유저(遺著)를 여러 번 받들어 읽고서, 모르던 일들을 더 많이 알게 되었습니다. 학문의 순정(醇正)함과 언론의 강직하고 방정함이 참으로 주자와 우암의 장척(丈尺)[94]을 얻어서, 비단 허적(許積)을 배척하고 윤증(尹拯)을 절교한 글만이 훌륭한 것이 아니니, 모두 후세에 칭찬할 만합니다.

사람과 물건의 오상(五常)을 논하면서 말하기를 "오상은 바로 사람과 물건이 함께 얻은 것인데, 물건은 그 기운이 어둡고 막혔기 때문에 이것을 알지 못한다. 만약 통할 수 있는 길이 없다고 말하는 것은 괜찮지만, 오상이 없다고 말해서는 안 된다. 천명(天命)을 어찌 사람만이 홀로 얻고, 물건은 부여(賦與)받지 못하겠는가?"라고 하셨습니다. 이것은 누구의 글을 답습한 것이 아닌데도 글을 쓴 것이 이치에 어긋나지 않으니, 이것으로 보건대 견해가 탁월하여, 그 유추(類推)한 것이 모두 이치에 통달해서, 이를 시행하여 조처함에 만난 일마다 밝게 처리하고 아홉 번 죽음을 당해도 후회하지 않아서 한 절개가 변치 않아 스스로 이룩한 것이 이처럼 훌륭하였으니, 이치를 밝힌 공(功)이 이처

93 문목(文穆) 선생 : 타우(打愚) 이상(李翔)으로 문목은 시호이다. 자세한 내용은 위의 글 주89 참조.

94 장척(丈尺) : 장과 척은 길이를 재는 단위들인데, 전하여 법도(法度)를 가리키는 말로 쓰인다.

럼 큽니다.

유가(儒家)의 문자는 오로지 서찰을 필요로 하는데, 애석하게도 전란의 불길에 다 타버리고 다시 수습하지 못하여, 그 뛰어난 의논과 정밀한 의리가 세상에 다 전해지지 못하였습니다. 그러나 작은 조각의 쇠와 짧은 깃털 또한 충분히 귀중함이 될 수 있으니, 어찌 작다고 하여 진귀하게 여기지 않을 수 있겠습니까? 다만 한 세상 사람들의 눈에 이것을 다 보여주어 우옹(愚翁)이 우옹이 된 이유를 알게 하지 못하는 것이 한스럽습니다.

화천 이장에게 올림 신미년(1811, 순조11) 4월 20일

上華泉李丈 辛未四月二十日

대산(大山) 이상정(李象靖)[95]의 문집을 한 번 보신 적이 있습니까? 영남 지방은 수많은 학자들이 가득하여 서로 이어졌으나, 이공(李公)의 학문의 순수함과 문로(門路)의 바름은 퇴계(退溪) 이후에 일찍이 있지 않았던 것입니다. 이 분의 학문은 한결같이 주자의 문하에서 남기신 가르침을 따라서, 언어와 문자로써 겉모양을 꾸밈이 없으며, 또 명성과 녹봉에 유혹 당하거나 핍박 받은 바[96]가 없어서 스스로 자신의 악(惡)을 다스리고 남의 악을 다스리지 않았으며,[97] 안을 구하고 밖을

95 대산(大山) 이상정(李象靖) : 1711~1781. 대산은 호이고 자는 경문(景文), 본관은 한산(韓山)이다. 1735년(영조11) 증광 문과에 급제하고 출사하였으나, 1740년 연원 찰방(連原察訪)의 관직을 버리고 고향으로 돌아와 대산서당(大山書堂)을 짓고 제자 교육과 학문 연구에 전념하였다. 정조가 즉위 후 병조 참지·예조 참의 등에 제수되었으나 모두 부임하지 않았다. 퇴계 이황을 잇는 영남 이학파의 중추적 인물로, 이황의 존리적인 태도를 하나의 이념으로 받아들여 이(理)의 동정(動靜)과 이기(理氣)의 선후(先後) 등이 가지는 의미를 해명하고 본뜻을 이해하는 것이 중요함을 주장하고, 또한 성명이기(性命理氣)에 대한 논의보다는 덕성을 배양하는 일용궁행(日用躬行)의 실천적 공부에 치중해야 함을 강조하였다.

96 유혹……바 : 원문의 '술박(怵迫)'은 유혹당하고 핍박당함을 이른다. 《문선(文選)》에 실린 가의(賈誼)의 〈복조부(鵩鳥賦)〉에 "유혹당하고 핍박받는 무리들이여. 혹 이익에 치달리누나.〔怵迫之徒兮, 或趨東西.〕" 하였는데, 이선(李善)이 맹강(孟康)의 말을 인용하여 "술은 이익에 유혹당함이고 박은 빈천에 핍박당함이다.〔怵, 爲利所誘怵也; 迫, 迫貧賤.〕"라고 주하였다.

97 스스로……않았으며 : 이 내용은 《논어》 〈안연(顔淵)〉의 "자신의 악을 다스리고

구하지 아니하여, 부화(浮華)한 것을 제거하고 근본과 실제를 돈독히 하여 후세에 전하여도 거의 병폐가 없으니, 영남에 오현(五賢)[98]의 은택이 이미 끊어졌다고 말할 수 없습니다. 더욱 귀하게 여길 만한 것은 당론(黨論)에 고착 당하지 않고 마음을 비우고 기운을 평온하게 해서 공정하게 듣고 함께 보려는 뜻이 있었던 것이니, 이것이 어찌 다만 영남 선비들에게만 다행한 일이 되겠습니까?

단지 이기설(理氣說)은 퇴계의 말씀을 독실이 믿어서 심지어는 책을 지어 《성학집요(聖學輯要)》[99]를 논변하기까지 하였으니, 이것은 정견(正見)에 누(累)가 됩니다. 그러나 어찌 한 치의 단점 때문에 한 자의 장점을 버릴 수 있겠습니까? 빨리 이 문집을 간행하여 세상에 보이기를 도모하심이 어떨지 모르겠습니다.

남의 악을 다스리지 않음이 간특함을 닦는 것이 아니겠는가?〔攻其惡, 無攻人之惡, 非修慝與?〕"라는 구절을 원용한 것이다.

98 오현(五賢) : 영남 출신의 대유(大儒)들로 문묘(文廟)에 종사(從祀)된 한훤당(寒暄堂) 김굉필(金宏弼), 일두(一蠹) 정여창(鄭汝昌), 정암(靜菴) 조광조(趙光祖), 회재(晦齋) 이언적(李彦迪), 퇴계(退溪) 이황(李滉) 등 다섯 분을 가리킨다. 정암 조광조는 영남 출신이 아니나 한훤당 김굉필에게 수학하였기 때문에 여기에 포함되었다.

99 성학집요(聖學輯要) : 1575년(선조8)에 율곡 이이가 선조(宣祖)의 학문을 돕기 위하여 제왕학(帝王學)의 요체를 담아 지어 바친 책으로, 《대학》을 기본적 체제로 삼고 사서(四書)와 육경(六經)에서 적합한 구절을 발췌하여 전면에 배치하고 한 줄 내려서 주자 등의 주해(註解)를 실었으며, 자신의 견해를 사이사이에 넣고, 자신의 글로 각 주제를 정리하였다.

화천 이장에게 올림 갑술년(1814, 순조14) 4월 13일

上華泉李丈 甲戌四月十三日

또다시 분수에 넘치게 벼슬에 제수되는 성지(聖旨)를 입으니, 삼명(三命)을 기다리지 않고도 담장을 따라 빨리 지나가고 싶었으나,[100] 어버이의 가르침에 쫓겨서 한 번 이광(离光)[101]을 뵙는 걸음을 하였습니다. 이번 걸음을 스스로는 군주와 세자를 간절히 앙모하는 정성[102]을 편 것이라고 생각하지만, 신민(臣民)이 군주를 소중히 떠받드는 정성이

100 삼명(三命)을……싶었으나 : 원문의 '순장(循墻)'은 '순장이주(循牆而走)'의 줄임말로 높은 관직을 받을 적에 더욱 겸손하게 자신을 낮추고 그 직책을 어렵게 여김을 이르는데, 여기서는 제수된 직책을 사양함을 말한 것이다. 춘추 시대 송(宋)나라 사람이며 공자의 선조인 정고보(正考父)의 정명(鼎銘)에 "첫 번째 명을 받고서는 몸을 숙이고 두 번째 명을 받고서는 몸을 구부리며 세 번째 명을 받고서는 더욱 몸을 구부려 담장을 따라 빠른 걸음으로 지나가니, 또한 나를 감히 업신여기지 못한다.〔一命而僂, 再命而傴, 三命而俯, 循牆而走, 亦莫余敢侮.〕"라고 한 말을 원용한 것이다. 정고보의 정명은 《춘추좌씨전》 소공(昭公) 7년 조에 보이는데, 두예(杜預)는 《춘추좌씨경전집해(春秋左氏經傳集解)》에서 "'담장을 따라 빠른 걸음으로 지나간다.'는 것은 감히 편안히 걷지 못하기 때문이다."라고 주하였다.

101 이광(离光) : 이명(离明)과 같은 말인바, 원래 밝은 해를 가리키는 말로 《주역》 〈설괘전(說卦傳)〉에 "이(离)는 불이 되고 해가 된다.〔离爲火, 爲日.〕"라고 한 데서 유래하였는데, 전하여 임금의 밝은 덕 또는 곧바로 임금이나 세자의 지위를 이르는 말로도 쓰이는바, 여기서는 효명세자(孝明世子)를 가리킨 것이다. 홍직필은 이 때 세자익위사(世子翊衛司) 세마(洗馬)에 제수되었다.

102 간절히 앙모하는 정성 : 원문의 '연경(延頸)'은 목을 빼고 바라보는 것으로, 간절히 사모함을 뜻한다.

어찌 출사와 은둔에 따라 차이가 있겠습니까.

스스로 생각하건대 오늘의 일은 그 종말을 요약하여 말한다면 천 리 길을 가서 한 번 뵙고 돌아온 것이니,[103] 이는 전혀 제대로 된 거취(去就)가 아닙니다. 끝내 앞뒤가 크게 어긋나서 진퇴에 있어 마땅하지 못함을 면치 못하니, 망연(茫然)히 부끄러워 얼굴이 더욱 붉어집니다. 돌아보건대 감히 옛 선배들의 출처에 견줄 수는 없으나, 스스로 자신을 위한 계책은 자세히 살피지 않을 수 없습니다.

군자의 정확한 평론으로는 어떻게 여기십니까? 이미 지난 일이라서 말할 것이 없다고 생각하지 마시고, 빨리 정밀한 의리가 담긴 가르침을 내려주십시오. 비록 과거의 일에 속하지만 삼가 받들어 지키고 따르겠습니다.

예(禮)에 적자(嫡子)가 있으면 적손(嫡孫)은 없습니다. 그러므로 적부(嫡婦 적자(嫡子)의 처)가 있으면 적손부(嫡孫婦 적손(嫡孫)의 처)가 없는 것이니, 시어머니가 별세하여 계시지 않으면 소공복(小功服)을 입는 것은 적손부를 위한 것이고, 시어머니가 살아 계시면 시마복(緦麻服)을 입는 것은 중손부(衆孫婦 적손이 아닌 손자들의 처)와 똑같이 하는 것입니다.

이미 중손(衆孫 적손이 아닌 손자)을 위해 대공복(大功服)을 입는다면, 중손부의 경우는 마땅히 한 등급을 낮추어서 소공복을 입어야 하

103 천 리……것이니 : 홍직필은 이때 부친의 임소인 밀양(密陽)에 있었는바, 세자익위사 세마에 제수되었으나 사은숙배한 뒤에 8일 동안 입직(入直)하고 다섯 차례 서연(書筵)에 나가고는 상소하여 물러났으므로 이렇게 말한 것이다.

나, 다시 한 등급을 낮추어서 시마복을 입는 것은 적손부와 차별하기 위해서입니다. 이미 중손부를 위해서 시마복을 입었다면 출계(出系)한 손부(孫婦)의 경우에는 마땅히 강등하여 복이 없게 되는데, 출계한 손자는 형제의 손자가 되기 때문에 그를 위하여 소공복을 입고 그 아내는 강등하여 시마복을 입으니, 이것은 두 번 낮추는 의리가 없는 것입니다.

중구 박공[104] 성한 에게 올림 을해년(1815, 순조15) 12월 16일
上仲舅朴公 聲漢○乙亥臘月十六日

19일은 바로 선비(先妣)의 기일인데, 축문 없이 단헌(單獻)만으로 제사를 지내도 됩니까? 안됩니까? 복제(服制)는 어떻게 해야 됩니까?

《상례보편(喪禮補編)》의 〈계령(戒令)〉[105]을 살펴보면 "소상(小喪 왕세자나 왕세손의 상)의 경우 공제(公除)[106]한 뒤에는 평상시와 똑같이 제사를 행한다."라고 하였는데, 이것은 대(大)·중(中)·소(小)의 제사를 가지고 말한 것입니다. 조정에서 이미 제사를 정지했으면 사가(私家)에서도 또한 감히 제사를 지낼 수가 없으니, 오늘의 일은 바로 《상례보편》에서 말한 '소내상(小內喪 세자빈이나 세손빈의 상)'이란 것입니다.

104 중구(仲舅) 박공(朴公) : 중구는 둘째 외숙을 뜻하며, 박공은 박성한(朴聲漢, 1763~1821)으로 자는 자장(子長), 호는 자각(紫閣), 본관은 음성(陰城)이다. 1802년(순조2) 정시 문과에 급제하고 벼슬이 헌납(獻納)에 이르렀다. 본집 35권에 매산이 지은 묘갈명이 있다.

105 상례보편(喪禮補編)의 계령(戒令) : 《상례보편》은 영조 34년(1758)에 홍계희(洪啓禧) 등이 왕명을 받고《국조오례의(國朝五禮儀)》의 상례에 관한 부분을 보충하고 개편하여 완성한 책으로, 각 항목을 원편(原編) 6권에 나누어 싣고 따로 1권을 만들어 도설(圖說)을 수록하였는바, 국조상례보편(國朝喪禮補編)이라고도 칭한다. 계령은 《상례보편》의 한 편명으로 국상을 당했을 때에 관리와 백성이 지키고 행하여야 할 일을 정한 규칙이다.

106 공제(公除) : 국상(國喪)을 당하여 일정 기간 공무(公務)를 중지하고 조의를 표하다가 그 기간이 지나 상복을 벗는 것을 이른다.

공제하기 전에는 사가의 기제(忌祭)와 묘제(墓祭) 또한 간략하게라도 지낼 수가 없으나 공제한 뒤에는 마땅히 예를 갖추어 행하는 것이 옳을 것입니다. 제사를 지내지 않더라도 이 날에는 마땅히 신위(神位)를 설치하고 곡(哭)하는 것이 예(禮)이니, 나라에 국상(國喪)이 있더라도 신민들이 사사로운 상에 곡하지 못할 의리가 없기 때문입니다.

복제(服制)에 있어 한결같이 《상례보편》을 법으로 삼는다면, 신민들에게는 수복(受服)[107]의 절차가 없으니, 예(禮)의 절차가 끝내 어떠한지 모르겠으나 이것은 담당하는 관원이 있으니 한결같이 조정의 지휘를 따를 뿐입니다. -혜경궁(惠慶宮)[108] 상(喪) 때의 일이다.-

107 수복(受服) : 상(喪)을 치르면서 일정한 기간이 지나면 슬픔을 줄여나가는 절차에 따라, 상복을 거친 것에서 점차 고운 것으로 바꾸는데, 이를 옷을 바꾸어 새로 지어 입는다는 뜻으로 수복이라 한다.

108 혜경궁(惠慶宮) : 1735~1815. 조선 제21대 왕 영조의 아들 사도세자의 비로, 아들 정조가 즉위하자 궁호가 혜경(惠慶)으로 바뀌고 고종 때 헌경왕후(獻敬王后)로 추존되었으며, 대한제국 때 의황후(懿皇后)로 다시 추존되었다.

중구[109]에게 올림 정축년(1817, 순조17) 10월 25일

上仲舅 丁丑十月二十五日

겨울의 태양이 사랑할 만한데, 기체(氣體)가 깨끗하고 편안하시기를 엎드려 바랍니다. 선영(先塋)[110]으로 막 떠나신 뒤에 외숙을 백부(柏府)에 제수하는 명이 있었는데,[111] 이미 소식을 들으셨는지 모르겠습니다.

옛 사람이 말하기를 "제목을 하루를 보면 삼년 동안 도심이 손상된다.〔一日看除目 三年損道心〕"라고 한 것[112]은 바로 외숙을 두고 한 말입니다. 외숙께서는 평소 관면(冠冕)을 질곡(桎梏)처럼 보시고[113] 녹봉과 지위를 진흙처럼 보셔서 벼슬을 얻고 잃는 것으로 마음이 동요되지

109 중구(仲舅) : 둘째 외숙이란 뜻으로 박성한(朴聲漢, 1763~1821)을 이른다. 자세한 내용은 위의 글 주104 참조.

110 선영(先塋) : 원문의 '추(楸)'는 가래나무를 이르는데, 선영의 둘레에 소나무와 함께 심었기 때문에, 선영을 송추(松楸)라 하였다.

111 백부(柏府)에……있었는데 : 백부는 옛날 어사대(御史臺)에 측백나무가 있다 하여 이렇게 칭하였는데, 어사대는 곧 조선조의 사헌부이다. 홍직필의 외숙인 박성한은 이해 사헌부 지평에 제수되었다.

112 옛……것 : 옛 사람은 당나라 중기의 문신이자 시인인 요합(姚合)을 이르고 제목(除目)은 관리의 인사를 기록한 문서이다. 이 구절은 요합이 지은 시 〈무공현중작(武功縣中作)〉 30수 중 제8수에 보인다. 《요소감시집(姚少監詩集)》에는 '삼년(三年)'이 '종년(終年)'으로 되어 있다. 《姚少監詩集 卷5》

113 관면(冠冕)을 질곡(桎梏)처럼 보시고 : 관면은 관리가 쓰는 예관(禮冠)으로 바로 관리를 가리키기도 한다. 질곡은 차꼬와 수갑으로, 속박(束縛)이라는 뜻이다.

않고, 영욕(榮辱)으로 뜻이 흔들리지 않으시니, 이는 세속을 초월한 고상한 지조와 곧고 바른 자취로서, 구구한 제가 공경하고 탄복하는 것입니다.

지금 이 벼슬을 제수한 성상의 뜻은 다만 미리 궁구하여야 할 뿐이 아니니, 이미 하루의 책임을 다할 수 없다면 마땅히 사양하는 것을 의리로 삼아야 할 것입니다. 또 산(山)에 들어갔다가 관직을 제수하는 명령을 들었으면, 더더욱 벼슬하라는 명령에 응해 나와서는 안 되니, 이 자리를 면직(免職)하는 때를 집에 돌아오는 시기로 삼는 것이 어떨지 모르겠습니다. 이것은 자신의 편의를 위해 교묘히 빠져나오기 위해, 스스로 사사롭게 하고 지혜를 쓰지 말라는 경계[114]를 범하는 것이 아닙니다. 이는 자신을 헤아려보고 때를 헤아려봄에, 마땅히 피해야 할 입장에 있는 것이니, 이는 한결같은 의리입니다. 말할 책임이 있는 자가 그 말을 하지 못하면 진실로 떠나가야 하고, 말할 수 없으면 또한 서울로 와서는 안 되니, 그 의리는 한결같습니다.

옛날의 군자들은 세상을 경륜할 학문을 가지고 있더라도, 때를 헤아려 보아 도저히 할 수 없다고 생각되면 은거(隱居)하여 자신의 뜻을 온전히 지켰습니다. 그러므로 말하기를 "봉황(鳳凰)은 산에 깃드는 것을 싫어하지 않고, 용(龍)은 진흙 속에 서려 있는 것을 부끄러워하지

114 스스로……경계 : 이 내용은 정호(程顥)가 말한 "사람의 정은 각각 가려지는 바가 있기 때문에 도에 나아가지 못하니, 대체로 병통이 스스로 사사로이 하고 지혜를 쓰는 데에 있다. 스스로 사사로이 하면 유위로써 자취에 응하지 못하고 지혜를 쓰면 명각으로써 자연스럽게 하지 못한다.〔人之情, 各有所蔽, 故不能適道, 大率患在於自私而用智. 自私則不能以有爲爲應迹, 用智則不能以明覺爲自然.〕"라는 구절을 원용한 것이다. 《近思錄 爲學》

않으며, 군자는 진실로 몸을 깨끗이 하여 화에 걸리지 않는다."[115] 하였으니, 옛날에도 오히려 이러하였는데 하물며 오늘날에 있어서이겠습니까? 말세에는 높아지기는 쉬우나 험난한 길은 쉽게 다하지 않아서 발을 들고 나가면 온통 구당협(瞿塘峽)의 염여퇴(灩澦堆)[116]이니, 오직 물러나 은둔하는 것이 몸을 편안히 하고 명을 세우는 바탕이 됩니다. 그러므로 이를 받들어 권하고 이어 스스로 힘써 행하는 것입니다.

가만히 헤아려보건대 이번 걸음은 성묘하는 외에도 응당 경기(經紀)[117]할 일이 많으실 것이니, 장차 한 구역의 산림과 골짝에 거처하면서 지초(芝草)와 계수나무로 짝을 삼고 고라니와 사슴과 한 무리가 되어 초헌(軺軒)과 관복(官服), 종(鍾)과 솥[118]을 꿈속의 덧없는 일로 여기시려는 것입니까?

최고운(崔孤雲)의 말씀에 "요로와 통진 눈에 뜨이는 곳 없고, 청산과 녹수 꿈속에서도 돌아가네.〔要路通津 眼無開處 青山綠水 夢有歸時〕"라

115 봉황은……않는다 : 이 내용은《신당서(新唐書)》권196〈왕적열전(王績列傳)〉에 보인다.

116 구당협(瞿塘峽)의 염여퇴(灩澦堆) : 구당협은 양자강 상류에 있는 삼협(三峽) 중의 하나로, 삼협 중 가장 짧으나 강폭이 가장 좁고 양안의 절벽이 1천 미터 이상 솟아 있어 제일가는 험지로 알려져 있다. 특히 구당협 입구에는 물속에 염여퇴라는 큰 바위가 막고 있어 물살이 매우 빨라 뱃길이 매우 험악하다.

117 경기(經紀) : 일정한 포부를 가지고 어떤 일을 계획하여 처리한다는 뜻으로 경영(經營)과 통한다. 계획, 대책, 방도 등의 의미도 있다.

118 초헌(軺軒)과……솥 : 초헌은 종2품 이상 관원이 타던 가벼운 수레로 외바퀴가 달렸고 앉는 자리는 의자처럼 꾸며져 있는바, 초혼과 관복은 높은 벼슬을 이르고, 종과 솥은 식사 때에 종을 울려 사람들을 모으고 보정(寶鼎)을 진열하여 먹는 것으로 부귀를 이른다.

는 구절[119]을 외울 때마다 저의 신세가 졸렬함을 더욱 탄식할 뿐입니다. 동음(峒陰)으로부터 수레를 몰고 나와 양주(楊州)에 이르러 도곡(道谷)에 머무시면서 일이 순차적으로 풀리기를 기다리는 것이 마땅할 듯한데, 의중(意中)이 어떠신지 모르겠습니다.

이 생질은 우선 혼정신성(昏定晨省)[120]하며 그런대로 지내고 있으나, 성시(城市)의 자욱한 먼지가 장차 사람을 묻을 듯하니, 홀로 떠나가서 초연히 노을을 넘어 노닐 것을 날마다 생각하나, 한 곳에 매어 있는 뒤웅박[121]이라서 갈 수가 없으니, 어찌합니까?

우리나라는 본조에 들어와서 오랑캐의 누추함을 다 개혁하여 인문(人文)이 밝게 드러나서 예악(禮樂)과 제도(制度)가 삼고(三古)[122]의 성대함에 점차 나아가서 한 가지 일도 천하와 후세에 알릴 만하지 못한 것이 없습니다. 왕자(王者)가 나온다면 반드시 취하여 법으로 삼을 것이 많을 터인데, 수치스러울 만한 일이 두 가지가 있으니, 바로 여러

119 최고운(崔孤雲)의……구절 : 최고운은 신라 말의 대학자인 최치원(崔致遠, 857~?)으로 고운은 그의 자이다. 이 구절은 《계원필경집(桂苑筆耕集)》 권17 〈태위에게 재차 올린 계문[再獻啓]〉에 보인다. 요로(要路)와 통진(通津)은 주요 도로와 사통팔달의 나루라는 뜻으로, 모두 현달하고 중요한 지위를 가리키는 말이다.

120 혼정신성(昏定晨省) : 어버이를 모시는 것으로 날이 어두우면 어버이의 잠자리를 챙겨드리고 새벽에 어버이께 문안함을 이른다.

121 한……뒤웅박 : 이 구절은 자신이 자유롭게 움직일 수 없음을 말한 것으로, 《논어》 〈양화(陽貨)〉의 "내가 어찌 뒤웅박과 같아서 한 곳에 매달려 있어 먹지 못하는 것과 같겠는가.[吾豈匏瓜也哉, 焉能繫而不食.]"라는 공자의 말씀을 원용한 것이다.

122 삼고(三古) : 상고(上古)·중고(中古)·하고(下古)를 이른다. 자세한 내용은 305쪽 각주21 참조.

사찰에 열성(列聖)의 원당(願堂)[123]이 있는 것과 능침(陵寢)의 제향에 소식(素食)을 쓰는 것입니다.

이 생질이 본 바로는 광릉(光陵)의 봉선사(奉先寺)와 선릉(宣陵)과 정릉(靖陵) 두 능의 봉은사(奉恩寺)와 수원(水原)의 용주사(龍珠寺)와 금강산(金剛山)의 표훈사(表訓寺)와 신계사(神溪寺) 두 사찰은 모두 열성(列聖)의 신위(神位)를 봉안하고 있습니다.

체모(體貌)로 보면 엄연히 한 종묘(宗廟)인데도 불당(佛堂)과 신당(神堂) 사이에 섞여 있어서, 탄신(誕辰)과 휘일(諱日) 두 때에 승려들이 불가(佛家)에서 공양하는 재식(齋食)을 진설하고 범패(梵唄)를 연주하니, 양양(洋洋)하게 오르내리시는 영혼이 어찌 예(禮)가 아닌 제향에 기꺼이 강림하여 흠향하겠습니까? 사체가 손상되어서 비단 떳떳하지 않을 뿐만이 아니니, 이것이 열성의 영령(英靈)을 우러러 받들어서 복을 내리고 보우하시기를 은근히 바랄 수 있는 것이겠습니까.

능침의 제향에 혈식(血食)하지 않음은 또한 고려 때 기일(忌日)에 재식을 진설하는 누추한 풍속을 이은 것인데, 황 익성(黃翼成)[124] 등 여러 분이 배우지 못하여 학문이 없어서 이렇게 만든 것입니다. 이것은 양(梁)나라 종묘 제사에 희생(犧牲)을 사용하지 않은 것[125]과 다름이

123 원당(願堂) : 죽은 사람의 명복을 빌던 법당으로 궁중에 둔 것을 내불당 또는 내원당이라 하였다.

124 황 익성(黃翼成) : 세종 때의 명상(名相)인 황희(黃喜, 1363~1452)로 익성은 시호이고, 자는 구부(懼夫), 호는 방촌(厖村), 본관은 장수(長水)이다. 세종의 깊은 신임 아래 외교와 제도의 정비, 집현전을 중심한 문물의 진흥 등 국정 전반에 걸쳐 지휘, 감독하여 세종의 성세를 이룩하는 데 기여하였다.

125 양(梁)나라……것 : 양나라는 중국 남북조 시대 남조(南朝)의 왕조로, 502년 제

없는데, 4백 년 동안 나라를 유지해 오면서도 이것을 고치지 못하여서 정암(靜菴)·퇴계(退溪)·율곡(栗谷)·우암(尤庵) 같은 대현(大賢)들께서도 한마디 말씀으로 바로잡지 못했으니, 마음속으로 유감이 없지 못합니다. 경기도의 여러 고을들이 번갈아 한 마리의 소를 바친다면 어찌 계속하여 희생을 충당하지 못할 것을 염려할 것이 있겠습니까. 그 경비를 우려하는 것은 더욱 누추합니다. 허다한 올바른 바침〔惟正之供〕[126]을 사전(祀典)에 쓰지 않고 장차 어디에 쓴단 말입니까?

바로 이 두 가지 일은 중국에 알려지게 해서는 안 될 것이니, 이것을 바로잡지 못한다면 군자의 나라요 예의(禮義)의 나라라고 말할 수가 없으며, 또한 신라와 고려의 풍속을 개혁하여 삼대(三代)의 법을 따르고 있다고 말할 수가 없습니다. 어리석은 저는 일찍부터 이 일을 군주에게 고할 첫 번째 의리로 삼고 있습니다.

(齊)나라를 계승하여 건국되고 557년에 멸망하였다. 양나라를 창건한 무제(武帝) 소연(蕭衍)은 독실한 불교 신자로 스스로 육식과 술을 마시지 않았을 뿐 아니라 단주육문(斷酒肉文)을 내려 술과 육식을 금하였으며 종묘에 희생을 바치는 것이 중국의 전통적인 관행이었음에도 이를 폐지하고 과일과 채소만을 사용하게 하였으므로 이렇게 말한 것이다.

126 올바른 바침〔惟正之供〕: 법으로 정해놓은 백성들이 바쳐야 할 올바른 세금이나 공물을 이른다. 《서경》〈무일(無逸)〉의 "문왕(文王)이 감히 유람과 사냥을 편안히 여기지 아니하여 여러 나라에서 올바르게 바치는 것만을 받으셨다.〔文王不敢盤於遊田, 以庶邦惟正之供.〕"라는 구절에서 유래하였다.

이자강 봉수 에게 답함 갑자년(1804, 순조4) 2월
答李子岡 鳳秀○甲子二月

하루 동안에 한 산판(山坂)의 산신(山神)에게 고유하면서 이중으로 제사를 지내는 것은 과연 번독(煩瀆)함에 가까우니, 옛 묘를 여는 일과 새 묘를 파는 일 중에 먼저 행하는 일을 따라서 두 가지 일을 한 번에 고유하는 것[127]이 옳을 듯한데, 어떻게 대처하셨는지 모르겠습니다. 여기에 올리는 축문은 마땅히 "모친(某親) 모봉(某封) 모씨(某氏)를, 장차 묘를 열어서 모친(某親) 모관(某官)의 묘에 옮겨 합장(合葬)하려 합니다."[128]라고 해야 할 듯한데, 어떨지 모르겠습니다. 비록 이미 지나간 일이나, 이미 저의 소견을 바꾼 것을 감히 받들어 아뢰지 않을 수 없습니다.

127 한 번에 고유하는 것 : 이장할 때에 있어, 옛 무덤을 팔 때와 새로운 묏자리에 구덩이를 팔 때 산신에게 각각 고유하여야 한다. 그러나 같은 산판에서 이장할 경우는 따로따로 고유하는 것은 번거로우니, 옛 무덤을 팔 때 가까운 곳에 이장하는 뜻으로 한 번에 고유함을 말한 것이다.

128 모친(某親) 모봉(某封)……합니다 : 이 내용은 부인의 묘를 옮겨 부군(夫君)의 묘에 합장하는 축문으로, 모친은 아무 어버이란 뜻으로, 현비(顯妣)나 현조비(顯祖妣)를 이르며, 모봉(某封)은 봉작(封爵)이 있을 경우 숙부인(淑夫人) 등을 쓰고 없으면 유인(孺人)으로 쓰며, 모씨(某氏)는 부인의 성씨를 쓰는 것인데, 우리나라에서는 관향을 넣어 전주 이씨(全州李氏) 등으로 쓴다. 다음의 모친은 현고(顯考)나 현조고(顯祖考)를 이르며 모관(某官)은 아무 관직으로 살았을 때의 이력을 쓰는데, 판서를 역임하였으면 ○○판서라 쓰되, 뒤에 부군(府君)을 붙여 '○○판서부군'으로 쓰는 것이 원칙이다.

말씀하신 시(詩)의 뜻은 다 받들어 보았는데, 《시경집전(詩經集傳)》에서 말한 시인(詩人)이란 바로 궁인(宮人)을 이른 것입니다. 궁인이 오매불망(寤寐不忘)하고 전전반측(輾轉反側)한 것은 외부 사람이 참예하여 알 수 있는 바가 아닙니다. 그러므로 자신의 일을 형용하였다고 말한 것입니다.[129]

《주자어류(朱子語類)》에 "외부 사람이 이러한 글을 지을 수 없다."라고 한 것은 "외부 사람은 문왕의 일을 형용할 수 없다."라고 한 것이 아니고, 바로 "첩(妾)과 잉첩(媵妾)이 오매불망하고 전전반측한 것은, 일이 규중(閨中)에 있어서 외부 사람이 알 수 있는 바가 아니니, 반드시 궁인이 스스로 시를 지어서 자기의 근심하는 생각을 표현한 것이다."라고 말한 것입니다.[130] 그렇다면 《시경집전》과 차이가 있음을 볼

129 시경집전에서……것입니다 : 이는 《시경집전》 〈주남(周南) 관저(關雎)〉를 두고 말한 것이다. 오매불망(寤寐不忘)은 자나 깨나 잊지 못하는 것이고, 전전반측(輾轉反側)은 잠을 이루지 못하여 몸을 뒤척임을 이른다. 〈관저〉에 "요조숙녀를 자나 깨나 찾도다. 구하여도 얻지 못하니 자나 깨나 그리워하여 길이 잊지 못하는지라 전전반측한다.〔窈窕淑女, 寤寐求之. 求之不得, 寤寐思服, 悠哉悠哉, 輾轉反側.〕"라고 보이며 뒤에는 또 "요조숙녀를 거문고와 비파로 친애하도다.……요조숙녀를 종과 북으로 즐겁게 하도다.〔窈窕淑女, 琴瑟友之.……窈窕淑女, 鍾鼓樂之.〕"라고 보인다. 이에 대하여 주자의 《시경집전》에 "주(周)나라의 문왕(文王)은 태어나면서부터 성덕(聖德)이 있었고, 또 성녀(聖女)인 사씨(姒氏)를 얻어 배필로 삼으니, 궁중의 사람(궁녀)이 사씨가 처음 시집왔을 때에 그녀에게 그윽하고 얌전하고 정숙하고 고요한 덕이 있음을 보았다. 그러므로 이 시를 지은 것이다." 하였다. 이는 문왕이 직접 이 시를 지은 것이 아니고, 궁녀가 문왕을 상상하여 지은 것으로 해석한 것이며, 그 이유는 문왕을 가까이에서 모시는 궁녀가 아니고는 문왕의 심정을 이와 같이 잘 묘사할 수 없다고 생각한 것이다.

130 주자어류(朱子語類)에……것입니다 : 《주자어류》 권81에 "〈관저〉편을 읽어 보니 이것은 바로 첩과 잉첩(媵妾)이 지은 것이다. 이 때문에 오매반측한 일을 잘 형용할

수 없습니다.

마침 《도암집(陶菴集)》에 실린 도암(陶菴)이 녹옹(鹿翁)[131]에게 답한 글을 보았는데, 여기에 이르기를 "주자의 한 말씀-《주자어류》의 말-은 또한 궁중 사람이 지은 것으로 보아야 비로소 궁중의 일을 말하기를 이와 같이 간절하게 할 수가 있으니, 굳이 문왕으로 볼 필요가 없다."라고 하였으니, 우연히 저의 소견과 부합합니다. 두루 참조하여 연구해서 다시 가르쳐주시기 바랍니다.

수 있었던 것이니, 외부의 사람은 이처럼 짓지 못한다.〔關雎看來, 是妾媵做, 所以形容得寤寐反側之事, 外人做不到此.〕"라고 보인다.

131 녹옹(鹿翁) : 호가 녹문(鹿門)인 임성주(任聖周, 1711~1788)를 높여 칭한 것이다. 임성주는 자가 중사(仲思), 본관이 풍천(豐川)으로 도암(陶庵) 이재(李縡)의 문인이다. 1733년(영조9) 사마시에 합격하고, 1750년 세자익위사 세마(洗馬)가 되고 시직(侍直)으로 승진하였으나 곧 사직하고, 1758년 공주의 녹문(鹿門)에 은거하였다. 1776년 정조가 즉위한 뒤에 동궁을 보도(輔導)하고 지방관을 지내다가 다시 녹문에 은거하여 학문연구로 여생을 보냈다. 처음 스승을 따라 낙론(洛論)을 주장하다가 중년에 이르러 낙론과 호론(湖論)을 모두 비판하고, 화담(花潭) 서경덕(徐敬德)의 기일원론(氣一元論)을 계승 발전시켜 기일분수설(氣一分殊說)을 주장하여 한 학맥(學脈)을 이루었다.

이자강에게 답함 갑자년(1804, 순조4) 4월 1일

答李子岡 甲子四月朔朝

공자(孔子)가 간(諫)하지 않고 떠나간 한 조항[132]에 대해, 짐작하건대 깊이 연구하신 것이 있을 것이니, 보여주시기 바랍니다. 제가 가만히 다시 생각해보니, 제(齊)나라 사람들이 여악(女樂 미녀 악공)을 보내준 것은 오로지 공자가 정사하는 것을 저지하려고 한 것이었는데, 노(魯)나라의 군주와 신하가 이미 그들의 술책에 빠졌으니, 비록 공자가 이

132 공자(孔子)가……조항 : 이 내용은 《맹자》 〈고자 하(告子下)〉에 "공자가 노나라의 사구(司寇)가 되셨는데, 말씀이 쓰이지 않고 따라서 교제(郊祭)를 지낼 적에 제사고기가 이르지 않자, 면류관을 벗지 않고 떠나가시니, 공자를 알지 못하는 자들은 고기가 이르지 않았기 때문이라고 말하였고, 공자를 잘 아는 자들은 무례하기 때문이라고 말하였는데 공자께서는 하찮은 죄를 구실로 삼아 떠나가려고 하시어 구차히 명분 없이 떠나려고 하지 않으신 것이니, 군자가 하는 바를 보통사람들은 진실로 알지 못한다.〔孔子爲魯司寇, 不用, 從而祭, 燔肉不至, 不稅冕而行, 不知者以爲爲肉也, 其知者以爲爲無禮也, 乃孔子則欲以微罪行, 不欲爲苟去, 君子之所爲, 衆人固不識也.〕"라고 하였는데, 주자의 《맹자집주》에 그 이유를 자세히 설명하였는바, 전문은 아래와 같다. "공자가 노나라의 사구(司寇)가 되어 정승의 일을 대행하시니, 제나라 사람들이 이를 듣고 두려워하여 이에 여악을 노나라 군주에게 보내주었다. 계환자(季桓子)가 노나라 군주와 함께 가서 이를 구경하고는 정사에 태만하니, 자로(子路)가 '부자(夫子)께서 떠날 만하십니다.'라고 말하였다. 공자께서 말씀하시기를 '노나라가 지금 장차 교제를 지낼 것이니, 만일 제사고기를 대부에게 보내준다면 내 오히려 걸음을 멈출 수 있다.' 하셨는데, 계환자가 마침내 제나라의 여악을 받고 교제에 또 제사고기를 대부들에게 보내주지 않자 공자께서 마침내 떠나셨다.〔孔子爲魯司寇, 攝行相事, 齊人聞而懼, 於是以女樂遺魯君. 季桓子與魯君往觀之, 怠於政事, 子路曰: 夫子可以行矣. 孔子曰: 魯今且郊, 如致膰于大夫, 則吾猶可以止. 桓子卒受齊女樂, 郊又不致膰肉于大夫, 孔子遂行.〕"

것을 중지하도록 간하더라도 또한 듣지 않았을 것입니다. 군주와 신하가 듣지 않을 줄을 알면서 억지로 간하는 것이 어찌 성인이 기미(幾微)를 아는 의리이겠습니까? 그런데도 여악 때문에 떠나가지 않은 것은 부모의 나라에 대해서 그 군주와 정승의 잘못을 드러내지 않고자 하신 것이니, 만약 간하다가 듣지 않는다고 떠나가면 이것은 허물을 들춰내어 그 잘못을 폭로하는 것이니,[133] 성인이 이러한 짓을 하시겠습니까? 이 때문에 간하지 않았을 뿐입니다. 교제(郊祭)에 이르러 번육(膰肉 제사지낸 고기)이 또 오지 않았는데, 이 잘못은 여악에 비하여 다소 가볍고 떠나는 데에 명분이 있었으니, 이것이 《맹자》에 이른바 "하찮은 죄를 구실삼아 떠나고자 하여 구차히 떠나려고 하지 않았다."는 것[134]입니다.

《맹자집주(孟子集註)》에 "기미를 보고 밝게 알아 결단하였으며 뜻을 씀이 충후(忠厚)하다."라고 한 것은 또한 말씀이 극진함을 얻은 것입니다. 그러나 후세의 인신(人臣)이 된 자로 말하면, 부자를 보아 법으로 삼아서는 안 됩니다. 오직 마땅히 말할 때가 되면 즉시 말하여 자신의 직분을 다할 뿐이니, 군주가 듣느냐 듣지 않느냐와 따르느냐 따르지 않느냐를 마땅히 계산해서는 안 될 것입니다. 만약 부자를 구실로 삼아서 군부(君父)의 잘못을 드러낼까 염려되어 간하지 않는다고 말한다면, 이는 만세(萬世)의 신하들에게 아첨하는 풍조를 열어주는 것입니다.

133 허물을……것이니 : 저본에는 '是-缺-其過而顯其失也'라고 결자(缺字)가 있다고 되어 있는바, 일단 문맥을 살펴 양(揚)자로 보고 번역하였다.

134 맹자에……것 : 이 내용은 《맹자》 〈고자 하(告子下)〉에 그대로 보인다.

대성인(大聖人)의 정밀한 의리와 절묘한 운용은 일반인들이 법으로 삼을 수 있는 것이 아닙니다. 남계(南溪 박세채(朴世采))가 기사년(己巳年)[135]에 조정에 있으면서, 일을 바로 잡으려는 한마디 말이 없다가 후재(厚齋)[136]의 질문에 답하기를 "군부의 잘못된 일을 더할까 염려해서 그런 것이다."라고 하였습니다. 그가 말하지 않은 것은 전적으로 화를 두려워해서인데, 지금 도리어 이것을 문식(文飾)하고 자기 잘못을 덮어서 자신을 속이고 남을 속이니, 교묘하게 자기를 비호함이 어쩌면 이 지경에 이른단 말입니까? 참됨을 가장하고 거짓을 파는 무리들이 남계의 권위를 빙자하고, 미루어 공자에게 올라갈까 염려됩니다. 그러므로 붓 가는대로 이렇게 말한 것인데, 어떨지 모르겠습니다.

135 기사년(己巳年) : 숙종 15년인 1689년으로, 기사환국(己巳換局)이 일어난 해이다. 1688년 소의(昭儀) 장씨(張氏)가 아들 윤(昀)을 낳자, 숙종은 윤을 원자로 삼아 명호(名號)를 정하고 소의 장씨를 희빈(禧嬪)으로 봉하고자 하였는데, 영의정 김수흥(金壽興) 등 서인들이, 중전이 아직 젊다는 이유를 들어 반대하였으며, 일이 진행된 후에 다시 우암 송시열이 상소하여 반대하자, 숙종이 격노하여 서인의 주요 인물들을 파직시키거나 유배 보내어 서인 정권을 무너뜨리고, 1680년(숙종6)의 경신대출척(庚申大黜陟)으로 축출되었던 남인(南人)을 재등용하여 정권을 맡겼으며, 인현왕후(仁顯王后)를 폐위하고 희빈 장씨를 중전으로 삼았다.

136 후재(厚齋) : 김간(金榦, 1646~1732)으로, 후재는 호이고 자는 직경(直卿), 본관은 청풍(淸風), 시호는 문경(文敬)이며 송시열(宋時烈), 박세채(朴世采)의 문인이다. 학행으로 천거되어 벼슬이 우참찬에 이르렀다. 많은 저술을 남겼는데, 특히 예설(禮說)에 조예가 깊었다.

이자강에게 답함 갑자년(1804, 순조4) 4월 20일

答李子岡 甲子四月念日

지난번에 제가 최생(崔生)[137]에게 했던 말은 아호(阿好)[138]에서 나온 것이 아니었습니다. 이제 훌륭한 가르침을 받아 봄에 존광(尊光)[139]의 말씀이 너무 지나치시니, 형(兄)께서 여기에 처하지 않는다면 누가 이것을 감당하겠습니까? 그러나 있어도 없는 것처럼 여기고, 가득해도 빈 것처럼 여기는 것[140]은 안자(顏子)가 안자가 되신 이유인데, 우

137 최생(崔生) : 최씨 성을 가진 유생(儒生)이란 뜻으로 보인다. 본집 권20에 최박(崔翑), 권21에 최제안(崔濟安)에게 보낸 편지가 있는데 누구인지는 미상이다.

138 아호(阿好) : 자신이 좋아하는 사람에게 아첨함을 이른다. 《맹자》 〈공손추 상(公孫丑上)〉의 "재아와 자공과 유약은 지혜가 충분히 성인을 알만 하였으니, 이들이 가령 지혜가 낮다 하더라도 자신이 좋아하는 사람에게 아첨하는 데에는 이르지 않았을 것이다.〔宰我、子貢、有若, 智足以知聖人, 汙不至阿其所好.〕"라는 구절에서 유래하였다.

139 존광(尊光) : 존이광(尊而光)을 줄여 쓴 것으로 높은 지위에 있는 자가 겸손하면 그 덕이 더욱 빛남을 이른다. 《주역》 〈겸괘(謙卦) 단(彖)〉에 "겸은 높은 분은 빛나고 낮은 사람도 넘을 수가 없으니, 군자의 종이다.〔謙, 尊而光, 卑而不可踰, 君子之終也.〕"라고 보이는데 주자의 《본의(本義)》에 "사람이 능히 겸손하면 높은 지위에 있는 자는 그 덕이 더욱 빛나고, 낮은 지위에 있는 자도 사람들이 또한 능히 넘을 수가 없으니, 이는 군자가 유종의 아름다움이 있는 것이다.〔人能謙則其居尊者, 其德愈光, 其居卑者, 人亦莫能過, 此君子所以有終也.〕"라고 풀이하였다.

140 있어도……것 : 이 구절은 《논어》 〈태백(泰伯)〉에 "능하면서 능하지 못한 이에게 물으며, 많으면서 적은 이에게 물으며, 있어도 없는 것처럼 여기며, 가득해도 빈 것처럼 여기며, 잘못을 범해도 따지지 않는 것을, 옛날에 나의 벗이 일찍이 이 일에 종사했었다.〔以能問於不能, 以多問於寡, 有若無, 實若虛, 犯而不校, 昔者吾友嘗從事於斯矣.〕"라는 증자의 말씀에 보인다. 《논어집주》에 '나의 벗'은 안자(顏子)를 가리킨 것이라

리 형이 이러한 점을 가지고 계시니, 이것이 이른바 안자가 되기를 바라면 또한 안자가 된다는 것일 것입니다.

학문을 함에는 자기 자신의 소견만을 지켜서는 안 되고, 천하의 모든 선(善)을 이르게 함을 귀하게 여기니, 부디 더욱 겸손함으로써 자처하고 마음을 비워 남의 말을 받아들여서 마음을 열어 보여줄 때에는 구중궁궐의 문을 열듯이 하고, 크게 기단(基壇)을 만들 적에는 9층의 대(臺)에 오르듯이 하시기 바랍니다.[141] 자신이 사욕(私慾)을 다 극복하였다고 생각하여 혹시라도 예로 돌아가는 데에 소홀하지 말고, 선(善)이 이미 이루어졌다고 생각하여 혹시라도 악(惡)을 살피는 데에 소홀하지 말며, 자신의 견문에 너무 얽매이지 말고 작은 성취에 편안히 여기지 마시어, 구구한 저의 말이 아첨이 아님을 실증하여 주시기 바랍니다.

외람되이 천 년 뒤에까지 도의(道義)로써 서로 약속하자 하시니, 저로서는 영광입니다. 친구 간에 서로 권면할 것은, 알면 말하지 않음이 없고 말하면 다하지 않음이 없어서 날과 달로 절차탁마(切磋琢磨)하여 단점과 장점을 서로 보완해야 하니, 그런 뒤에야 얼굴만 아는 친구[142]가 됨을 면할 수 있을 것입니다.

하였다.

141 크게 ……바랍니다 : 이 내용은 정호(程顥)가 말한 "9층의 대를 만들 적에는 모름지기 기반〔基壇〕을 크게(튼튼하게) 만들어야 비로소 된다.〔爲九層之臺, 須大做脚, 須得.〕"라는 구절을 원용한 것이다.

142 얼굴만 아는 친구 : 원문의 '면붕(面朋)'은 진실 된 마음을 주고받지 못하고 얼굴만 아는 친구로, 전한(前漢) 말기의 학자인 양웅(揚雄)의 《법언(法言)》〈학행(學行)〉에 "벗으로서 마음을 나누지 못하면 얼굴만 아는 벗이요, 친구로서 마음을 나누지 못하

참으로 옳습니다. 제갈공명(諸葛孔明)의 말씀이여. 그 말씀에 이르기를 "나라에 충성스러운 생각이 있는 자는 나의 잘못을 부지런히 공박하라."[143]라고 하였으니, 이것은 진(秦)·한(漢) 이후로 사람들이 일찍이 말하지 못했던 것들로 마땅히 경전(經傳) 가운데서나 찾을 수 있으니, 어찌 다만 권력을 잡은 자가 스스로 힘써야 할 바가 될 뿐이겠습니까? 그렇다면 우리 형은 나의 최균(崔鈞)과 법정(法正)[144]이 되고자 하지 않으십니까? 친구가 된 지가 몇 년이 되었는데도 한마디 말씀과 반 마디 글귀의 잘못을 바로잡아 주시는 경계를 언급하지 않으신 것은 어째서입니까?

스스로 제 몸을 헤아려 보건대 본원(本源)과 기질(氣質)과 동정(動靜)과 어묵(語默)이 한 가지도 이치에 부합하는 것이 없으니, 참으로 한 터럭과 한 머리칼도 병통을 받지 않음이 없다고 이를 만합니다.

면 얼굴만 아는 친구이다.〔朋而不心, 面朋也; 友而不心, 面友也.〕"라고 보인다.

143 제갈공명(諸葛孔明)의……공박하라 : 제갈공명은 후한(後漢)말기 유비(劉備)를 도와 촉한(蜀漢)을 일으킨 제갈량(諸葛亮)으로, 공명은 그의 자이며 와룡선생(臥龍先生)으로 불리고 뒤에 무후(武侯)에 봉해져 제갈무후로도 불린다. 이 내용은 《자치통감》 권71의 "무릇 나라에 충성스러운 생각이 있는 자가 단지 나의 잘못을 공박한다면 일을 정할 수 있고 적을 죽일 수 있을 것이다.〔諸有忠慮於國者, 但勤攻吾之闕, 則事可定, 賊可死.〕"라는 구절을 원용한 것이다.

144 최균(崔鈞)과 법정(法正) : 최균은 삼국 시대 박릉(博陵) 사람으로 자가 주평이며 태위(太尉) 최열(崔烈)의 아들로 제갈량(諸葛亮)이 융중(隆中)에 은거할 때 서로 친한 친구였다. 법정은 삼국 시대 부풍(扶風) 사람으로 자가 효직(孝直)이다. 본래 유장(劉璋)의 부하였다가 유비(劉備)에게 투항했으며 219년 유비가 한중왕(漢中王)이 된 후에 상서령(尙書令), 호군장군(護軍將軍)에 제수되었다. 제갈량과 함께 새로운 법률인 촉과(蜀科)를 제정하였다.

부디 보고 들은 것을 가지고 저의 병증(病證)에 따라 약제를 투여해서 끝내 고황(膏肓)을 씻어내고 도규(刀圭)의 효험을 거두어서[145] 온갖 형체가 명령을 따르고 오관이 모두 직분을 따르게〔百體從令 五官俱職〕[146] 해 주시기 바랍니다. 이렇게 되면 어찌 신의(神醫)의 마음 씀씀이에 감사하여 보답할 바를 생각하지 않겠습니까? 부디 우리 형(兄)께서 이 일을 도모해 주시기 바랍니다. 대우(大禹)가 창언(昌言)에 절하신 것[147]과 중유(仲由)가 남들이 자신의 잘못을 말해 주면 기뻐한 것[148]을 제가 비록 감히 미칠 수 없으나, 배우기를 원하는 것은 바로 여기에 있습니다.

옛날 명(明)나라 학자인 오해(吳海)가 마음을 비우고 선(善)을 좋아

145 고황(膏肓)을……거두어서 : 고황(膏肓)은 가슴속 깊이 든 고질병을 이르며, 도규(刀圭)는 약(藥)의 양을 헤아리는 기구로, 모양이 규(圭)와 비슷하여 이러한 이름이 붙여졌는데, 후세에는 약물이나 의술을 일컫는 말로도 쓰인다.

146 온갖……따르게 : 오관(五官)은 몸의 다섯 가지 기능인 귀와 눈, 코와 입, 형체를 이른다. 마음이 깨끗하고 밝아서 한 몸의 주재(主宰)가 되어 온갖 형체가 명령을 따르고, 다섯 가지 기능이 제 역할을 다하는 것으로 예를 들면 '예가 아니면 보지 말고 예가 아니면 듣지 말고 예가 아니면 말하지 말고 예가 아니면 동하지 마는 것〔非禮勿視, 非禮勿聽, 非禮勿言, 非禮勿動.〕'과 같은 따위를 이른다.

147 대우(大禹)가……것 : 대우는 우왕(禹王)을 높여 칭한 것이며, 창언(昌言)은 덕이 성대한 말을 이른다. 이 내용은 《서경》 〈대우모(大禹謨)〉에 "우(禹)가 창언에 절하며 '아! 너의 말이 옳다.' 하셨다.〔禹拜昌言曰, 兪!〕"라고 보이는데, 주자는 《집전》에서 "창언은 덕이 성대한 말이다.〔昌言, 盛德之言.〕"라고 주하였다. 《맹자》 〈공손추 상〉에도 "우왕은 선한 말을 들으면 절하셨다.〔禹聞善言則拜.〕"라고 보인다.

148 중유(仲由)가 ……것 : 중유는 공자의 제자로 자(字)가 자로(子路)이다. 이 내용은 《맹자》 〈공손추 상〉에 "자로는 남들이 자신에게 허물이 있음을 말해주면 기뻐하였다.〔子路, 人告之以有過則喜.〕"라고 보인다.

하여 자신의 잘못을 타이르는 자가 있으면 흔쾌하게 즉시 고치고 인하여 그 서재에 편액하기를 '문과(聞過)'라 하였으니, 그는 아마도 대우와 중유 두 성현의 유풍(遺風)을 들은 자인가 봅니다. 그렇다면 또한 '백세(百世)의 스승'이라고 말할 만합니다. 이는 나와 형이 본받을 만한 일이 아닙니까? 우리 형이 아니면 누구와 더불어 이것을 말하겠습니까? 형께서는 응당 제 마음을 이해해 주실 것이라고 생각합니다.

이자강에게 답함 갑자년(1804, 순조4) 4월 29일

答李子岡 甲子四月少晦

《예기》〈상대기(喪大記)〉에 이르기를 "군주는 소나무 곽(槨 외관(外棺))을 쓰고, 대부는 측백나무 곽을 쓰고, 사(士)는 잡목의 곽을 쓴다."라고 하였으니, 이것은 신분의 귀천을 분별한 것입니다. 그런데 지금은 대부와 사의 집안에서도 소나무가 아니면 관곽(棺槨)을 만들지 않습니다. 소나무는 모두 관동(關東) 지방에서 가져다가 쓰니, 그 이유는 나무가 단단하여 오래 갈 수 있고, 윤기가 있어 좀먹지 않기 때문입니다.

너무 아름답다고 꺼리지 않고 자신의 마음을 다하려고 하는 것은 당연하나 관동지방은 금산(禁山)으로 군주의 관(棺)[149]이 나오는 곳입니다. 이 때문에 도끼와 자귀를 가지고 가는 것을 허락하지 아니하여 연로의 주군(州郡)들이 방비하고 지켜서 만일 이를 범하는 자가 있으면 나라의 떳떳한 법으로 이를 처벌합니다. 그런데도 조금도 이것을 두려워하거나 꺼리지 않고 취하고 나서야 그치니, 이는 도둑질[150]입니

149 군주의 관(棺) : 원문의 '벽궁(椑宮)'은 군주의 관을 말한 것으로, 《예기》〈단궁 상(檀弓)〉에 "군주가 즉위하면 벽이라는 관(棺)을 만들어 매년 한 번 옻칠을 하여 물건을 담아 둔다.〔君卽位, 而爲椑, 歲一漆之, 藏焉.〕"라는 구절을 원용한 것으로 보인다.

150 도둑질 : 원문의 '천유(穿窬)'는 벽을 뚫고 담을 넘는다는 뜻의 천벽유장(穿壁踰墻)을 줄여 쓴 것으로 좀도둑질을 이른다. 《논어》〈양화(陽貨)〉에 "얼굴빛은 위엄스러우면서 마음이 유약한 것을 소인에게 비유하면 벽을 뚫고 담을 넘는 도둑과 같을 것이다.〔色厲而內荏, 譬諸小人, 其猶穿窬之盜也與.〕"라고 보인다.

다. 어버이를 위하여 도둑의 일을 행한다면 마음에 만족하겠습니까? 황장제주(黃腸題湊)[151]는 바로 재궁(梓宮)[152]에 사용하는 것인데, 이것을 사가(私家)에서 사용한다면 참람한 행위입니다.

이 아우는 막 어버이를 위해서 수기(壽器)[153]를 구하고자 하다가 다시 생각해보니, 이는 바로 주자께서 말씀하신 법제상 마땅히 할 수 없는 것이었습니다. 그러나 저는 비록 법제상 할 수 있고 재물이 있더라도 또한 하고 싶은 생각이 없습니다.[154] 의(義)가 아닌 것으로 어버이

151 황장제주(黃腸題湊) : 무덤을 축조할 때에 관곽 주위에 측백나무의 노란 심으로 만든 재목을 쌓아 회(回)자형으로 벽을 두르는 것을 이른다. 이 말은 《전한서》 권68 〈곽광김일제전(霍光金日磾傳)〉에 보이는데, 소림(蘇林)이 "측백나무의 황심으로 관 밖에 쌓아 두기 때문에 황장이라 하고, 나무의 머리가 모두 안쪽을 향하기 때문에 제주라 한다.〔以柏木黃心棺外故曰黃腸, 木頭皆內向故曰題湊.〕"라고 주하였다.

152 재궁(梓宮) : 왕이나 왕후 등의 유해를 안치한 관을 이른다.

153 수기(壽器) : 생전에 가래나무 목재를 장만하여 관을 만듦을 이른다.

154 주자께서 말씀하신……없습니다 : 이 내용은 《맹자》 〈공손추 하(公孫丑下)〉에 "맹자가 제(齊)나라에서 노(魯)나라로 돌아가 어머니를 장례하시고 제나라로 돌아오실 적에 영(嬴)땅에 머물러 계셨는데, 충우가 묻기를 '지난번 선생께서 저의 불초함을 알지 못하시고 저로 하여금 관을 만드는 목수의 일을 맡게 하셨는데, 하도 급하여 제가 감히 묻지 못했습니다. 지금 묻기를 원하오니, 관 재목이 너무 아름다운 듯하였습니다.' 하니, 맹자께서 대답하셨다. '옛적에는 관곽이 일정한 한도가 없었는데, 중고에 관은 7촌이고 곽도 이에 걸맞게 하여 천자로부터 서인에까지 이르렀으니, 이것은 다만 보기에 아름답게 하기 위해서가 아니라 이렇게 한 뒤에야 사람의 마음에 다한 것이기 때문이었다. 〈법제상〉 할 수 없으면 마음에 흡족할 수 없으며, 재력이 없으면 마음에 기쁠 수 없다. 법제상 할 수 있고 또 재력이 있으면 옛 사람들이 모두 썼으니, 내 어찌하여 홀로 그렇게 하지 않겠는가.……내가 들으니 군자는 천하 때문에 그 어버이에게 검소하게 하지 않는다고 하였다.'〔孟子自齊葬於魯, 反於齊, 止於嬴, 充虞請曰: 前日不知虞之不肖, 使虞敦匠事, 嚴, 虞不敢請, 今願竊有請也, 木若以美然. 曰: 古者棺槨無度, 中古

를 섬기는 것은 효(孝)가 아닙니다. 비록 제가 불초하나 또한 감히 천하 때문에 제 어버이에게 검소하게 하려고 해서 이러는 것[155]은 아닙니다. 그런데 가만히 마음속으로 헤아려보니, 남들은 모두 쓰는데 나만 어찌 홀로 쓰지 않을 것이 있겠습니까? 남에게서 이것을 사온다면 굳이 이 물건이 나온 곳을 따질 필요가 없지 않습니까?

그러나 반드시 인자(仁者)의 곡식을 구하여 어버이에게 제사한다는 의리(義理)[156]로써 헤아려보면 또한 마음에 불쾌한 바가 있으니, 어떨지 모르겠습니다. 맹자가 충우(充虞)의 질문에 답한 글[157]을 외우고서 저의 마음이 서글퍼지므로 그래서 이것을 편지에 썼으니, 이치가 밝은 분의 의논을 받들기를 원합니다.

棺七寸, 槨稱之, 自天子達於庶人, 非直爲觀美也, 然後盡於人心. 不得, 不可以爲悅, 無財, 不可以爲悅. 得之爲有財, 古之人皆用之, 吾何爲獨不然.……吾聞之也, 君子不以天下儉其親.〕"라고 보인다. '법제상 할 수 없다는 것'은 신분이 낮아서 법제상 마땅히 할 수 없는 것을 이른다.

155 천하……것 : 이 내용은 위의 주 154의 맹자 말씀 가운데 끝 부분을 원용한 것이다.

156 반드시……의리(義理) : 이 내용은 증자(曾子)의 말씀으로 《예기》 〈제의(祭義)〉에 "효도는 세 가지가 있으니, 작은 효도는 힘을 쓰는 것이고 중간의 효도는 공로를 쓰는 것이고, 큰 효도는 다하지 않게 하는 것이다.……부모가 별세하셨으면 반드시 인자의 곡식을 구하여 이것으로 제사해야 하니, 이것을 일러 예로 끝마친다 하는 것이다.〔孝有三, 小孝用力, 中孝用勞, 大孝不匱.……父母旣沒, 必求仁者之粟以祀之, 此之謂禮終.〕"라고 보인다.

157 맹자가……글 : 충우(充虞)는 맹자의 제자이다. 이 내용은 위의 주 154의 앞부분을 원용한 것이다.

이자강에게 답함

答李子岡

보내주신 편지에 이르기를 "곤(鯀)이 홍수를 다스렸으나 공적을 이루지 못하자, 순(舜) 임금이 곤을 귀양 보내고 우왕(禹王)을 들어 쓰시니, 우왕이 토목공사를 크게 헤아려 행한 것[158]은 비단 군주의 명령을 순히 받들어 혼란에 빠진 백성들을 구제하기 위한 것만이 아니었고, 또한 아버지의 죄를 속죄하기 위한 것이었다. 그러므로 세 번이나 자기 집 문 앞을 지나가면서도 들어가지 않았으니, 그가 조금도 한가롭지 못하고 불편했음을 상상할 수 있다. 심지어 자식이 태어나서 고고(呱呱)히 우는데도 사랑해 주지 못했다[159]고 한 것은, 가장 간절하고

158 우왕이……것 : 곤은 요(堯) 임금의 신하로 우왕(禹王)의 아버지이다. 《서경》 〈요전(堯典)〉에 요 임금 때에 9년의 홍수가 있으므로 곤에게 다스리게 하였는데, 9년이 되어도 공적을 이루지 못하였다. 그리하여 순 임금이 섭정을 하면서 곤을 우산(羽山)으로 귀양 보냈으며, 우왕을 등용하자 우왕은 물과 흙을 다스리는 일을 크게 헤아려 홍수를 다스렸다. 《서경》 〈요전〉에 "여러 사람들이 '아! 곤이 적임자입니다.'라고 천거하자,……요 임금이 '가서 공경히 직무를 수행하라!' 하셨는데, 9년이 되어도 공적이 이루어지지 못했다.〔僉曰: 於! 鯀哉.……帝曰: 往欽哉. 九載, 績用弗成.〕"라고 보이며 〈순전(舜典)〉에는 "곤을 우산으로 귀양 보냈다.〔殛鯀于羽山.〕"라고 보인다. 우산은 동쪽 변방에 있는 산 이름이다.

159 세 번이나……못했다 : 《맹자》 〈등문공 상(滕文公上)〉에 "우왕이 홍수를 다스린 8년 동안 밖에 있으면 세 번이나 자기 집문 앞을 지나면서도 들어가지 못하셨다.〔禹八年於外, 三過其門而不入.〕"라고 보이며 《서경》 〈익직(益稷)〉에 우왕이 말씀하기를 "내가 도산씨에게 장가들고 겨우 신(辛)·임(壬)·계(癸)·갑(甲)의 4일 만에 홍수를 다스리기 위해 집을 나갔으며, 아들 계(啓)가 출생하여 고고(呱呱)히 우는데도 나는 그를

가까운 것을 들어 말씀한 것이다. 그러나 만약 아버지 곤이 집에 있었으면 반드시 들어갔을 터인데, 들어가지 않은 것은 아마도 곤이 우산(羽山)에 귀양 가서 있었기 때문일 것이다. 만약 곤이 집에 있었으면 우왕이 비록 자기 집 문 앞을 지나는 경우가 아니더라도 마땅히 가서 안부를 살폈을 것이다."라고 하셨는데, 편지의 말씀이 참으로 옳습니다.

그러나 저는 생각하건대, 이 일은 보통의 왕역(往役)[160]이 아니고, 물에 빠진 백성들을 구제하기 위해 당시 급급하고 경황이 없었으니, 어버이를 문안할 겨를이 없었을 듯합니다. 또 이것은 아버지의 일을 주관하여 아버지의 허물을 덮는 일이 되니, 몸을 수고롭게 하고 생각을 다해서 그 공을 이루어 임금에게 아뢰는 것이 효도의 큰 것이 되고, 때 맞춰 돌아가 문안하고 겨울에는 따뜻하고 여름에는 시원하게 해드리는 것[161]을 폐하지 않는 것은 효도의 작은 것이 된다고 여깁니다. 그러므로 우산을 지나가면 집에 들어가서 곤을 뵈었을 것이고, 그렇지 않으면 아마 뵈올 겨를이 없었을 것이니, 이와 같이 한 뒤에야 또한

자식으로 여기지 못하고 오직 물과 흙을 다스리는 일을 크게 헤아렸다.〔娶于塗山, 辛壬癸甲, 啓呱呱而泣, 予弗子, 惟荒度土功.〕"라고 하셨다.

160 왕역(往役) : 임금의 명에 따라 가서 부역에 종사하는 것을 이른다. 《맹자》〈만장 하(萬章下)〉에 "서인이 임금이 불러 부역을 시키면 가서 부역을 하고, 군주가 자신을 만나보고자 하여 부르면 가서 보지 않음은 어째서입니까?〔庶人召之役則往役, 君欲見之, 召之則不往見之, 何也?〕"라고 보인다.

161 겨울에는……것 : 원문의 '온청(溫凊)'은 동온하청(冬溫夏凊)을 줄여 쓴 것으로 《예기》〈곡례 상(曲禮上)〉에 "무릇 자식이 된 예는 겨울에는 따뜻하게 해 드리고 여름에는 시원하게 해 드리는 것이다.〔凡爲人子之禮, 冬溫而夏凊.〕"라고 보인다.

중도(中道)가 될 것이라고 생각합니다. 여기에는 정밀한 의리가 들어 있으니, 부디 참고하여 연구해서 다시 가르쳐주시기를 바랍니다.

조조(曹操)가 손권(孫權)을 공격할 적에 황제(皇帝 헌제(獻帝))에게 표(表)를 올려 순욱(荀彧)에게 군대를 위로하는 직임을 맡기도록 청했었는데, 조조가 유수(濡須)를 향하자, 순욱이 수춘(壽春)에 남아 있다가 약을 마시고 죽었습니다.[162] 그러므로 《자치통감강목(資治通鑑綱目)》에 조조가 유수를 공격한 내용 아래에 순욱의 죽음을 달았는데, 주자가 우무(尤袤)에게 답한 편지에 이르기를 "순욱은 바로 한(漢)나라의 시중(侍中)이요 광록대부(光祿大夫)로서 참군사(參軍事)였는데, 그의 죽음은 바로 자살이었습니다. 그러므로 다만 사실에 근거해서 '모관(某官) 모인(某人)이 자살했다.'라고 쓰고, 조조가 손권을 공격하여 유수에 이른 내용 아래에 기사를 단 것이지, 순욱을 한나라 신하로 여겨 일부러 쓴 것이 아닙니다. 그러나 그의 관직을 다 쓴 것은 또한 그가 실제로 한나라 천자의 가까운 신하로서 도적인 조조에게

162 조조(曹操)가……죽었습니다 : 순욱(荀彧, 163~212)은 후한 말기 조조의 책사로 자는 문약(文若)이다. 천하가 혼란해지자 조조에게 귀의하여 군국(軍國)의 대사를 함께 의논하여 조조로부터 자신의 장자방(張子房)이라는 칭찬을 받았다. 건안(建安) 17년(212) 조조가 헌제(獻帝)에게 구석(九錫)을 받으려 하자 이를 만류하며 천하를 위해 충절의 뜻을 갖고 겸양의 미덕을 지켜야 함을 충고하였다. 조조가 그를 불편해 하였고 빈 사발을 내려주자, 순욱은 근심 끝에 독약을 마시고 자살하였다. 《後漢書 卷70 荀彧傳》 유수(濡須)는 안휘성(安徽省) 남쪽 지역을 흐르는 강의 이름으로, 고대 장강(長江)의 지류였다. 소호(巢湖)에서 발원하여 동남쪽으로 흘러 장강으로 들어간다. 유수가 장강으로 흘러 들어가는 지점을 유수구(濡須口)라 하는데, 지금의 안휘성 무위(無爲) 동쪽에 있다. 수춘(壽春)은 지금의 안휘성 수현(壽縣)이다.

붙어서 불충한 죄를 드러낸 것이요, 그가 한나라의 신하임을 허여한 것은 아닙니다."라고 하여, 유수의 아래에 달아 그 죄가 비로소 드러났다는 글이 없습니다. 그러나 우옹(尤翁)은 《주자대전차의(朱子大全箚疑)》에서 이 편지를 해석하여 말씀하기를 "《자치통감강목》에 순욱의 죽음을 유수 아래에 단 것은 순욱이 도적과 더불어 하나가 된 것을 드러내기 위한 것이다."라고 하였습니다.

제가 삼가 《자치통감강목》을 쓴 필법(筆法)을 자세히 살펴보니, 순욱이 한나라 조정의 근신(近臣)으로서 도적에게 붙어 불충을 저지른 것을 꾸짖은 것이 우무에게 답한 편지와 같을 뿐이요, 그의 죽음을 이 장(章) 아래에 달았다고 해서 더욱 그 죄가 드러난다고 볼 수가 없습니다. 그의 죽음이 마침 조조가 손권을 공격하던 때에 있었기 때문에 부득불 연달아 쓴 것이지, 그의 죄를 드러내기 위하여 그 아래에 단 것이 아닙니다.

순욱은 한나라 황실이 무너지고 혼란에 빠진 것을 보고 나라를 바로잡고 보좌하려는 뜻을 품었으니, 그의 초심(初心)을 근본적으로 살펴보면, 오로지 폭군 걸왕(桀王)을 도와 포학하게 굴려는 데서 나온 것[163]은 아니었으나, 다만 사람을 알아보는 식견이 밝지 못하고 평소 조리(操履 지조와 행실)가 없음으로 인해서 점점 한나라 도적의 모주(謀主)가 됨에 이르면서도 잘못을 알지 못함에 이른 것입니다. 이 때문에

163 폭군……것 : 원문의 '조걸(助桀)'은 조걸위학(助桀爲虐)을 줄여 쓴 것인바, 이는 《사기》 권55 〈유후세가(留侯世家)〉에 "진나라가 무도했기 때문에 패공께서 이곳에 들어올 수가 있었습니다.……지금 진나라에 들어오자마자 즐겁게 지내려 한다면 이는 이른바 걸왕을 도와 포학하게 한다는 것입니다.〔夫秦爲無道, 故沛公得至此.……今始入秦, 卽安其樂, 此所謂助桀爲虐.〕"라고 보인다.

정자(程子)께서 말씀하시기를 "순욱은 재주가 높았으나 식견이 부족하다."라고 하신 것입니다.

순욱이 처음 조조를 만났을 적에 조조가 순욱을 자신의 장자방(張子房)으로 인정했으니, 이는 조조가 스스로를 한(漢)나라 고조(高祖)로 자처한 것입니다. 여기에서 그의 마음의 소재를 알 수 있으니, 이것이 마땅히 떠나야 할 첫 번째 이유입니다. 조조가 천자를 겁박해서 천도(遷都)하여 스스로 대장군 무평후(武平侯)가 되었으니 이것이 마땅히 떠나야 할 두 번째 이유이고, 조조가 동승(董承)을 죽이고 그의 삼족을 멸하였으니[164] 이것이 마땅히 떠나야 할 세 번째 이유입니다. 조조가 업(鄴)땅으로 들어가서 스스로 영기주목(領冀州牧)이 되었으니 이것이 마땅히 떠나야 할 네 번째 이유이고, 조조가 삼공(三公)[165]을 없애고 스스로 승상(丞相)이 되었으니 이것이 마땅히 떠나야 할 다섯 번째 이유입니다. 조조가 공융(孔融)을 죽이고 그 일족(一族)을 멸하였으니[166] 이것이 마땅히 떠나야 할 여섯 번째 이유이고, 조조가 업땅으로

164 동승(董承)을……멸하였으니 : 동승은 헌제(獻帝)의 후궁인 동귀비(董貴妃)의 부친으로, 정권을 전횡하는 조조를 제거해 달라는 헌제의 밀서를 받고 태의(太醫) 길평(吉平), 유비(劉備) 등 동지들을 모아 조조를 암살하고자 하였으나 일이 발각되어 동귀비와 함께 처형되고 삼족이 멸해졌다.

165 삼공(三公) : 고대 조정에서 가장 높은 세 관직으로, 시대마다 호칭이 달랐는데, 주나라 때에는 태사(太師)·태부(太傅)·태보(太保)라 하였고 후한(後漢) 때는 태위(太尉)·사도(司徒)·사공(司空)이었다. 건안(建安) 18년(213), 조조는 삼공을 폐지하고 스스로 승상이 되었다.

166 공융(孔融)을……멸하였으니 : 공융(153~208)은 헌제 때의 문신으로 자는 문거(文擧)이며, 공자의 20대손이다. 문필에 뛰어나 건안 칠자(建安七子)의 한 사람으로 꼽혔으며, 북해 태수(北海太守)를 지내 흔히 공북해(孔北海)로 불린다. 건안 13년

환도하여 찬배불명(贊拜不名), 입조불추(入朝不趨), 검리상전(劍履上殿)의 은전(恩典)[167]을 누렸으니 이것이 마땅히 떠나야 할 일곱 번째 이유입니다. 이것들은 다만 그 중에 큰 것들일 뿐입니다.

조조가 밤낮으로 신기(神器)[168]를 도적질할 기회를 몰래 엿보아서 한 올의 터럭과 한 가닥의 머리칼이 모두가 죄악이었는데, 순욱이 만약 황실에 충성하는 마음을 두었다면 어찌 차마 이것을 좌시하고 말하지 않으며, 또한 어찌 차마 하루라도 그 조정에서 벼슬할 수 있겠습니까. 이미 떠나지 못했으면 마땅히 조조를 의리로 타일러서 그로 하여금 신하의 직분을 다하게 해야 할 것이요, 자신의 말이 쓰이지 않으면 떠나는 것이 옳고, 죽는 것도 또한 옳습니다. 그런데 이것을 행하지 않고, 오직 조조의 악을 조장하고 조조의 형세를 확장시켜서 끝내 황제의 지위를 찬탈(簒奪)하는 계제를 만들었으니, 《춘추(春秋)》의 필법으로 살펴보면, 먼저 그 당여(黨與)를 주벌하는 법에 의해 벌을 받아야 할 것입니다.

또 그의 죄 중에 더욱 심한 것은 자신의 몸을 빠져나갈 계책을 세우려고 모후(母后)의 죄를 낱낱이 열거하고, 조조에게 모후를 폐위하고

(208) 조조의 형주 정벌에 반대하다가 처형되고 일족이 멸족되었다.

167 찬배불명(贊拜不名)……은전(恩典) : 임금이 공신에게 내리는 특별한 은전들로, 찬배불명은 신하가 천자를 알현할 때 의례(儀禮)를 맡은 자가 그의 성명을 부르지 않고 관직만 부르는 예우를 이르고, 입조불추(入朝不趨)는 천자를 알현할 때 본래는 종종걸음으로 급히 걸어서 공경을 표시해야 하지만, 천천히 걸어도 되는 예우를 이르고, 검리상전(劍履上殿)은 알현할 때 검과 가죽신을 벗지 않는 예우를 이른다.

168 신기(神器) : 원래 왕위(王位) 계승에 따르는 보물인 옥새(玉璽)나 보정(寶鼎)을 이르는데, 곧바로 왕위를 가리키기도 한다.

새로 세울 것을 권하였으니, 복후(伏后)가 시해당한 일이 비록 순욱이 죽은 뒤에 있었으나, 실제로는 순욱이 그 길을 열어 놓은 것입니다. 구석(九錫)의 의논을 저지한 것은 동소(董昭)가 먼저 발론(發論)했기 때문이니,[169] 후일을 기다려서 자기가 서서히 발론하고자 한 것입니다. 그렇다면 그의 심정과 행적의 음(陰)과 양(陽)이 분명하여 가릴 수가 없으니, 그 마음의 죄를 따진다면 동소보다 더합니다.

그가 자살에 이른 것 또한 한나라를 위한 것이 아니요, 조조에게 압박받아 그러한 것입니다. 빈 그릇을 선물 받은 것은, 이는 사약(死藥)을 하사한 것이니, 비록 죽지 않고자 하나 될 수 있겠습니까? 자살하지 않았으면 조조가 반드시 그를 죽였을 것이 분명합니다. 한나라에 대한 충절을 훼손하고 간흉(奸凶)에게 몸의 지조를 잃고 또다시 죽음을 면치 못했으니, 참으로 이른바 "나아가서는 군자가 되지 못하고 물러가서는 소인이 되지 못해서 입신(立身)에 한 번 실패하니, 만사가 와해되었다."라는 것입니다.

하간(河間)의 음부(淫婦)가 어찌 일찍이 높고 굳센 절조(節操)를 스스로 힘쓴 적이 없었겠습니까마는 한 번 발을 잘못 디디자 끝내 순작

169 구석(九錫)의……때문이니 : 구석은 천자가 공이 높은 제후에게 내려 주는 아홉 가지 물건과 일로 거마(車馬)·의복(衣服)·악측(樂則)·주호(朱戶)·납폐(納陛)·호분(虎賁)·궁시(弓矢)·부월(鈇鉞)·거창(秬鬯)을 이른다. 동소(董昭, 156~236)는 자가 공인(公仁)으로 후한 말엽 효렴(孝廉)으로 천거되어 출사하고 조조에게 귀순하여 간의대부(諫議大夫) 등의 벼슬을 역임하고, 위(魏)나라 명제(明帝) 때에 장락후(長樂侯)에 봉해지고 벼슬이 사도(司徒)에 이르렀다. 건안(建安) 17년(212) 장사로 있으면서 조조에게 위왕(魏王)의 칭호와 구석(九錫)을 받으라고 권하였다. 순욱은 이때 이를 만류하며 천하를 위해 충절의 뜻을 갖고 겸양의 미덕을 지켜야 함을 충고하였는데 조조가 불편해 하니, 근심 끝에 독약을 마시고 자살하였다. 《後漢書 卷70 荀彧傳》

(鶉鵲)의 행위를 면치 못했으니,[170] 그 행적을 가지고 그 마음을 논해 보면 누가 초심(初心)이 그렇지 않다고 해서 그를 용서할 수 있겠습니까? 이미 화를 염려하여 당형(唐衡)의 사위가 되었다면[171] 이미 깊은 구덩이 속으로 떨어져 부끄러워할 줄을 알지 못하게 된 것이니, 그가 마땅히 한나라의 적신(賊臣)에게 붙어서 유씨(劉氏)의 황실을 배반한 졸개가 된 것이 당연합니다.

그러나 범녕(范甯)은 순욱의 일을 살신성인(殺身成仁)이라고 칭찬하였고,[172] 소식(蘇軾)은 도(道)가 백이(伯夷)와 같다고 허여하였으

170 하간(河間)의……못했으니 : 하간은 중국의 고지명인 하간군(河間郡)으로 지금의 하북성(河北省) 하간시 일대이다. 이 내용은 유종원(柳宗元)이 지은 〈하간전(河間傳)〉에 하간에 사는 어느 부인이 그 집안의 음탕한 여자의 행동을 평소에 심하게 욕하다가 그 여자에게 유혹되어 실절(失節)하게 되자 그 뒤로는 음행에 재미를 붙여 음부(淫婦)가 되었다는 이야기를 원용하여 말한 것이다.《柳河東集 外集 卷上 河間傳》 순작(鶉鵲)의 행위는 음행을 이른 것으로《시경》〈용풍(鄘風) 순지분분(鶉之奔奔)〉의 "메추라기는 달려가며 까치는 깡충깡충 걸어가네.〔鶉之奔奔, 鵲之彊彊.〕"라는 구절에서 연유한 말로 이 시가 선강(宣姜)의 음행을 풍자한 것이기 때문에 이러한 뜻을 갖게 되었다.

171 이미……되었다면 : 당형(唐衡)은 후한 환제 때 권력을 전횡한 환관으로 당시 권신 양기(梁冀)를 주륙하고 권력을 잡았는데, 교만 방자한 데다가 백성들을 심하게 수탈하여 악명이 높았다. 당형이 자신의 딸을 순욱에게 시집보내려고 하자 순욱의 아버지 순곤(荀緄)이 당형의 권세를 생각하여 순욱에게 당형의 딸을 맞이하게 했다는 설이 있으나,《삼국지(三國志)》에 주석한 배송지(裴松之)는 이를 부정하였다.

172 범녕(范甯)은……칭찬하였고 : 범녕은 진(晉)나라 때 문신이자 학자로 자는 무자(武子), 벼슬은 중서시랑(中書侍郎)에 이르렀다.《춘추곡량전집해(春秋穀梁傳集解)》를 지었는데, 매우 정밀하여 세상에서 높은 평가를 받았다.《晉書 卷75 范甯列傳》 살신성인(殺身成仁)이라고 칭찬한 것은 순욱이 한나라 왕조를 위하여 조조에게 충성을 다하다가 조조의 역심을 알고 이를 저지하다가 끝내 살해된 것을 이른 것으로 보이는데, 출전(出典)은 분명하지 않다.

니,[173] 간악한 자를 분변함이 이와 같이 어렵단 말입니까? 주자의 밝은 눈이 있지 않았으면 어찌 여지없이 땅을 파서 그를 묻어 죽이기를 마침내 이와 같이 할 수 있었겠습니까. 그러나 주자가 유수의 아래에 그의 죽음을 단 것은 그 죄를 더욱 드러내려고 한 것이 아니고, 그의 죽음이 마침 그 때에 있었기 때문이니, 다만 '모관 모인이 자살했다.'고 말한 것으로 죄가 이미 드러난 것인데, 어찌 유수 아래에 쓰기를 기다린 뒤에 더욱 드러나겠습니까. 주자의 본의가 반드시 그러함을 발견할 수가 없으니, 어떨지 모르겠습니다.

173 소식(蘇軾)은……허여하였으니 : 소식(1036~1101)은 북송(北宋)의 대문호(大文豪)로 자는 자첨(子瞻), 호는 동파(東坡)이다. 미주(眉州) 출신으로 노천(老泉) 소순(蘇洵)의 아들인바, 부친과 아우인 소철(蘇轍)과 함께 삼부자가 당송팔대가(唐宋八大家)에 들어 문명(文名)을 떨친 인물이다. 도가 백이(伯夷)와 같다고 허여한 내용은 《동파전집(東坡全集)》 권105 〈논고(論古)〉에 "나는 일찍이 문약은 성인의 무리라고 말하였으니, 이것은 그의 재주가 장자방과 같고 도가 백이와 같기 때문이다.〔吾嘗以文若爲聖人之徒者, 以其才似張子房而道似伯夷也.〕"라고 보인다. 문약은 순욱의 자이며 장자방은 장량(張良)으로 재주와 지혜가 높아 한나라 고조(高祖)를 도와 천하를 통일하는데 결정적인 역할을 하였는바, 자방은 그의 자이다.

이자강에게 답함 갑자년(1804, 순조4) 7월 1일

答李子岡 甲子七月一日

술자리에서나 손님을 대접하는 잔치 자리에서 남의 강권(强勸)이 있거나 또는 웃음과 해학이 서로 가해질 적에, 이를 물리치면 소견이 좁게 되고 받으면 방탕한 데로 흐르니, 이는 공통된 폐해입니다. 생각하건대 술은 큰 화기(和氣)를 보합(保合)할 수 있으니, 마땅히 자신의 주량에 따라 조금씩 따라 마셔서 화기를 손상시키지 않는 것이 옳을 것입니다. 남과 상대할 즈음에는 오래되어도 공경하는 것[174]을 귀하게 여기니, 농담을 잘하여 지나치지 말아야 하는데,[175] 이렇게 하려면 다만 비루하고 도리에 어긋난 말을 멀리하는 것이 좋습니다.

심중이 본래 견고하면 외물이 마음을 옮기지 못하는 것이니, 정백자(程伯子)께서 어찌 나를 속이셨겠습니까? 다만 마땅히 천만 명이 있는 가운데에서도 항상 자신이 있음을 알 뿐[176]입니다. 주자가 말씀하기를 "자기 스스로 마음을 잡아 지키는 것은 진실로 내버려두어서는 안 되지

174 오래되어도 공경하는 것 : 원문의 '구경(久敬)'은 《논어》 〈공야장(公冶長)〉의 "안평중은 남과 사귀기를 잘하도다. 오래되어도 공경하는구나.〔晏平仲善與人交, 久而敬之.〕"라는 구절에서 온 말이다.

175 농담을……하는데 : 이 내용은 《시경》 〈위풍(衛風) 기오(淇奧)〉의 "희학을 잘하니 지나침이 되지 않도다.〔善戲謔兮, 不爲虐兮.〕"라는 구절을 원용한 것이다.

176 천만 명이……뿐 : 이 내용은 원나라 학자 허형(許衡, 1209~1281)의 말로 《노재유서(魯齋遺書)》 권3에 보이는데, 《심경부주(心經附註)》 권3 〈맹자 우산지목장(孟子牛山之木章)〉에도 인용되어 있다.

만, 세상일에 응수하고 외물과 접함에 있어서는, 같고 다르며 깊고 얕음을 어찌 고집하여 기필할 수가 있겠는가? 다만 이를 간파하고 마음을 잡아 지키기를 안정되게 하면 자연히 각각 일의 경중에 따라 부응하는 것이 해롭지 않게 되니, 굳이 불평하는 마음을 품어 부질없이 스스로를 괴롭힐 필요가 있겠는가?"라고 하셨습니다.[177] 이것은 주 선생께서 매우 간절하게 실천하고 말씀하신 것이니, 세 번 반복하여 읽음에 재미가 있으므로 형을 위하여 외우는 것입니다.

177 주자가……하셨습니다 : 이 내용은 《회암집(晦庵集)》 권4 〈답왕자합(答王子合)〉에 보인다.

이자강에게 보냄 갑자년(1804, 순조4) 9월 23일

與李子岡 甲子九月二十三日

지난번 편지에 말씀하신 허형(許衡)[178]의 일은, 근간에 다시 편지를 펴서 읽고 자세히 생각해 보니, 말씀과 의리가 엄정(嚴正)해서 세상의 가르침에 도움 되는 바가 큽니다. 율곡(栗谷)께서는 "실절(失節)은 아니고 바로 실신(失身)이다."라고 말씀하셨는데,[179] 실신과 실절의 어떤 점이 다른 것입니까?

한 몸으로 두 성씨(姓氏)를 섬기는 것을 실절이라 이르고, 섬겨서는 안 되는데 섬기는 것을 실신이라 이릅니다. 허형이 비록 중국에서 생장하였지만, 만난 시대는 호원(胡元 오랑캐인 원나라)이었고, 또한 일찍이 세상에 나와서 송(宋)나라에 벼슬한 적이 없으며, 또 오징(吳澄)처럼

178 허형(許衡) : 1209~1281. 원나라 초기의 학자이자 문신으로, 자는 중평(仲平), 호는 노재(魯齋), 시호는 문정(文正)이다. 원나라 세조(世祖) 때 관국자좨주(官國子祭酒) 등의 벼슬을 역임하였다. 병으로 벼슬을 물러난 뒤 순수한 주자학자로서 도학을 실천하는 것을 임무로 삼고, 원나라 초의 학계에 주자학의 기초를 닦았으며 주자와 상산(象山) 육구연(陸九淵)의 학문을 조화시키려 노력하였고, 공담(空談)만을 일삼는 이학(理學)을 비판했다.

179 율곡(栗谷)께서는……말씀하셨는데 : 이 내용은 《율곡전서(栗谷全書)》 권32 〈어록 하(語錄下) 우계집(牛溪集)〉에 "허노재가 원나라에 벼슬한 것에 대하여 사람들이 많이 비방한다. 그러나 이것은 실신이지 실절은 아니다. 노재가 원나라에서 벼슬한 것은 비록 마땅한 일은 아니지만 그는 원래 북방에서 생장하였으니, 저 송나라 유민들과는 같지 않은 것이다.〔許魯齋之仕元, 人多訾之, 然此乃失身, 非失節也. 蓋魯齋雖不當仕元, 本爲生長於北方, 非如宋室遺民之類故耳.〕"라고 보인다.

송나라의 거자(擧子)로서 오랑캐 원나라를 섬긴 것과는 다릅니다.[180] 그러므로 율곡께서 실신이지 실절이 아니라고 말하신 것이니, 이것이 바로 구별되는 이유입니다.

그러나 미루어 지극히 해서 논한다면 실신은 바로 실절입니다. 허형은 집안이 대대로 송나라 백성이었으니, 신주(神州)[181]가 멸망하여 백 년 동안 오랑캐가 되었다면 마땅히 몸은 원나라에 있더라도 마음은 송나라에 두어 천하의 의사(義士)들을 창도하여 일으켜서 개나 양과 같은 오랑캐들을 물리치고 중원을 깨끗이 소탕하여 송나라 황실을 다시 부흥시켜서 변경(汴京)[182]으로 되돌려야 했습니다.

이 일이 자신의 능력으로 미칠 수 있는 것이 아니라면 몸을 빼어 임안(臨安)[183]으로 돌아가서 마땅히 신가헌(辛稼軒)[184]처럼 해야 했고,

180 오징(吳澄)처럼……다릅니다 : 오징(1249~1333)은 원나라 초기의 학자이자 문신으로, 자는 유청(幼淸), 시호 문정(文正)이다. 송나라 때 과거에 낙방한 이래 벼슬하지 않다가, 원나라 무종(武宗)의 명으로 국자감 승(國子監丞)이 되고, 이후 한림학사(翰林學士) 등의 벼슬을 역임하였다. 주자의 사전제자(四傳弟子)로, 이학(理學)을 위주하면서 심학(心學)을 아울러 취하여 주륙이가(朱陸二家)의 사상을 조화시켰으며, 허형(許衡), 유인(劉因)과 함께 원나라의 3대 학자로 꼽힌다. 거자(擧子)는 과거(科擧)를 보는 선비를 이른다.

181 신주(神州) : 중국의 미칭(美稱)으로 '적현신주(赤縣神州)'의 줄임말이다. 《사기》의 〈맹자순경열전(孟子荀卿列傳)〉에 "중국을 적현신주라고 하는데 적현신주의 안에 구주(九州)가 있으니, 하우(夏禹)가 만든 구주가 바로 그것이다."라고 보인다. 《史記 卷74》

182 변경(汴京) : 북송(北宋)의 수도로 현재의 하남성(河南省) 개봉(開封)이다.

183 임안(臨安) : 금나라에 의해 북송이 멸망한 다음, 남송이 도읍한 곳으로 지금의 절강성(浙江省) 항주(杭州)이다.

184 신가헌(辛稼軒) : 남송의 문신이자 시인인 신기질(辛棄疾, 1140~1207)로 가헌

또 그렇게 할 수 없었다면, 김인산(金仁山)이나 허백운(許白雲)[185]처럼 궁벽한 산에서 경전을 안고서 일생동안 스스로 의리에 편안하게 살아야 했습니다.[186]

불행히도 추악한 오랑캐에게 이름이 알려졌다면 마땅히 문을 닫고 담장을 넘어 도망할 뿐이요, 오랑캐 군주의 정성이 아무리 절박하더라도 만나보아서는 안 되니, 신하가 되지 않았으면 군주를 만나보지 않기 때문입니다.[187] 만약 인수(印綬)가 몸에 가해짐에 이르러서는 마땅히

은 호이고 자는 유안(幼安), 시호는 충민(忠敏)이다. 금나라 지역에서 태어났지만 의병을 일으켜 금나라에 항거하고 송나라에 귀순하였다. 효종(孝宗) 순희(淳熙) 연간에 호남안무사(湖南安撫使)에 제수되는 등 여러 관직을 역임하였으나 주화파(主和派)와 갈등을 빚어 탄핵되자 사직하고 은거하였다.

185 김인산(金仁山)이나 허백운(許白雲) : 김인산은 송말원초(宋末元初)의 학자인 김이상(金履祥, 1232~1303)으로, 만년에 인산(仁山)에 은거하여 이렇게 칭한다. 자가 길보(吉甫), 호가 차농(次農), 시호가 문안(文安)이다. 하기(何基)와 왕백(王柏)에게 정주학(程朱學)을 배워 주자의 학통을 이었다. 송나라가 멸망하자 벼슬하지 않고 금화산(金華山)에서 후학을 양성하다가 인산으로 옮겨 살았다. 허백운은 송말원초(宋末元初)의 학자인 허겸(許謙, 1270~1337)으로, 백운은 그의 호이고, 자가 익지(益之), 시호가 문의(文懿)이다. 김이상(金履祥)의 문하에서 수업하여 정주학(程朱學)의 맥을 이었다. 과거에 응시하지 않고 팔화산(八華山)에 은거하여 강학했는데, 문인이 1천여 명에 달하였다. 하기(何基)에서 왕백(王柏), 김이상으로 이어지는 주자 학맥을 계승하여 '금화사선생(金華四先生)'으로 일컬어졌고, 북방의 허형(許衡)과 함께 '남북이허(南北二許)'로 불렸다.

186 스스로……했습니다 : 원문의 '자정(自靖)'은 스스로 의리와 지조를 지키는 것으로 《서경》 〈미자(微子)〉에 "스스로 의리에 편안하여 사람마다 스스로 선왕에게 뜻을 바칠 것이니, 나는 떠나가 은둔함을 돌아보지 않겠다.〔自靖, 人自獻于先王, 我不顧行遯.〕"라고 보인다.

187 불행히도……때문입니다 : 이 내용은 《맹자》 〈등문공 하(滕文公下)〉의 "공손추

공승(龔勝)처럼 먹지 않고 죽어야 하고,[188] 또 협박을 받아서 오랑캐 조정에 갔으면 신하의 예로써 대면하지 말고, 중화와 오랑캐의 큰 구분으로써 책망하여 오랑캐로 하여금 물러나 사막을 지키고 우리의 중국 땅을 돌려주게 하여 자기 말을 듣지 않으면 물러갈 뿐이고, 붙잡으면 죽을 뿐입니다.

허형은 이렇게 하지 않아서 대송(大宋)의 유민(遺民)으로서 원나라가 있는 줄만 알고 송나라가 있는 줄을 알지 못하였습니다. 그리하여 오랑캐에게 무릎을 굽히는 것을 달갑게 여겨 천하를 창도하여 제요(帝堯)의 대통(大統)을 오랑캐로 잇게 하기까지 하였으며, 또 요(遼)와 금(金)을 대요(大遼)와 대금(大金)이라고 높여 칭하고 열국(列國) 중의 하나로 송나라를 대하였었으니, 이것은 중화와 오랑캐의 분별이 하늘과 땅처럼 바꿀 수 없는 것임을 알지 못한 것입니다.

성현의 책을 읽어 연구한 것이 무슨 이치이며, 배운 것이 무슨 일이란 말입니까? 참으로 가련합니다. 오랑캐가 중화를 어지럽힘은 대순

가, '제후를 만나보지 않는 것이 무슨 의(義)입니까?'라고 묻자, 맹자께서 '옛날에 신하가 되지 않았으면 군주를 만나보지 않았다. 단간목은 담장을 넘어 피하였고 설류는 문을 닫고 받아들이지 않았으니, 이는 모두 너무 심하다. 군주의 정성이 절박하면 만나볼 수 있는 것이다.' 하였다.〔公孫丑問曰: 不見諸侯, 何義? 孟子曰: 古者不爲臣, 不見. 段干木踰垣而辟之, 泄柳閉門而不內, 是皆已甚, 迫斯可以見矣.〕"라는 구절을 원용한 것이다.

188 공승(龔勝)처럼……하고 : 공승(기원전 68~기원후 11)은 전한(前漢)의 명신으로 자는 군실(君實)이다. 한 애제(漢哀帝) 때 광록대부(光祿大夫) 등의 벼슬을 지냈는데, 왕망(王莽)이 집정하자 물러났다. 왕망이 사람을 보내 태자사우(太子師友)와 좨주(祭酒)로 불렀지만 끝내 불응하고, 문인들에게 자신의 상(喪)을 준비하도록 명한 다음 곡기를 끊고 14일 만에 별세하였다. 《漢書 卷72 兩龔傳》

(大舜)께서 걱정하신 바요,[189] 중화의 도로써 오랑캐를 변화시키고자 함은 추성(鄒聖)의 고심(苦心)이었으니,[190] 이는 학자들이 늘 하는 말입니다. 허형이 어찌 이것을 몰랐겠습니까? 그는 스스로 말하기를 '공자의 출처(出處)를 배웠으니 가(可)함도 없고 불가(不可)함도 없다.'[191] 고 하였습니다. 그러나 공자께서 공산불요(公山弗擾)와 필힐(佛肹)의 부름에 달려가지 않았던 것은 이들이 끝내 함께 훌륭한 일을 할 수 없었기 때문이었음을 그는 생각하지 않았단 말입니까? 또한 부자(夫子)의 마음이 노나라를 동주(東周)로 만드는 데에 있었음을 생각하지 않았단 말입니까?[192]

189 오랑캐가……바요 : 이 내용은 《서경》 〈순전(舜典)〉에 "제순(帝舜)이 이르기를 '고요야, 오랑캐가 중하(中夏)를 어지럽혀 사람들을 약탈하고 죽이며, 안팎으로 나쁜 짓을 하기에 너를 사(士)로 삼는다.' 하셨다.〔帝曰：皐陶，蠻夷猾夏，寇賊姦宄，汝作士.〕"라고 보인다.

190 중화의……고심(苦心)이었으니 : 추성(鄒聖)은 '추나라의 성인'이란 뜻으로 맹자를 가리킨다. 이 내용은 《맹자》 〈등문공 상(滕文公上)〉의 "중화의 문화로 오랑캐를 변화시켰다는 말은 들었지만, 중화가 오랑캐에게 변화되었다는 말은 듣지 못하였다.〔吾聞用夏變夷者，未聞變於夷者也.〕"라는 구절을 원용한 것이다.

191 공자의……없다 : 공자의 출처는 하나에 집착하는 완고한 태도를 버리고 시중(時中)의 도를 취하여 꼭 이렇게 해야만 한다는 것도 없고, 꼭 이렇게 해서는 안 된다는 것도 없는바, 《논어》 〈미자(微子)〉에 "나는 이들과 달라 가함도 없고 불가함도 없다.〔我則異於是，無可無不可.〕"라고 한 공자의 말씀이 보이는데, 허형이 이를 배웠다고 말하였다.

192 그러나 공자께서……말입니까 : 공산불요(公山弗擾)는 노나라 대부 계씨(季氏)의 가신으로 비읍(費邑)을 점거하고 반란을 일으킨 자인데, 공자를 불러 정사를 맡기고자 하자, 공자께서 가려고 하시니, 자로(子路)가 기뻐하지 않으며 반대하였다. 이에 공자는 "저가 나를 부르는 것은 어찌 공연히 그러겠는가? 만일 나를 등용하는 자가 있으면 나는 동주(東周)를 만들겠다.〔夫召我者，而豈徒哉？如有用我者，吾其爲東周

저 공산불요와 필힐 두 사람은 제후국의 성(城)을 점거하여 배반한 자였는데도 부자께서 오히려 가지 않으셨는데, 하물며 신기(神器 황제의 자리)를 훔친 도적에게 있어서이겠습니까? 또 더구나 인개(鱗介)[193]와 같은 천한 오랑캐에게 있어서이겠습니까? 잘 배우지 못했다고 이를 만합니다. 그러므로 남당(南塘)이 말씀하기를 "천하의 사람들을 이끌고서 이적(夷狄)으로 돌아간 자는 허형이고, 만세의 사람들을 이끌고서 이적으로 돌아가게 하는 것은 허형을 높이는 자들의 논(論)이다."라고 한 것입니다.[194] 우암(尤庵)이 문묘(文廟)에서 그를 축출할 것을 청

乎.〕"라고 말씀한 것이 보인다. 동주는 주나라의 도를 동쪽 노나라에 일으킴을 이른다. 필힐(佛肹)은 진(晉)나라 중모(中牟)의 읍재(邑宰)로서 조간자(趙簡子)에 대항하여 반란을 일으킨 자인데, 이 두 가지 일은 《논어》 〈양화(陽貨)〉에 자세히 보인다. '끝내 함께 훌륭한 일을 할 수 없었기 때문'이라는 말은 〈양화〉편 필힐장의 장하주(章下註)에, 장경부(張敬夫)가 "끝내 가시지 않은 것은 그 사람을 끝내 변화시킬 수 없고 그 일을 끝내 할 수 없음을 아셨기 때문이다.〔其卒不往者, 知其人之終不可變而事之終不可爲耳.〕"라고 한 말을 원용한 것이다. 장경부는 장식(張栻)으로 경부는 그의 자이다.

193 인개(鱗介) : 비늘이 있는 물고기와 딱딱한 껍질을 지닌 개충(介蟲)을 가리키는데, 인신하여 오랑캐를 가리키는 말로도 쓰인다. 《후한서(後漢書)》 권78 〈양종전(楊終傳)〉에 "광무제(光武帝)가 서역(西域)의 나라들과 국교를 단절하여, 개린으로 하여금 우리의 의상으로 바꿔 입지 못하게 하였다.〔光武絶西域之國, 不以介鱗易我衣裳〕" 하였는데, 이현(李賢)의 주에, "개린은 먼 오랑캐를 비유한다.〔介鱗, 喩遠夷.〕"라고 하였다.

194 남당(南塘)이……것입니다 : 이 내용은 《남당집(南塘集)》 권17 〈답이자삼(答李子三) 정묘 이월(丁卯二月)〉에 보이는데, 원문에는 '논(論)'이 '언(言)'으로 되어있다. 남당은 한원진(韓元震, 1682~1751)으로 남당은 호이고 자는 덕소(德昭), 본관은 청주(淸州), 시호는 문순(文純)이다. 권상하(權尙夏)의 문인으로 강문팔학사(江門八學士) 중 한 사람이다. 1717년(숙종43) 학행으로 천거되어 영릉 참봉이 되었고, 세자익위사(世子翊衛司) 부솔(副率) 등의 벼슬을 역임하였다. 성리학에 정통하여 호락논쟁(湖洛論爭)에서 호론(湖論)의 좌장이 되어 낙론(洛論)의 인물성동론(人物性同論)에 반대하

한 것[195]과 남당이 여지없이 땅을 파서 그를 묻어 죽인 것은 천하의 큰 예절을 보존한 것으로, 억만대에 걸쳐 일정한 표준이 될 것입니다.

그가 송나라를 정벌할 것을 아뢰지 않았고 또 관직을 사양하지 않은 것을 후회한 일을 가지고 그를 용서하는 단서로 삼는 것은, 왕통(王通)의 심적(心跡)의 분별[196]에 가깝지 않겠습니까. 여만촌(呂晩村)은 오랑캐에게 빠졌다가 이윽고 후회하면서 말하기를 "중화와 오랑캐의 구분은 군신의 의리보다 중하다."라고 하고, 이어서 증정(曾靜)과 더불어 의병을 일으킬 것을 도모하다가 일이 발각되어 살해되었으니,[197] 죽은

여 인성(人性)과 물성(物性)이 다르다고 주장하였다.

195 우암(尤庵)이……것 : 이 내용은 《효종실록》 효종 8년 정유년(1657) 8월 16일 기사에 보인다.

196 왕통(王通)의 심적(心跡)의 분별 : 수나라의 학자인 왕통이 동상(董常)에게 "마음과 행적이 다른지 오래되었다.[心迹之判久矣.]"라고 말한 것으로, 왕통의 저서인 《중설(中說)》 권5 〈문역편(問易篇)〉에 보이는데, 이 주장은 정이(程頤)에게 난설(亂說)로 배척되었는바, 정이의 말은 《근사록(近思錄)》 권13 〈변이단(辨異端)〉 편에 보인다. 왕통(584~617)은 수나라의 학자로 자는 중엄(仲淹), 시호는 문중자(文中子)로 당나라의 천재시인 왕발(王勃)의 조부이다. 문제(文帝) 인수(仁壽) 연간에 장안(長安)에 와서 태평십책(太平十策)을 상주했는데, 채택되지 않자 하분(河汾) 일대로 돌아와 제자를 가르쳐 설수(薛收)와 방교(房喬), 이정(李靖), 위징(魏徵), 방현령(房玄齡) 등 1천 명이나 되는 제자를 길렀으며 《중설(中說)》 10권을 남겼다.

197 여만촌(呂晩村)은……살해되었으니 : 이 내용은 역사적 사실과 부합하지 않는바, 홍직필의 착각이 있었던 것으로 보인다. 여만촌은 여유량(呂留良, 1629~1683)으로 만촌은 호이고 자는 장생(莊生)이다. 철저한 주자학자로, 오랑캐인 청나라를 싫어하여 삭발하고 승려가 되었으며 주자의 명분론과 정치론을 따라 중화인(中華人)으로서의 긍지를 지키자는 논설을 많이 지었고 《여만촌문집》 등의 저서를 남겼다. 사후에 증정(曾靜)의 역모에 연루되어 건륭제(乾隆帝) 때에 무덤이 파헤쳐지고, 일족들이 사형에 처해졌다. 증정(曾靜, 1679~1735)은 옹정제(雍正帝) 때의 서생으로 여유량의 저서를

것이 산 것보다 영화롭지 않습니까. 허형과 같은 자는 바로 여씨(呂氏)의 죄인입니다.

몸이 이미 빠져들어 오랑캐가 되었으면 명예와 절개가 다 없어진 것입니다. 그렇다면 이른바 '실신(失身)'이라는 것은 바로 '실절(失節)'이니, 그 실제는 똑같습니다. 제헌(霽軒)은 율곡의 말씀하신 이외의 뜻을 말해 냈으니,[198] 또한 백세를 기다려도 의혹을 가질 것이 없다고 할 수 있습니다.

읽고 감명 받아, 악비(岳飛)의 후손으로 알려진 천섬총독(川陝總督) 악종기(岳鍾琪)에게 편지를 보내 반란을 권유하다가 체포되었으나 옹정제 앞에서 진심으로 반성하여 목숨을 부지하였다. 그러나 건륭제가 즉위하자 바로 사형에 처해졌다.

198 제헌(霽軒)은……냈으니 : 제헌은 심정진(沈定鎭, 1725~1786)의 호로 자는 일지(一志), 본관은 청송(靑松)이다. 1753년(영조29) 사마시에 합격하고 1774년에 부수(副率)에 제수되어 세손(世孫)인 정조를 가르쳤는데, 강설(講說)에 뛰어나 칭송을 받았다. 벼슬은 지중추부사(知中樞府事)에 이르렀다. 심정진이 허형에 대해 논한 것은 《제헌집(霽軒集)》 권6 〈서연강설(書筵講說)〉에 보인다.

이자강에게 답함

答李子岡

여만촌(呂晩村)은 명말(明末)의 유민(遺民)으로서 강개(慷慨)한 마음으로 나라를 부흥시킬 것을 자임하고 청(淸)나라 조정에 출사해서 임금의 총신(寵臣)이 되어 예양(豫讓)의 일[199]을 행하고자 했습니다. 그는 우리나라에서 장차 의병(義兵)의 깃발을 일으키려 한다는 말을 듣고는 "우이(牛耳)가 어느덧 해동(海東)에 있네.〔牛耳居然屬海東〕"[200]라는 시(詩)를 지었으며, 무지개가 해를 꿰뚫은 변고를 보고 또 "무지개가 해를 꿰뚫고 있으나 끝내 진나라로 들어가는 형가(荊軻)[201]는 없

199 예양(豫讓)의 일 : 복수하는 일을 이른다. 예양은 전국(戰國) 시대 진(晉)나라 사람으로 지백(智伯)을 섬겨 총애를 받았는데, 조양자(趙襄子)가 지백을 쳐서 멸망시키자, 지백의 원수를 갚기 위해 신분을 숨기고 일부러 죄수가 되어 조양자 집안의 측간 벽을 바르며 조양자를 암살하고자 하였으며. 이 일이 실패하자 몸에 옻칠을 하여 문둥이가 되고 숯을 삼켜 벙어리가 되어 조양자를 척살(刺殺)하려고 꾀하다가, 뜻을 이루지 못하고 조양자에게 잡히자 자결(自決)하였다.《史記 卷86 刺客列傳 豫讓》

200 우이(牛耳)가……있네 : 우리나라가 명나라의 복수(復讎)를 주도하고 있다는 뜻이다. 우이가 있다는 것은 어떤 일을 주도한다는 뜻으로 옛날 제후(諸侯)들이 맹약(盟約)할 때 맹주(盟主)가 소의 귀를 잡고 그 귀를 베어 피를 마시고 다른 제후들에게 나누어 주면서 맹약을 지킬 것을 약속한 데에서 유래하였다.

201 형가(荊軻) : 전국 시대(戰國時代)의 자객(刺客)으로 춘추시대 제(齊)나라 대부(大夫) 경봉(慶封)의 후예인바, 경경(慶卿) 혹은 형경(荊卿)으로도 불렸다. 연나라 태자(太子) 단(丹)의 사주를 받고 진 시황(秦始皇)을 암살하려 하고자 하여 치밀한 계책을 세워 암살의 기회를 잡았으나 마지막 순간 검술이 뛰어나지 못하여 실패하였다.《史記 卷86 刺客列傳》

네.〔縱有虹貫日 竟無軻入秦〕”라는 시구를 짓고는 이어서 비수를 끼고 궁중에 들어갔다가 발각되어 살해당하였습니다.

이때 증정(曾靜)이란 자가, 만촌(晩村)이 관중(管仲)의 공로를 논하면서 ‘중화와 오랑캐의 분별이 군신 간의 의리보다 더 중하다.’라고 한 설(說)을 보고 이로 인하여 오랑캐를 비방하는 책을 지어서 오랑캐 군주가 형수들과 간통하고 군주를 시해(弑害)한 죄를 낱낱이 들춰내고[202] 이어서 변방 장수인 악종기(岳鍾琪)에게 의병을 일으키도록 권고하였다가 일이 발각되어 체포되었습니다. 청(淸)나라 황제는 증정을 화려한 집에다가 안치하고 의식(衣食)을 풍족하게 해주고는, 자신을 비방한 글 가운데 여러 조항을 가지고 힐난하고, 증정으로 하여금 글로 대답하게 하여, 그가 잘못 들은 죄를 자복하게 한 뒤에 이 내용을 비방하는 글을 함께 간행해서 천하에 널리 반포하였습니다. 그리고는 마침내 증정을 추방하면서 또다시 명하기를 ‘증정을 해치는 자는 그의 죄와 같은 죄로 처벌하겠다.’라고 하여, 증정은 끝내 죽음을 면할 수 있었습니다.

이때 황하의 물이 깨끗해지고 오성(五星)이 규성(奎星)에 모이니, 증정은 이것을 구실로 왕업(王業)을 일으킬 조짐이라 하여 의병을 일으킬 것을 도모했다 하는데, 제가 전해들은 말이어서 감히 질언(質言)할 수가 없습니다. 그러나 진실로 그렇다면 참으로 의사(義士)입니다.

202 오랑캐를……들춰내고 : 원문의 ‘증(烝)’은 아랫사람이 웃사람과 간통함을 이른다. 오랑캐를 비방한 책은《지신록(知新錄)》으로, 여기에 옹종제(雍正帝)가 아버지 강희제(康熙帝)를 시해한 일과 강희제 때 태자로 책봉되었다가 폐위된 자신의 형인 윤잉(胤礽)을 죽이고 그의 첩들을 차지했다는 등, 총 10개의 죄상을 나열하고 있다.

이 일이 이루어지지 못했으나 그의 마음은 찬란하여 해와 달이 서로 광채를 다툴 만하니, 명(明)나라 조정에서 3백 년 동안 인재를 배양한 거룩함을 여기에서 징험할 수 있습니다.

전겸익(錢謙益)[203]과 같은 사람은 주씨(朱氏) 왕조[204]의 늙은 신하로서 나라가 망했는데도 구차히 살아남아, 괴뢰정권의 관작을 받으면서도 오히려 죽지 않았으며, 공문(空門)에 목숨을 도피하여 뻔뻔스러운 얼굴을 가지고 있었습니다. 그러나 구식사(瞿式耜)와 여유량(呂留良)[205] 같은 사람은 그의 문생이면서도 성취한 바가 이처럼 거룩하니, 또한 청출어람(靑出於藍)일 것입니다. 전겸익과 같은 자는 구식사와 여유량의 죄인이라고 할 수 있습니다.

그러나 《춘추》의 완비하기를 요구하는 의리로써 헤아려보면 여공

203 전겸익(錢謙益) : 1582~1664. 명말 청초의 문신으로, 자는 수지(受之), 호는 목재(牧齋), 강소(江蘇) 상숙(常熟) 사람이다. 1610년(만력38)에 명나라에서 진사로 출사하여 예부 우시랑(禮部右侍郎)을 역임하였으며, 청조(淸朝)에서 다시 예부 우시랑에 임명되어 《명사(明史)》의 편집을 맡았다. 그러나 건륭제(乾隆帝) 때에 두 왕조에서 벼슬한 불충한 신하로 비난받고 저서가 모두 불태워졌다.

204 주씨(朱氏) 왕조 : 명나라를 가리킨다. 명나라는 태조인 주원장(朱元璋)이 일으킨 왕조이다.

205 구식사(瞿式耜)와 여유량(呂留良) : 구식사(1590~1650)는 명나라의 유신(遺臣)으로 자는 기전(起田), 호는 가헌(稼軒)이다. 명나라 멸망 시 순무광서(巡撫廣西)의 벼슬을 지냈는데 조경(肇慶)에서 계왕(桂王) 주유랑(朱由榔)을 영력제(永歷帝)로 옹립하였다. 여유량(1629~1683)은 자가 장생(莊生), 호가 만촌(晩村)이다. 철저한 주자학자(朱子學者)로, 오랑캐인 청나라를 싫어하여 삭발하고 승려가 되었으며 주자의 명분론과 정치론을 따라 중화인(中華人)으로서의 긍지를 지키자는 논설을 많이 지었고 《여만촌문집(呂晩村文集)》 등의 저서를 남겼다. 사후(死後)에 증정(曾靜)의 반역 도모에 연루되어 건륭제(乾隆帝) 때에 무덤이 파헤쳐지고, 일족들이 사형에 처해졌다.

(呂公)이 오랑캐를 섬긴 것은 비록 흉한 오랑캐를 제거하기 위해서였으나, 말년의 절개가 없었다면 이 또한 지조를 잃은 것이니, 끝내 왕척직심(枉尺直尋)의 귀결을 면하기 어려울 것입니다.[206] 이와 같은 자는 '먼저는 병을 앓고 뒤에는 나았다.'고 이를 수 있습니다. 만일 창의(倡義)하여 적을 토벌하고자 했다면, 이것은 한 포의(布衣)의 일이니, 하필 오랑캐에게 무릎을 굽힌 뒤에야 가능하겠습니까? 그러나 인물을 논할 때에는 마땅히 대절(大節)을 살펴보아야 하니, 그렇다면 허물이 있는 가운데에서 허물이 없는 것을 찾는 것이 옳을 것입니다.

206 왕척직심(枉尺直尋)의……것입니다 : 왕척직심은 한 자를 굽혀 여덟 자를 편다는 말로 큰 이익을 위해서는 작은 의리를 버린다는 뜻이다. 맹자의 제자인 진대(陳代)가 맹자가 제후를 찾아보지 않자, "한 자를 굽혀 한 길을 펴면 크게는 천하에 왕자가 될 수 있고 적어도 패자(霸者)가 될 수 있지 않습니까?" 하였는데, 맹자가 "그것은 이(利)로써 말하는 것이니, 만약 이로써 말한다면 반드시 한 길을 굽혀 한 자를 펴는 일도 할 것이다."라고 경계하였으므로 이렇게 말한 것이다. 《孟子 滕文公下》

이자강에게 답함 을축년(1805, 순조5) 3월

答李子岡 乙丑三月

좋아하고 싫어함을 함께 하는 것이 혈구(絜矩)의 근본이 되고, 이익을 독차지 않음은 또 좋아하고 싫어함을 함께 하는 것의 근본이 됩니다.[207] 좋아하고 싫어함을 함께 하기 때문에 그 이익을 독차지 않는 것이니, 그 이익을 독차지 않는 것은 마땅히 좋아하고 싫어함을 함께 하는 것에서 보아야 합니다.

이재(理財)와 용인(用人 인재 등용)은 모두 좋아하고 싫어함을 함께 하여 백성들이 바라는 바를 따르는 것입니다. 그러므로 좋아하고 싫어함이 한 편(篇)의 종지(宗旨)가 되니, 《대학장구(大學章句)》 전(傳)10장(章) 밑에 '그 좋아하고 싫어함을 함께함'을 논한 것을 오로지 용인에만 소속시켜서는 안 될 듯합니다. 이 장은 오로지 재물을 쓰는 이재를 말하다가 용인을 뒤이어 말하였으니, 용인은 다만 이재로 할 뿐만이 아닙니다.

그러나 용인에 올바른 사람을 얻으면 의(義)를 이로움으로 여겨서 재물로써 몸을 일으키고, 용인에 그 올바른 사람을 얻지 못하면 이익을 이로움으로 여겨서 몸으로써 재물을 일으킵니다.[208] 그러므로 이 장

207 좋아하고……됩니다 : 이 내용은 《대학장구》 전10장의 대의(大義)를 말한 것으로, 전10장에 대해 주자가 "이 장의 뜻은 힘씀이 백성들과 더불어 좋아하고 싫어함을 함께 하고 그 이익을 독차지하지 않음에 있으니, 모두 혈구의 뜻을 미루어 넓힌 것이다.〔此章之義, 務在與民同好惡而不專其利, 皆推廣絜矩之意也.〕"라고 풀이한 것을 원용한 것이다.

(章)의 끝에 소인이 취렴(聚斂)하는 폐해를 통렬히 말하여[209] 이재와 용인이 두 길이 아님을 밝혔습니다.

이 장의 끝맺은 부분에서 비록 두 가지를 합하여 말했으나, 혈구의 큰 것은 재용(財用)에 있습니다. 그러므로 뜻이 귀결되는 곳은 재물에 있는 것입니다. 그렇다면 그 좋아하고 싫어함을 함께 하는 것은 이재와 용인 두 가지를 통합하여 말한 것이고, 이익을 독차지하지 않는다는 것은 오로지 재용을 가리킨 것이니, 한 '이(而)' 자가 서로 이어져서 문세(文勢)가 바로 그러한데, 굳이 깊이 의심할 것이 없을 듯합니다.

이로 인하여 공손히 질문할 것이 있으니, 《대학장구》의 경(經)1장의 일곱 구절은 모두 공자(孔子)의 말씀입니까? 공자의 말씀이 《논어》와 《공자가어(孔子家語)》에 보이는데, 유독 이 장의 말은 조금도 이들 책에 보이지 않음은 어째서입니까? 증자(曾子)가 학문의 종통(宗統)을 얻고서 이것을 책에 써서 친히 공자에게 전수받은 뜻을 밝히기를, 《효경(孝經)》과 〈증자문(曾子問)〉 등의 여러 편과 같이 하지 않음은 또한 어째서입니까? 《대학혹문(大學或問)》에 '성인(聖人 공자)이 아니면 능히 이를 수 없다.'라고 한 말을 가지고, 이 글이 공자가 경(經)을 쓰고 증자가 전(傳)을 썼다고 믿으나, 다른 증험이 없어서

208 용인에……일으킵니다 : 원문에는 '以義爲利而以身發財…以利爲利而以財發身'라고 되어 있으나 이는 '以義爲利而以財發身…以利爲利而以身發財'를 잘못 전사(傳寫)한 것이므로 바로잡아 번역하였다.

209 이 장(章)의……말하여 : 이 내용은 《대학장구》 전(傳)10장의 "국가에 어른이 되어 재용을 힘쓰는 자는 반드시 소인으로부터 비롯되니, 저 소인으로 하여금 국가를 다스리게 하면 천재와 인해가 함께 이른다.〔長國家而務財用者, 必自小人矣, 彼(爲善之)小人之使爲國家, 菑害竝至.〕"라는 구절을 말한 것이다.

답답한 마음을 이기지 못하겠습니다. 혹자는 말하기를 "고본(古本) 《대학》이 현재 《예기주소(禮記註疏)》에 실려 있는 것은 바로 대덕(戴德)[210]이 편입한 것이다."라고 하니, 그 말이 옳습니까? 대덕은 공자와 증자의 연원(淵源)을 가져서, 여기에서 전수받은 것이 있는 자가 아니겠습니까? 아울러 고주(古註)를 참고하여 보여주시기 바랍니다.

210 대덕(戴德) : 전한(前漢) 초기의 문신이자 학자로 자는 연군(延君)이고 대대학(大戴學)의 개창자이다. 조카인 대성(戴聖)과 구별하기 위해 흔히 대대(大戴)로 불리는데, 예(禮)에 정통하여 선제(宣帝) 때 박사(博士)가 되었다. 진한(秦漢) 이전의 각종 예의에 관한 문헌에서 85편을 선정하여 《대대례(大戴禮)》를 만들었는데, 46편이 망실되고 지금은 39편만 전한다. 지금의 《예기(禮記)》는 대성이 엮은 《소대례기(小戴禮記)》를 가리킨다.

이자강에게 답함 을축년(1805, 순조5) 7월

答李子岡 乙丑七月

우연히 《논어》를 펴보니, 부자(夫子)께서 지덕(至德)이란 말로 태백(太伯)과 문왕(文王)을 칭찬하셨는데,[211] 그 은미(隱微)한 깊은 뜻이 어디에 있는지를 알 수 있었습니다. 만일 공자가 무왕(武王)의 입장에 처했다면, 노랗게 익은 과일이 장차 스스로 떨어지기를 기다리셨겠습니까? 아니면 무왕처럼, 하늘에 순종하지 않는 것은 그 죄가 주왕(紂王)과 똑같다고 생각하셨겠습니까?[212]

부자의 마음은 오직 신하로서 군주를 섬김을 알 뿐이요 그 외의 다른 것은 보지 않으셨을 것이니, 그렇다면 다만 응당 문왕이 되셨을 뿐일 것입니다. 어째서이겠습니까? 부자께서는 일찍이 무악(武樂)을 일러

211 부자(夫子)께서……칭찬하셨는데 : 태백(泰伯)에 관한 칭찬은 《논어》 〈태백〉편에 "태백은 지극한 덕이라고 이를 만하다. 세 번 천하를 사양하였으나 백성들이 그 덕을 칭송할 수 없게 하였구나.〔泰伯, 其可謂至德也已矣! 三以天下讓, 民無得而稱焉.〕"라고 보이고, 문왕에 관한 칭찬은 같은 〈태백〉 편에 "문왕은 천하를 셋으로 나눔에 그 둘을 소유하시고도 복종하여 은나라를 섬기셨으니, 주나라 문왕의 덕은 지극한 덕이라고 이를 만하다.〔三分天下, 有其二, 以服事殷, 周之德, 其可謂至德也已矣.〕"라고 보인다.

212 무왕처럼……생각하셨겠습니까 : 무왕은 주나라를 정벌한 명분(名分)으로 이렇게 생각한 것인바, 이는 《서경》 〈태서(泰誓)〉에 "상나라의 죄가 관통(貫通)하여 가득하기에, 하늘이 명하여 주벌(誅伐)하게 하시니, 내가 하늘의 뜻을 순종하지 않으면 그 죄가 주왕(紂王)과 같을 것이다.〔商罪貫盈, 天命誅之, 予弗順天, 厥罪惟鈞.〕"라고 보인다. 태(太)와 태(泰), 균(均)과 균(鈞)은 서로 통한다.

"극진히 선(善)하지는 못하다."라고 말씀하셨으니,[213] 그렇지 않다면 어찌하여 "천하를 셋으로 나눔에 그 중에 둘을 소유하고서도 복종하여 은(殷)나라를 섬기셨으니, 주(周)나라의 덕(德)은 지덕이라고 이를 만하다."라고 하셨겠습니까? 이 때문에 공자께서 문왕이 되실 것임을 알 수 있는데, 고견(高見)은 어떠신지 모르겠습니다.

관중(管仲)이 소홀(召忽)과 함께 죽지 않은 것은 '제후들을 규합하여 한 번 천하를 바로잡겠다.'라고 하여 필부(匹夫)의 신의를 행하지 않은 것입니까?[214] 어찌 자신이 사람들에게 혜택을 줄 수 있을 것을 미리 헤아려서 마땅히 죽어야 할 때에 죽지 않을 수 있습니까? 관중은 포숙(鮑叔)의 천거가 없었다면 비록 나아가 훌륭한 일을 하고자 하더라도 할 수 없었을 것입니다.

남에게 혜택을 줄 수 있는 것은 기필할 수 없고, 자신에게 있는 것은

213 부자께서는……말씀하셨으니 : 이 내용은 《논어》 〈팔일(八佾)〉에 "공자께서 소악(韶樂)을 평하시되 '극진히 아름답고 극진히 좋다.' 하시고, 무악(武樂)을 평하시되 '극진히 아름답지만 극진히 좋지는 못하다.' 하셨다.〔子謂韶, 盡美矣, 又盡善也, 謂武, 盡美矣, 未盡善也.〕"라고 한 내용을 원용한 것이다. 소악은 순(舜) 임금의 음악이고, 무악은 무왕(武王)의 음악이다.

214 관중(管仲)이……것입니까 : 이 내용은 《논어》 〈헌문(憲問)〉에 보이는 "관중이 환공을 도와 제후의 패자가 되게 하여 한 번 천하를 바로잡아 백성들이 지금까지 그 혜택을 받고 있으니, 관중이 없었다면 우리는 머리를 풀고 옷깃을 왼편으로 하는 오랑캐가 되었을 것이다. 어찌 필부와 필부들이 작은 신의(信義)를 행하여 스스로 목매 죽어서 시신이 도랑에 뒹굴어도 사람들이 알아주는 이가 없는 것과 같이 하겠는가.〔管仲相桓公, 霸諸侯, 一匡天下, 民到于今, 受其賜, 微管仲, 吾其被髮左衽矣. 豈若匹夫匹婦之爲諒也, 自經於溝瀆而莫之知也?〕"라는 공자의 말씀을 원용하여 말한 것이다. 소홀(召忽)은 제나라 대부(大夫)로서 관중과 함께 노나라에 망명해 있던 공자 규(糾)를 섬기던 자이다.

진실로 기필할 수 있으니, 그렇다면 생두(生竇)의 변고에 공자 규(糾)를 따라 죽는 것이 옳았을 것이니,[215] 환공(桓公)을 도와서 제후의 패자가 되게 한 것은 요행일 뿐입니다. 그러므로 나는 일찍이 생각하기를 '관중이 죽지 않은 것은 바로 살기를 탐하여 구차히 산 것이요, 공(功)을 세울 것을 기필한 것은 아니다.'라고 하는 것입니다.

지금 사람들은 부자가 관중의 공을 허여한 것을 보고는 '관중이 죽지 않은 것은 공을 세워 세상 사람들에게 혜택을 주기 위한 것이고 죽음을 아까워하는 데에서 나온 것이 아니다.'라고 하니, 이는 그 가려진 것을 제거하지 못해서가 아니겠습니까? 마땅히 그 정밀한 의리를 공경히 받들겠습니다.

215 생두(生竇)의……것이니 : 생두는 망명한 공자 규가 살도록 노나라 장공(莊公)이 마련해준 땅 이름이다. 제(齊)나라 양공(襄公)이 무도(無道)하자 포숙아(鮑叔牙)는 공자(公子) 소백(小白)을 받들고 거(莒)나라로 망명하고, 관중과 소홀은 공자 규(糾)를 받들고 노나라로 망명하였는데, 뒤에 소백이 먼저 제나라로 돌아와서 임금이 되자, 노나라로 하여금 공자 규를 죽이고 관중과 소홀을 제나라로 돌려보내게 하였다. 그러자 소홀은 공자 규를 위하여 죽고 관중은 함거(檻車)에 갇히기를 자청하여 제나라로 왔는데, 포숙아가 환공에게 말하여 관중을 정승으로 삼게 하였다. 이에 관중은 환공을 섬겨 환공을 패자(霸者)로 만들어 천하를 바로잡게 하였다. 《春秋左氏傳 莊公 9年》

이자강에게 답함 을축년(1805, 순조5) 9월 30일
答李子岡 乙丑九月晦

작별의 글을 지어 달라고 저에게 요구하신 것은 그 뜻이 매우 훌륭하나, 남에게 말을 지어 주는 것은 인자(仁者)의 일이니,[216] 제가 어찌 감히 이것을 하겠습니까? 여행하는 자에게는 노자(路資)를 주는 것이 예(禮)이나[217] 곤궁한 자가 노자로 줄 만한 물건이 없으면 대신 말을 주는 것이 당연합니다. 그러나 비록 형을 위하여 제가 말을 주더라도 풍천(風泉)의 감회[218]를 펴서 복수하고 설욕하는 의리를 폄에 불과하니, 이는 형과 내가 평소 눈을 밝히고 담력을 키워서 힘을 다하여 붙들어 세우고자 한 것이니, 어찌 제가 말을 주기를 기다려서 아시겠습니까? 억지로 형을 위하여 말한다면 군더더기 말이 아니겠습니까?

216 남에게……일이니 : 이 내용은 《사기》 권47 〈공자세가(孔子世家)〉에, 노자(老子)가 공자를 전송하면서 "내가 들으니, 부귀한 자는 사람을 보낼 적에 재물을 주고, 어진 사람은 사람을 보낼 적에 말을 지어 준다고 한다.〔吾聞富貴者送人以財, 仁人者送人以言.〕"라고 한 말을 원용한 것이다.

217 여행하는……예(禮)이나 : 이 내용은 《맹자》 〈공손추 하(公孫丑下)〉 에 "내가 장차 원행을 하려는데, 원행하는 자에게는 반드시 노자를 주는 것이다.〔將有遠行, 行者必以贐.〕" 하였는데, 주자가 《집주(集註)》에서 "노자는 여행자를 전송하는 예이다.〔贐, 送行者之禮也.〕"라고 하였으므로 이를 원용한 것이다.

218 풍천(風泉)의 감회 : 명나라의 멸망을 서글퍼하는 감회라는 뜻이다. 풍천은 《시경》 회풍(檜風)의 〈비풍(匪風)〉 과 조풍(曹風)의 〈하천(下泉)〉을 병기한 것인데, 이 두시는 모두 제후국의 대부가 주나라 왕실이 쇠미해진 것을 탄식해 읊은 시이므로 멸망한 왕조를 그리워한다는 뜻으로 쓰인다.

다만 받들어 아뢸 만한 것이 있으니, 공자께서 말씀하시기를 "말이 충신(忠信)하고 행실이 돈독(敦篤)하고 공경하면, 비록 오랑캐 나라라 하더라도 행해질 수 있다."[219]라고 하셨고, 또 말씀하시기를 "현재 이적(夷狄)에 처해서는 이적에 맞게 행하여야 하니, 군자는 들어가는 곳마다 스스로 만족하지 않음이 없다."[220]라고 하셨으니, 이 말씀이 지극합니다. 어리석은 제가 무슨 말씀을 하겠습니까? 제가 무슨 말씀을 하겠습니까?

오랑캐가 중국에게 있어서는 음(陰)이 양(陽)에 있어서와 같고 밤이 낮에 있어서와 같아서 서로 시종을 함께 하는 것입니다. 그러므로 요순(堯舜) 시대로부터 이미 오랑캐들이 중화를 어지럽힌다는 우려가 있었는데,[221] 호원(胡元 원나라에 대한 비칭)에 이르러 처음으로 천하를 통일하여 소유하였으니, 이는 천지가 개벽한 이래로 있지 않았던 큰 변고입니다.

그러나 원나라는 겨우 80년 만에 멸망하였는데, 건주위(建州衛)의 오랑캐[222]가 신기(神器)를 도적질하고 중국 땅을 점거하여 육합(六合)

219 말이……있다 : 이 구절은 《논어》 〈위령공(衛靈公)〉에 그대로 보인다.

220 현재……없다 : 이 내용은 《중용》 제14장의 "현재 이적에 처해서는 이적에 맞게 행하며, 환난에 처해서는 환난에 맞게 행하니, 군자는 들어가는 곳마다 스스로 만족하지 않음이 없다.〔素夷狄, 行乎夷狄, 素患難, 行乎患難, 君子無入而不自得焉.〕"라는 구절을 줄여서 원용한 것이다.

221 요순(堯舜)……있었는데 : 《서경》 〈순전(舜典)〉에 "순 임금이 말씀하였다. '고요(皐陶)야! 오랑캐가 중하(中夏)를 어지럽힌다.'〔帝曰: 皐陶! 蠻夷猾夏.〕" 하였으므로 말한 것이다.

을 통일한 것[223]이 2백 년에 가까우니, 이것은 호원이 일찍이 갖지 못했던 바입니다. 악(惡)을 쌓은 지가 오래됨에, 하늘이 또한 싫어해서 마땅히 후회하고 화(禍)를 내려야 할 터인데 아직 소식이 막막하니, 이 때문에 제가 유감이 없지 못한 것입니다. 아니면 하늘이 그 덕(德)을 추하게 여겨 돌아보지 아니하여[224] 오랑캐들이 중국 땅을 더럽히는 것을 그대로 내버려 두는 것입니까?

그러나 이 땅은 당우(唐虞)와 삼대(三代)의 옛 강토이고 이 백성들은 당우와 삼대의 유민(遺民)인데, 서로 빠져서 오랑캐가 됨은 또 유독 무슨 죄입니까? 그러나 천하의 혼란이 지금에 이르러 지극해졌으니, 혼란이 지극해지면 다스려지는 것은 떳떳한 이치입니다. 한 겨울이 지난 뒤에는 반드시 따뜻한 봄이 있고, 세차게 흐르는 여울물 아래에는 반드시 깊은 못이 있으니, 시기로 보면 그때가 이르렀습니다. 듣건대 오랑캐 황제가 안팎으로 황음(荒淫)하여 백성들을 돌보지 않고 해마다 큰 가뭄이 들어서 굶어죽은 시체가 길을 메우며, 또 동남지방에 경보가 있어서 병란이 가라앉을 시기가 없다 하니, 오랑캐를 깨끗이 씻어버릴 날이 멀지 않아 있지 않겠습니까?

노두(老杜)의 '건곤(乾坤)을 정돈할 힘이 없다.〔無力整乾坤〕'는 시

222 건주위(建州衛)의 오랑캐 : 청(淸)나라를 낮추어 말한 것이다. 건주위는 지금의 길림(吉林) 부근으로 명나라 성조(成祖)가 만주 남쪽의 여진족(女眞族)을 통치하기 위하여 처음 설치하였다.

223 신기(神器)를……것 : 신기는 천자의 자리를 가리키며 육합(六合)은 상하(上下)와 사방(四方)으로 천지(天地)를 의미한다.

224 하늘이……아니하여 : 이 구절은 당나라의 문장가인 한유(韓愈)가 지은 〈송맹동야서(送孟東野序)〉에 보인다.

구(詩句)[225]를 외울 때마다 사람으로 하여금 지극히 답답하고 슬프게 합니다. 형은 반드시 밖에서 전해지는 이야기 이외에도 깊은 뜻을 아실 것이니, 저를 위해서 송(宋)나라 소순(蘇洵)이 지은 〈심적(審敵)〉 편과 같은 글을 지어 보여주십시오.

형은 현종(顯宗) 정미년(1467, 현종8)에 표류하여 탐라(耽羅)에 왔던 사람들로, 명(明)나라 복건성(福建省)에 살던 임인관(林寅觀)과 증승(曾勝), 진득(陳得)의 일을 기억하고 계십니까? 이때 국정을 잡고 있던 분[226]은 정치화(鄭致和)와 김좌명(金佐明) 두 분이었는데, 두 분은 후환이 있을까 겁을 먹고 이들을 오랑캐에게 압송하였습니다.

이들 세 사람은 청나라로 압송되면 다시 돌아오지 못할 것을 알고는 압송하지 말아줄 것을 애걸하였으니, 그 글과 시가 한 글자마다 눈물이 한 방울씩 떨어져서 차마 두 번 읽을 수 없는데 두 분은 끝내 허락하지 않았으니, 사람의 마음이 있다고 할 수 있겠습니까. 두 분의 혈손(血孫)이 끊어진 것은 당연합니다.[227]

225 노두(老杜)의……시구(詩句) : 노두는 당(唐)나라의 시성(詩聖) 두보(杜甫)를 이른다. 당나라 말기의 시인 두목(杜牧)과 구별하기 위해 두목을 소두(小杜), 두보를 노두로 칭한다. 이 시는 제목이 〈숙강변각(宿江邊閣)〉인데 원시(原詩)에는 정(整)자가 정(正)자로 되어 있다.

226 국정을……분 : 원문의 '병국지성(秉國之成)'은 《시경》 〈소아(小雅) 절남산(節南山)〉의 "술병이 난 듯 근심하니, 누가 나라의 공평함을 잡고 있는가? 스스로 정사를 다스리지 아니하여 끝내 백성들을 수고롭게 하는가?〔憂心如酲, 誰秉國成? 不自爲政, 卒勞百姓?〕"라는 구절에서 온 것으로 공평함을 잡고 있다는 것은 최고의 국정 책임자를 이른다.

227 두……당연합니다 : 정치화(鄭致和)는 호가 기주(棋洲)인데 적자가 없어 형 태

문정(文貞 이단상(李端相)) 선생이 이 사실을 시로 서술하기를 "남극(南極)의 성사(星槎)[228]가 바닷가에서 오니, 붉은 구름 한 덩어리가 해 옆에 열려 있네. 천추의 대의를 아는 사람이 없으니, 석실산 앞에서 통곡하고 돌아오네.〔南極星槎海上來 紅雲一朶日邊開 千秋大義無人識 石室山前痛哭回〕"[229]라고 했는바, 그 감회가 깊었습니다. 혹자는 말하기를 "세 사람이 연경(燕京)으로 들어가자 오랑캐들이 이들을 영고탑(寧古塔)[230]으로 보내 모두 죽였다."라고 하니, 만일 그 말이 옳다면 두 분에게 어떻게 후손이 있을 수 있겠습니까? 천도(天道)가 앎이 있다고 말할 만합니다.[231] 그러나 전하여 들은 바를 믿을 수가 없으니,

화(太和)의 막내아들 재륜(載崙)을 후사를 삼았고, 김좌명(金佐明)은 호가 귀계(歸溪)인데 손자인 김도연(金道淵)이 자식이 없어 양자를 들였기 때문에 이렇게 말한 것이다.

228 성사(星槎) : 은하수를 건너는 뗏목이란 뜻으로 본래 사신의 행차를 이르는데, 제주로 표류해 온 사람들이 천자국인 명나라 사람들이므로 이렇게 말한 것이다.

229 석실산……돌아오네 : 석실산은 청음(淸陰) 김상헌(金尙憲, 1570~1652)이 중년에 은거한 양주(楊州)의 석실을 이른다. 청음은 병자호란 때 주전론을 주장하였으며, 1639년 청나라가 명나라를 공격하기 위해 요구한 출병에 반대하는 상소를 올렸다가 청나라에 압송되어 6년 간 심양(瀋陽)에서 모진 고초를 받고 돌아왔으며, 효종이 즉위하여 북벌(北伐)을 추진할 때 이념적 상징으로 추앙되어 대로(大老)라는 존칭을 받았으므로 이렇게 말한 것이다.

230 영고탑(寧古塔) : 청(淸)나라 때의 지명으로 지금의 흑룡강성(黑龍江省) 영안현(寧安縣) 일대이다. 본래 청나라 왕조의 발상지였는데 청나라 때에는 죄인의 유형지(流刑地)가 되었다

231 천도(天道)가……만합니다 : 천도는 착한 사람에게 복을 내리고 악한 사람에게 화를 내림을 이른다. 진(晉)나라 때 우복야(右僕射)를 지낸 등유(鄧攸)가 영가(永嘉) 말년에 석륵(石勒)의 난을 피해 도망가다가 도적을 만나 소와 말을 빼앗기고 그의 아들과 죽은 동생의 아들을 등에 업고 걸어서 도망하였으나 두 아이를 모두 안전하게 지킬 수 없다고 판단되자, 죽은 동생의 후사(後嗣)를 끊을 수 없다고 여겨 마침내 자신

다만 그 귀결이 어떤지를 묻습니다.

의종(毅宗) 황제가 사직(社稷)을 위해서 순국한 뒤에 홍광(弘光), 융무(隆武), 영력(永曆) 세 황제가 서로 뒤이어서 즉위하였으니,[232] 비록 큰 운수가 이미 기울어서 나라를 누린 것이 길지 못하였으나 황조(皇朝 명나라)의 정통은 진실로 이들에게 있었습니다. 그런데 청나라 오랑캐가 제멋대로 이들을 시역(弑逆)한 뒤에 또 이어서 이들을 기록한 역사책을 '삼번기사(三藩紀事)'라고 이름하였으니, 세 황제가 나라를 세운 것이 어찌 동진(東晉)과 남송(南宋)만 못하여 청나라 사람들의 번신(藩臣)이 된단 말입니까?

오랑캐들이 감히 버젓이 삼번(三藩)이라고 칭하여 천하에 보이자, 이현석(李玄錫)[233]과 같은 사람은 오랑캐의 말을 답습해서 세 황제를

의 자식을 버리고 떠났는데, 끝내 그에게 후사가 없었다. 이에 사람들이 '천도가 앎이 없어 등유가 아들이 없게 했다.'라고 말하였으므로 이렇게 말한 것이다.《晉書 卷90 鄧攸列傳》

232 의종(毅宗)……즉위하였으니 : 의종은 명나라의 마지막 황제로, 숭정(崇禎) 17년(1644) 3월 19일 농민의 반란을 이끈 틈왕(闖王) 이자성(李自成)에 의해 북경이 함락되자 황후와 황자, 공주들을 모두 죽게 하고 자신의 시체를 훼손할지언정 백성들을 괴롭히지 말라는 유언을 남기고 만세산(萬歲山)에서 순국(殉國)하였다. 세 황제는 모두, 명나라가 멸망한 뒤 명나라 황실의 일족들이 화중(華中)과 화남(華南)에 세운 정권인 남명(南明)의 황제들로, 남경(南京)에서 홍광제(弘光帝)가, 복주(福州)에서 융무제(隆武帝)가, 곤명(昆明)에서 영력제(永曆帝)가 차례로 즉위하여 청나라에 맞서 싸웠으나, 1662년 곤명에서 영력제가 살해됨으로써 남명은 멸망하였다.《明史 卷120 諸王列傳》

233 이현석(李玄錫) : 1647~1703. 자는 하서(夏瑞), 호는 유재(游齋), 본관은 전주(全州), 시호는 문민(文敏)으로 1675년(숙종1) 증광 문과에 급제하고 벼슬이 형조 판

《명사강목(明史綱目)》 부록의 밑에 두어서 정통으로 삼지 않았습니다. 그러나 이현석에 대하여 어찌 꾸짖을 것이 있겠습니까?[234] 훗날 훌륭한 사관(史官)이 마땅히 숭정(崇禎) 아래에 연이어 써서 대일통(大一統)의 의리[235]를 표할 것입니다.

그러나 이른바 《명계유문(明季遺聞)》[236]이나 《삼번기사》 등의 책은 부정(不正)한 필법(筆法)으로 오랑캐에게 아첨하였고, 참과 거짓이 서로 뒤섞여 있어서 다 믿을 수가 없으니, 설령 사마온공(司馬溫公) 같은 분이 나와서 공자(孔子)의 사업을 계승하고자 하더라도[237] 무엇을 가지

서에 이르렀다. 《명사강목(明史綱目)》 24권을 저술하였다.

234 이현석에……있겠습니까 : 이 내용은 《논어》 〈공야장(公冶長)〉의 "재여가 낮잠을 자자, 공자께서 말씀하셨다. '썩은 나무는 조각할 수 없고, 거름흙으로 쌓은 담장은 흙손질할 수가 없다. 내 재여에 대하여 어찌 꾸짖을 것이 있겠는가.'〔宰予晝寢, 子曰: 朽木不可雕也, 糞土之墻, 不可杇也, 於予與何誅?〕"라는 구절을 원용한 것이다.

235 대일통(大一統)의 의리 : 《춘추공양전(春秋公羊傳)》 은공(隱公) 원년(元年)의 "어찌하여 왕정월(王正月)이라고 하는가? 크게 하나로 통일하기 위해서이다.〔大一統〕"라는 구절에서 나온 말이다. 《춘추》의 중요한 사상으로, 천자를 높여서 정통성을 갖춘 유일한 통치자로 받드는 의리로, 여기서는 명나라를 받들고 청나라를 배척하는 것을 말한다.

236 명계유문(明季遺聞) : 명(明)나라 말엽인 희종(熹宗) 천계(天啓) 연간 이후의 여러 이야기들을 수록한 책으로 명말청초 때의 학자인 추의(鄒漪)의 저술이다. 추의는 자가 유기(流綺)이고 상주(常州) 무석(無錫) 사람으로 매촌(梅村) 오위업(吳偉業)의 제자이다.

237 사마온공(司馬溫公)……하더라도 : 사마온공은 북송 중기의 명재상으로 《자치통감》을 편찬한 사마광(司馬光, 1019~1086)인데, 자가 군실(君實), 호가 우부(迂夫), 시호가 문정(文正)이며 사후에 온국공(溫國公)에 봉해져 사마온공이라고 칭한다. 사마광은 공자가 《춘추》를 지은 뜻을 계승하고자 하여, 《자치통감》에서 진(晉)나라 대부인 한씨(韓氏)·조씨(趙氏)·위씨(魏氏)가 처음으로 제후에 봉해진 일부터 기록하였다.

고 증명하겠습니까? 형은 부디 명나라가 남쪽으로 건너간 뒤의 문헌을 사방으로 구하여 저에게 보여주시기 바랍니다.

선비에게는 출사(出仕)와 은둔(隱遁)이 있는데, 은둔해 있을 때에는 즐겁고, 벼슬에 진출함은 장차 훌륭한 일을 하려고 해서입니다. 진출하게 되면 훌륭한 일을 해서 선(善)하지 않음이 없고, 그렇지 못하면 은둔할 뿐입니다. 그러나 이 일을 아는 자가 적습니다. 또한 때에 맞추어 훌륭한 일을 할 수 있다면, 출사하는 자가 반드시 은둔하는 자만 못한 것이 아니고, 은둔이 반드시 출사보다 나은 것은 아닙니다.

그러나 이른바 때라는 것은 천대(千代)의 긴 세월 속에서나 한 번 만나니, 삼대(三代)[238] 이후로는 출사할 만한 날이 거의 드뭅니다. 이 때문에 옛날 군자들은 자신의 역량과 상대방 군주를 헤아린 뒤에 들어가 벼슬하였고, 들어간 뒤에 헤아리지 않았습니다.[239] 출사와 은둔이 선비에게 있어서 그 중요함이 이와 같은데, 저 허형(許衡)과 오징(吳澄)[240]의 무리들은 스스로 공자를 본받았다고 말하면서도 중화와 오랑

238 삼대(三代) : 중국의 하(夏) · 은(殷) · 주(周)의 세 왕조를 이르는 말로, 정치와 교육이 가장 융성했던 시대이다.

239 옛날……않았습니다 : 《예기》 〈소의(少儀)〉에 "군주를 섬기는 자는 헤아린 뒤에 들어가 벼슬하였고, 들어간 뒤에 헤아리지는 않았다.〔事君者量而后入, 不入而后量.〕" 하였는데, 진호(陳澔)의 《예기집설(禮記集說)》에 "그 군주가 섬길만한 사람인가를 먼저 헤아린 뒤에 섬기면 도(道)가 행해질 수 있어서 몸이 욕되지 않고, 들어간 벼슬한 뒤에 군주의 사람됨을 헤아리면 가볍게 나아간 뉘우침을 이루 다 말할 수 없을 것이다." 라고 해석하였다.

240 허형(許衡)과 오징(吳澄) : 허형(1209~1281)은 원나라 초기의 학자이자 문신으로, 자가 중평(仲平), 호가 노재(魯齋), 시호가 문정(文正)이다. 원나라 세조(世祖)

캐의 큰 구분을 알지 못하여 오랑캐 조정[241]에서 지조를 잃고 서로 오랑캐가 되어 자신들의 한 몸으로 만세의 큰 예법을 파괴하였으니, 만일 공자의 문하에 있었다면 비단 북을 울려서 성토할 뿐만이 아니었을 것입니다.[242]

그리고 판도(版圖)가 원(元)나라로 바뀌었는데도, 스스로 의리와 지조를 지킬 것[243]을 마음에 맹세하여, 송나라의 유민(遺民)이 됨에 부끄러움이 없는 분은 오직 김인산(金仁山)이나 허백운(許白雲)[244] 뿐

때 관국자좨주(官國子祭酒) 등의 벼슬을 역임하였다. 병으로 벼슬을 물러난 뒤 순수한 정주학자(程朱學者)로서 도학을 실천하는 것으로 임무를 삼았으며, 원나라 초기의 학계에 주자학(朱子學)의 기초를 닦았으며 주자와 육구연(陸九淵)의 학문을 조화시키려 노력했고, 공담(空談)만을 일삼는 이학(理學)을 비판하였다. 오징(1249~1333)은 원나라 초기의 학자이자 문신으로, 자가 유청(幼淸), 시호가 문정(文正)이다. 송나라 때 과거에 낙방한 이래 벼슬하지 않다가, 원나라 무종(武宗)의 명으로 국자감 승(國子監丞)이 되고, 이후 한림학사(翰林學士) 등의 벼슬을 역임하였다. 주자의 사전제자(四傳弟子)로, 이학(理學)을 위주로 하면서 심학(心學)을 아울러 취하여 주륙이가(朱陸二家)의 사상을 조화시켰다. 허형(許衡), 유인(劉因)과 더불어 원나라의 3대 학자로 꼽힌다.

241 오랑캐 조정 : 원문의 '용정(龍庭)'은 본래 중국의 북방 민족인 흉노(匈奴)의 선우(單于)가 천지의 귀신에게 제사 지내는 장소인데, 여기서는 청나라 조정을 말한 것이다.

242 북을……것입니다 : 이 내용은 공자의 제자 염구(冉求)가 권력자인 계강자(季康子)의 가신이 된 뒤에 무거운 세금을 부과하여 그의 재산을 늘려 주자, 공자가 크게 노하여 제자들에게 "염구는 우리 무리가 아니니, 소자들아! 북을 울려 죄를 성토함이 옳다.〔非吾徒也, 小子! 鳴鼓而攻之可也.〕"라고 하신 말씀을 원용한 것이다. 《論語 先進》

243 스스로……것 : 원문의 '자정(自靖)'은 스스로 의리와 지조를 지키는 것으로 《서경》〈미자(微子)〉에 "스스로 의리에 편안하여 사람마다 스스로 선왕(先王)에게 뜻을 바칠 것이니, 나는 떠나가 은둔함을 돌아보지 않겠다.〔自靖, 人自獻于先王, 我不顧行遯.〕"라고 보인다.

입니다. 김인산은 벼슬에 진취할 생각을 끊고서 금화산(金華山) 가운데에서 노년을 마쳤고, 허백운은 마을을 나가지 않은 지가 40년이었으며, 오랑캐인 원나라가 유일(遺逸)로써 부르고 문형(文衡)을 주관할 것을 청하였으나 끝내 그를 데려가지 못했으니, 이와 같은 분들이라야 비로소 출처(出處)의 의리를 알아서 천하의 큰 법을 세운 자라고 말할 수 있을 것이니, 이는 《주역》에 이른바 '대인은 비색(否塞)한 뒤에야 형통한다.'[245]는 것이 아니겠습니까?

저는 항상 이분들의 의리가 지극히 높은 것을 탄복하였으며, 같은 세상에 태어나서 두 분의 마부가 되지 못하는 것을 한(恨)하였습니다.[246] 구구한 제가 이 두 분에게 시대를 달리하여 서로 만나지 못한 것에 대한 감회[247]를 갖고 있는 것은 만난 때가 같기 때문이니, 짐작하건대 형은 제가 말하지 않아도 응당 아실 것입니다.

반드시 두 현자의 유서(遺書)를 구입하여 천한 저로 하여금 종묘(宗

244 김인산(金仁山)이나 허백운(許白雲) : 김인산은 김이상(金履祥, 1232~1303)이고, 허백운(許白雲)은 허겸(許謙, 1270~1337)으로, 송말원초(宋末元初)의 학자들이다. 자세한 내용은 380쪽 각주185 참조.

245 대인은……형통한다 : 《주역》 비괘(否卦)의 육이(六二) 효사(爻辭)로 전문은 아래와 같다. "육이는 품고 있는 것이 순히 받드는 것이니, 소인은 길하고 대인은 비색하여야 형통한다.〔六二, 包承, 小人吉, 大人否亨.〕"

246 같은……한(恨)하였습니다 : 이 내용은 《사기》 권62 〈관안열전 찬(管晏列傳贊)〉에 "가령 안자가 지금 이 세상에 살아 있다면 내 비록 그를 위해 말채찍을 잡는다 하더라도 기쁜 마음으로 받들어 모시겠다.〔假令晏子而在, 余雖爲之執鞭, 所忻慕焉.〕"라는 사마천(司馬遷)의 말을 원용한 것이다.

247 시대를……감회 ; 원문의 '광감(曠感)'은 광세지감(曠世之感)을 줄여 쓴 것으로 동시대에 태어나지 못해 서로 만나지 못한 것에 대한 감회를 말한다.

廟)와 백관(百官)의 성대함[248]을 보게 해서 높은 산과 큰 길 같은 훌륭한 인품[249]을 사모하는 마음을 붙일 수 있게 해 주십시오. 두 분 현자를 높이는 것은 바로 허형과 오징 두 사람을 배척하는 것입니다.

명나라 3백 년 동안에 진유(眞儒)가 없는데, 설경헌(薛敬軒)과 호경재(胡敬齋)[250]가 거의 이에 가깝습니다. 그러나 설경헌은 영락제(永樂帝)의 세상에 출사하여 큰 절개가 이미 훼손되었으니,[251] 비록 약관(弱

248 종묘(宗廟)와 백관(百官)의 성대함 : 다른 사람들이 헤아릴 수 없을 정도로 높고 큰 덕을 이른다. 숙손무숙(叔孫武叔)이 공자보다 자공(子貢)이 더 낫다고 하자, 자공이 말하기를, "궁궐의 담장에 비유하면 나의 담장은 어깨에 미쳐 집안의 좋은 것들을 들여다 볼 수 있지만, 부자(夫子)의 담장은 여러 길이어서 그 문을 들어가지 못하면 종묘의 아름다움과 백관의 많음을 볼 수가 없다.〔譬之宮牆, 賜之牆也, 及肩, 窺見室家之好, 夫子之牆, 數仞, 不得其門而入, 不見宗廟之美、百官之富.〕"라고 한 데서 연유하였다. 《論語 子張》

249 높은……인품 : 원문의 '고산경행(高山景行)'은 높은 산과 큰길처럼 훌륭한 인품을 사모함을 말한다. 《시경(詩經)》 〈소아(小雅)〉 〈거할(車舝)〉의 "높은 산처럼 우러르고 큰 길처럼 따라간다.〔高山仰止, 景行行止.〕"라는 구절에서 연유하였다.

250 설경헌(薛敬軒)과 호경재(胡敬齋) : 설경헌은 명나라 초기의 문신이자 성리학자인 설선(薛瑄, 1389~1464)으로 경헌은 그의 호이고 자가 덕온(德溫), 시호가 문청(文淸)이다. 성조 영락(永樂) 19년(1420) 향시에 장원으로 급제하고 벼슬이 예부 우시랑(禮部右侍郎) 겸 한림원학사(翰林院學士)에 이르렀다. 평생 독실하게 주자의 학문을 연구하여 명대 성리학의 종장(宗匠)으로 일컬어진다. 호경재는 명나라 초기의 성리학자인 호거인(胡居仁, 1434~1484)으로 경재는 그의 호이고 자가 숙심(叔心)이다. 스승 오여필(吳與弼)의 문하에서 정주학(程朱學)의 정통을 이어받고 백록서원(白鹿書院)과 동원서원(洞源書院) 등에서 강의하였다.

251 영락제(永樂帝)의……훼손되었으니 : 영락제는 명(明)나라의 3대 황제인 주체(朱棣, 1360~1424)로 명나라 건국 이후 연왕(燕王)에 봉해져 연경(燕京) 지역에 웅거

冠) 때의 일이라고 핑계대지만 어떻게 군자의 비난을 면할 수 있겠습니까? 순수하고 한결같이 모든 행실이 정도(正道)에서 나와서 남의 비난이 감히 이를 수 없는 분은 오직 호경재 한 분일 뿐입니다.

내가 일찍이 《명사(明史)》의 본전(本傳)을 읽어보고, 또 《명유학안(明儒學案)》[252]에서 그의 유서(遺書)를 읽어보았습니다. 내가 속으로 생각하건대 그는 심학(心學)에 근본하였으나 공적(空寂)에 빠지지 않았고, 학문에 관여했으나 훈고(訓詁)로 돌아가지 않았습니다.

그가 말하기를 "첫 번째는 식견(識見)이 진실되지 못할까 두렵고 두 번째는 공부를 중간에 그만둘까 두려우니, 높은 것을 좋아하는 자는 선학(禪學)으로 들어가고 문장을 잘 구사하는 자는 자기 자랑에 잘못되어서 존양(存養)과 성찰(省察)의 공부[253]가 있음을 알지 못하니, 이러고서 어떻게 도(道)에 나가고 덕(德)을 이룰 수 있겠는가?"라고 하

하다가 조카인 주윤문(朱允炆)이 건문제(建文帝)로 즉위하자 반란을 일으켜 황제의 자리를 찬탈하고 방효유(方孝孺, 1357~1402)의 10족을 멸족시키는 등 많은 신하들을 도륙하는 공포 정치를 펴서 유자들의 혹평을 받았으므로 이렇게 말한 것이다.

252 명유학안(明儒學案) : 명말청초의 학자 황종희(黃宗羲)가 지은 62권의 책으로 명대(明代)의 학자를 총괄하여 그 학파와 계통을 밝혔으며, 그들의 문집(文集), 어록(語錄)의 요점을 채록(採錄)하였다.

253 존양(存養)과 성찰(省察)의 공부 : 존양은 마음을 보존하여 성을 기르는 것〔存心養性〕을 이르며, 성찰은 자신의 사욕을 살펴 이를 막는 것을 이른다. 《중용장구》 제1장에 "군자는 보지 않는 데에도 삼가며 듣지 않는 데에 두려워한다.〔君子戒愼乎其所不睹, 恐懼乎其所不聞.〕" 하였는데, 이것은 정(靜)할 때의 존양공부를 말한 것이며, 이어 "숨겨진 것보다 드러남이 없으며 작은 일보다 나타남이 없으니, 그러므로 군자는 그 홀로를 삼가는 것이다.〔莫見乎隱, 莫顯乎微, 故君子愼其獨也.〕" 하였는데, 이것은 동(動)할 때의 성찰공부를 말한 것이다. 주자는 《집주(集註)》에서 제1장의 이 부분을 "존양·성찰의 요점〔存養省察之要〕"이라고 주하였다.

였으니, 이것이 그의 명론(名論) 가운데 하나입니다. 그 말이 모두 마음에서 터득한 것이니, 입과 혀로만 이치를 구사하는 자들이 능히 참여할 수 있는 바가 아닙니다. 그의 학문은 충신(忠信)을 위주로 하고 독실이 행하며,[254] 말하고 침묵하며 동(動)하고 정(靜)함에 이치에 한결같아 변하지 않았으니, 분명히 공맹(孔孟)의 바른 학맥(學脈)입니다. 임녹문(任鹿門)이 '주자 이후 가장 뛰어난 한 분'이라고 말한 것[255]은 참으로 덕(德)을 아는 말씀입니다.

어리석은 저는 일찍이 녹문옹(鹿門翁)이 남기신 뜻을 따라 그의 문집과 《거업록(居業錄)》과 《경재록(敬齋錄)》등 여러 편을 모아서 '호자전서(胡子全書)'라고 이름하여, 이로써 사문(斯文)을 흥기시키는 일조(一助)로 삼고자 하였으나, 《명유학안》에 실려 있는 외에는 달리 얻을 길이 없으니, 부디 책방에서 구해 주시기 바랍니다.

254 충신(忠信)을……행하며 : 원문의 '주충신(主忠信)'은 《논어》 〈학이(學而)〉에 그대로 보이며 '독행지(篤行之)'는 《중용장구》 제20장에 그대로 보이는바, 학문하는 요체(要諦) 중의 하나이다.

255 임녹문(任鹿門)이……것 : 녹문(鹿門)은 임성주(任聖周, 1711~1788)의 호인바, 이 내용은 《녹문집(鹿門集)》 권21 〈제발(題跋) 독호경재거업록(讀胡敬齋居業錄)〉에 보인다. 임성주는 자가 중사(仲思), 본관이 풍천(豐川)으로 도암(陶庵) 이재(李縡)의 문인이다. 1733년(영조9) 사마시에 합격하고, 1750년 세자익위사 세마(洗馬)가 되고 시직(侍直)으로 승진하였으나 곧 사직하고, 1758년 공주의 녹문(鹿門)에 은거하였다. 1776년 정조가 즉위한 뒤에 동궁을 보도(輔導)하고 지방관을 지내다가 다시 녹문에 은거하여 학문연구로 여생을 보냈다. 처음 스승을 따라 낙론(洛論)을 주장하다가 중년에 이르러 낙론과 호론(湖論)을 모두 비판하고, 화담(花潭) 서경덕(徐敬德)의 기일원론(氣一元論)을 계승 발전시켜 기일분수설(氣一分殊說)을 주장하여 한 학맥(學脈)을 이루었다.

이자강에게 보냄 병인년(1806, 순조6) 5월

與李子岡 丙寅五月

여기에 어떤 사람이 부모와 형제가 없고 오직 종형(從兄)에게 의지했었는데, 결혼하자마자 실종이 되어 지금 어언 7년이 되었습니다. 사방으로 찾아도 있는 곳을 알지 못해서 살았는지 죽었는지를 들어서 알지를 못하니, 그의 아내가 어떻게 처신해야 마땅합니까?

《통전(通典)》에 있는 순조(荀組)의 말[256]을 참조하고자 한다면, 자식으로서 아버지의 나이가 만 백세가 되기를 기다리는 것 또한 기필할 수가 없는데, 더구나 나이가 같은 아내에 있어서이겠습니까? 종신토록 상(喪)을 행하지 않고 상복을 입지 않는 것은 불가합니다. 또 유지(劉智)[257]의 설을 따르고자 한다면 실종된 사람의 나이가 아직 30이 못되었으니, 3년 동안 찾다가 찾지 못하면 즉시 상복을 만들어 입고 삼년상을 치러야 하는데 이 또한 차마 못할 바입니다.

256 통전(通典)에……말 : 통전은 당나라의 정치가이자 학자인 두우(杜佑)가 30년간에 걸쳐 편찬한 것으로, 총 2백 권이다. 상고 시대부터 당대에 이르기까지의 역대 정치의 대요(大要), 제도의 변천 등을 식화(食貨), 선거(選擧), 직관(職官), 예(禮), 악(樂), 병(兵), 형(刑), 주군(州郡), 변방(邊防)의 9문(門)으로 나누어 연대순으로 서술하였다. 순조(荀組, 258~322)는 동진(東晉)의 문신이자 학자로 자는 대장(大章)이며 순욱(荀勖)의 아들이다. 원제(元帝) 때에 사도(司徒) 벼슬을 지냈다.

257 유지(劉智) : ?~289. 서진(西晉)의 문신이자 학자로 자는 자방(子房)이다. 중서황문이부랑(中書黃門吏部郎)과 영천 태수(穎川太守) 등의 벼슬을 지냈다. 역법(曆法)에 정통해서 진무제(晉武帝) 때 신력(新曆)을 제정하기도 하였으며, 예에도 밝아 《상복석의론(喪服釋疑論)》을 편찬하였다.

천옹(泉翁)[258]의 말씀을 따라 사당에 고유하고서 3년 동안 찾고, 3년 동안 찾아도 찾지 못하면 다시 고유하고, 고유하고서 다시 3년 동안을 찾아서 끝내 찾지 못하면, 비로소 상(喪)을 알리고 복을 입는 것이 천리(天理)와 인정(人情)에 진실로 부합하는데, 고견은 어떠신지 모르겠습니다.

그를 위해서 양자를 세우고자 한다면 마땅히 그 양모가 죽었을 때 동시에 상을 알려야 할 것이요, 그 친척들이 복을 입는 것 또한 마땅히 이 때에 있어야 할 것입니다. 함께 답장해 주시기 바랍니다.

258 천옹(泉翁) : 이재(李縡, 1680~1746)로 호가 한천(寒泉)이기 때문에 이렇게 높인 것이다. 자는 희경(熙卿), 또 다른 호는 도암(陶菴), 본관은 우봉(牛峰), 시호는 문정(文正)이며 농암(農巖) 김창협(金昌協)의 문인이다. 1702년(숙종28) 알성 문과에 급제하여 출사하였으나 1721년(경종1) 도승지로 재임 중 소론의 집권으로 삭직되고, 1722년 임인옥사가 발발하자 인제(麟蹄)에 들어가서 성리학 연구에 전념하였다. 1725년 영조가 즉위한 뒤 복직되어 대제학·이조 참판을 지냈으나, 1727년 정미환국 때 문외출송되자 용인(龍仁)의 한천(寒泉)에 은거하면서 많은 학자를 길러냈다. 호락논쟁(湖洛論爭)에서, 이간(李柬)과 함께 한원진(韓元震) 등의 심성설(心性說)을 반박하는 낙론(洛論)의 입장에 섰다.

이자강에게 답함 병인년(1806, 순조6) 8월 15일

答李子岡 丙寅八月十五日

외국 선박이 표류해 온 일을 듣고 깜짝 놀랐습니다. 우리나라가 4백 년이 넘도록, 표류한 사람이 교동(喬桐)과 심도(沁都)[259]에 들어온 경우가 없었습니다. 요동(遼東)과 심양(瀋陽)의 선박은 관서(關西) 지방에 정박하여 해서(海西) 지방에도 이르는 경우가 거의 없고, 소주(蘇州)와 항주(杭州)의 선박은 호남(湖南) 지방에 정박하여 호서(湖西) 지방에도 이르는 경우가 거의 없으니, 이는 지형의 원근(遠近) 때문입니다.

왜노(倭奴)들 또한 호남의 경내로 오는 경우가 또한 드문데, 하물며 경기(京畿)와 호서 지방이겠습니까? 또 교동과 심도에 있어서이겠습니까? 교동과 심도는 바로 경사(京師 서울)의 인후(咽喉)이니, 호남과 영남으로부터 오는 조운선(漕運船)들이 해로(海路)의 관방(關防 변방의 방비를 위하여 설치한 요새)을 지나게 되면, 도착하는 곳에서 모두 병선(兵船)을 징발하여 길을 인도하게 해서 온갖 어려움과 험함을 겪은 뒤에야 경구계(京口契)[260]에 도달했습니다.

259 교동(喬桐)과 심도(沁都) : 교동은 강화도 서북쪽에 있는 섬으로 1395년(태조4) 만호(萬戶)를 두고 지현사(知縣事)를 겸임시켰다가 뒤에 현감(縣監)을 두었는데, 1629년(인조7) 부(府)로 승격시켜 그 수령을 수사(水使)가 겸임하게 하였다. 지금은 강화군에 편입되었다. 심도는 강화의 별칭이다.

260 경구계(京口契) : 한성부(漢城府) 서부(西部) 성 밖의 반송방(盤松坊)에 속해 있던 계로서, 당시 경기 감영(監營) 창고의 앞이 된다. 현재의 행정구역으로는 의주로

그런데 지금 말하는 왜선(倭船)은 영남을 지나왔는데도 통영(統營)의 여러 진영들이 알지 못하였고, 호남과 호서를 지나왔는데도 순천(順天)과 강진(康津), 보령(保寧)의 여러 큰 진영에서 또한 알지 못하여, 바람을 타고 풍랑을 헤치고서 돛을 펼쳐 무인지경(無人之境)을 달리듯 경기도 지방으로 들어왔으니, 이것은 바로 우리를 시험한 것이 아니겠습니까?

언제 일찍이 표류한 선박이 이곳까지 이른 적이 있었습니까? 일찍이 듣건대 임진왜란 이후에 왜노들이 주사(舟師 수군)가 곧바로 국도(國都)로 오지 못한 것을 세 가지 한(恨)[261] 가운데 하나로 여긴다 하니, 지금의 일이 어찌 이유 없이 일어났겠습니까? 진실로 마땅히 윗사람과 아랫사람 모두 경계하여 음우(陰雨)의 대비[262]를 강구해서 나라를 지키는 방도를 다해야 할 터인데, 이러한 소식이 아직까지 들리지 않음은 어째서입니까?

1가와 충정로 1이 일부에 해당된다.

261 세 가지 한(恨) : 이는 일본의 도요토미 히데요시〔豊臣秀吉〕가 임진왜란의 패인으로 꼽은 세 가지 일을 이르는바, 첫째가 이순신 장군이 이끈 조선의 수군 때문에 제해권(制海權)을 잃어 병력이나 군수품을 제대로 조달하지 못하였다는 것이고, 둘째가 곡창지대의 호남지방을 장악하지 못해 군대의 식량을 제대로 공급하지 못했다는 것이고, 셋째가 조선 각지에서 일어난 의병 활동에 효과적으로 대응하지 못하였다는 것이다.

262 음우(陰雨)의 대비 : 유사시를 대비하여 미리 국방을 튼튼히 하는 대비를 말한다. 《시경》 〈빈풍(豳風) 치효(鴟鴞)〉에 "비가 내리기 전 날씨가 좋을 때에 저 뽕나무 뿌리를 거두어다가 창문을 칭칭 감는다면, 지금 이 아래에 있는 사람들이 혹시라도 감히 나를 업신여기겠는가.〔迨天之未陰雨, 徹彼桑土, 綢繆牖戶, 今此下民, 或敢侮予?〕"라는 구절에서 유래하였다.

비록 이 배가 진짜로 표류한 것이라고 하더라도, 이 배가 지나온 4개 도(道)의 읍(邑)과 진영이 전혀 방비가 없었음을 알 수 있습니다. 이로 인하여 새롭게 떨쳐 일으키고 지난날을 징계해서 옛날을 따르게 한다면, 편안할 때에 위태로움을 잊지 않는 방도가 될 수 있을 터인데, 의정부의 계책이 여기에서 나오지 않고 한갓 역참(驛站)의 소요를 우려한다고 합니다.

예로부터 위태로운 즈음에 처한 자들이 거의 대부분 이를 근심하기만 하고 아무 것도 하지 않은 채 막연히 있다가, 적이 쳐들어오게 되면 나라가 패망하는 것을 앉아서 보기만 하였으니, 유서애(柳西厓)가 '율곡(栗谷)은 참으로 성인이다.'라고 탄식한 것이 또한 어찌 이릉(二陵)의 변고를 구원하였겠습니까?[263]

263 유서애(柳西厓)가……구원하였겠습니까 : 서애는 유성룡(柳成龍, 1542~1607)의 호이다. 자가 이현(而見), 본관은 풍산(豊山), 시호는 문충(文忠)이며 퇴계 이황의 제자이다. 1566년(명종21) 별시 문과에 급제하고 벼슬이 대제학을 거쳐 영의정에 이르렀다. 임진왜란과 정유재란에 수상이 되어 국난을 극복하는 데 많은 공을 세웠다. 도학(道學)·문장(文章)·덕행(德行)·글씨로 명성이 높았고, 특히 영남 유생들의 추앙을 받았다. 율곡은 이이(李珥)의 호이다. 이릉(二陵)의 변고는 임진왜란 때 왜적들이 성종(成宗)과 정현왕후(貞顯王后) 윤씨(尹氏)의 묘인 선릉(宣陵)과 중종(中宗)의 능인 정릉(靖陵)을 파헤친 사건을 말한다. 임진왜란이 일어나기 전에 율곡은 우리나라가 오랫동안 전란을 겪지 아니하여 국방이 허술함을 염려해서 양병(養兵)해야 한다는 설을 여러 차례 주장하였으나, 아무도 동조하지 않았다. 그러다가 율곡이 별세한 뒤에 임진왜란이 발발하니, 율곡의 문인인 사계(沙溪) 김장생(金長生)이 율곡의 행장을 지으면서 "율곡이 일찍이 10만 양병설을 주장했었는데, 임진왜란이 일어나자 서애는 '이문정(李文靖)은 참으로 성인이다.'라는 말을 인용하여 율곡의 선견지명에 감탄하였다." 하였다. 이문정은 북송(北宋)의 명신인 이항(李沆)의 시호로, 이 말은 이항이 죽은 뒤에 왕단(王旦)이 그의 선견지명을 칭찬하여 한 말이다. 후일 《율곡집》을 간행하면서 이

지금 국가를 위해서 깊고 장구하게 생각하는 자가 없어, 마치 아무 일도 없는 것처럼 태연해서, 폐해를 대비하고 환란을 막을 계책을 생각하지 않으니, 이는 굳이 할 것이 없어서 그런 것입니까? 아니면 기(杞)나라 사람과 칠부(漆婦)가 헛되이 마음을 쓰는 것입니까?[264]

이 관보(官報)를 본 이후 근심하는 마음이 잊히지 않아 거의 밤이 새도록 잠을 이루지 못하나, 더불어 말할 만한 사람이 없으므로 형에게 거듭 말하니, 또한 응당 굳이 말하지 않아도 깨달음이 있으실 것입니다.

구절이 "이문성(李文成 이이(李珥))은 참으로 성인이다."로 바뀌어졌다. 동서당쟁이 격화되자, 동인들은 이 구절에 대해 임진왜란 당시 율곡이 아직 문성이라는 시호를 받지 않았음을 근거로 대며 10만 양병설은 사계가 지어낸 말이라고 비판하였다. 그러나 율곡이 양병설을 주장한 것은 각종 문헌에 자주 보이며, 서애의 말 또한 율곡을 바로 성인이라 한 것이 아니고 옛 고사를 들어 칭찬한 것인바 사계의 말은 크게 사실을 왜곡한 것은 아니다.

264 기(杞)나라……것입니까 : 분수에 넘는 쓸데없는 걱정을 비유하는 말인데 벼슬하지 않는 선비가 국사를 걱정하는 마음을 나타내는 겸사로도 쓰인다. 옛날 기나라 사람 중에, 하늘이 무너져서 자기 몸이 붙어 있을 곳이 없게 될까 걱정하여 침식을 폐한 자가 있었다고 한다. 《列子 天端》 이후로 쓸데없는 근심을 기우(杞憂)라 하였다. 칠부(漆婦)는 칠실(漆室)의 노처녀를 가리킨다. 춘추 시대 노(魯)나라의 칠실이란 고을에 과년한 처녀가 자신이 시집가지 못하는 것은 걱정하지 않고 임금이 늙고 태자가 어린 것을 걱정하여 기둥에 기대어 울자, 이웃집 부인이 비웃으며 "이는 노나라 대부가 할 근심이니, 그대가 무슨 상관인가?" 하였다 한다. 《列女傳 卷3 漆室女》

이자강에게 답함 병인년(1806, 순조6) 11월 22일
答李子岡 丙寅十一月廿二日

마침 어떤 사람으로부터 《소학(小學)》에 대한 질문을 받고 답한 바가 있었으나, 아직도 의혹이 불어나고 있습니다. 이에 삼가 받들어 질문합니다. 〈내칙(內則)〉에 아직 관례(冠禮)나 계례(笄禮)를 하지 않은 남녀(男女 아들딸)는 장자(長者)와 함께 닭이 처음 울면 모두 세수하고 양치질하며, 다만 매상(昧爽 날이 밝을 무렵)에 가서 문안하는데, 그가 차고 있는 물건의 다름에서 수행하는 일을 알 수 있습니다.[265]

또 자기 마음대로 할 수 없는 의리는 '장자를 돕는다.〔佐長者〕'는 말에서 볼 수 있으나, 다만 관례나 계례를 하지 않은 자는 유자(孺子 어린아이)에 견줄 바가 아니고, 다만 미처 관례나 계례를 하지 않았을 뿐입니다. 그러므로 자기 마음대로 못한다고 말하는 것은 괜찮지만, 전혀 일을 할 수 없다고 말하는 것은 불가할 듯합니다.

능히 장자를 도와서 음식 장만하는 일을 보살필 수 있는 자가, 장자를 도와 아프거나 가려울 적에 안마해 드리고 긁어드리며, 출입할 적에 부축하고 붙들어 드리며, 또는 대야를 받들고 세숫물을 받들며 수건을 드리는 등의 일을 유독 하지 못한단 말입니까?

265 차고……있습니다 : 관례와 계례를 한 남녀는 새벽에 일어난 뒤에 좌우에 행주〔紛〕와 손수건〔帨〕, 깍지〔玦〕와 팔찌〔捍〕 등의 소용품을 차고 부모의 수발을 들지만, 관례와 계례를 하지 않는 남녀는 다만 용취(容臭)를 차고 수발을 들지 않으므로 이렇게 말한 것이다.

만일 할 수 없다고 말한 것이 아니고, 예(禮)에 관(冠)과 동(童)을 구별한 것이라고 한다면, 이미 일하는 것이 없으니, 장자보다 뒤에 세수와 양치질을 하고 유자(孺子)보다 먼저 일어나서, 매상에 세수와 양치질을 하고 문안하는 것이 어찌 중도(中道)에 맞지 않겠습니까?

앞의 설(說)대로 하면 닭이 울 때에 일어나서 문안하는 것이 옳을 것이고, 뒤의 설대로 하면 매상에 일어나는 것도 괜찮은데, 장차 어떻게 해석해야 할지 모르겠습니다. 가르침을 내려주시기 바랍니다.

이자강에게 답함 정묘년(1807, 순조7) 6월 5일

答李子岡 丁卯六月五日

패풍(邶風)에서부터 빈풍(豳風)까지가 모두 변풍(變風)이니,[266] 변풍의 마지막 편을 말한다면, 〈낭발(狼跋)〉이 마지막 편인데, 지금 "〈비풍(匪風)〉과 〈하천(下泉)〉이 변풍의 마지막이다."라고 말하였고, 이미 〈비풍〉과 〈하천〉이 변풍의 마지막이라고 말하였는데, 또 "변풍이 진(陳)나라 영공(靈公)에서 끝난다."라고 말하였으니,[267] 형의 의심이 당연합니다.

나는 일찍이 생각하건대, 진(陳)나라 영공(靈公)이 하남(夏南)을

266 패풍(邶風)에서……변풍(變風)이니 : 《시경》의 문체(文體)의 하나인 국풍(國風)은 당시 각국(各國)의 민요 따위를 모은 것으로 주남(周南)·소남(召南)과 십삼열국풍(十三列國風)을 합하여 모두 15개 국풍(國風)으로 되어 있는데, 정(正)·변(變)으로 구분하여 주남·소남을 정풍(正風), 패풍 이하 빈풍까지 13개국의 국풍을 변풍(變風)이라고 한다. 《모시서(毛詩序)》에는 "왕도가 쇠함에 예의가 폐하고 정교(政敎)를 잃어 나라의 정사가 달라지며 집안의 풍속이 변해져 변풍과 변아(變雅)가 일어났다."고 하였다.

267 변풍의……말하였으니 : 〈낭발(狼跋)〉이 빈풍의 마지막 편이므로 당연히 변풍의 마지막 편이 되어야 하나, 주자(朱子)의 《시경집전(詩經集傳)》에는 "〈비풍(匪風)〉과 〈하천(下泉)〉이 이 때문에 변풍의 마지막에 있는 것이다.〔詩匪風下泉, 所以居變風之終也.〕"라는 정자(程子)의 말씀과, "변풍이 진나라 영공에서 끝난다.〔變風終於陳靈.〕"라고 한 동래여씨(東萊呂氏)의 말이 실려 있으므로 이렇게 말한 것이다. 정자는 〈빈풍〉은 비록 변하였으나 다시 바르게 되었다고 여겨 변풍에서 뺀 것이고, 동래여씨는 회(檜), 조(曹), 빈(豳) 세 나라는 작은 나라이기 때문에 제외시키고 변풍이 진나라에서 끝났다고 말한 것이다.

따른 것[268]은 남녀 간의 분별도 없고 부부간의 분별도 없으며 부자간의 친함도 없고 군신간의 의리도 없어, 삼강(三綱)이 매몰되고 구법(九法)이 무너진 것[269]이라고 생각하였습니다.

이 때문에 부자(夫子 공자)께서 진나라 시(詩)를 산정(刪定)하실 적에 〈주림(株林)〉과 〈피택(陂澤)〉을 끝으로 삼아서 그 변고를 드러내셨고, 회풍(檜風)과 조풍(曹風)이 주(周)나라 왕실을 생각한 것은, 바로 난(亂)이 극에 달하면 다스려지기를 생각해서 사람들의 마음이 군

268 진(陳)나라……것 : 하남(夏南)은 진나라 대부 하징서(夏徵舒)의 자인데, 영공이 하징서의 어머니인 하희(夏姬)와 사통하여 자주 하남의 영지인 주림(株林)을 방문하였기 때문에 이렇게 말한 것으로, 진풍의 〈주림〉은 영공과 하희와의 간통을 풍자한 시이다. 영공은 뒷날 하징서에게 시해를 당하였다.

269 삼강(三綱)이……것 : 삼강은 유교에 있어 윤리의 기본이 되는 세 가지 강령으로 군신 간의 도리를 말하는 군위신강(君爲臣綱), 부자간의 도리를 말하는 부위자강(父爲子綱), 부부간의 도리를 말하는 부위부강(夫爲婦綱)을 이르며, 구법(九法)은 홍범(洪範)의 구주(九疇)를 가리킨다. 홍범은 《서경》의 편명(篇名)으로 나라를 다스리는 큰 법이란 뜻이며, 구주는 아홉 가지 무리란 뜻으로 옛날 우(禹)임금이 홍수를 다스릴 적에 낙수(洛水)에서 거북이가 나왔는데 그 등에 1에서 9까지의 점이 그려져 있었다 한다. 그리하여 이것을 보고 홍범구주를 만들었다 하는바, 첫 번째는 금(金)·목(木)·수(水)·화(火)·토(土)의 오행(五行)이고, 두 번째는 모(貌)·언(言)·시(視)·청(聽)·사(思)의 오사(五事)이며, 세 번째는 식(食)·화(貨)·사(祀)·사공(司空)·사도(司徒)·사구(司寇)·빈(賓)·사(師)의 팔정(八政)이고, 네 번째는 세(歲)·월(月)·일(日)·성신(星辰)·역수(曆數)의 오기(五紀)이며, 다섯 번째는 황극(皇極)이고, 여섯 번째는 정직(正直)·강극(剛克)·유극(柔克)의 삼덕(三德)이며, 일곱 번째는 우(雨)·제(霽)·몽(蒙)·역(驛)·극(克)·정(貞)·회(悔)의 계의(稽疑)이고, 여덟 번째는 우(雨)·양(暘)·욱(燠)·한(寒)·풍(風)·시(時)의 서징(庶徵)이며, 아홉 번째는 수(壽)·부(富)·강녕(康寧)·유호덕(攸好德)·고종명(考終命)의 오복(五福)과 흉단절(凶短折)·병(病)·우(憂)·빈(貧)·악(惡)·약(弱)의 육극(六極)이다.

자를 떠받들기를 원하는 것이니, 이에 이러한 내용의 시인 〈비풍〉과 〈하천〉 두 편을 회풍과 조풍의 끝에 각각 실어서 박괘(剝卦)의 상구(上九) 효(爻)에 견준 것입니다.[270]

또 빈풍(豳風)이 비록 변풍이지만 변(變)으로서 바름을 얻었으니, 이 때문에 변풍의 끝에 편입해서 열국(列國)의 풍(風)을 되돌려 바로잡고자 한 것입니다. 그렇다면 진풍과 회풍과 조풍이 실로 변풍의 끝이 되고, 그중에도 〈주림〉과 〈비풍〉과 〈하천〉이 또 세 나라의 끝이 되니, 각각 그 종(終)이라고 말한 것이 그 의의가 있을 듯한데, 어떨지 모르겠습니다.

시집간 딸이 친정 부모에 대해서 비록 강복(降服)하여 기년복(朞年服)을 입으나, 그 거상(居喪)하는 예절은 마땅히 남자(男子 아들)와 다름이 없어야 할 것입니다. 상중(喪中)에는 비록 혹 권도(權道)를 따른다 하더라도, 그 시집간 딸이 죽은 뒤의 제전(祭奠)에는 고기를 사용해서는 안 될 듯하니, 마땅히 상중에 상주(喪主)가 죽은 경우의 예(例)를 한결같이 따라서 장례 전까지는 소찬(素饌)을 쓰는 것이 옳을 것입니다. 상중에 상주가 죽은 경우에는 제전에 소찬을 사용하는 것은 《예집

270 회풍과……것입니다 : 이 내용은 주자가 《시경집전》에서 조풍 〈하천〉의 아래에 원용한 정자의 말씀이다. 박괘는 산지박(山地剝 ䷖)으로 오직 상구만이 양효(陽爻)인데, 상구의 효사(爻辭)에 "상구는 큰 과일이 먹히지 않음이니, 군자는 수레를 얻고 소인은 집을 허물리라.〔上九, 碩果不食, 君子得輿, 小人剝廬.〕" 하였으며, 이에 대한 상전(象傳)에는 "군자가 수레를 얻음은 백성들이 군자를 떠받드는 것이요, 소인이 집을 허묾은 소인은 끝내 쓸 수 없는 것이다.〔君子得輿, 民所載也, 小人剝廬, 終不可用也.〕" 하였다.

(禮輯)》[271]에 진실로 이러한 명문(明文)이 있으나, 다만 조석(朝夕)의 상식(上食)[272]만을 논하였고, 삭망(朔望)의 은전(殷奠)[273] 같은 것은 애당초 의논하지 않았으니, 이는 어찌된 것입니까?

상주는 보통 사람과 같지 않아서, 상식하는 외에 삭망의 은전은 진설해서는 안 되기 때문입니까? 삭망의 은전을 비록 행하지 않는다 하더라도 조전(祖奠)과 발인(發靷)할 때의 큰 절목(節目) 같은 것은 폐할 수가 없을 듯한데, 만약 상복 중에 성찬(盛饌)을 진설해서는 안 된다 하여 다만 채소와 과일만을 올린다면 포(脯)와 젓갈과 떡과 산적이 없어서 제례(祭禮)를 제대로 이루지 못하니, 이것이 과연 어떻겠습니까? 또 상식에는 비록 소찬을 사용한다 하더라도 술은 따라 올려도 됩니까? 술과 고기가 차이가 없으니, 이미 고기를 사용하지 않는다면 술도 마땅히 폐해야 합니까?

271 예집(禮輯) : 《가례집유(家禮輯遺)》, 《가례집해(家禮輯解)》 등의 책을 이렇게 칭할 수 있으나, 여기서는 사계(沙溪) 김장생(金長生)이 《주자가례(朱子家禮)》에 대한 여러 예설(禮說)을 모아 편찬한 책인 《가례집람(家禮輯覽)》을 이른 것으로 보인다.

272 조석(朝夕)의 상식(上食) : 상가에서 3년 동안 아침저녁으로 영좌(靈座)에 음식을 차려 놓는 것을 이른다.

273 삭망(朔望)의 은전(殷奠) : 상례(喪禮)에서 평소에 올리는 조석전(朝夕奠)과는 달리, 초하루와 보름에 성대하게 제수(祭需)를 갖추어서 올리는 것을 이른다.

이자강에게 보냄 무진년(1808, 순조8) 4월 25일

與李子岡 戊辰四月二十五日

지금 상중의 체후(體候)가 무탈하시고, 도(道)로 기르는 몸이 신명의 도움이 있으며, 예를 강론함은 짐작컨대 응당 더욱 돈독할 것이니, 《의례(儀禮)》로써 근본하고 《대기(戴記)》로써 참작하여 주자(朱子)와 황면재(黃勉齋)의 해석을 다 통달하셨습니까?[274]

《삼례(三禮)》[275]는 모두 천리(天理)를 따라 만들어진 것이니, 성인(聖人)의 마음은 이치는 하나이나 용(用)이 다르고, 천하의 일은 만 가지로 다르나 근본이 하나입니다. 그러므로 경례(經禮) 3백 가지와 곡례(曲禮) 3천 가지[276]가 다 성인의 흉중에서 흘러나왔으니, 요컨대

274 의례(儀禮)로써……통달하셨습니까 : 주자가 《의례》를 경(經)으로 하고 《예기(禮記)》 등의 책에서 예(禮)에 관한 내용을 뽑아 덧붙이고 주소(注疏)를 망라해 《의례경전통해(儀禮經傳通解)》를 저술하였는데, 주자가 이를 완성하지 못하고 죽자, 제자인 황간(黃榦) 등이 누락된 상례(喪禮)와 제례(祭禮) 부분을 보충하여 《의례경전통해속》을 편찬하였으므로 이렇게 말한 것이다. 《의례》는 주(周)나라 때 관(冠)·혼(昏)·상(喪)·제(祭)에 대한 의식을 기록한 글로 13경 중의 하나이며, 《대기(戴記)》는 한(漢)나라 때 대성(戴聖)이 주해(註解)한 《예기》를 이른다. 대성은 숙부인 대덕(戴德)에게 예를 배웠는데, 대덕은 일찍이 《의례》를 주해하였다. 이 때문에 대덕을 대대(大戴), 대성을 소대(小戴)라 칭하고 대덕이 지은 것을 《대대기(大戴記)》, 대성이 지은 것을 《소대기(小戴記)》라 칭하는바, 《소대기》는 바로 《예기》를 지칭한다. 면재(勉齋)는 황간의 호이다.

275 삼례(三禮) : 《의례(儀禮)》, 《예기(禮記)》, 《주례(周禮)》를 이른다. 《주례》는 원래의 이름은 《주관(周官)》인데, 전한(前漢) 말에 예경(禮經)에 포함되면서 《주례》라는 이름을 얻게 되었다.

모름지기 나의 마음이 성인의 마음과 같아야 비로소 예의 본체(本體)를 온전히 알 수 있는 것입니다. 그렇지 못하고서 한갓 의장(儀章)과 도수(度數)의 지엽적인 것에만 급급해 한다면 이는 예문(禮文)에 사역(使役)당하는 것이니, 장차 어떻게 하늘이 펴신 질서의 상도(常度)와 변례(變禮)의 도(道)를 다할 수 있겠습니까? 이 때문에 부자(夫子)가 임방(林放)의 질문을 훌륭하게 여기신 것입니다.[277]

형께서는 타고난 자질이 본래 높아서 확립한 것이 견고하여, 굳이 예교(禮敎)를 가르치지 않아도 이미 공손하고 검소하고 장엄(莊嚴)하고 공경하시며,[278] 공손하고 검소하고 장엄하고 공경하면서도 또 번거롭지 않으시니, 참으로 예(禮)에 깊다고 말할 수 있습니다. 더욱 그 근본을 찾아서 마음에 터득한다면 예의 온전한 체(體)가 여기에 있을 것이니, 바라건대 더욱 더 노력하시기 바랍니다. 저는 마음이 약하여

276 경례(經禮)……가지 : 예(禮)에 있어서 대강(大綱)이 되는 것을 경례(經禮)라 하고, 그 대강을 실천하기 위하여 필요한 절차에 관한 것을 곡례(曲禮)라 한다. 《예기》 〈예기(禮器)〉에, "경례가 3백 가지이고 곡례가 3천 가지인데, 그 근본을 따져 보면 경(敬) 한 가지일 뿐이다.〔經禮三百, 曲禮三千, 其致一也.〕" 하였다.

277 부자(夫子)가……것입니다 : 이 내용은 《논어》 〈팔일(八佾)〉의 "임방이 예(禮)의 근본을 묻자, 공자께서 '훌륭하다, 너의 질문이여. 예는 사치하기보다는 차라리 검소하여야 하고, 상(喪)은 형식적으로 잘 다스려지기보다는 차라리 슬퍼하여야 한다.' 하셨다.〔林放問禮之本, 子曰, 大哉! 問! 禮與其奢也, 寧儉; 喪與其易也, 寧戚.〕"라는 구절을 원용한 것이다. 임방은 공자의 제자이다.

278 예교(禮敎)를……공경하시며 : 예교는 예의 가르침이다. 《예기(禮記)》 〈경해(經解)〉에 "공자께서 말씀하시기를 '그 나라의 국도(國都)에 들어가 보면 그 나라의 가르침을 알 수 있으니, 그 사람됨이……공손하고 검소하고 장엄하고 공경함은 예의 가르침이다.'라고 하셨다.〔孔子曰: 入其國, 其敎可知也. 其爲人也……恭儉莊敬, 禮敎也.〕" 하였다.

사색(思索)하는 것을 괴로워하고 어려워하기 때문에 《시경》을 읽을까 하니, 예(禮)는 어떨지 모르겠습니다.

방친(傍親)[279]의 기년복(朞年服)이 비록 정통의 기년복보다는 낮으나, 똑같이 기년복입니다. 복은 기년복보다 더 중한 것이 없는데,[280] 몸에 자최(齊衰)의 상복을 입고서 입으로 음률(音律)이 있는 글[281]을 외운다면 마음에 불안하니, 이 때문에 받들어 질문하는 것입니다.

〈단궁(檀弓)〉에 이른바 '업은 폐하나 외우는 것은 허여한다.'는 것[282]은 대공복(大功服)을 가지고 말한 것으로 기년복을 언급하지는 않았으나, 기년복에 외우는 것과 업을 모두 폐하는 것은 자연 말하지 않았어도 이 가운데에 들어있는 것입니다. 이른바 '업은 폐하나 외우는 것은 괜찮다.'는 것 중에 '괜찮다'는 말은 아직 결정을 지은 말이 아니라고 할 수 있습니다. 대공복에도 오히려 그러한데 하물며 기년복이겠습니까? 기년복의 상에 장례를 마치고 난 뒤에 책을 읽는 것을 폐하기는 어려우나, 시(詩)를 읊조리는 것은 불가하다고 여기는데, 어떨지 모르

279 방친(傍親) : 선조가 같은 혈족 가운데 직계에서 갈라져 나온 방계(傍系)의 친족을 이른다.

280 복(服)은……없는데 : 부모상을 제외하면 기년복이 가장 중하다는 의미로 보인다.

281 음률(音律)이 있는 글 : 시(詩) 등의 운문을 이른다.

282 단궁(檀弓)에 ……것 : 〈단궁(檀弓)〉은 《예기》의 한 편이다. 〈단궁 상〉에 "대공에는 몸에 익히는 업을 그만 두는데, 혹자가 이르기를 '대공에는 입으로 외는 것은 해도 괜찮다.' 하였다.〔大功廢業, 或曰, 大功誦可也.〕"라고 하였는데, 진호(陳澔)의 《예기집설(禮記集說)》에 "업은 몸에 익히는 것이니, 춤추는 것을 배우고 활쏘기를 배우고 거문고와 비파를 타는 것을 배우는 따위이니, 이것을 폐하는 것은 슬픔을 잊을까 염려해서이다. 외는 것은 입으로 익히는 것이니, 잠시 외는 것은 또한 괜찮다. 그러나 '혹(或)'이라고 칭한 것은 또한 아직 결정짓지 못한 말이다." 하였다.

겠습니다. 시율(詩律)은 더더욱 지어서는 안 되니, 시를 짓는 것은 춤추기와 활쏘기, 거문고와 비파를 배우는 것과 다름이 없으니, 이를 폐해야 함이 더욱 분명합니다.

만사(輓詞)와 제문(祭文)을 짓는 것으로 말하면 또한 이 일이 죽은 사람을 슬퍼하는 데 관계되어서 한가로운 언어와 견주어 똑같이 보아서는 안 될 것인데, 이를 지어도 또한 의리상 해로움에 이르지 않습니까? 제가 권면하는 것은 예(禮)의 근본인데, 제가 묻는 것은 예의 말단이니, 또한 말과 행실이 돌아보지 못함을 볼 수 있습니다.

이자강에게 답함 무진년(1808, 순조8) 4월 28일

答李子岡 戊辰四月少晦

거상(居喪) 중에 병이 있으면 또한 생강(生薑)과 계피(桂皮)를 먹는 것을 허락하나, 오직 중문(中門)에 들어가서는 안 된다[283]는 한 절목(節目)은 큰 예법이 되어서 이를 넘어서는 안 되니, 이것을 소홀히 한다면 부모가 살아 계실 적에 허벅다리 살점을 베어서 올리고 죽은 뒤에 시묘살이를 한다 해도 모두 위선입니다. 이 때문에 송우암(宋尤庵) 선생은 영묘(寧廟 효종(孝宗))께서 양암(諒闇)[284]하시는 중에 진언하시기를 '자전(慈殿)에게 문안하는 외에는 한 걸음도 어둠 속에서 일을 행해서는 안 됩니다.'라고 하셨으니, 기축년(1649, 효종 즉위년)에 올린 봉사(封事)를 상고해보면 알 수 있습니다.

형이 때로 숙부인(淑夫人 상대방의 부인)을 만나보는 한 가지 일이 없으시니, 더욱 더 근엄하게 해서 내외(內外)를 완전히 차단할 것이요, 만약 어버이를 봉양하고 선조를 제향하는 일에 관계되어 부득불 대면하여 상의해야 하고, 말로 전할 수 없는 일이 있으면 편지를 사용하는

283 중문(中門)에……된다 : 중문은 내당(內堂)과 통하는 문으로, '중문에 들어가서는 안 된다'는 것은 곧 거상 중에 있는 자가 부부 관계를 해서는 안 됨을 은어(隱語)로 쓴 것이다.

284 양암(諒闇) : 임금이 거상(居喪)하는 여막을 이르는데, 곧바로 임금의 거상을 뜻하는 말로 쓰이기도 한다. 양(諒)은 신(信)의 뜻으로, 성실함을 뜻하며, 암(闇)은 침묵을 지킴을 뜻한다. 옛날 은(殷)나라의 고종(高宗)이 양암에서 3년 동안 거상하면서 말하지 않았다는 내용이 《서경》〈열명(說命)〉에 보인다.

것이 옳을 것입니다. 만약 말을 전하는 데 크게 지장이 있어서 집 밖으로 돌려서 말하는 것은 심히 예에 있어 어긋남에 이르지는 않을 듯하나, 혐의를 받을 수 있는 즈음에는 마땅히 삼가야 하니, 이를 행하지 않음이 올바름을 얻는 것만 못합니다.

주순필(周舜弼)이 말하기를 "대상(大祥)을 마칠 때까지 아내의 방에 들어가지 않는 것은 한(漢)나라의 무부(武夫)들 또한 능히 하였다. 우리들은 다소나마 예법을 알고 있으니, 엄격히 방비하지 않더라도 이러한 일은 자연 차마 할 수 없다."라고 하자, 주자(朱子)께서 그를 칭찬하셨으니, 보내온 편지에서 '조심하고 조심한다.'라고 하신 말씀이 옳습니다.

저는 일찍이 어린나이에 어머니 상(喪)을 당하여 예율(禮律)이 무슨 일인지도 모른 채 음식과 기거(起居)를 보통 사람과 같이 하면서, 다만 최복(衰服)과 질(絰)을 몸에 가하였을 뿐입니다. 스스로 생각하기를 내외의 구분에 있어서는 방탕함에 이르지 않았다고 여겼으나, 처자식과 함께 뒤섞여 산 것과 다른 것은 거의 없었으니, 석담(石潭)께서 탄식하신 '예방(禮防)이 크게 무너져서 매우 한심하다.'[285]는 말씀을 매번 읽을 때마다 일찍이 땀이 나서 옷을 적시지 않은 적이 없습니다. 근재(近齋) 박 선생(朴先生)은 심상(心喪) 중에 부인의 병이 위독하였으나, 의원을 데려다가 진맥하지 않았으며, 부친이 이를 권하였으나 또한 받들어 순종하지 않고 끝내 친척으로 하여금 진맥하여 병을 보게 하였으니, 이 일이 준엄하고 올발라서 본받을 만합니다.

285 석담(石潭)께서……한심하다 : 석담은 율곡 이이의 별호로 이 내용은 율곡이 지은 《격몽요결(擊蒙要訣)》 〈상제장(喪制章)〉에 보인다.

이자강에게 답함 무진년(1808, 순조8) 5월 4일

答李子岡 戊辰五月四日

지난번 편지에서 하신 말씀은 참으로 새겨들을 만합니다. 합부인(閤夫人 남의 부인에 대한 경칭임)의 병환에 생질(甥姪)로 하여금 진맥하게 하고, 계집종을 시켜 병의 증세를 묻게 하신 것은 모두 예법에 맞습니다. 만일 합부인의 안위(安危)와 길흉(吉凶)에 관계되어 남을 시켜 물어서는 안 될 경우에는, 형편상 직접 합부인의 방문 밖에서 물어야 할 것이요, 문지방을 한 걸음도 넘어서는 안 될 것이며, 만일 위급한 상황에 이르지 않았다면 명령을 전달하는 심부름꾼을 써도 괜찮을 것입니다.

내당(內堂)에서 자친(慈親)을 모시고 식사하는 것은 진실로 마땅히 자친의 뜻에 순종하여야 할 것이나, 도(道)로써 깨우치는 의리를 가지고 간곡히 아뢰어서 반드시 바깥사랑에서 모시고 식사하는 것이 올바를 듯합니다. 만일 자친의 승낙을 받지 못했으면 또한 마땅히 자친의 뒤를 따라 들어가고 자친의 뒤를 따라 나와서 스스로 예법을 지키기를 더욱 더 엄격하고 치밀하게 해서 혐의를 분별하고 은미(隱微)한 것을 밝히는 자리로 삼아야 할 것입니다.

이러한 일은 대현(大賢) 이하는 피하지 않을 수 없는 것입니다. 예의(禮義)는 현자(賢者)로부터 나오니, 바라건대 한 마음을 가지고 천하의 큰 근본을 세우고 한 몸을 가지고 천하의 큰 법을 보존하신다면 비록 세도(世道)가 모두 무너져서 상례(喪禮)가 크게 파괴되었다 하더라도 또한 응당 와서 법으로 취하는 자가 있을 것이요, 비단 한 두 사람의 집이 교화될 뿐만이 아닐 것입니다. 더욱 더 노력하고 노력해서 소홀히 하지 말고 소홀히 하지 마십시오.

이자강에게 보냄 무진년(1808, 순조8) 윤달 18일

與李子岡 戊辰閏月十八日

지금 어떤 사람이 어버이의 묘(墓)를 옮겼다가 곧바로 파헤쳐짐을 당해 창졸간에 초빈(草殯)[286]을 하고 곧바로 유택(幽宅)을 다시 정하고자 하나, 우선 한 철이나 한 달로 기약하기가 어렵습니다. 면례(緬禮 이장)의 복(服)은 3개월이 지나면 마땅히 벗어야 합니까? 아니면 그대로 입고서 개장(改葬)할 때까지 기다려야 합니까?

무덤이 파헤쳐진 것은 막대한 변고로, 그 화(禍)의 참혹함이 신궁(新宮)이 불에 탄 것보다도 더 심하니, 3일만 곡하고 그쳐서는 안 될 것이요,[287] 마땅히 소복(素服)에 소식(素食)을 하고 아침저녁으로 초빈에 가서 곡하여 장례 때에 이르러서 비로소 그쳐야 할 것입니다.

초빈은 권조(權厝)[288]와 달라서 시신이 있는 관이 땅속에 들어가지

286 초빈(草殯) : 어떤 사정이 있어 장례를 속히 치르지 못하고 시신을 방 안에 둘 수 없을 경우, 밖에 관을 놓고 이엉 따위로 그 위를 이어 눈비를 가릴 수 있도록 덮어 두는 일을 이른다.

287 신궁(新宮)이……것이요 : 신궁은 새로 신주를 모신 사당을 이르는바, 이 곳에 재변이 일어나면 3일 동안 곡하는 예가 있으므로 이렇게 말한 것이다. 《춘추좌씨전(春秋左氏傳)》 성공(成公) 3년 조에 "갑자일에 신궁이 불에 타니, 성공이 3일 동안 곡하였다.〔甲子, 新宮災, 三日哭.〕" 하였는데, 두예(杜預)는 《춘추좌씨경전집해(春秋左氏經傳集解)》에서 "성공이 삼년상이 끝나 부친인 선공(宣公)의 신주를 새로 종묘에 모셔 들였기 때문에 그곳을 신궁이라 한 것이다. '3일 동안 곡하였다'고 기록한 것은 예에 맞게 한 것을 훌륭하게 여긴 것이다. 종묘는 어버이의 영혼이 의지해 계시는 곳인데, 화재를 만났기 때문에 슬퍼서 곡한 것이다."라고 주하였다.

않았으니, 비록 3개월의 기한이 지나더라도 마땅히 복을 입고서 장례를 기다려야 하는데, 장례한 다음 즉시 옷을 벗습니까? 아니면 다시 3개월복을 입어야 합니까? 면례는 바로 변고의 일인데, 이번 일은 바로 변고 중에 또 변고입니다. 그러므로 이런 의심이 있는 것입니다.

288 권조(權厝) : 좋은 묏자리를 구할 때까지 임시로 장사 지냄을 이른다. 중폄(中窆)이라고도 한다.

이자강에게 답함 무진년(1808, 순조8) 윤달 28일

答李子岡 戊辰閏月小晦

편지에서 말씀하신 백사(白沙)의 일[289]은 삼가 자세히 다 보았습니다. 이 어른의 공적(功績)과 절의(節義)와 문장은 의당 우리나라의 제일류로 보아야 하니, 편지에서와 같이 평가한 뒤에야 비로소 하늘로부터 중(中)을 받고 태어난 뜻[290]을 저버리지 않는 것이니, 편지에서 말씀하

289 백사(白沙)의 일 : 백사는 이항복(李恒福, 1556~1618)의 호이다. 자가 자상(子常), 본관이 경주(慶州), 시호가 문충(文忠)이며 율곡 이이의 문인이다. 1580년(선조13)에 알성 문과에 급제하여 출사하고, 임진왜란과 정유재란 등의 국난 극복에 많은 공을 세워 벼슬이 영의정에 이르렀다. 백사는 광해군에게도 깊은 신임을 받아 계속 정승의 자리에 있었으나, 이이첨(李爾瞻), 정인홍(鄭仁弘) 등의 대북파에게 끊임없이 공격을 받았는데, 1614년(광해군6) 이들이 나이 어린 영창대군(永昌大君)을 죽이고 인목대비(仁穆大妃)를 폐위할 것을 도모하자 "나는 이제 죽을 자리를 얻었다. 영창대군을 위해 죽으면 용맹을 손상하는 것이고 모후를 위해 죽지 않으면 의리를 손상하는 것이다.〔吾得死所矣. 爲永昌死則傷勇, 爲母后不死則傷義.〕"라고 하며 단호히 반대하였는바, 백사의 일은 이를 말한 것으로 보인다. 그러나 1617년(광해군9) 인목대비가 끝내 서궁(西宮)에 유폐되고, 대북파가 폐위를 주장하자 이에 결연히 맞서 싸우다가 1618년에 관작이 삭탈되고 함경도 북청(北靑)으로 유배되어 그곳에서 별세하였다. '용맹을 손상한다'는 것은 죽어서는 안 될 경우에 죽음을 이르고, '의리를 손상한다'는 것은 마땅히 죽어야 할 경우에 죽지 않음을 이르는바, 《맹자》 〈이루 하(離婁下)〉에 "얼핏 보면 죽을 만하고 자세히 보면 죽지 말아야 할 경우에 죽으면 용맹을 손상한다.〔可以死, 可以無死, 死, 傷勇.〕"라고 보인다.

290 하늘로부터……뜻 : '사람이 하늘로부터 이(理) 즉 천성(天性)을 받고서 태어났다'는 뜻이다. 《춘추좌씨전(春秋左氏傳)》 성공(成公) 13년 조에 "유자가 말하기를, '내가 듣건대 사람은 천지의 중(中)을 받아 태어나니, 이것이 이른바 명(命)이다.'라고

신 것이 당연합니다.

다만 영창대군(永昌大君)[291]의 일을 간하지 않은 것은 장차 이보다 더 큰 일[292]이 있을 것이라고 여겨서인데, 그 은인자중한 것이 실로 기자(箕子)가 떠나지 않은 것[293]과 동일한 법도이니, 그 심정이 참으로 서글픕니다. 그러나 가령 광해군(光海君)이 스스로 자신의 잘못을 원망하고 뉘우쳐서 금용(金墉)의 변고[294]가 있지 않았더라면 백사가 심히

하였다.〔劉子曰: 吾聞之, 民受天地之中以生, 所謂命也.〕" 하였는데, 주신(朱申)의 주에 "중(中)은 마음이 한쪽으로 치우치지도 않고 기울지도 않는 이(理)이다. 백성은 천지에서 이 이(理)를 받아 태어난 자이다."라고 하였다.

291 영창대군(永昌大君) : 영창대군(1606~1614)은 조선조 제14대 임금인 선조(宣祖)의 유일한 적자(嫡子)로 이름은 의(㼁)이다. 정비(正妃)의 소생인 영창대군이 태어나자 선조는 임진왜란 때 세자로 책봉된 광해군을 영창대군으로 바꾸고자 하였으나 갑작스럽게 승하하여 광해군이 그대로 즉위하였다. 이에 광해군 즉위 후 정권을 잡은 이이첨 등의 대북파가 영창대군을 죽이기 위해 호시탐탐 노리다가, 1613년(광해군5) '7서의 옥'을 일으키고 여기에 연루시켜 강화도에 위리안치시키고 이듬해 살해하였다.

292 이보다……일 : 인목대비의 유폐와 폐모론을 이른다. 광해군이 영창대군을 살해하려 하자, 한음(漢陰) 이덕형(李德馨)은 강력히 간쟁하려 하였으나 백사 이항복은 이보다 더 큰 일이 일어날 것이니, 그때 극간을 하다가 죽어도 늦지 않다고 만류하였다. 그 후 한음이 별세하고 결국 폐모론이 제기되어 백사 홀로 폐모론에 반대하다가 북청으로 귀양 갔다.

293 기자(箕子)가……것 : 기자는 은(殷)나라 말기 주왕(紂王)의 숙부인데, 공자가 미자(微子)・비간(比干)과 함께 '삼인(三仁)'으로 칭한 바 있다. 주왕이 음탕한 짓을 자행하자, 기자가 간하였으나 듣지 않았다. 어떤 사람이 "떠날 만하다."라고 말하니, 기자는 "신하가 되어서 자신의 간언을 들어주지 않는다 하여 떠나는 것은 바로 군주의 악을 드러내고 자신은 백성들에게 환심을 얻는 것이니, 나는 차마 이렇게 할 수 없다." 하고, 머리를 풀어 산발하고 미친 체하면서 노비가 되고는, 마침내 은둔하여 거문고를 연주하며 스스로 슬퍼하였다 한다.《史記 卷38 宋微子世家》 삼인 중에 미자는 멀리 떠났고 비간은 간하다가 주왕에게 살해되었다.

우려했던 일은 다행히 일어나지 않았을 것입니다. 만일 그렇다면 백사는 대신(大臣)이 되어서 군주가 자신의 동기간(同氣間)을 살해하는 잘못을 간(諫)하지 않은 것이 될 뿐입니다. 그렇다면 이러한 의심을 품고 기다린 것은 말하고 침묵하는 일의 마땅함을 잃은 듯합니다.

영창대군의 일이 발발했을 때에 백사가 만약 피눈물을 흘리며 임금의 소매를 끌어당겨서 군주의 마음을 강력히 되돌렸더라도, 또한 인목대비가 서궁에 유폐되는 화를 미리 사라지게 할 수 있었을 것이니, 일이 은미(隱微)하여 아직 들어나지 않았을 적에 막고 점점 번져나갈 때에 방비한 것이 실로 여기에 있었을 터인데, 애석하게도 그 기회를 놓쳤습니다. 이 때문에 저는 '백사의 이 일은 제일의 의리가 될 수가 없다.'라고 생각합니다. 저는 이 어른의 외손(外孫)입니다. 평소 백사의 의리를 외운 것이 무궁하였으나, 현자에게 완전무결하기를 요구하기 때문에 이와 같이 말하는 것이니, 감히 제가 선대의 어른을 교묘하게 꾸짖으려는 마음에서 나온 말이 아닙니다. 양찰해 주기기 바랍니다.

294 금용(金墉)의 변고 : 인목대비를 서궁(西宮)에 유폐시킨 일을 말한다. 금용은 본래 중국 하남성(河南省) 낙양현(洛陽縣)의 서북쪽 구석에 있는 성(城)의 이름으로, 삼국 시대 위(魏)나라 명제(明帝)가 여기에 성을 쌓고 성안에 서궁(西宮)을 두었는데, 그 뒤 가평(嘉平) 6년(254)에 훗날 진(晉)나라의 경제(景帝)로 추존된 사마사(司馬師)가 위주(魏主)인 조방(曹芳)을 여기에 유폐시켰고, 진(晉)나라의 양후(楊后), 민회태자(愍懷太子), 가후(賈后)가 모두 여기에 유폐되었다.《讀史方輿紀要 河南 河南府 洛陽縣》

이자강에게 답함 무진년(1808, 순조8) 6월 1일
答李子岡 戊辰六吉

오성(鰲城) 어른[295]의 일은 형의 훌륭한 의논이 진실되고 사실에 가까워서 다시 고쳐 평할 것이 없다고 말할 수 있습니다. 이 어른은 세상을 뒤덮는 공훈과 하늘을 떠받드는 절개가 있어서 장차 망하려던 사직을 보존하고 이미 실추된 강상(綱常)을 붙들어서 우리 조선조 명신(名臣) 중에 으뜸이 되셨습니다. 그리하여 무악(武樂)이 되게 하고 또다시 소악(韶樂)이 되게 하고자 하였기[296] 때문에, 시대를 올라가 이 어른의 평소의 삶을 논하느라, 소자(小子)의 의혹이 생겼던 것입니다. 그렇지 않다면 저의 의논이 어찌 감히 여기에 이를 수 있겠습니까. 제가 말한 것은, 바로 제1등, 10분의 도리를 가지고 말한 것으로, 현자(賢者)에게 완전무결하기를 요구하는 의리에다가 스스로 붙인 것입니다.

가만히 생각해보건대, 당시의 사기(事機 일의 가장 중요한 기틀)가 이와 같이 하지 않을 수가 없어서 바로 부득이했던 것이니, 백사(白沙)가 어찌 두려워하고 나약하여 구차히 살고자 해서였겠습니까? 참고 견디

295 오성(鰲城) 어른 : 이항복(李恒福)으로, 오성부원군에 봉해졌기 때문에 이렇게 칭한 것이다.

296 무악(武樂)이……하였기 : 극진히 아름답고 극진히 좋게 하고자 한다는 뜻이다. 《논어》 〈팔일(八佾)〉에 "공자께서 소악(韶樂)을 평하시되 '극진히 아름답고 극진히 좋다.' 하셨고, 무악(武樂)을 평하시되 '극진히 아름답지만 극진히 좋지는 못하다.' 하셨다.〔子謂韶, 盡美矣, 又盡善也. 謂武, 盡美矣, 未盡善也.〕"라고 한 내용을 원용한 것이다. 소악은 순(舜) 임금의 음악이고, 무악은 무왕(武王)의 음악이다.

면서 말씀하지 않은 까닭은 바로 기다림이 있었던 것입니다. 형께서 "사람을 논할 적에는 마땅히 큰 절개를 보아야 하고, 허물이 있을 적에는 마땅히 허물이 없는 것을 구해야 한다."라고 하셨으니, 참으로 이 말씀은 뜻이 풍부합니다. 인물을 평하는 것[297]은 진실로 이와 같아야 하니, 감히 제가 이것을 띠에 써서 훌륭한 경계에 부응하지 않을 수 있겠습니까.

297 인물을 평하는 것 : 원문의 '월조인물(月朝人物)'은 인물에 대한 월조평(月朝評)을 이른 것이다. 월조평은 월단평(月旦評)과 같은 말로 매달 초하루에 행해지는 인물에 대한 비평을 뜻한다. 후한 영제(靈帝) 때 여남(汝南)의 명사인 허소(許劭)와 그의 종형제인 허정(許靖)은 매달 초하루에 지방 사람들의 인물을 평했는데, 이 인물평이 정확해서 사람들은 '여남의 월단평'이라고 부르며 높이 평가하였다.《後漢書 卷68 許劭列傳》 조선조에서는 '단(旦)'이 태조(이성계)의 이름이므로 이를 휘하여 뜻이 같은 '조(朝)'로 바꿔 표기하였다.

이자강에게 답함 무진년(1808, 순조8) 6월 14일

答李子岡 戊辰六月十四日

《자양사(紫陽史)》[298]를 마쳤으면, 《송사(宋史)》와 《명사(明史)》를 가지고 뒤이어 보십니까? 명(明)나라 때 편집한 《속강목(續綱目)》[299]과 김숙부(金肅夫)의 《송원강목(宋元綱目)》[300]은 모두 자신의 권도(權度)[301]가 없으면서 함부로 필삭(筆削)을 가한 것이고, 이현석(李玄錫)의 《황명강목(皇明綱目)》으로 말하면 더더욱 말할 것이 못되어서 심지어는 남도(南渡)한 세 황제에게 정통(正統)을 주지 않고 부록에 넣기까지 하였으니,[302] 조리가 없는 것이 지극합니다.

298 자양사(紫陽史) : 주자(朱子)가 지은 《자치통감강목(資治通鑑綱目)》을 이른 것으로 보인다. 자양(紫陽)은 주자의 별호로 주자의 부친 주송(朱松)이 자양산에서 독서하였는데, 뒤에 주자가 복건(福建)의 숭안(崇安)에 살면서 정사(精舍)의 이름을 자양서실(紫陽書室)이라고 한 데서 붙여진 이름이다.

299 속강목(續綱目) : 명(明)나라 헌종(憲宗) 때의 재상이자 학자인 상로(商輅, 1414~1486)가 편찬한 《속자치통감강목(續資治通鑑綱目)》을 이른다. 상로는 자가 홍재(弘載), 호가 소암(素庵)이며 시호가 문의(文毅)이다.

300 김숙부(金肅夫)의 송원강목(宋元綱目) : 김우옹(金宇顒, 1540~1603)이 지은 《속자치통감강목(續資治通鑑綱目)》을 이른 것으로, 이 책의 내용이 송·원 시대를 중심으로 엮어져 있으므로 '송원강목'이라고도 칭한다. 숙부는 김우옹의 자로, 호가 동강(東岡), 본관이 의성(義城)이고, 시호가 문정(文貞)이며, 남명(南冥) 조식(曺植)의 문인이다. 1567년(선조 즉위년) 식년 문과에 급제하고 벼슬이 이조 참판에 이르렀다. 동인(東人)의 계열로 유성룡(柳成龍)과 가까웠다.

301 권도(權度) : 권은 무게를 다는 저울추, 도는 길이를 재는 자로, 사물을 헤아리는 기준이나 법도를 이른다.

이와 같은 자들이 어떻게 난신(亂臣)을 주벌하고 역적을 토벌하며 중화(中華)를 높이고 오랑캐를 물리치며 천리(天理)를 붙들고 인욕(人慾)을 막으며 명분을 바로잡고 강상(綱常)을 세우신 공자와 주자의 심법(心法)을 얻을 수 있겠습니까? 다만 강(綱)을 나누고 목(目)을 나열하고서 '이것이 《춘추》와 《자치통감강목》의 필법(筆法)이다.'라고 한다면, 누가 이것을 믿겠습니까. 전체의 역사를 완비하고 또 상세한 《송사》와 《명사》를 취하는 것만 못합니다.

그러나 《송사》는 탈탈(脫脫)[303]에 의해 이루어졌고 《명사》는 서건학(徐乾學)[304] 등에게서 나왔으니, 하나는 진짜 오랑캐 종자이고, 하나는 한족(漢族)의 얼굴에 오랑캐 심장을 가진 자여서 곡필(曲筆)로 오

302 이현석(李玄錫)의……하였으니 : 《황명강목》은 《명사강목(明史綱目)》을 이른다. 이현석에 대해서는 401쪽 주233 참조. 남도(南渡)한 세 황제는 명나라가 멸망한 뒤 명나라 황실의 일족들이 화중(華中)과 화남(華南)에 세운 정권인 남명(南明)의 황제들로, 자세한 내용은 401쪽 주232 참조. 이현석이 《명사강목》에서 남명을 지방 정권으로 보아 부록에 실었으므로 이렇게 말한 것이다.

303 탈탈(脫脫) : 1314~1355. 원(元)나라 순제(順帝) 때의 재상으로 탁극탁(托克托)으로 쓰기도 한다. 멸아길대씨(蔑兒吉解氏)이며, 자는 대용(大用)이다. 지정(至正) 원년(1341)에 중서 좌승상(中書左丞相)에 올라 정권을 잡고, 총재관(總裁官)이 되어 송(宋)·요(遼)·금(金) 3국의 역사를 편수하는 일을 주관하였다.

304 서건학(徐乾學) : 1631~1694. 청나라 강희제 때의 문신이자 학자로, 자가 원일(原一), 호가 건암(健庵), 시호가 문공(文恭)이다. 강희(康熙) 9년(1670) 진사(進士)가 되고 벼슬이 형부 상서(刑部尙書)에 이르렀다. 박학다식하여 경학은 물론 사학(史學), 여지(輿地), 예제(禮制) 등에 정통했으나 욕심이 많아 자주 뇌물을 받고 사익(私益)을 추구하여 여러 차례 탄핵을 받았다. 학문에 있어서는 정주학(程朱學)을 존숭하고 육왕학(陸王學)을 배척하였으며, 《명사(明史)》, 《청회전(淸會典)》 등의 편찬에 참여하였다.

랑캐에게 아첨하여 거의 차마 볼 수가 없습니다. 그러나 이것을 버리면 징험할 것이 없으니, 부디 두 가지를 다 취해서 참고하여 검증하고, 다시 송나라와 명나라의 《강목》 한 권을 정하여 자양(紫陽)의 편집을 이어가는 것이 어떻겠습니까?

남뇌연(南雷淵)의 《명사정강(明史正綱)》[305]을 일찍이 살펴보셨는데, 의례(義例)[306]가 어떻습니까? 이 책이 비록 불에 던져졌으나 원본은 남았는데, 후대에 전해질 것을 기대할 수 있겠습니까? 한 번 물어보십시오.

호남원(湖南院)의 일[307]은 홍몽(鴻蒙)[308] 이후로 일찍이 없었던 큰 변고라고 이를 만합니다. 덕상(德相)[309] 한 명이 나온 것도 이미 큰

305 남뇌연(南雷淵)의 명사정강(明史正綱) : 뇌연은 남유용(南有容, 1698～1773)의 호이다. 자가 덕재(德哉), 본관이 의령(宜寧), 시호가 문청(文淸)이며 도암(陶庵) 이재(李縡)의 문인이다. 1740년(영조16) 알성 문과에 급제하고 벼슬이 대제학을 거쳐 형조 판서에 이르렀다. 1772년(영조48)에 《명사정강》을 편찬했으나, 서법이 존주(尊周)의 의리에 어긋난다고 하여 영조는 못마땅하게 생각하였다.

306 의례(義例) : 책의 주요 취지(趣旨) 및 체제(體制)와 사례(事例)를 이르는 말이다.

307 호남원(湖南院)의 일 : 호남원은 호남서원 혹은 호남사(湖南祠)를 말한 듯하나, 분명하지 않다.

308 홍몽(鴻蒙) : 우주가 형성되기 이전의 혼돈(混沌) 상태로 홍몽(鴻濛)으로도 표기한다.

309 덕상(德相) : 송덕상(宋德相, ?～1783)으로 자가 숙함(叔咸), 호가 과암(果菴), 본관이 은진(恩津)이며 우암 송시열의 현손이다. 1753년(영조29) 천거로 세자익위사 세마(世子翊衛司洗馬)에 제수되어 출사하고 홍국영(洪國榮)의 비호로 출세 길을 달려 이조 판서가 되었으나 홍국영이 실각하자, 1781년(정조5) 삼수부(三水府)에 안치(安置)되었으며, 기해년(정조3)에 올렸던 소에 흉역(凶逆)의 뜻이 있다 하여 옥에 갇혔다가 별세하였다.

불행인데, 지금 이번의 변고는 그 부끄럽고 욕됨의 망극함이 덕상보다도 더하니, 어쩌면 이리도 큰 불행 가운데 또 큰 불행이 있단 말입니까? 군자의 은택이 비록 5세에 끊어지나[310] 어찌 이처럼 지극함에 이를 것을 생각했겠습니까? 이는 비단 노선생(老先生 송시열(宋時烈)) 한 가문의 액운(厄運)일 뿐만 아니라, 또한 대운에 몰려서 누가 이렇게 만들지 않아도 자연히 된 것입니까? 말하면 가슴이 아파서 마주 대하여 속내를 털어놓을 길이 없기에 붓을 들어 여기에 언급하니, 보시고 곧바로 불태우십시오.[311]

조문하는 예(禮)에 차등을 두는 것은 저의 설이 이치에 해롭지 않겠습니까? 근래 《주자어류(朱子語類)》를 검색해보니, 주자가 말씀하기를 "옛 사람은 가만히 앉아서 절을 받는 예가 없으므로, 비록 형이라고 하더라도 또한 아우에게 답배(答拜)하고, 군주 또한 그렇다."[312]-주자의 말은 여기까지임.-라고 하셨으니, 수배(受拜)라는 것은 앉아서 남의 절을 받기만 하고 자기는 움직이지 않는 것입니다. 형이 아우에 있어서와 군주가 신하에 있어서도 오히려 그렇다면, 비천한 사람이 절할 때에 모른척하고 응답하지 않아서는 안 되는데, 더구나 조문에 있어서이겠습니까?

310 군자의……끊어지나 : 이 내용은 《맹자》 〈이루 하(離婁下)〉에 "군자의 은택도 5세면 끊기고, 소인의 은택도 5세면 끊긴다.〔君子之澤, 五世而斬; 小人之澤, 五世而斬.〕"라고 한 구절을 원용한 것이다.

311 곧바로 불태우십시오 : 원문의 '병(丙)'은 오행(五行)에 있어 화(火)에 속하므로 화와 같은 뜻으로 쓰인다.

312 옛……그렇다 : 이 내용은 《주자어류》 권85 〈의례(儀禮)〉에 그대로 보인다.

그러나 우리 동방은 명분을 중시하는 풍속을 이루어서 귀천의 등급이 엄격한 것이 마치 하늘과 땅과 같습니다. 비록 한결같이 고례(古禮)를 따르지는 못하더라도, 높이고 낮추는 곡절은 마땅히 때에 따라 맞춰서 항상 자처할 때에는 낮추고 남을 대처할 때에는 높여야 하니, 절해도 되고 절하지 않아도 될 때에는 절하는 것이 옳습니다.

유공작(柳公綽)이 번진(藩鎭)으로 있을 적에 자제들이 막빈(幕賓)을 어른이라고 부르고 모두 절하는 것을 허락하였으니,[313] 이 일이 매우 좋습니다. 옛날의 막빈을 지금 말하는 막빈과 견줄 수는 없으나, 그 부형의 세력을 믿고서 오만한 기운을 부리지 않는 것을 알 수 있습니다.

상중(喪中)에 선대의 묘소에 곡하는 것은 할아버지와 고비(考妣)와 형제(兄弟)에게는 할 수 있지만, 증조(曾祖)와 고조(高祖) 이상 및 방존(傍尊)에게는 굳이 할 것이 없습니다. 슬픈 정이 느껴지는 바가 천리(天理)에 자연스러운 뒤에야 곡(哭)할 수 있는 것이니, 슬픔이 지극하지 않은데 억지로 곡하는 것은 곡이 아니니, 이 때문에 위로 옆으로 연장시켜서는 안 되는 것입니다.

비록 마땅히 곡해야 할 자리라고 하더라도 장례 뒤에는 그쳐서 신구

313 유공작(柳公綽)이……허락하였으니 : 유공작(763~832)은 당나라 중엽의 문신으로 자는 관(寬)이고, 명필 유공권(柳公權)의 형이며, 벼슬은 하동절도사(河東節度使)를 지냈다. 번진은 당대(唐代)의 절도사를 이른다. 당나라는 초기에 지방 각주(各州)에 도독부(都督府)를 두었는데, 현종(玄宗) 때에 변경(邊境)에 10개 절도사를 두어 외번(外藩)의 침범을 막게 하고, 이를 번진이라 하였다. 막빈(幕賓)은 절도사의 사적인 참모를 이른다.

(新舊)의 분별을 보존하는 것이 옳으니, 집사(執事)가 조처하신 것이 맞습니다. 아버지 상중에 어머니의 묘소와 어머니 상중에 아버지의 묘소에 있어서는 또한 조부모의 묘소와는 다르니, 비록 장례한 뒤라도 마땅히 곡해야 합니다.

지은이 **홍직필(洪直弼)**

1776년(영조52) 6월 13일 신시에 한성의 주자동(鑄字洞)에서 태어나 1852년(철종3) 7월 17일 유시에 노호(鷺湖)의 노의정사(蘆漪精舍)에서 향년 77세로 세상을 떠났다. 초명은 긍필(兢弼), 자는 백응(伯應)·백림(伯臨), 호는 매산(梅山), 본관은 남양(南陽)이며, 시호는 문경(文敬)이다. 평생 출사하지 않고 학문 강학에 힘써 근재(近齋) 박윤원(朴胤源) 문하에서 그 학맥을 계승하고 이를 후대에 전한 노론 낙론의 핵심 사상가이자 문인 교육자이다. 학문은 박윤원 외에도 노주(老洲) 오희상(吳熙常)의 영향을 많이 받았으며 문하의 제자로 전재(全齋) 임헌회(任憲晦), 중암(重菴) 김평묵(金平默) 등이 있다.

옮긴이 **김창효(金昌孝)**

1956년 전남 장흥에서 태어났다. 고려대학교 행정학과를 졸업하였다. 민족문화추진위원회 국역연수원 연수부 및 일반연구부를 졸업하였으며, 현재 해동경사연구소 연구원으로 재직하고 있다. 번역서로는 《도곡집》(공역)이 있다.

옮긴이 **신상후(申相厚)**

1981년 서울에서 태어났다. 이화여자대학교 철학과를 졸업하고 동 대학원 철학과에서 석사학위를 취득하고 박사과정을 수료하였다. 한국고전번역원 부설 고전번역교육원의 연수과정과 전문과정을 이수하였다. 번역서로는 《주역정의》(공역), 《도곡집》(공역)이 있으며, 논문으로는 〈주희의 미발 지각론 연구〉, 〈사서의 경문 및 주문 해석에서 현토 논란 사례에 관한 고찰〉이 있다. 현재 성신여자대학교 고전연구소 연구원으로 재직하고 있다.

옮긴이 **김성은(金成恩)**

1986년 서울에서 태어났다. 연세대학교 국어국문학과를 졸업하고 동 대학원 국어국문학과에서 석사학위를 취득하고 박사과정을 수료하였다. 한국고전번역원 부설 고전번역교육원의 연수과정과 전문과정을 마쳤다. 현재 성신여자대학교 고전연구소 연구원으로 재직하고 있다.

※ 각 권별 옮긴이는 권6 김성은, 권7 신상후, 권8 김창효이다.

권역별거점연구소협동번역사업 연구진

연구책임자 **신영주**(성신여자대학교 한문교육과 부교수)
공동연구원 **김여주**(성신여자대학교 한문교육과 교수)
김용재(성신여자대학교 한문교육과 부교수)
류준경(성신여자대학교 한문교육과 부교수)
이종덕(한국고전번역원 부설 고전번역교육원 강사)
책임연구원 **성백효**
연 구 원 **김창효 김형석**
연석환 사경화
신상후 이정은
김성은 박희정
윤 문 **윤은숙 이영준**

매산집 3

홍직필 지음 | 김창효 · 신상후 · 김성은 옮김
2016년 12월 30일 초판 1쇄 발행
편집 · 발행 학자원
등록 2011.4.6 제2011-14호
주소 (05355) 서울시 강동구 천호대로 1121
전화 02-6403-1000 | 팩스 02-6338-1001 | 이메일 hakjaone@daum.net

값 30,000원

ISBN 979-11-85395-07-3 94810
979-11-85395-00-4 (세트)